Über dieses Buch

»Schach und Matt« ist ein weiterer fesselnder Fall Roger Borniches, des ehemaligen Inspektors der *Sûreté Nationale,* einer der berühmtesten Kriminalbeamten Frankreichs. Auf »Duell in sechs Runden« (Bd. 1883), die gefährliche Jagd nach einem vielfachen Mörder, seinem »schwersten Fall«, folgt nun die Suche nach »dem gerissensten Gangster seiner Laufbahn«. Es ist René Girier. Dieser fast ehrenwerte Mann mit dem sympathischen Wesen ist ein überaus intelligenter Juwelendieb und Meisterausbrecher. Die Beute seines berühmten Coups: Steine im Wert von zehn Millionen. Borniche und sein Konkurrent, Kommissar Clot, nehmen die Verfolgung auf. Die beiden Rivalen nähern sich Zug um Zug »Spazierstock-René«. Sie setzen ihre Spitzel in der Unterwelt unter Druck, konspirieren mit kleinen Ganoven und jagen sich gegenseitig die Kontaktpersonen ab. Da kann Clot den Gesuchten fassen. In einem tollkühnen Unternehmen bricht René Girier jedoch wieder aus. Jetzt ist Borniche am Zug. Während eines dramatischen Finales gelingt es ihm, das Endspiel für sich zu entscheiden.

Über den Autor

Roger Borniche, geboren 1919, trat 1944 in den Polizeidienst ein. In seinen zwanzig Dienstjahren hat der erfolgreichste Kriminalinspektor Frankreichs den Rekord von 567 Festnahmen gesuchter Gangster zu verbuchen. In seinen spannenden Romanen fesselt der schreibgewandte Autor mit Fällen aus der eigenen Praxis. »Duell in sechs Runden« ist im Fischer Taschenbuch Verlag (Bd. 1883) erschienen.

Roger Borniche

Schach und Matt

Fischer Taschenbuch Verlag

Fischer Taschenbuch Verlag
Dezember 1977
Ungekürzte Ausgabe

Umschlagentwurf: Jan Buchholz/Reni Hinsch

Titel der Originalausgabe: »René La Canne«
Erschienen bei Librairie Arthème Fayard, Paris
Übersetzt von Widulind Clerc-Erle

Fischer Taschenbuch Verlag GmbH, Frankfurt am Main
Lizenzausgabe mit freundlicher Genehmigung des
S. Fischer Verlages GmbH, Frankfurt am Main

Gesamtherstellung: Hanseatische Druckanstalt GmbH, Hamburg
Printed in Germany
780-ISBN-3-596-21985-x

Für meine Frau

Für Constantin Melnik

Vorwort

In *Duell in sechs Runden* habe ich von dem Kampf zwischen mir und Emile Buisson erzählt, dem kaltblütigsten Mörder der Nachkriegszeit, um ein Bild von der unbekannten Welt der Polizei zu vermitteln.

Heute schildere ich mit der Geschichte von »Spazierstock-René« – dies war der Spitzname, den man in Gangsterkreisen dem berüchtigten René Girier gegeben hatte – eine kompliziertere Seite des Kampfes gegen das Verbrechertum: Unter dem Deckmantel seines verführerischen Charmes hat Spazierstock-René mit der Präzision eines Uhrwerkes die spektakulärsten Ausbrüche und die sensationellsten Raubüberfälle organisiert, die ich kenne.

Wie in *Duell in sechs Runden* gründet sich mein Roman auf authentisches Material. Ich habe jedoch, um das Privatleben und den Ruf derer zu schützen, die wider Willen in den Strudel der Affäre Girier hineingezogen wurden, oder die seither ihr Leben geändert haben, einigen Personen und bestimmten Orten andere Namen gegeben.

R. B.

Der Einsatz

1

Zweiter August 1949. In Deauville regnet es. Jacques Arpels, der berühmte Juwelier der Firma Van Cleef und Arpels, schiebt den Vorhang in seinem Büro zur Seite und verzieht das Gesicht. 11 Uhr 30. Gestern um diese Zeit bot der Strand das fröhliche Bild von gebräunten Körpern und bunten Badeanzügen. Heute regnet es in Strömen. Der Boulevard de la Mer, die Promenade des Planches, die Bar zur Sonne sind verlassen, wie leergefegt von dem Regen. Das Grau des Himmels geht in das Grau der Wellen, das Grau des Sandes über und entspricht in seiner Trostlosigkeit der Laune der Menschen.

Die Rue Gontaut-Biron zwischen dem Casino und dem Hotel Normandy bietet einen traurigen Anblick. Ihre Läden mit den berühmten Namen sind leer. Einige wenige Passanten, die gegen den Wind ankämpfen, laufen geduckt dicht an der Häuserfront entlang.

»Was für ein Wetter«, denkt Jacques Arpels. »Seit einem Monat war es schön, und jetzt, da die Saison erst richtig anfängt und die Hotels so voll sind, daß man die Leute sogar wieder wegschicken muß, regnet es! Es ist wirklich ein Pech … !«

Melancholisch begibt er sich zu seinem Mahagoni-Schreibtisch mit den gedrechselten Füßen und öffnet ein Schubfach. Er nimmt eine Pistole heraus, steckt sie in seine Jackentasche, schließt das Fach wieder und verläßt sein Büro. Einer seiner Angestellten im Vorraum erhebt sich ehrerbietig. Jacques Arpels geht auf die Wand hinten im Laden zu. Es ist dies ein unwandelbarer Ritus, dem seine strengen Züge und der dunkelgraue Anzug mit Nadelstreifen, den er stets trägt, eine fast religiöse Feierlichkeit verleihen.

Jacques Arpels drückt auf einen Knopf: ein riesiger Spiegel öffnet sich zur Seite: Die grüne Tür eines eingebauten Tresors kommt zum Vorschein. In diesem Dekor des Jahres 1900 mit seiner raffinierten Eleganz wirkt der Anblick dieses Monstrums wie eine Geschmacksverirrung.

Jacques Arpels berührt das nicht weiter. Mit gewohnter Geste nimmt er ein Schlüsselbund aus der Tasche, stellt die Zahlen ein und öffnet die schwere Tür. Der offene Tresor gibt den Blick auf die wohlgefüllten Fächer frei. Jacques Arpels begibt sich mit der glei-

chen Würde in sein Büro zurück, während seine drei Verkäufer den seit dem Morgen in den gläsernen Vitrinentischen ausgestellten Schmuck sorgfältig in die Wildlederetuis zurücklegen und diese in dem Tresor verstauen.
Wenn Jacques Arpels nicht genau um 11 Uhr 37 einen Anruf von dem Stammhaus auf der Place Vendôme bekommen hätte, hätte er bemerkt, daß ein großes schwarzes Auto vor dem Blumenbeet des Hotels Normandy, ein paar Meter von dem Juwelierladen entfernt, vollendet einparkte.
Vier Männer steigen aus. Sie sind barhäuptig, aber ihre Gesichter sind hinter Masken verborgen. Drei tragen grüne Regenmäntel mit Schulterklappen und Kragenaufschlägen aus amerikanischen Militärbeständen, die in der Taille mit einem Gürtel zusammengehalten werden. Der vierte, groß, schlank und muskulös, trägt einen dunkelbraunen Anzug.
In ihren behandschuhten Händen blitzen die Läufe von Waffen.

Für ein paar Minuten hat der Wind nachgelassen, und ein dünner Nieselregen, der dem Wolkenbruch gefolgt ist, verwischt die Umrisse der Häuser. Mit ein paar Schritten steht der Mann im braunen Anzug auf der Schwelle des Juwelierladens, lächelnd, den Colt in der Hand. Er stützt sich auf den Knauf seines Spazierstockes. Zwei Männer folgen ihm ebenso entschlossen. Die Finger des einen schließen sich fest um den schwarzen Kolben einer 38er. Am Arm des anderen hängt eine Maschinenpistole, deren Lauf fast den Boden berührt. Der vierte, der als Chauffeur fungiert, ist inzwischen neben dem Wagen stehengeblieben, dessen Motor weiterläuft. Breitbeinig steht er da, die Maschinenpistole in Höhe der Hüfte haltend, und behält die beiden Seiten des Hotels Normandy im Auge.
Hinter den drei Unbekannten schlägt die Tür zum Juwelierladen zu. Jacques Arpels, der den Hörer aufgelegt hat, schickt sich gerade an, zum zweiten Teil der Zeremonie zu schreiten, dem Schließen des Tresors.
Als er die maskierten Männer sieht, fallen dem Angestellten an der Tür fast die Augen heraus. Der Mann im braunen Anzug packt ihn am Kragen seiner Uniform, reißt ihn von seinem Stuhl hoch und zwingt ihn, indem er ihm den Colt an den Bauch hält, in das Innere des Ladens zurückzuweichen. Mit weit aufgerissenen Augen stehen seine beiden Kollegen reglos vor Schreck da, bevor sie sich resigniert neben ihn an die Wand stellen.
»Hände hoch, und zwar ein bißchen plötzlich … !«

Einer der maskierten Männer dringt in Jacques Arpels Büro ein und richtet seine Maschinenpistole auf ihn. Seine Stimme ist lähmend. Instinktiv bemerkt der Juwelier, daß sein Angreifer einen südfranzösischen Akzent hat. Verstohlen blickt der Juwelier zu der Pistole, die er auf eine Ecke des Schreibtisches gelegt hatte. Knapp ein Meter trennt ihn von ihr. Doch der andere hat den Blick bemerkt. Bevor er auch nur die geringste Bewegung machen kann, sieht Jacques Arpels, wie seine Waffe in der Tasche des Regenmantels verschwindet.

Äußerst unsanft und unter Schimpfworten wird Jacques Arpels in den Laden gestoßen, in dem sein Personal mit erhobenen Händen in Reih und Glied steht. Der Lauf der Maschinenpistole zwischen seinen Schulterblättern zwingt den Juwelier, sich zu den anderen an die Wand zu stellen. Er versucht sich umzudrehen, gleich darauf erstarrt er. Ein Schuß erschallt, ein zweiter. Eine Kugel pfeift an seinem Ohr vorbei, ein Spiegel zerspringt in tausend Scherben. Jacques Arpels zieht den Kopf ein. Er schließt die Augen, überzeugt, daß ihn bei der geringsten Bewegung eine Geschoßgarbe zu Boden strecken wird.

Schweigen herrscht jetzt in dem Juwelierladen, in dem sich Pulvergeruch ausbreitet.

Mit erbitterter Wut vergegenwärtigt sich Jacques Arpels die Szene, die sich hinter seinem Rücken abspielt. Er könnte die Schmuckstükke der Reihe nach aufzählen, wie sie aus ihren Schatullen gerissen werden. Ein Klicken läßt ihn zusammenfahren: es ist der Verschluß des Schmuckkastens, der die Juwelen enthält, die für die Begum bestimmt sind, die mit ihrem Gatten Aga Khan in Deauville erwartet wird. Ein Stück von unschätzbarem Wert, das er seiner treuen Kundin reserviert hat, die gerade aus Yakimour aufbricht, ihrer Luxusvilla in Le Cannet! Morgen wird die ganze Stadt ihre Ankunft feiern.

Das leise Klirren kostbarer Steine gehört zu dem Collier Barbara Huttons, deren zahlreiche Ehen den Boulevard-Blättern die Schlagzeilen liefern. Und dieser birnenförmig geschliffene Diamant, der gerade vor die Füße des Juweliers rollt und den eine behandschuhte Hand hastig aufhebt, hätte das Glanzstück in der Juwelensammlung einer internationalen Filmschauspielerin werden sollen, die bald bitter ihre Unentschlossenheit vom Vortag bereuen wird. Jacques Arpels leidet. Seine Fingernägel graben sich in seine Handflächen.

Die Geräusche hinter ihm haben sich verändert, und er begreift, daß die Räuber offensichtlich ihre Arbeit beendet haben und dabei sind,

den Laden zu verlassen. Das Klirren einer Fensterscheibe läßt ihn zusammenzucken. Mit dem Kolben einer Waffe haben sie das Schaufenster eingeschlagen.
Das ist zuviel für Armand Coutant, den ersten Verkäufer, der seit 30 Jahren in den Diensten des Hauses Van Cleef und Arpels steht. Blinde Wut ergreift den alten Angestellten. In ein paar Sekunden ist sein ganzes harmonisches, altehrwürdiges Universum in einem Chaos zusammengebrochen. Er dreht sich um. Die Männer stehen bereits auf der Straße. Was tut es, er rennt ihnen nach. Er sieht nicht den Lauf der Maschinenpistole, die sich aus dem Seitenfenster des Citroens schiebt und deren schwarze Mündung auf ihn gerichtet ist. Armand Coutant sieht nichts, hört nichts. Er läuft so rasch, wie sein Alter es ihm erlaubt, er stolpert und richtet sich wieder auf. Er faßt nach dem Regenmantel des Mannes, der nicht mehr rechtzeitig auf den Rücksitz des Wagens springen konnte und hält ihn verzweifelt umklammert. Er läßt nicht los, es gelingt ihm, den anderen festzuhalten, der sich vergebens zu befreien sucht. Ein Schlag mit einem Pistolengriff trifft Armand Coutants Kopf. Ein dumpfer, überwältigender Schmerz lähmt ihn plötzlich. Er taumelt, läßt den anderen los und sinkt dann langsam in die Knie. Er stürzt seitwärts auf die Straße in eine Wasserpfütze.
Kugeln pfeifen über ihn hinweg, klirrend zerspringen Fensterscheiben der umliegenden Häuser. Der Motor jault auf. Kreischend schlittern die Reifen über den nassen Asphalt. Der Wagen wird schneller und verschwindet in Richtung Rue de la République.
Es ist 11 Uhr 42. Ein Sonnenstrahl zerreißt die Wolken.
Der größte Raubüberfall der Nachkriegszeit ging damit zu Ende. In weniger als fünf Minuten wurden 100 Millionen Franc (10 Millionen der jetzigen NF) erbeutet.

2

Wenn ich Liftboy in der Sûreté Nationale* wäre – ich träume nämlich gerne morgens im Bett – würde ich jeden Morgen um 8 Uhr meine Zweizimmerwohnung am Montmartre verlassen, wo Paris zu meinen Füßen liegt; um 8 Uhr 15 würde ich mich an der Metro-Station Blanche in den Zug drängeln, um 8 Uhr 35 würde ich an dem Polizeiposten an der Rue des Saussaies vorübergehen, um kurz darauf meine einzige grau-karierte Jacke und meine alte

* (A. d. Ü.) Ungefähr das französische Äquivalent zum F. B. I.; eine Art Staatspolizei.

Flanellhose gegen die dunkelblaue Uniform mit den goldenen Initialen des Innenministeriums zu vertauschen, um Punkt 8 Uhr 45 den Lift zu betreten.

Am liebsten würde ich den Aufzug des Treppenaufgangs E bedienen, der sich links in dem viereckigen Innenhof des Gebäudes befindet, und in den Pierrot Brossolette hinabstürzte, um der Folter der Nazis zu entgehen. Die meisten Leute fahren mit ihm, und er ist am lustigsten. Alle großen Bosse der Sûreté benutzen ihn.

Ich würde die Liftboys der großen Kaufhäuser parodieren und jedesmal, wenn der Aufzug hält, die Abteilungen der einzelnen Etagen nennen.

Im zweiten Stock z. B. – im ersten hält der Lift nämlich nicht –, würde ich laut verkünden:

»Personalausweise..., Pässe..., Ausländerpolizei..., Meldebehörde...«

Hier ist das Reich der inneren Verwaltung, die jeden Franzosen oder Ausländer akten- und karteimäßig erfaßt, welches auch seine Herkunft oder seine gesellschaftliche Stellung sein möge. Die neugierige Verwaltung möchte bei ihren Bürgern stets auf dem laufenden sein.

Im vierten Stock würde ich wahrscheinlich eine gewisse Diskretion walten lassen: die Staatsschutzabteilung arbeitet im Geheimen und liebt die Publicity nicht besonders. Aber im fünften, wo mein Büro ist, würde ich laut und vernehmlich aufzählen:

»Kriminalabteilung..., Mord..., Totschlag..., Raubüberfall..., Betrug..., staatsgefährdende Delikte..., Falschmünzerei..., Devisenschmuggel...«

Dies ist zweifellos die interessanteste Abteilung. Ihre drei Unterdezernate, allgemeine Verbrechen und Vergehen, politische Verbrechen, Wirtschaftsverbrechen, besitzen weitere Dienststellen in siebzehn Städten der Provinz, mit Ausnahme des Départements de la Seine, das am Quai des Orfèvres über seine eigene Polizeipräfektur und seine eigene Kriminalpolizei verfügt.

Nach diesem instruktiven Halt brauchte ich nur noch meine Fahrt bis zur sechsten Etage fortzusetzen, die vom Innenhof her wenig frequentiert wird, und in der sich die Zentralkartei, die Fotoabteilung, der polizeiliche Erkennungsdienst und der Fernschreiber befinden, und danach würde ich dann wieder hinunterfahren.

Ich weiß. Ich habe nicht im dritten Stock gehalten. Und zwar einfach deshalb, weil er weniger besucht wird als die anderen, und unser neuer Präsident, Pierre Bertaux, mit seinen Audienzen eher geizt. Seit dem 23. Februar 1949, als er seinen Einzug in der Rue des

Saussaies gehalten hat, arbeitet Pierre Bertaux wie ein Besessener. Er beabsichtigt, der Sûreté ihre alte Aktivität und Tatkraft wiederzugeben, die sie seit Kriegsende verloren hat. Davon abgesehen, läuft er lieber zu Fuß.

Und so würde ich jeden Tag während der elf Monate meines arbeitsreichen Jahres in meinem Aufzug auf und ab fahren, bis – um 12 Uhr mittags – das emsige Hin und Her plötzlich wie durch einen geheimnisvollen Druck auf einen Knopf aufhört. Um 15 Uhr würde ich meinen Dienst nach einem üppigen Mahl in der Kantine wieder aufnehmen und könnte abends, die Füße behaglich ausgestreckt, meiner Freundin Marlyse von den aufregenden Ereignissen des Tages berichten.

Der Haken ist nur der, ich bin kein Liftboy. Ich bin Polizeiinspektor dritter Klasse in der ersten Abteilung der allgemeinen Verbrechen und Vergehen, die Kommissar Vieuchêne leitet – genannt »der Dicke« –, ein rundlicher Mittvierziger mit schwarzem Haar, tückischem Blick und von besonderer Empfindlichkeit in bezug auf mein morgendliches Eintreffen im Büro. An diesem sonnigen Vormittag, den ich lieber zusammen mit Marlyse verbracht hätte, die seit drei Tagen in Urlaub ist, tauche ich mit schlechtem Gewissen aus der Metro-Station auf und rase ins Büro, davon überzeugt, daß eine Gardinenpredigt auf mich wartet. Das Telefon in meinem Zimmer hat bereits zweimal geläutet und zweimal habe ich es weise unterlassen, abzuheben, weil ich genau weiß, daß es bestimmt der Dicke war, der mich anrief.

Eigentlich sollte ich auch in Urlaub sein, so wie Marlyse und mein Kollege Hidoine, der sich in der Vendée am Strand braten läßt. Ganz Frankreich ist unterwegs in diesem Monat August des Jahres 1949. Zum ersten Mal ist dieses Jahr das Benzin nicht rationiert. Der 4 CV, der Straßenfloh, der im Augenblick in Marlyses sehnsüchtigen Träumen den Gasherd abgelöst hat, versetzt den Mittelstandsfranzosen in einen Rausch von Abenteuer und Weite. Außer mir und außer dem Dicken ist ganz Frankreich auf den Landstraßen. Und das nur, weil am 1. Juni eine Katastrophe über unsere Abteilung hereingebrochen ist.

An jenem Tag war der Dicke in mein Büro gestürzt – vier mal drei Meter, beige gestrichene Wände und Möbel aus hellem Holz.

»Da, lesen Sie, lesen Sie das mal!« bellte er, während er Hidoine und mir die Beförderungsliste der Kommissare hinhielt.

Wir lasen. Mit der Besorgtheit der Eltern, die um das Examen ihres Nachwuchses zittern, buchstabierten wir jeden einzelnen Namen. Doch den von Vieuchêne suchten wir vergebens.

»Chef, das ist einfach widerwärtig«, murmelten wir und hoben pathetisch die Hände.
Nach einem Blick, der uns das Blut gerinnen ließ, raffte der Dicke seine Papiere zusammen und verschwand, indem er die Tür hinter sich zuschlug.
Und ich begriff, was eigentlich jedem sofort ins Auge springen sollte: Mit der den großen Polizisten eigenen Kraft der Logik hatte der Dicke soeben blitzartig erkannt, weshalb er in Ungnade gefallen war. Wenn er, Kommissar Vieuchêne, der beste Polizist in ganz Frankreich, nicht für würdig befunden worden war, ins Paradies der Bullen Eingang zu finden, dann einfach deshalb, weil seine beiden Sklaven, Borniche und Hidoine, schlechte Arbeit geleistet hatten.
Dabei hatte ich mich weiß Gott abgerackert!
»Eine Polizei ist stets so gut wie die Spitzel, über die sie verfügt«, hatte mich der Dicke gelehrt, der trotz seiner Sucht nach Beförderung und Auszeichnungen immerhin ein ausgezeichneter Polizist ist.
Ich war auf die Jagd gegangen. Als Gangster verkleidet verkehrte ich in übel beleumundeten Kneipen, scheuchte die Nutten in den Absteigehotels auf und »verkaufte« an schmierigen Theken Aufenthaltsverlängerungen an kleine Gauner, denen Paris ans Herz gewachsen war.
»Jeder Spitzel muß euch wie ein Jagdhund eure Beute zu Füßen legen«, hatte mich der Boß gelehrt.
Und ohne Revolver und ohne Handschellen, lediglich mit Hilfe eines kleinen Schlags auf die Schulter und des berühmten Satzes: »Polizei, es ist aus mit dir«, hatte ich die Unterwelt um rund 200 ihrer Statisten gebracht.
Die Menge allein machts nicht. Und obgleich ich auf eine ganz stattliche Anzahl von »Köpfen« herabschauen konnte (so nennen nämlich die Polizisten mit ihrem unvergleichlichen Sinn für bildhafte Abkürzungen die von ihnen festgenommenen Verbrecher), hatte man den Dicken gewogen und für zu leicht befunden. Der erste »Kopf«, der ihm in seiner persönlichen Sammlung fehlte, war jener von Emile Buisson, genannt »Monsieur Emile«, dem untersetzten Mörder mit den schwarzen Augen, der die bedauerliche Neigung zeigte, Paris mit Chicago zu verwechseln. Der zweite, der noch um vieles begehrenswerter, noch um vieles berühmter und berüchtigter war, gehörte René Girier, genannt »Spazierstock-René«, dem ungekrönten König der Raubüberfälle. Giriers aufsehenerregende Coups, wahre Wunder an unerschrockenem

Mut und besonnener Intelligenz, ließen sich kaum noch zählen. Die Namen, mit denen die verblüffte Presse ihn bedachte, reichten von »der gefährlichste Verbrecher«, »der intellektuelle Gangster«, »der König der Ausbrecher« bis zu »der sympathische Räuber«.
»Laßt die Spitzel los!« schrie der Dicke und schlug mit seinen fetten Fäusten auf die Tischplatte seines polierten Eichenschreibtisches.
Aber wir hatten kein Glück. Diesmal brachten uns unsere Spitzel nichts ein. »Monsieur Emile« handelte nach einem sehr einfachen, aber klugen Prinzip: »Ich spreche nur mit Gott«, pflegte er zu sagen, »denn der verpfeift einen wenigstens nicht.« Und von dieser sehr persönlichen Auslegung biblischer Gebote ausgehend, brachte er seine Komplizen kaltblütig um. Girier dagegen arbeitete nur mit »Kollegen«, die sein volles Vertrauen besaßen, oder mit Typen, auf die kein Mensch kommen konnte, um die Meute der Polizei so richtig zu jagen.
Der Dicke verzeiht mir seine Niederlage nicht. Das spüre ich genau. Ich bin nicht mehr sein kleiner Borniche aus früheren Zeiten. Wenn er kann, geht er mir im Hause aus dem Weg. Kein freundschaftliches Geplauder mehr, keine Aperitifs im Deux Marches, der Kneipe in der Rue Gît-le-Cœur, die Victor, dem Korsen, gehört, keine langen Gespräche. Nur noch kurze kühle Hausmitteilungen, die lediglich Dienstliches betreffen.
Es ist nur noch eine Frage der Zeit, und mir geht es an den Kragen. Ein Wort gegenüber dem Leiter der Kriminalabteilung, Georges Valantin, der aus dem Süden stammt, und schon versetzt man mich zu einer unserer Dienststellen in einer hübschen Grenzstadt, Modane oder Maubeuge, wo ich jede Menge Zeit haben werde, die Lokomotiven in den Rangierbahnhöfen zu beobachten.

Kommissar Vieuchêne sitzt hinter seinem Schreibtisch und studiert die beiden Schreiben, die vor ihm liegen. Währenddessen stehe ich nachdenklich an dem Schiebefenster, das auf den grünen Garten des Ministeriums hinausgeht. Das Schweigen im Zimmer wird nur durch das Zwitschern der Vögel unterbrochen und das gedämpfte Geräusch der Autos vom Faubourg Saint-Honoré her. Vieuchêne hält mir die beiden Schreiben hin. Mit gerunzelter Stirn und vorwurfsvollem Blick schaut er zu mir auf.
Das erste Schreiben ist der Bericht, den die Polizeipräfektur jeden Tag dem Ministerium zur Information übermittelt. Irgendwie hat der Dicke es fertiggebracht, diese Quelle anzuzapfen. Auf diese Weise ist er über die Tätigkeit des Quai des Orfèvres auf dem

laufenden, den er aus unerfindlichen Gründen als seinen persönlichen Feind betrachtet.
Der Bericht enthält das Ergebnis der Untersuchung Kommissar Clots von der Konkurrenz bezüglich eines Raubüberfalls auf einen Geldtransport der Post, der am 22. Juni auf dem Boulevard Jourdan stattfand. In ein paar Sekunden wurden mehrere Millionen erbeutet. Die Fingerabdrücke auf der Windschutzscheibe des gestohlenen Wagens, die der polizeiliche Erkennungsdienst fand, führten zur Identifizierung des Chefs der Bande: René Girier.
Ich fange vor Aufregung an zu schwitzen. Kaum drei Monate ist es her, daß René Girier aus der Haftanstalt von Pont-l'Evêque ausgebrochen ist, und schon macht er wieder Schlagzeilen. Wenn die Kripo ihn jetzt schnappt, stehen wir von der Sûreté ganz schön dämlich da. Wir, d. h. der Dicke und ich!
Vieuchêne durchbohrt mich gerade mit seinen Blicken. Ich weiß genau, was er denkt. Er macht mich schlicht und ergreifend für diese Situation verantwortlich. Wenn Girier der Kripo ins Netz geht, werden einige Namen für längere Zeit von den Beförderungslisten gestrichen werden.
Das zweite Blatt ist ein Telegramm auf durchsichtigem Papier, ein höchst offizielles Dokument aus dem Ministerium. Abgesandt wurde es am 2. August 1949, um 12 Uhr 10, vom Leiter der Ortspolizei in Rouen.
Der Text ist kurz und bündig.
»Informieren Sie von Raubüberfall auf Juwelierladen Van Cleef in Deauville, verübt von maskierten Tätern, heute 11 Uhr 40. Stop. 100 Millionen erbeutet. Stop. Beamte der hiesigen Polizei führen erste Ermittlungen durch. Ende.«
Ich fange an, mir zu überlegen, welche Verbindung zwischen diesen beiden hold-ups bestehen kann. Aber mir fällt dazu nichts ein. Gerade will ich die beiden Papiere wieder zurücklegen, als der Dicke mich dabei unterbricht:
»Nein, nein, behalten Sie sie. Ordnen Sie sie in Giriers Akte ein. Ich hoffe nur für Sie, daß er nicht den Coup von Deauville inszeniert hat!«
Ich habe Mühe, diesen Schlag zu verdauen. Und schlucke immer noch, als Vieuchêne fortfährt:
»Ich habe dort unten gleich angerufen. Die Beschreibung von einem der Räuber trifft ganz gut auf Spazierstock-René zu. Außerdem kennt er die Gegend bestens. Wann fahren Sie ab?«
Ich habe nichts zu sagen, ich kann nur noch gehorchen. Mit einem kurzen Nicken verabschiedet mich der Dicke. Als ich gerade aus der

Tür gehen will, brummt er hinter mir her:
»Sie wollten doch in Ferien fahren. Na, sehen Sie, jetzt können Sie es.«

3

In Lisieux, einem Bahnhof, der noch die Spuren des letzten Krieges trägt, steige ich aus dem D-Zug Paris–Cherbourg aus. Ich hatte schon gedacht, die Fahrt würde nie aufhören. Eingepfercht in einem 2. Klasseabteil, hockte ich zwischen dem Fenster und einem roten Strohkorb, der zu einem weiblichen Drachen gehörte, der drei brüllende Blagen in Matrosenanzügen verhätschelte. Kaum hatte der Zug den Bahnhof Saint-Lazare verlassen, als sie damit begann, ihre Sandwiches auszuteilen, und ich mich gegen den Ansturm von Fettfingern auf meiner frisch gebügelten Flanellhose wehren mußte. Von der Kinderschar befreit, warte ich jetzt auf meinen Anschluß.
»Entschuldigen Sie, auf welchem Gleis geht der Zug nach Deauville?«
Der Bahnbeamte deutet auf drei winzige Waggons, die auf dem Bahnsteig gegenüber, hinter einer alterschwachen, pfeifenden und zischenden Lokomotive stehen. Ich springe über Koffer, Einkaufsnetze voll mit Krabben, Kindereimer und Schaufeln. Ich renne eine Horde Camper mit Rucksäcken um, bahne mir einen Weg zwischen Matronen in blumengemusterten Sommerkleidern hindurch und schwinge mich schließlich in ein überfülltes Abteil, in dem ich während der ganzen Fahrt am Fenster stehen muß.
Der Bummelzug schlängelt sich durch das Touque-Tal, in dem es nach Schlick und Fischen riecht. Das Meer ist noch weit entfernt, aber es kommt mir so vor, als müßte es gleich hinter der nächsten Wegbiegung auftauchen. Plötzlich erinnere ich mich wieder, wie ich als Kind einmal an einem Sommertag in Le Touquet gewesen bin, über den Sand rannte und in den Wellen herumplanschte, in der berauschenden Gewißheit, Robinson Crusoe zu sein. Ich war damals 10. Heute bin ich 30. Ich habe seither das Meer nicht wieder gesehen...
Als das vorsintflutliche Ungeheuer mit einem gräßlichen Kreischen auf dem Bahnhof von Pont-l'Evêque stehenbleibt, zeigt die Bahnsteiguhr 11 Uhr. Sie stand auch schon auf 11 Uhr, als ich vor fast genau fünf Monaten hier ausgestiegen war – in der Stadt, die Girier auf höchst außergewöhnlichen Wegen verlassen hatte –, um hier

meine Nachforschungen anzustellen. Heute ist der 3. August, damals war der 4. April. Ich werde mich mein Leben lang an meine Bekanntschaft mit dem fröhlichen Gefängnis erinnern.

Im »Baedeker« der Haftanstalten ist das Gefängnis von Pont-l'Evêque nicht mit einem Stern ausgezeichnet. Es ist nur ein drittklassiges Etablissement: 25 Strafgefangene, 5 Wärter und zwei Werkstätten, in denen Netze für Kinderbälle geknüpft werden. Dennoch wird es, dank seinem Direktor, Ferdinand Bonal, einem echten Original als Kerkermeister, sich in ein paar Monaten allgemeiner Berühmtheit erfreuen.

Für Ferdinand ist eines heilig, das ist der Aperitif. Er ist geradezu zu einer Institution geworden, bei der – gleichsam als Ordensregel – Pünktlichkeit und Überfluß zu beherzigen sind. Nach 17 Jahren quasi im Knast hat der brave Mann einen ungeheuren Horror vor Aufsicht, Disziplin und Verwaltungsarbeit bekommen. Fast ebenso stark wie eine Vorliebe für den Pernod. Seit Kriegsende hatte sich die Zahl der Gefangenen nämlich vervierfacht, während die Zahl der Wärter die gleiche geblieben und der Papierkrieg immer schlimmer geworden war. Ferdinand, mit verglastem Blick, purpurroten Wangen, ein gutmütiger Polterer, ließ den Dingen ihren Lauf. Die Kneipe war ihm lieber als sein Büro und so ging das Gefängnis der Katastrophe entgegen.

Glücklicherweise sind einige von Ferdinands Schäfchen Männer, die sich zu helfen wissen. Es sind Experten in Urkundenfälschung unter ihnen, in Unterschlagung, Betrug, Hehlerei und Hochstapelei. Sie nehmen die Leitung des Gefängnisses in ihre bewährten Hände. Ferdinand atmet auf.

Soviel Aufopferung verdient eine Belohnung. Mit den Frauen fängt es an. Das Sprechzimmer der Anwälte verwandelt sich in eine Junggesellenbude. Besorgt um den Komfort seiner Gäste, gestattet Ferdinand es, daß auch ein Sofa aufgestellt wird, und weil bald die Nachfrage größer ist als die Möglichkeiten, wird den Paaren einfach eine Zelle zugewiesen.

Im Winter veranstaltet man innerhalb der Mauern Feste. Die letzten Tanzschritte werden hier eingeübt. Ein Gastwirt aus der Gegend fährt Speisen und Getränke auf, und im nüchternen Speisesaal finden ausgelassene Zechgelage statt. Ferdinand und die Wärter sind die Ehrengäste und fühlen sich wie im Paradies.

Im Sommer, während der Hochsaison, öffnet Ferdinand die Tore. Die Gefangenen amüsieren sich in den Restaurants und Nachtclubs der Badeorte. Die einen benutzen ihren eigenen Wagen, der im Gefängnishof geparkt ist, die anderen den Bus oder den Zug. Es fehlt auch nicht an komischen Zwischenfällen. Ein junger Häftling, der von Polizisten wegen Geschwindigkeitsüberschreitung gestoppt wird, erwidert, daß er im Gefängnis von Pont-l'Evêque wohne. Mit Ferdinands Hilfe wird die Sache nicht weiter verfolgt. Ein Amtsrichter begegnet im Restaurant der Stadt dem Angeklagten, den er gerade verurteilt hat, in zärtlicher Begleitung. Ferdinand behauptet steif und fest, es handele sich um einen Doppelgänger.

In diesem fröhlichen Gefängnis hält Girier im März 1949 eines schönen Morgens seinen Einzug. Er war 1947 von Kommissar Clot geschnappt worden, nach seinem Ausbruch aus der Psychiatrischen von Villejuif, in die er sich hatte einweisen lassen, indem er den Irren spielte. Seine sogenannte Geisteskrankheit ersparte ihm 27 Jahre Gefängnis, die insgesamt auf 14 Verurteilungen beruhten, die sein Strafregister schmückten. Die Richter hatten ihn wieder auf freien Fuß gesetzt, aber ein Haftbefehl wegen eines Raubes in Polizeiuniform, der seit 1945 in Vergessenheit geraten war, führte ihn wieder ins Gefängnis von Pont-l'Evêque.

1945 war das Jahr, in dem Girier als Taschendieb arbeitete, wobei er seine Opfer unter ehemaligen Kollaborateuren und Schwarzhändlern suchte. Die Witwe Richard, die in der Nähe von d'Auge einen Bauernhof bewirtschaftet, hatte den Besuch eines angeblichen Inspektors einer landwirtschaftlichen Kontrollbehörde erhalten, der sie um 800 000 Franc Aktien und 200 000 Franc in bar erleichterte. Von ihr war Girier auf einem polizeidienstlichen Erkennungsfoto wiedererkannt worden, und so wanderte Spazierstock-René ins Gefängnis.

Girier erkennt sofort die Situation: Sein neues Gefängnis könnte von den Marx Brothers erfunden worden sein. Um hier herauszukommen, braucht man nur erhobenen Hauptes durch die Tür zu gehen. Und hier tritt nun seine besondere Persönlichkeit zutage. Natürlich wird er sich davonmachen, aber er will auf keinen Fall, daß Ferdinand durch seinen Ausbruch Ärger bekommt. Er muß also einen Weg zur Befreiung finden, der genügend Schwierigkeiten und Gefahr in sich birgt, um überzeugend zu wirken. Girier hat Sinn für den Humor seiner Lage: zum ersten Mal muß sich ein Experte in Gefängnisausbrüchen anstrengen, um Komplikationen zu erfinden. Nach ein paar Tagen merkt er, daß das gar nicht so leicht sein wird. Die Gleichgültigkeit und Schlampigkeit in der Gefängnisaufsicht komplizieren seine Pläne. Nach eingehenden Studien der Sitten im Gefängnis und unter Zuhilfenahme des spärlichen Restes alter Tradition trifft Spazierstock-René

seine Entscheidung.
Zuerst einmal das Werkzeug: ein Dachbalken von acht cm Durchmesser, den er in dem endlos langen Rohr des Eisenofens in der Werkstatt verstecken kann; zwei Blätter einer Metallsäge, die er in einem Werkzeugkasten gefunden hat und mit Leukoplast unter den Sprungfedern seines Bettes befestigt hat; und schließlich ein Gefährte, den er unter den jungen Galgenstricken rekrutiert, die zur Zwangsarbeit verurteilt waren.
Wie alle Gefängnisfenster sind die des Schlafsaals mit dicken Eisenstäben versehen. Man braucht nur ein oder zwei durchzusägen und sich fünf Meter tief bis auf das Fenstersims vor der Werkstatt herunterzulassen, die zum Innenhof hin liegt. Die Holzbalken sollen als Laufsteg dienen, über den er auf die Außenmauer gelangen will, die vier Meter vom Fenstersims entfernt ist. Das ist nicht viel und gleichzeitig enorm. Vier Meter weit auf einem Balken balancieren, der nur 8 cm breit ist, bedeutet ungefähr dasselbe, wie als Schlafwandler auf einem gespannten Seil über einen gähnenden Abgrund zu laufen. Ein spannendes Unternehmen, das aber auch die kritischste Überprüfungskommission befriedigen wird.
In diesem Gefängnis, in dem alles durcheinander geht, existiert nur eine strikte Regel: die abendliche Durchsuchung. Ferdinand hat Angst vor Feuer. Nicht irgendwelchen Ausbruchswerkzeugen dient die Suche, sondern Streichhölzern und Zigaretten. Bevor sie den Schlafsaal betreten, müssen die Gefangenen sich ausziehen und bis zum nächsten Morgen ihre Kleidung an der Tür lassen. Dann werden sie durchsucht. Girier und sein Gefährte haben jedoch eine Idee. Jeden Abend werden zwei Kübel in den Schlafsaal gestellt. Den einen waschen die beiden Komplizen sorgfältig aus und verstecken darin ihre Kleider, die sie mit Sand bedecken.

Ein Wärter hat gerade die Tür verschlossen. Girier schneidet die Drähte der Alarmglocke durch. Er ist mißtrauisch: aus Furcht vor Repressalien könnte vielleicht einer der Häftlinge heimlich Alarm schlagen. In ihrer Begeisterung darüber, einen echten Ausbruch mitzuerleben und überdies tief beeindruckt von der Persönlichkeit Spazierstock-Renés, fangen die Gefangenen an zu singen. Ihr lautstarker Chor überdeckt das Geräusch der Säge. Girier plagt sich mit den Eisengittern. Sein Kompagnon liegt inzwischen bäuchlings vor der Tür und paßt auf, daß keine Wache vorbeikommt.
Die Eisenstäbe sind ziemlich stabil. Zwei Stunden braucht René, um mit den ersten beiden fertig zu werden. Die Öffnung ist immer noch ziemlich eng: Schultern und Kopf gehen hindurch, aber die Hüften

bleiben stecken. Girier zieht sein Hemd aus. Er reibt sich seinen Körper mit Seife ein. Von den Gefangenen geschoben, kriecht er vorwärts, bis er Millimeter für Millimeter seine zerkratzten Hüften durch die Gitterstäbe gezwängt hat. Einen Augenblick hängt er so, mit dem Kopf vornüber, lediglich von den Füßen gehalten, über dem Abgrund, bis es ihm gelingt, sich mit letzter Kraft, keuchend und klopfenden Herzens wieder hochzuangeln und sich auf das Fenstersims zu setzen. Er schöpft erst einmal wieder Atem. Die zusammengebundenen Bettlaken, die er um einen Eisenstab gewikkelt hat, hängen an der Mauer herunter. Wie an einem Seil läßt er sich an ihnen bis zu dem Werkstattfenster herunter, wo bald auch sein etwas schmächtigerer Gefährte mit den Kleidern erscheint. Durch das offene Fenster springt Girier in die Werkstatt hinein und zieht sich hastig an. Er demontiert das Ofenrohr und holt den dort versteckten Holzbalken heraus, den er auf die Außenmauer legen will.
Eine Katastrophe: der Balken ist einen Meter zu kurz. Girier spürt die Angst hochsteigen. Einen Augenblick lang denkt er, daß man wirklich verrückt sein muß, um den Hang zum Artistischen so weit zu treiben, wo er doch nur durch die Tür hinauszuspazieren brauchte. Aber ihn reizen die Schwierigkeit und die Gefahr.
Die über ihm an einem Eisenstab des Schlafsaals befestigten Laken dienen ihm als Tau, um den Balken festzuhalten. Er schlingt sie um das eine Ende des Brettes, das er dann waagerecht so weit wie möglich vorwärts schiebt, über den leeren Raum hinweg. Die diagonal gespannten Laken helfen ihm, es zu steuern, und bilden gleichzeitig einen Halt. Damit der Balken ihm nicht wegrutscht, stellt er an der Fensterseite in einer Ecke der Mauer einen Sack Gips darauf, den er in der Werkstatt gefunden hat, und prüft mit dem Fuß, ob sein Werk jetzt hält. Oben drängen sich jetzt die anderen Gefangenen vor den vergitterten Fenstern und betrachten interessiert die letzten Vorbereitungen. Sie halten diese beiden Männer für komplett verrückt. Bestimmt werden sie das Gleichgewicht verlieren und sechs Meter tief in den Innenhof herabstürzen. Dennoch versuchen sie es nicht, sie davon abzuhalten, und warten fasziniert auf den unvermeidlichen Absturz.
Es ist 2 Uhr morgens. Pont-l'Evêque schläft, niemand kümmert sich um das Drama, das sich im Gefängnis abspielt.
Spazierstock-René wagt als erster den Übergang. Das geringste Ausgleiten kann für ihn tödlich sein. Der Balken, der trotz allem nicht genügend Halt hat, droht unter seinen Füßen hinwegzurutschen. Giriers Herz klopft wie wild. Seine Arme dienen ihm als

Balancierstange. Unter unendlichen Mühen gewinnt er einen Zentimeter, muß wieder stehenbleiben, schöpft Luft, geht weiter. Seine ganze Willenskraft ist auf das Ziel gerichtet, das er sich gesetzt hat. Er beißt die Zähne zusammen, geht ein kleines Stück vorwärts, hält wieder inne und setzt seinen Gang fort, ohne den Blick vom jenseitigen Ende des Balkens zu wenden, als ob für ihn nichts anderes mehr existierte als dieses Stück Holz, das unmerklich unter seinen Füßen hinweggleitet, einmal von links nach rechts, einmal von rechts nach links, jedesmal, wenn er versucht, einen Fuß vor den anderen zu setzen.

Plötzlich spürt er, daß er das Gleichgewicht verliert, daß der Balken unaufhaltsam wegzurutschen droht. Er hat eine allzu rasche Bewegung gemacht. Seine Arme schlagen auf und ab. Ein Bein schwebt in der Luft. Er versucht verzweifelt, den Balken wieder in die Mauerecke zurückzuschieben. Krampfhaft unterdrückt er einen Schrei. In einem letzten Reflex läßt er sich nach vorne fallen. Es gelingt ihm, mit seinen Fingern die Laken zu umklammern. Er hält sich an ihnen fest. Wie durch ein Wunder ist nun auch der Balken nach ein paar schaukelnden Bewegungen wieder in seine Ausgangsposition zurückgekehrt. Girier setzt den Fuß auf, findet wieder Halt, macht noch ein paar Schritte und springt. Er landet sicher auf der Betonmauer. Er holt erst einmal tief Luft, wischt sich mit dem Jackenärmel den Schweiß von der Stirn und setzt sich rücklings auf die Mauer. Seine Schenkel zusammenpressend, um nicht das Gleichgewicht zu verlieren, beugt er sich hinab in den Hof, bekommt das Ende des Balkens zu fassen und hält ihn mit beiden Händen fest.

Ein paar Minuten später gelingt seinem Gefährten der Übergang. Die beiden Männer blicken sich noch bleich vor Schrecken an, ein nervöses Zittern schüttelt sie, das sie nicht zu beherrschen vermögen. Nach dem, was sie soeben fertiggebracht haben, kommt ihnen der Sprung von 6 m Höhe, der sie noch von der Freiheit trennt, wie ein Kinderspiel vor. Sie drücken sich lange die Hand. Hier trennen sich ihre Wege. Renés Kumpan springt als erster. Girier sieht ihn im Dunkel verschwinden. Jetzt ist er an der Reihe. Er fällt auf die linke Seite, steht wieder auf, schüttelt sich, er ist unversehrt. Er überquert den schweigenden und verlassenen Marktplatz von Pont-l'Evêque, grüßt die Polizisten im Vorübergehen, steigt in den Wagen ein, der schon seit einigen Tagen auf ihn wartet, und erreicht Paris auf einer im voraus bereits festgelegten Route.

Am nächsten Morgen berichten die Zeitungen, wie er es vorhergesehen hat, groß und breit über seinen Ausbruch, aber Ferdinand macht sich keine Sorgen. Die Details dieser Flucht lassen das

Gefängnis von Pont-l'Evêque wie eine Festung erscheinen. Niemand hat eine Ahnung von der Mühe, die sich Spazierstock-René gegeben hat, um den Anschein zu wahren, und von den Gefahren, die er dabei riskiert hat. Es sollten noch ein paar Monate vergehen, bevor der Skandal ans Tageslicht kam, und das Strafgericht der Obrigkeit über Ferdinand hereinbrach.

4

»Hallo! Borniche!«
Als ich meinen Namen höre, blicke ich auf und sehe einen Mann in kurzärmligem Hemd und kurzen Hosen, der am Ende des Gleises hinter der Fahrkartenkontrolle eine Zeitung schwenkt. Eine Radrennfahrermütze und eine riesige Sonnenbrille verdecken das Gesicht, so daß ich nicht genau weiß, um wen es sich handelt. Ich bin in Gedanken immer noch bei Giriers Ausbruch von Pont-l'Evêque und überdenke die letzten Sätze des Dicken. Ganz automatisch richte ich ein kurzes Stoßgebet an den Gott der Polypen: Ach, wenn doch Girier nichts mit dem Coup von Arpels zu tun hätte!
Nachdem ich meine Fahrkarte abgegeben habe, streckt sich mir eine breite, feste Hand entgegen:
»Na, wie war die Fahrt?«
Fast sinke ich in die Knie, als die andere Hand mir mit einem Schlag, der freundschaftlich sein soll, halb die Schulter ausrenkt. Diese übertriebene familiäre Art überrascht mich: meine Reise sollte inkognito vonstatten gehen, und ich kenne niemanden in Deauville, wo ich überhaupt noch nie in meinem Leben war; während der Mann, der mich hier erwartet, mich offenbar gut zu kennen scheint. Für den Bruchteil eines Augenblickes überlege ich, ob vielleicht der Dicke in einem plötzlichen Anfall von Großzügigkeit einen Kollegen gebeten hat, mich hier zu empfangen. Aber angesichts des Aufzuges dieses Fremden vergesse ich diese Idee wieder.
Und da weiß ich plötzlich Bescheid. Diese Stimme, diese Schlagkraft sind nicht die eines Polizisten. Es ist Delpêche, der hier auf mich wartet. Delpêche, ein nicht gerade unbedeutender Journalist vom France-Soir. Ich weiß weder wie, noch von wem er etwas von meiner Ankunft erfahren hat. Jedenfalls ist er da.
Ich mag Delpêche. Er stammt aus Lothringen, ist blond, blauäugig, hat einen lebhaften Blick, ein sanftes Lächeln und geht unerschütterlich seinen Weg. Ich habe ihn nach dem Krieg kennengelernt. Ich fing gerade bei der Polizei an und kümmerte mich um eine Verbre-

cherbande, deren Anführer Pierrot le Fou und Jo Attia waren, und die die ganze Pariser Gegend unsicher machte. Delpêche interessierte sich für das gleiche Problem. Pierre Lazareff hatte ihn mit einer Reportage über die Gangsterkreise der Nachkriegszeit und unaufgeklärte Verbrechen beauftragt. Wir waren uns vom ersten Augenblick an sympathisch.

René Delpêche ist ein hervorragender Journalist. Er hätte einen ausgezeichneten Polizisten abgegeben. Er beherrscht die Kunst, Fragen zu stellen und Antworten zu registrieren, ohne daß sein Gesichtsausdruck das Geringste verrät. Kaum ist irgendwo etwas passiert, schon taucht er am Tatort auf, mit gerunzelter Stirn, aufmerksamem Blick und in die Stirn fallender Haarsträhne. Er sucht sofort das Wesentliche herauszufinden, schnüffelt herum, fragt die Leute aus, kehrt das unterste zu oberst. Eifersüchtige Kollegen flüstern untereinander, daß er sich etwas sonderbarer Methoden bedient, um ans Ziel zu gelangen. Einer seiner Bekannten behauptet sogar, daß er stets einen offiziellen Ausweis in seiner Brieftasche trägt, dem er bei besonderen Gelegenheiten die Polizeimarke hinzufügt, die ein Drucker für ihn hergestellt hat. In den Redaktionssälen hat man ihm den Spitznamen »Kommissar Delpêche« gegeben, und zum Scherz wird er auch oft so gerufen.

Im Augenblick hat der »Kommissar« gerade meinen Plastikkoffer ergriffen, in den Marlyse mir eine blaue Baumwollhose gepackt hat, ein Tennishemd, ein paar Leinenschuhe und drei Taschentücher. »Falls du dir den Schnupfen holst, Liebling. Ich habe dir auch noch eine Schachtel Aspirin und Hustensaft dazugepackt...« Hustensaft! Marlyse liebt nur die sonnigen Gefilde, und da sie für die neblige Normandie keine besondere Vorliebe hat, hat sie diesmal ausnahmsweise kaum protestiert, als ich alleine losgefahren bin.

Vor dem Bahnhof wartet ein Wagen, der in Paris zugelassen ist, mit einem Mann am Steuer, der mir nicht die geringste Aufmerksamkeit schenkt. Durch das heruntergekurbelte Fenster wirft Delpêche den Koffer auf den Rücksitz und befiehlt:

»Ins Florian.«

Schweigend fährt der Chauffeur an, und der Wagen verschwindet um die Ecke. Delpêche nimmt meinen Arm, zieht mich in Richtung der Brücke, die über die Touques führt und Deauville mit Trouville verbindet. Und beim Gehen fragt er mich ganz beiläufig:

»So, so, du bist also hierher gekommen, um Girier zu schnappen?«

Ich bleibe verblüfft stehen und starre ihn an.

»Ja warum solltest du denn sonst hierher gekommen sein? Der Raub

bei Van Cleef macht ganz schöne Schlagzeilen!«
Es hat wenig Zweck zu leugnen. Meine Reise hierher ist zu offensichtlich. Bei Delpêche verfangen auch irgendwelche Tricks nicht.
»Nachdem du sowieso schon alles weißt«, erwidere ich, »na schön, es stimmt. Aber ich bin lediglich hier, um mir ein paar Informationen zu verschaffen. Die Ermittlungen stellt selbstverständlich die Kripo von Rouen an.«
Delpêche baut sich vor mir auf, schweigt einen Augenblick, schaut mich aufmerksam an und erwidert dann grinsend:
»Wer's glaubt, wird selig!«
Und dreht sich um und läuft weiter. Ich folge seiner kräftigen Gestalt und bewundere die Landschaft unter diesem Himmel, der von Corot hätte gemalt sein können. Delpêche bleibt erneut stehen und dreht sich um:
»Wir gehen ins Florian. Ich habe Himmel und Hölle in Bewegung gesetzt, um noch ein Zimmer für dich zu finden. Denn im August in Deauville ... !«
Er ist riesig stolz auf sich. Als guter Journalist hat er mir einen Dienst erwiesen. Und als guter Polizist darf ich ihm allerdings nicht allzu dankbar dafür sein. Wir gehen am Fluß entlang. Als wir an der Gendarmerie vorbeikommen, murmelt Delpêche:
»Die Beamten hier haben gute Arbeit geleistet! Bereits zwanzig Minuten nach dem Überfall hatten sie überall Straßensperren aufgestellt. Bravo!«
Er zieht an seiner Zigarette und geht in Gedanken weiter. Er brütet ganz offensichtlich über einem Plan.

Das Hotel Florian liegt gegenüber dem Casino in der Rue de la Plage. Delpêche winkt mir kurz zu.
»Bis gleich. Um halb eins in der Bar des Planches!«
Das Zimmer, das er für mich reserviert hat, ist nicht gerade luxuriös. Es geht auf einen ziemlich dreckigen Innenhof hinaus, in dem ein paar streunende Katzen sich um die Fischreste balgen, die sie aus einem Mülleimer gefischt haben. Der Kleiderschrank mit einem Spiegel ist riesig, jedenfalls in Anbetracht meiner Sachen. Während ich auspacke, denke ich an Marlyse. Ich verstecke Giriers Akte, die ich mitgenommen habe, zwischen der Wäsche und schließe die Schranktür ab. Dann ziehe ich mich rasch um.
Zehn Minuten später treffe ich in der Bar des Planches Delpêche, der bereits an einem Tisch sitzt und einen Aperitif vor sich stehen hat. In meinem kurzärmligen Hemd und der hellen Hose fühle ich mich schon sehr viel wohler und wirke nicht mehr so wie frisch aus der

Stadt importiert. Delpêche hat ein paar Lokalzeitungen vor sich liegen. Als er mich hereinkommen sieht, schiebt er seine Sonnenbrille hoch und zieht für mich einen Stuhl heran.

»Nun?«

Diese Frage habe ich gestellt. Delpêche nimmt einen kleinen Schluck und schnalzt mit der Zunge und sieht mich an.

»Na ja«, erwidert er, »die haben kein schlechtes Ding gedreht. Wenn sie einen guten Hehler haben, dürften sich die Typen bestimmt nicht langweilen.« Dann kommt er wieder auf seine erste Frage zurück:

»Wann glaubst du, kannst du dir deinen Girier schnappen? Meiner Ansicht nach ist er immer noch hier in der Gegend.«

Ich kann es einfach nicht fassen. Dieses krankhafte Interesse an Girier, diese Hartnäckigkeit, mit der ihm jeder einigermaßen spektakuläre Überfall in die Schuhe geschoben wird, erinnern mich an den Dicken; scheinbar färbt der Titel »Kommissar« selbst als Spitzname auf die ab, die ihn tragen.

Delpêche wartet meine Antwort nicht ab. Er setzt seine Sonnenbrille ab, legt sie auf den Tisch, betrachtet mich ernsten Blickes und sagt:

»Hör zu, laß uns aufhören, Katz und Maus zu spielen. Ich verrate dir, was ich weiß, und du gibst mir dafür rechtzeitig einen Tip, wenn du Girier festnimmst, so wie bei Pierrot le Fou. Einverstanden?«

»Einverstanden«, erwidere ich, nicht besonders überzeugt.

Delpêche lehnt sich in seinem Stuhl zurück.

»Stell dir vor«, beginnt er seinen Bericht, »als ich gestern mit Duruy von der Ortspolizei sprach, habe ich erfahren, daß Girier vor ein paar Tagen in Deauville war.«

»Ach«, erwidere ich, mit einer um so nachdrücklicher geheuchelten Gleichgültigkeit, als die Information mich fast vom Stuhl haut.

»Ja. Die Besitzerin des Hotels Ariana in Trouville glaubt, ihn nach den Fotos wiederzuerkennen. Er soll bei ihr kurz vor dem Raubüberfall gewohnt haben.«

Nur mit Mühe bewahre ich meine Kaltblütigkeit. Diesmal bin ich geliefert. Der Dicke hatte recht, Spazierstock-René war hier. Bereits einen Tag nach dem Postraub vom Boulevard Jourdan kam er seelenruhig herspaziert, um den Coup von Deauville vorzubereiten.

Selbst einem Bullen fällt es nicht leicht, die Gangster zu begreifen. Für sie besteht das Leben einzig und allein in einer Art grausamen Spiels, dessen unveränderliche Regeln alle möglichen Kombinationen von der Geburt bis zum Tod umfassen. Die Waghalsigkeit scheint mir Giriers bezeichnendster Charakterzug zu sein. Sie drückt sich in seinen Taten, seinen Leidenschaften, seinen Gedanken aus. Emile Buisson, mein alter Feind, ist gefährlich, aber er überrascht nicht. Trotz seines blutrünstigen Rufs ist »Monsieur Emile« im Grunde genommen nur ein Hilfsarbeiter des Gangsterhandwerks, ohne die geringste Phantasie selbst bei seinen Morden. Girier dagegen ist ein einfallsreicher Stratege, der stets bereit ist zu improvisieren. Man spricht heute dauernd – von Marlyse höre ich überhaupt nichts anderes mehr – vom »new look«. Christian Dior verlängert die Röcke, hebt die Brust, betont die Taille. In der Reihe kaltblütiger und zu allem entschlossener Männer, die seit Kriegsende die Gangsterwelt bevölkern, ist Girier offenbar, so fürchte ich, der »new look« der Verbrecher.

»Wie wär's, wenn wir Mittagessen gingen?« schlägt Delpêche vor. »Kennst du die Sole normande?«

Ich kenne sie natürlich nicht. Delpêche ruft den Kellner, setzt seine Brille wieder auf, faltet seine Zeitungen zusammen, steckt sie unter den Arm und steht auf. Ich folge ihm.

Ein paar Minuten später sitzen wir auf der Terrasse des Restaurants gegenüber dem Casino. Es herrscht reger Betrieb in Trouville. Die Mädchen sind bemerkenswert hübsch, und die Bikinis, die sie unter ihren Strandkleidern tragen, verbergen nicht viel von ihren Formen. Ein würdiger Oberkellner verbeugt sich, nimmt die Bestellung entgegen. Der Getränkekellner naht. Delpêche sieht mich an.

»Wie wär's mit Champagner zum Essen?«

Ich habe eine Vorliebe für Champagner, aber mein Inspektorengehalt, selbst zuzüglich der bescheidenen Spesenrechnungen, erlaubt mir höchstens von Zeit zu Zeit an einem Glas zu nippen, an den glücklichen Tagen, an denen meine Ermittlungen mich in die schicken Bars in der Gegend der Champs-Elysées führen, wo die High Society der Unterwelt verkehrt. Delpêche bemerkt meinen sehnsüchtigen Blick. Und als Mann von Welt bestellt er:

»Champagner, Krug, extra trocken.« Er wendet sich an mich: »Das ist der beste.«

Ich nicke. Ich fühle mich bereits leicht euphorisch. Paris, Marlyse, das Büro, der Dicke, all dies ist weit entfernt.

»Sag mal«, sagt plötzlich Delpêche, »in dem Van-Cleef-Fall ist mir eins nicht ganz klar: die Gewalttätigkeit, die Beschimpfungen und das Herumschreien. Das sieht Girier so gar nicht ähnlich.«

Ich lande wieder in der Wirklichkeit. Delpêche hat recht. Im allgemeinen operiert Girier auf sehr viel geräuschlosere, fast katzenhafte Art, und seine völlig verblüfften Opfer erinnern sich

später höchstens noch an ein falsches Fahrzeugkennzeichen. Es sei denn, daß diese übertrieben gewalttätige Art diesmal ebenfalls eine Maskerade ist. Ich nutze die Gelegenheit und versuche noch ein bißchen mehr zu erfahren:
»Bist du denn sicher, daß die Hotelbesitzerin Girier wirklich wiedererkannt hat?« bemerke ich mit Unschuldsmiene.
»Ihr habt aus Spazierstock-René einen solchen Star gemacht, daß die Leute meinen, ihn überall zu sehen. Das ist der Preis des Ruhms.«
Aber meine Ausführungen berühren Delpêche nicht im geringsten. Er will etwas über Girier hören. Einzig und allein Girier interessiert ihn.
»Na, und Blonville?« erwidert er.
»Was ist mit Blonville?«
»Das ist ein kleines Dorf in Richtung Caën, ein paar Kilometer von hier. Dort haben sie die Wagen gewechselt. Und nun sag mir, was hatte Girier dort zu suchen, zusammen mit einer schicken Mieze? Einer der Zeugen ist völlig sicher: groß, schlank, blond. Er ist in einem Sportwagen weitergefahren. Die drei anderen standen noch neben dem verlassenen Citroen, und eben dieser Zeuge denkt auch, daß sie die Schmuckkästen in den Teich geworfen haben. Man will noch danach tauchen.«
Der Ring wird enger. Wenn es wirklich Girier war, dann ist die Frau bestimmt hübsch, die Mätressen des »sympathischen Gangsters« sind eine verführerischer als die andere, als ob der Anziehungskraft dieses Verbrechers nur eine ebenso große, ebenso geheimnisvolle und überwältigende Ausstrahlung entsprechen kann.
Delpêches Stimme reißt mich aus meinen etwas schlüpfrigen Phantasien.
»Also, was hast du vor?«
Ich zucke die Schultern.
»Ich weiß nicht«, erwidere ich. »Diesen Coup könnten ein Dutzend Typen organisiert haben. Übrigens, ob er's nun war oder nicht, Girier wird ja auf jeden Fall wegen des Postraubs gesucht.«
Ich habe das alles nicht besonders überzeugend vorgebracht, denn in meinem Innersten glaube ich nicht mehr so felsenfest an Giriers Unschuld. Ein Detail hat mich überrascht: der Regen. Im ersten Augenblick hatte ich an einen bloßen Zufall gedacht, eine reine Koinzidenz. Jetzt frage ich mich, ob nicht der Regen in den Plänen des Anführers eine elementare Rolle spielte, d. h. ob dieser nicht geduldig gewartet hat, bis es regnet, um grünes Licht zu geben. Ich kann mir recht gut vorstellen, wie Girier sich irgendwo in der

Gegend mit seinen drei Komplizen versteckt hält und jeden Tag den unerträglich klaren, blauen Himmel nach dem Auftauchen der ersten Wolken absucht. Das Risiko wäre an einem sonnigen Tage größer gewesen, wenn die Straßen voller Menschen, die Läden überfüllt gewesen wären und die Polizei dem Casino und den großen Hotels eine Sonderüberwachung hätte angedeihen lassen. Mit einem Regentag zu spekulieren, sieht Girier durchaus ähnlich. Und, wie bereits der Dicke bemerkte, wer kennt Deauville besser als er? Im März 1945 hat sich Girier hier mit Hilfe eines Strohmannes ein Hotel gekauft. Er hat sich dort zunächst mit seiner jungen Frau Marinette niedergelassen, die ihn seit fünf Jahren bei seinen tollsten und gefährlichsten Abenteuern stets begleitet. Nicht etwa, daß Girier seine Tage als Hotelbesitzer beenden möchte, sondern weil man mehr und mehr vom Umtausch der Geldnoten spricht. Er möchte nicht gern, daß seine plötzlich zu Makulatur werden. Übrigens wurde das Hotel bald zu einem berüchtigten Treffpunkt für Schwarzhandel und galante Abenteuer. Girier hatte sogar vor, im Souterrain ein Kino mit Pornofilmen zu eröffnen, speziell für die Schwarzmarktbosse unter seinen Gästen, die er besonders gerne rupft. Er empfängt sie, ganz Grandseigneur, mit kühlem Lächeln und einem ganz verächtlichen Ausdruck im Blick, zusammen mit seiner entzückenden, stets gelassenen Frau, die sich in dieser Talmiwelt mit der gleichen Sicherheit bewegt wie in Gangsterkreisen, mit der ihr eigenen ruhigen Würde, die sie stets an den Tag legt, sei es nun bei La Roquettes oder Maxims, an einer Theke auf dem Montmartre oder bei einem Couturier. Sie ist der lebendige Beweis für die erstaunliche Anpassungsfähigkeit verliebter Frauen. Nur leider entschloß sich die Stadtverwaltung, nachdem Girier kaum drei Monate sein Hotelgewerbe betrieb, ab sofort den Aufenthalt am Strand zu verbieten. Trotz der zahlreichen Schilder mit einem Totenkopf forderten die Minen zu viele Opfer. Der Côte d'Azur kam dieses Verbot sehr zustatten. Die Hotels von Deauville leerten sich. Spazierstock-René, der sein gesamtes Vermögen in dieses Hotel gesteckt hatte, greift wieder zu Gummiknüppel und Pistole...

Ist dieser Überfall auf den Juwelierladen für ihn nicht ein spezielles Mittel, um sich sein Geld wiederzuholen, das er 1945 in Deauville verloren hat? Sozusagen eine Art ausgleichende Gerechtigkeit, ein etwas zweifelhafter Humor, der sich jedoch bezahlt macht...?

Der Kellner hat die Flasche Champagner gebracht, Delpêche gießt mir ein, füllt sein eigenes Glas und stößt mit mir an:

»Auf deine Gesundheit«, sagt er. »Und eine gute Jagd!«
Nachher, beim Kaffee, fragt mich Delpêche mit halb geschlossenen Augen, leicht rosigen Wangen – vermutlich ebenso wie die meinen –, und streckt dabei die Beine bequem aus:
»Sag mal, kennst du diesen Girier wirklich so gut?«
Mit einem Mal ist der Zauber gebrochen. Und ob ich Girier kenne! Mit vom Zigarettenrauch brennenden Augen habe ich ganze Abende damit verbracht, die staubigen Akten der Sûreté zu wälzen, um mir ein Bild von seinem Leben zu machen, seine Gewohnheiten kennenzulernen, seine Bekannten, seine Mätressen und seine Freunde. Früh morgens eilte ich zur Omnibushaltestelle und verbrachte meinen Tag damit, die Archive vom Quai des Orfèvres durchzustöbern, in der Hoffnung, daß unsere Konkurrenten von der Kripo über etwas mehr Material verfügten als wir; mittags schlang ich hastig ein Sandwich herunter, und trotz Marlyses grimmiger Vorwürfe nahm ich meine nächtlichen Kneipenausflüge wieder auf, um herumzuhorchen, was man so in einschlägigen Kreisen über Girier erzählte. Ich könnte Delpêche dies alles erzählen, ihm von dieser Jagd berichten, die sich bei mir fast zur Besessenheit steigerte, aber wie könnte ich ihm das Wichtigste eingestehen, nämlich, daß der Jäger für sein Wild plötzlich Freundschaft empfindet, daß der Girier, den ich im Verlauf all dieser Tage und all dieser Nächte entdeckt habe, mich mehr fasziniert als irgendein anderer Gangster. Nie habe ich etwas ähnliches empfunden, als es sich um Emile Buisson oder Pierrot le Fou handelte, bornierte und unverbesserliche Mörder, die mich im Grunde genommen, wenn erst einmal das Jagdfieber vorbei ist, gar nicht mehr interessieren. Aber Girier ist anders. Wir sind etwa gleich alt, und ich glaube ihn zu verstehen. Hätten wir uns kennengelernt, als wir noch jünger waren, wären wir vielleicht Freunde geworden. Wenn er im Leben ein bißchen mehr Glück gehabt hätte, könnte er jetzt dort stehen, wo ich stehe, hätte ich seine Jugend gehabt, stünde ich jetzt vielleicht an seinem Platz...

5

René Girier, alias René Motton, Claude Parisis, Jacques Dubreuil, Michel Poncelet. René Girier, der eine ganze Liste von Pseudonymen besitzt, die er je nach Lust und Laune benutzt, ist gerade 30. Er war Einbrecher, inszenierte Raubüberfälle, war Bandenchef. Während der Besatzungszeit wurde er von der französischen Polizei

verhaftet, von der deutschen gejagt und von der Gestapo gefoltert. Er kennt die düsteren Kerker von Cherche-Midi, die kargen Zellen von Compiègne, die Angst vor der Deportation. Er sprang unter Maschinengewehrfeuer vom Zug des Todes, um den Gaskammern der Nazis zu entgehen. Er spielte den falschen Polizisten, den falschen Widerstandskämpfer, den falschen Geistlichen mit derselben Leichtigkeit, die es ihm gestattete, auch den Mann von Welt zu spielen. Er liebt die Frauen, er gefällt den Prostituierten ebenso gut wie den jungen Mädchen aus guter Familie, den Damen aus der Gesellschaft wie den kleinen Sekretärinnen. Obwohl er in den Bordellen oder den Dienstmädchenkammern völlig zu Hause ist, liebt er den Luxus, das süße Leben. Er kleidet sich mit raffinierter Eleganz, fährt einen Sportwagen und pflegt mit der Gleichgültigkeit dessen zu reden, der sich seinen Lebensunterhalt nicht verdienen muß.
Und dennoch hat dieser verwöhnte, von Mätressen umschwärmte Mann, den man in den Nachtclubs en vogue trifft, auf dem Sattelplatz der Pferderennen, in den besten Restaurants, und der der Polizei ständig ein Schnippchen schlägt, keine glückliche Kindheit gehabt.
Er hat überhaupt keine Kindheit gehabt.

1934 ist René Girier ein Kind wie jedes andere. Er ist fast fünfzehn. Er ist am 9. November 1919 in Ouillins geboren, einem kleinen Vorort von Lyon, wo sein Vater, ein großer, drahtiger, rauher und hartherziger Mann, als Werkchef im Eisenbahndepot arbeitete. Seine Frau, eine geborene Bouvard, ein sanftes, blasses Wesen, trägt in ihren Zügen die ergebene Einsamkeit einer Todkranken. Sie hat Brustkrebs.
Die Krankheit schreitet rasch voran. René kommt in ein Internat in Montluel, nicht weit von Bourg-en-Bresse. Er ist von einer einzigen Idee besessen: seine Mutter wiederzusehen. Er reißt aus. Beim zweiten Fluchtversuch hagelt es Schläge, und er wird mit Polizeigewalt ins Internat zurückgebracht. Er bleibt zwei Jahre dort.
Mit zwei Monaten Abstand stirbt seine Mutter, dann seine Schwester. Das Internat ist teuer. René wird nach Charpey, auf den Bauernhof seines Onkels gebracht, der sich aus den Kolonien hierher zurückgezogen hat und ebenso hartherzig ist wie sein Bruder. René langweilt sich. Er wäre lieber in Lyon, wo seine Tante mütterlicherseits Kinder in seinem Alter hat und einen Hund, der seine Schnauze an ihm reibt und ihn beleckt, sobald er ihn sieht.
Er hat Heimweh. Im Schubfach eines Schrankes liegt ein blaugrü-

ner 10 Francschein. Das ist mehr als genug, um nach Lyon zu fahren, auf der Suche nach ein wenig Zärtlichkeit. René nimmt das Geld, läuft querfeldein über die Äcker, nimmt den Autobus. Als er wieder zurückkommt, ändert sich das Bild. Zwei barsche Gendarmen schnappen ihn in Valence, als er gerade aus dem Autobus steigt. Man setzt ihn hinter Schloß und Riegel. Auf Veranlassung seines Bruders stellt der Onkel Strafantrag.
Der Verhandlungstag naht. Vater Girier ist gekommen und steht aufrecht vor den Richtern. Nicht einen einzigen Blick schenkt er seinem Sohn, der auf der Anklagebank auf ein gutes Wort wartet.
»Herr Richter, dieses Kind ist vom Laster gezeichnet. Das Gefängnis wird ihm guttun.«
Der Richter, der Staatsanwalt sind überrascht. Die Beisitzer schauen sich fragend an. René glaubt, nicht recht gehört zu haben. Nach der Verhandlung wird er doch mit seinem Vater nach Ouillins zurückkehren, in das Haus seiner Mutter, seiner Schwester... Anders kann es doch gar nicht sein. Das ist doch sicher.
»Herr Richter, ich hab's mir reichlich überlegt, ihm kann nur noch mit eiserner Disziplin geholfen werden.«
»Na schön«, sagt der Richter etwas fassungslos, »wenn Sie es unbedingt wollen!«
René begreift nicht. Bestürzt wandert sein Blick von dem Mann in langer schwarzer Robe, der über ihm thront, und dem, der ihn soeben ohne eine hilfreiche Geste aus seinem Leben gestrichen hat.
Was nachher kommt, hört er nicht mehr. Das Urteil wird gefällt. Bis zu seiner Volljährigkeit kommt er in eine Jugendstrafanstalt.

René bleibt einige Monate im Gefängnis Saint-Maurice, während derer er verschiedene Fluchtversuche unternimmt. Es ist für diesen kleinen Aal nicht ausbruchsicher genug. Er wird nach Saint-Hilaire gebracht, der Landesstrafanstalt für besonders verstockte Kriminelle. Auch hier gelingt ihm die mit solch einer findigen Schlauheit geplante Flucht, daß die Wärter völlig fassungslos sind. Aber er kommt nicht weit ohne Geld, ohne Lebensmittel, mit geschorenem Kopf. Von nun an wird er ständig überwacht.
In dieser Hölle, in der die Gewalt, die Brutalität, die Grausamkeit und das Laster Lehrmeister sind, erhält Girier seinen Unterricht. Er lernt hier das Gesetz des Stärkeren kennen. Man muß für alles kämpfen, überall, immer. In der Werkstatt, damit einem nicht das Werkzeug gestohlen wird, im Speisesaal, um seinen vollen Eßnapf zu kriegen, im Hof, um seine Kippe oder seinen Kanten Brot zu retten, in den Waschräumen, um einen Platz zu bekommen, im

Schlafsaal, damit einem nicht die Kleider unter dem Hintern weggestohlen werden. Und nachts, wenn die Größeren wie brünstige Kater herumschleichen, muß man sich wieder schlagen, um nicht diesen jungen, verdorbenen Kerlen als Frau zu dienen. Pech für den, der die Arme nicht hebt, die ganze Horde fällt vereint über ihn her. Als Girier Saint-Hilaire verläßt, um in das 41. Korps einzutreten, das in Casablanca stationiert ist, hat sein Charakter sich gewandelt. Die Welt schuldet ihm noch eine Revanche. Mit der Moral ist es vorbei. Von nun an wird für ihn nur noch eines zählen. Hab' ich Glück oder hab' ich Pech. Nicht einmal im Traum denkt er mehr an Arbeit. Die Ungerechtigkeit, unter der er gelitten hat, die Schlangengrube, der er gerade entronnen ist, haben ihn mit Bitterkeit erfüllt. Er hat nur noch einen Wunsch, sich zu rächen. Der Haß und die Verachtung, die er denen gegenüber empfindet, die im Überfluß die Dinge besitzen, um die er sie beneidet, sein Groll gegenüber seinem Schicksal haben ihm schließlich eine Art Düsterkeit verliehen, die sich in seinem Blick widerspiegelt. Er ist um so gefährlicher, weil er seinen leidenschaftlichen, wütenden Haß unter dem äußeren Mantel verführerischen Charmes verbirgt. Er ist bereit zum Schlimmsten, obwohl er aussieht wie ein unschuldiger Konfirmand.

In Marokko findet Girier den Kontakt mit den »professionellen« Gangstern, denen, die in Amerika »gearbeitet« haben. Seine Militärlaufbahn ist ein Vorspiel zu dem, was später sein Leben als Krimineller sein wird. Dreihundert Tage Gefängnis, gegenüber zweihundert Tagen Dienst. Man gibt ihm den guten Rat, den Irren zu spielen. Da er kein schlechter Schauspieler ist, wird er untauglich geschrieben.

1939, bei Beginn des Krieges, ist er in Lyon. Marinette ist in sein Leben getreten. Er heiratet sie.

Als er sie zum ersten Mal in einem Café inmitten des Stimmengewirrs, des Lärms, des Zigarettenrauchs, der die Luft fast undurchdringlich machte, erblickte, erschien ihm die junge Frau ebenso wunderbar wie durch die Bewegung des Meeres und der Algen hindurch das flüchtige Bild einer für immer versunkenen Statue. Diese Art Wunder hat sich nie abgenutzt. Jedesmal, wenn er zu ihr zurückkehrt, findet er unversehrt in seinem Inneren dieses ungläubige Staunen wieder. Vom ersten Augenblick an hat Marinette ihn akzeptiert so wie er war. Sie empfindet für ihn die Zuneigung eines Hundes, der liebt, ohne zu urteilen. Girier kann töten, stehlen, sie betrügen. Ihre Liebe ist etwas, das außerhalb jeder Moral und

jeden Verbots steht.
Der Krieg ist eine Zeit des Heldentums. Aber gleichzeitig auch die Zeit des Schmuggels, des Schwarzmarktes, des rasch, auf krummen Touren zusammengerafften, stinkenden Reichtums. Girier zögert nicht. Er hat mit der Gesellschaft nichts zu tun, ob sie nun für Vichy oder für de Gaulle ist. Die Ehre, die Gerechtigkeit, die Ideale, die geheiligten Rechte des Menschen findet er zum Lachen. Für ihn ist das nur Bauernfängerei. Er verabscheut die großen Worte. Wenn seine Freunde ihn fragen, an was er wirklich glaube, erwidert er mit einem leisen Lächeln: »Ans Moos.« Das Geld, in welcher Form auch immer, ist der Motor, der die Welt in Gang hält. Davon ist er überzeugt. Deshalb will er dieses Geld.
Mit seinen Schwagern gründet er eine Einbrecherbande. Sie besuchen die Schlösser in der Umgebung. Es ist eine glückliche Zeit. Mit den Hehlern hat man keine Probleme. Es fehlt an allem und alles ist zu verkaufen, die unwahrscheinlichsten Dinge. An die unwahrscheinlichsten Leute. Zum unwahrscheinlichsten Preis. Er sammelt das Geld nur so ein und genauso rasch gleitet es ihm wieder durch die Finger. In einer Art Besessenheit kauft er Anzüge, Schmuck, Pelze, Parfüm. Er verschleudert, verschenkt, schmeißt das Geld zum Fenster hinaus. Vielleicht würde er gar nicht so stark dieses berauschende Gefühl von Freiheit empfinden, das ihm das Geld verleiht, wenn da nicht noch das prickelnde Gefühl der Angst hinzukäme, jeden Augenblick geschnappt zu werden.
Und er wird geschnappt, von den deutschen Soldaten, als er die Demarkationslinie überschreitet. Die französische Polizei fahndet nach ihm. Einer seiner Schwager wurde verhaftet und hat ausgepackt. Da kommt er auf die Idee, sich als Spezialarbeiter nach Deutschland zu melden. Die Besatzungsmacht rekrutiert Freiwillige und drückt auch mal ein Auge zu, wenn es sich um von der Polizei Gesuchte handelt.
Girier hat natürlich nicht die Absicht, in einer Fabrik zu arbeiten. Er sucht für Marinette, die ihn nicht verlassen wollte, eine Bleibe in Berlin, er sieht sich etwas um, bringt es fertig, ein paar Tage Urlaub zu bekommen und fährt zurück nach Paris. Er wird Experte für Einbrüche in die Villen der vornehmen Viertel, deren Besitzer verschwunden sind. Die Taschen wieder vollgestopft mit Geld kehrt er nach Berlin zurück, entschlossen, Marinette aus diesem Wespennest herauszuholen, in das sie sich aus Liebe zu ihm gesetzt hat.
Aber die deutschen Behörden verstehen keinen Spaß. Sie haben, seit er verschwunden ist, Ermittlungen angestellt und sich seine Akte kommen lassen. Als Girier sich in der Fabrik, in der Marinette

arbeitet, zeigt, verhaftet der Sicherheitsdienst alle beide.
Ein Gestapo-Beamter holt das junge Paar ab. Girier begreift, daß sein Abenteuer ihn teuer zu stehen kommt. Der Kerl, der ihn begleitet, riecht nach Konzentrationslager. Er sitzt ruhig am Steuer, in dem sicheren Gefühl der Stärke, das ihm seine 38er Waffe verleiht, die er in der Pistolentasche unter dem Arm trägt.
Die Gestapo hat Girier unterschätzt. Sie hat nur einen einzigen Mann geschickt, um dieses Arbeiterpaar zu verhaften.
Endlose Felder, verlassene Vororte ziehen am Fenster des Wagens vorbei. Die Nacht ist hereingebrochen . Es ist kalt. Ein schmutziger Schnee bedeckt das Brachland, häuft sich vor den Bretterzäunen, die mit halb zerrissenen Plakaten beklebt sind, die schauerlich im Wind rascheln. Auf dem Rücksitz drücken sich Marinette und Girier schweigend aneinander. Girier zögert. Wenn er jetzt nicht zuschlägt, in diesen endlosen, leeren, von stummen Häusern und Fabriklagern gesäumten Straßen, ist es bald zu spät. Der Wagen fährt an einem Kino vorbei, an dem riesige bunte Reklameplakate hängen. Giriers Blick wird von dem Bild einer halbnackten Frau gefangen. Er wendet den Kopf. Marinettes Augen stehen voller Tränen. Da entscheidet er sich. Er zieht den Dolch heraus, den er versteckt in einem Ärmel trägt, und stößt ihn bis zum Heft in den Rücken des Mannes, der, mit einem Lied auf den Lippen, am Steuer sitzt.
Er hat von der Seite her mit aller Kraft zugestoßen. Die Klinge ist unter dem linken Schulterblatt eingedrungen. Sie hat die Lunge durchbohrt und das Herz getroffen. Ein Zucken geht über die breiten Schultern, die Fettpolster des feisten Nackens. Mit einem sonderbar röchelnden Laut sinkt der Mann zur Seite und Girier beugt sich nach vorn, greift über den leblosen Körper hinweg nach dem Lenkrad, bringt den Wagen wieder in die richtige Richtung, stellt den Motor ab und hält das Lenkrad noch so lange, bis sie von selbst stehenbleiben. Dann wirft er sich, an allen Gliedern zitternd, zurück; er ist unfähig, einen Gedanken zu fassen, er hat jedes Zeitgefühl verloren.
Marinette hat sich als erste wieder gefaßt. Sie schüttelt ihn. Die Angst, der Schrecken, das Grauen, das er in ihren Augen sieht, reißen Girier aus seiner Benommenheit. Er klettert auf den Vordersitz, schiebt den Körper auf die rechte Seite, setzt sich ans Steuer. Er dreht den Schlüssel herum, legt den ersten Gang ein. Er fährt, den Blick starr auf die Straße gerichtet, und vermeidet es, den Leichnam anzusehen, der bei jeder Erschütterung des Wagens gegen ihn fällt. Er stößt ihn mit der Schulter zurück. Eine Wagenkolonne der

Wehrmacht begegnet ihm, die von einem Manöver zurückkehrt; er steuert auf ein Feld zu. Der Wagen holpert über den verschneiten Boden; Girier fährt hinter die Ruinen eines Gebäudes, bleibt stehen und schaltet die Scheinwerfer aus. Als er den Dolch aus der Wunde zieht, fällt ein Tropfen Blut auf seine Jacke. Hastig durchsucht Girier den Toten. Er streckt die Hand nach der prall gefüllten Brieftasche aus und zieht sie dann zurück, als hätte er ein glühendes Eisen berührt. Er nimmt die Waffe und steckt sie in seinen Gürtel. Etwas Unerwartetes hat sich ereignet; eine Erkenntnis hat ihn getroffen. Er hat getötet, um sein Leben zu retten. Nicht um zu stehlen. Wenn er die Waffe genommen hat, so nur, um sich zu verteidigen. Er weiß jetzt, daß er nie einen Menschen töten kann, um zu stehlen. Er hat es in dem Augenblick begriffen, als er die Brieftasche des Toten berührte. Er hat die Grenze entdeckt, die er nicht überschreiten kann, das einzige, das er nicht tun will und auch nie tun wird.

Marinette steht neben dem Wagen, zitternd vor Angst. Sie sieht ihn an. Ihr Gesicht ist leichenblaß. Girier küßt sie auf die Stirn und zieht sie dann mit sich fort.

Er wirft einen letzten Blick auf den im Schnee ausgestreckten Körper, dann macht er sich auf den Weg, mitten in der Nacht, zusammen mit seiner jungen Frau, die er halb mit sich zieht, halb trägt.

Weder Girier noch seine Frau sprechen deutsch. Sie besitzen nur die Kleider, die sie am Leib tragen. Die Gestapo, die Polizei, die Feldgendarmerie sind hinter ihnen her. Ihre Beschreibung und ihre Fotos hängen auf den Bahnhöfen, den Polizeiposten, den Grenzstationen. Sie können niemandem trauen. Der Hotelbesitzer, der Nachtportier, das Zimmermädchen, der Kellner, der Taxichauffeur, der Zugschaffner, der Lebensmittelhändler, all diese anonymen Leute ohne Gesicht, die gestern noch ihren Weg kreuzten, ohne sich um sie zu kümmern, können sich jetzt in Feinde verwandeln. Man beobachtet sie, lauert auf sie, als ob das ganze Land nur noch aus einem einzigen durchdringenden mißtrauischen Blick bestünde. Jeder andere als Girier wäre zusammengebrochen. Er nicht. Die Gefahr weckt seinen Mut. Seit jenem Tag, an dem sein Vater ihn von sich gestoßen hat, betrachtet er die anderen, alle anderen, als Feinde.

Von Berlin nach Frankfurt, von Stuttgart nach Karlsruhe, immer mit Marinette an seiner Seite, erkämpft Girier sich seinen Weg mit Diebstählen und Überfällen, als müsse er sich mit dem Messer durch den Dschungel schlagen. Mitten im Krieg wandert er quer durch ganz Deutschland, wechselt jede Nacht das Quartier, die Absteige, das Versteck. Er mißtraut jedem, den Gaunern, mit denen er sich aus der Not heraus verbündet, den Spitzeln, von denen es überall wimmelt. Er schläft stets mit einem offenen Auge, die Hand auf seine Pistole gelegt, bereit, aufzuspringen; er geht nur nachts auf die Straßen und arbeitet so wie in früheren Zeiten die Mörder arbeiteten. Um sich und Marinette zu retten, erfindet er alle Arten von Überfällen. Er braucht Ausweispapiere, um über die Grenze zu kommen. Auch das schafft er: Er entreißt jungen Frauen, die Marinettes Alter haben und ihr ähnlich sehen, die Handtasche.

Es fehlt ihnen nicht an Geld. Aber die Gestapo ist auf ihren Fersen. Zweimal ist es ihm gelungen, ihr zu entkommen. Das erste Mal in der Gegend von Mannheim, indem er, statt sein Heil in der Flucht zu suchen, geradewegs auf die ihn verfolgenden Polizisten zuläuft und sie dabei über den Haufen rennt... Das zweite Mal rettet ihn eine List.

Zwei Schupos, die ihn erkannt haben, verfolgen ihn. Girier spürt, daß er verloren ist. Es ist des Nachts, in Neudorf, in der Nähe der Hafendocks. Das undurchdringliche Dunkel, das nur durch ein paar blau abgeschirmte Laternen hier und da durchbrochen wird, verleiht den Schuppen und Lagerhallen, an denen er vorbeiläuft, ein unheimliches Aussehen. Er ist allein. Marinette, die sich die Haare blond gefärbt und in einem Knoten zurückgebunden hat, wartet auf ihn, mit einer unförmigen Brille auf der Nase und wie eine Deutsche gekleidet, in einer Kneipe.

Girier läuft jetzt schnell genug, damit die Bullen denken, daß er flüchtet, aber auch nicht rasch genug, um nicht eingeholt zu werden. Die beiden nehmen die Verfolgung auf, ziehen ihre Waffen. Girier erwartet, jeden Augenblick getroffen zu werden. Die Kugeln pfeifen durch die Luft. Girier taumelt, verliert das Gleichgewicht und fällt zur Seite, als hätte er einen Schuß abbekommen, er stellt sich tot. Beide Schupos stürzen auf ihn zu. Sie beugen sich zu ihm hinunter, um ihn zu packen. Girier entledigt sich des einen, indem er ihm sein Knie in die Hoden stößt. Die Hände um seine Leisten gepreßt, sinkt der Mann rülpsend zu Boden. Girier packt den zweiten an seinem Mantelaufschlag, läßt sich, indem er den Schupo mit sich zieht, nach hinten fallen, dann läßt er seine beiden Füße vorwärts schnellen wie eine Wurfmaschine und schleudert ihn über sich hinweg. Mit einem Sprung ist er wieder auf den Beinen, bemächtigt sich der Waffen und wirft sie weit fort.

Keuchend läuft er von dem einen zu dem anderen Polizisten und bearbeitet sie mit Fußtritten, bis ihr Gesicht nur noch aus einer Masse besteht. Eine Horde betrunkener Seeleute, die aus einer Gasse torkeln, zwingt ihn, die Flucht zu ergreifen.

Nachts verlassen Girier und Marinette Neudorf und machen sich auf den Weg nach Karlsruhe. Sie haben alles zurückgelassen. Die Grenze ist nicht mehr weit. Sie sind am Ende ihrer Kräfte.

In Karlsruhe wendet sich das Blatt. Sie lernen einen Franzosen kennen, der für die Bordelle in Stuttgart Frauen besorgt. Er ist ein Typ aus der Unterwelt, der sich vor dem Krieg in Casablanca herumgetrieben hat. Die beiden Männer schließen rasch Freundschaft.

Simon, so heißt Giriers neuer Freund mit Vornamen, besitzt einen Ausweis, der ihm gestattet, mit seinem Tankwagen die Grenze zu passieren. Er spricht hervorragend Deutsch. Die Polizisten an der Brücke von Kehl kennen ihn. Die drei kommen ohne Schwierigkeit über den Rhein. Es ginge auch alles gut, wenn Girier sich nicht in Straßburg in den Kopf gesetzt hätte, einen Juwelierladen auszurauben. Das Schaufenster, in dem für mehrere Millionen Schmuck liegt, fasziniert ihn. Der Gedanke, daß eine dünne Scheibe von nur ein paar Millimeter Dicke ihn von einem wahren Schatz trennt, ist für ihn wie eine Art Herausforderung. Simon seufzt, schüttelt den Kopf, erklärt, das sei unmöglich. Dieses Wort ist für Girier entscheidend. Sofort reift in ihm ein gewagter Plan. Als es dunkel wird, bleiben die beiden Männer vor dem beleuchteten Schaufenster stehen. Die Straße ist belebt. Soldaten flanieren in kleinen Gruppen herum, Schupos laufen auf dem gegenüberliegenden Bürgersteig auf und ab. Niemand interessiert sich für das Treiben der beiden Freunde, die lebhaft miteinander diskutieren und von denen sich einer mit den Schultern gegen das Schaufenster lehnt. Girier verschränkt wie beiläufig beide Hände im Rücken. Simon hat eine Zeitung ausgebreitet, aus der er laut vorliest. Seine breite Gestalt verdeckt Girier, der jetzt mit Hilfe eines Glasschneiders auf Rädchen das Glas im Umkreis von ein paar Quadratzentimetern kreuz und quer einschneidet. Das Rad rutscht ab. Giriers geschickte Finger zwingen es, sich durch das Glas durchzufressen. Er kann nur seine Handgelenke benutzen, wechselt oft die Hand und legt ab und zu eine Pause ein, um seine Muskeln zu entspannen.

Die Passanten werden seltener. Lastwagen der Wehrmacht fahren mit lautem Getöse vorbei. Girier glaubt, daß das Glas nun genügend angeschnitten ist. Er nutzt den Augenblick, in dem ein Abschleppwagen vorüberfährt, um mit seinem Hammer, den er mit einem

Taschentuch umwickelt hat, ein paar Mal kurz zuzuschlagen. Das Glas gibt nach. Ein feines Netz von Sprühungen überzieht das Schaufenster rings um ein Loch, das groß genug ist, um die Hand hindurchzustecken. In ein paar Sekunden verschwinden Juwelen im Wert von fünf Millionen. Simon ist begeistert. Er wird ein unzertrennlicher Begleiter seines neuen Komplizen. Die beiden Männer fahren zurück in das Hotel von Lampertheim, wo Marinette auf sie wartet. Sie ist am Ende ihrer Kräfte. Sie sagt keinen Ton, kein Vorwurf kommt über ihre Lippen, aber sie steht kurz vor einer Nervenkrise. Girier beschließt, daß sie sofort nach Paris zurückfahren soll. Von dem Verkauf von ein paar Schmuckstücken kann sie zumindest so lange leben, bis er zurückkommt. Am nächsten Morgen wird er sie zusammen mit Simon zum Bahnhof bringen.
In dieser Nacht schläft Girier nicht. Früh am Morgen sagt ihm sein Instinkt, daß Gefahr im Verzug ist. Er zieht sich hastig an und weckt Simon. Marinette ist auch schon auf. Es ist höchste Zeit. Zwei Feldgendarmen klopfen unten an die Tür des Hotels. Die drei haben gerade noch Zeit, um durch das Fenster zu fliehen, das auf einen kleinen Garten hinausgeht. Simon hat Gott sei Dank aus Vorsicht seinen Wagen ein paar hundert Meter von dem Hotel entfernt geparkt.
Auf dem Bahnhof in Straßburg fällt Giriers Blick auf ein Plakat. Er betrachtet es genauer. Die Fotografie darauf ist seine eigene. Man hat eine Belohnung für seine Ergreifung ausgesetzt. 50 000 Mark. Er muß sobald wie möglich aus dieser gefährlichen Gegend verschwinden. Marinette löst ihre Fahrkarte, geht auf den Bahnsteig...

Drei Tage später sind Girier und Simon in Schirmeck, wo die neue Grenze zwischen dem Elsaß und Frankreich verläuft. Simon hat sich die Adresse eines Fluchthelfers verschafft. Der Mann ist ein Postbeamter, der jeden Tag sein Leben aufs Spiel setzt, um den aus den deutschen Lagern entflohenen Häftlingen zu helfen. Der Mann nimmt sie bei sich auf, teilt sein Mahl mit ihnen und beschreibt ihnen den Weg, den sie nehmen müssen. In dieser Jahreszeit – es ist Februar 1942 – müssen die beiden Freunde mitten in der Nacht bei Schnee und Sturm zwanzig Kilometer zurücklegen. Der Pfad führt an Leitungsmasten vorbei, die ihnen gleichzeitig als Anhaltspunkte dienen. Am 130. zweigt ein Weg ab, der sie zu einem Rangierbahnhof mitten auf dem Land führt. Er liegt in Frankreich.
Girier und Simon machen sich zuversichtlich auf den Weg. Sie tragen eine dicke Lederkombination und feste warme Schuhe.

Schon nach ein paar Metern merken sie, daß dieser Marsch, den sie sich gewiß nicht einfach vorgestellt haben, die Hölle ist. Ein Schneesturm peitscht über das flache Land, der ihnen das Gesicht zerschneidet, sie nach Atem ringen und kaum einen Fuß vor den anderen setzen läßt. Mit gesenktem Kopf schreiten sie vorwärts. Der Schnee macht sie blind, die eisigen Flocken dringen in Mund und Nase ein. Die Kälte ist grausam. Ihre Hände sind gefühllos geworden, ihre Füße sind eisig. Ihre Haut prickelt, als würde sie von Tausenden feiner Nadeln zerstochen. Mühsam kämpfen sie sich vorwärts, bei jedem Schritt müssen sie ihre Beine, eins nach dem anderen, aus dem Schnee befreien, in den sie bis über die Knie versinken. Die Masten sehen sie erst, wenn sie daran stoßen. Dann wissen sie wenigstens, daß sie noch in der richtigen Richtung laufen, fassen neuen Mut und marschieren weiter mit gekrümmtem Rücken, schmerzenden Schultern, sich gegen den Wind stemmend.

Als ob der Schneesturm noch nicht schlimm genug sei, fangen jetzt auch noch die Deutschen an, sie zu verfolgen. Scheinwerfer flammen auf. Kugeln bilden rings um sie kleine Krater im Schnee. Die Heftigkeit des Sturms rettet sie. Überzeugt davon, am nächsten Morgen ihre erfrorenen Körper zu finden, lassen die Deutschen davon ab, sie weiter zu verfolgen. Girier hat in eine Tasche seiner Jacke zwei Schachteln Streichhölzer gesteckt. Sobald er einen Mast erreicht hat, wandert ein Streichholz in die andere Tasche. Diese kleinen Hölzchen sind der letzte Faden, der ihn mit dem Leben verbindet. Sie verleihen ihm eine Art blinden Mut. Solange er noch so viel Kraft und Klarheit besitzt, um zu zählen, weiß er, daß er seinen taumelnden Marsch fortsetzen wird. Jedesmal, wenn sie kurz stehenbleiben, fleht Simon ihn an, ihn zurückzulassen.

Er müßte sich einen Augenblick ausruhen. Ein bißchen schlafen. Mit Fußtritten zwingt Girier ihn, aufzustehen. Er muß für zwei kämpfen. Sie bringen einen Leitungsmast nach dem anderen hinter sich. Immer häufiger bleiben die beiden Männer stehen. Ihre Füße sind nur noch Eisklumpen, die sich immer mühsamer bewegen lassen. In ihrem gefühllos gewordenen Gesicht sind die Lippen aufgesprungen und bluten. Sie kämpfen sich weiter vorwärts.

Kurz vor Morgengrauen fällt der Schnee in weniger dichten Flokken; dann hört es ganz auf zu schneien. Ein grauer Morgen dämmert; die Flüchtlinge sind halb tot vor Erschöpfung und Kälte. Das 130. Streichholz ist zu den anderen 129 gewandert. Girier findet den Weg zum Bahnhof, sie schleppen sich bis zu einer Reihe von

Waggons, die nach La Chapelle fahren. Er winkt seinem Begleiter. Von niemandem gesehen schwingen sich die beiden Männer in einen Waggon. Zwölf Stunden später springen sie von dem Zug ab, kurz vor dem Bahnhof von La Chapelle, am Stadtrand von Paris.

6

Die Dinge haben sich geändert. Die Deutschen saugen Frankreich aus. Alles, was das Land produziert, landet in dem riesigen Spinnennetz, dessen Zentrum Paris ist. In Paris laufen die besonderen Handelsorganisationen, die die Besatzung gebildet hat, auf Hochtouren. Die Wehrmacht, die Luftwaffe, die Marine, die SS, die Gestapo, alle haben ihre eigene »Organisationsabteilung«, die wie ein Bienenschwarm das Land überzieht. Ein paar, wie z. B. das Büro Otto, verfügen sogar über eine eigene Spionageabteilung. Andere sind etwas diskreter, wie z. B. die Kriegsmarine in der Rue Saint-Florentin. Alle zahlen sie oftmals sogar höhere als die offiziellen Preise für das, was sie »organisieren«. Sie gehen großzügig mit dem Geld um, das ihnen die französische Regierung als »Beitrag« für den Unterhalt der Besatzungstruppen gibt: 3,4 Milliarden im Monat. In Wirklichkeit wandert ein Teil dieses Geldes in die »Organsiationsabteilungen«, die bar, ohne Rechnung und ohne Verwaltungsformalitäten zahlen und nicht einmal nach dem Namen des Verkäufers fragen. Nachdem anfangs, als man, verlockt vom großen Geld, mit dem Feind gemeinsame Sache machte, die Geschäfte florierten, ist es jetzt ruhiger geworden. Die Verkäufer machen sich rar. Die Kollaboration ist eine zweischneidige Sache geworden, und die Angst vor der Strafe, falls die Alliierten siegen sollten, beginnt an den meisten Gewissen zu nagen. Das ist die Stunde der Vermittler. Zwischen den unersättlichen deutschen Käufer und den Verkäufer, dem die unsichere Zukunft zur Vorsicht rät, schleicht sich ein dritter Gauner. Er übernimmt für seine Herren die Funktion des Käufers. Betrüger, Diebe, Rauschgifthändler, Zuhälter, Münzfälscher, Prostituierte kriechen aus den Schlupfwinkeln, in denen sie vegetieren. Eine zweifelhafte Fauna beginnt den Tanz um die deutschen Büros. Es ist ganz eindeutig, daß die meisten dieser Typen zur Unterwelt gehören, aber die Protektion, die sie genießen, läßt die Spielregeln hinfällig werden. Ein gelber Sonderausweis mit rotem Querstrich und einem Foto gestattet ihnen, sich überall und jederzeit zu bewegen, die deutsche Polizei um Unterstützung zu bitten, eine Waffe zu tragen. Französische Polizei kann nichts gegen sie ausrichten. Kein Dienst ist zu niedrig, als daß er diese neuartigen »Offiziellen« anwidern würde. Die weniger Intelligenten weisen den Käufern den Weg in die »Organisationsabteilungen« und erheben dafür eine Vermittlungsprovision. Die Schlaueren gründen ihre eigene Organisation, kaufen auf eigene Rechnung und verkaufen mit Gewinn an ihre Herren. Und neben dieser Jagd nach allem, was verkäuflich ist, machen sie außerdem noch Jagd auf die Juden, die Widerstandskämpfer, bezahlt von der Gestapo. Die beiden Tätigkeitsbereiche schließen einander nicht aus. Sie lassen sich bequem mit denselben Komplizen und in demselben Geschäftslokal abwickeln. In dem einen Raum empfängt man den Verkäufer, im anderen wird gefoltert. Die Schreie der Opfer stören kaum die feilschenden Händler.

Als Girier wieder in Paris landet, hat sich gerade diese neue Klasse etabliert. Sie schwimmt im Luxus, berauscht sich an Macht, Straffreiheit, Geld. Girier begegnet ihnen in den Restaurants des Schwarzmarktes, in den Nachtclubs, den Bars, die gerade en vogue sind. Geld, alles für das Geld. Man muß es nehmen, wo man es findet. Sein Ruf als Verbrecher, der vor nichts zurückschreckt, verschafft ihm die Bekanntschaft mit Frédéric Martin, berühmt unter dem Pseudonym Rudy de Mérode.

Rudy de Mérode, ein ehemaliger Ingenieur, der am Bau der Maginot-Linie mitgearbeitet hat, später wegen Rauschgiftschmuggels und Spionage für Deutschland im Jahre 1936 verurteilt wurde, kennt sich in Verbrecherkreisen bestens aus. Er hat vier Jahre in der Haftanstalt Clairvaux verbracht, aus der er 1940 ausgebrochen ist. Er arbeitete für die Organsiation Otto. Er rekrutierte Handlanger, Schlepper und Spitzel, die er sich mit Vorliebe unter den kleinen Gaunern suchte. Ihre Aufgabe war es, Gold und Devisen ausfindig zu machen, die die Privatleute versteckten. Rudy schlägt Girier vor, mit ihm zusammenzuarbeiten, gegen prozentuale Beteiligung an den Gewinnen und den Schutz der Gestapo. Rudys Männer führen kein schlechtes Leben. Sie sind überall da, wo Geld den Besitzer wechselt. Sie tauschen gegenseitig ihre guten Adressen aus: Kneipen, oft ziemlich schmutzige Löcher, in denen man »wie vor dem Krieg« ißt, Bars, in denen man alles kaufen kann... Sie geben sich als Börsenmakler aus, Juwelenhändler, Schmuckexperten und erklären sich bereit, den Verkauf von jeder Menge Gold zu vermitteln. Der Tip geht von Mund zu Mund; »ich kenne jemanden, der ...«, bis dieses Zauberwort auch den interessierten Besitzer erreicht. Was dann kommt, ist denkbar einfach. Der Schlepper führt den

Verkäufer zum Boulevard Maurice-Barrès in Neuilly, wo Rudy seine »Büros« hat. Dort bringt man ihn dazu, sein Gold »auszuspucken«, bevor es an die Gestapo weitergeleitet wird. Girier weiß nichts von diesen Transaktionen. Er bricht in Häuser und Wohnungen ein. Wer das Gold und den Schmuck nimmt, ob Rudy oder ein anderer, das ist ihm egal. Doch eines Tages wird er von Rudy in seine Villa in Neuilly eingeladen, die er »beschlagnahmt« hat. Der Herr des Hauses empfängt ihn in seinem Salon, der vollgestopft ist mit Wertgegenständen, die einen simplen Einbrecher auf einen Schlag zum reichen Mann machen würden. Alles, von den Aschenbechern bis zu den Wandteppichen könnte einen ehrenvollen Platz in einem Museum einnehmen. Nur etwas paßt nicht ganz in diese vornehme Umgebung: ein alter, nackter, mit Striemen und Brandwunden bedeckter Mann hockt dort, die Hände an den Heizkörper gefesselt, ein grauenerregendes Bild. Sein ganzer Körper ist eine einzige Wunde; um den wertvollen alten Teppich zu schützen, hat man eine Zeitung darüber gebreitet. Girier wird blaß. Rudy amüsiert sich über seine Betroffenheit und erklärt ihm, es handele sich um einen Juden, aber auch er hätte sich wegen so einer Kleinigkeit die Hände nicht erst schmutzig gemacht, wenn dieser Hund ihm sofort verraten hätte, wo er sein Gold versteckt hat.
Angewidert versucht Girier noch, die Augen vor den Tatsachen zu verschließen. In der Annahme, sein Gast unterschätze seine Macht und seinen Reichtum, führt Rudy ihn in seiner Villa herum. Sie ist wirklich mit auserlesenem Geschmack ausgestattet. Überall herrscht rege Aktivität. Männer mit Maschinenpistolen, elegante Frauen mit ausgefallenen Hüten, wohlsituierte Bürger, Gangster, Händler, denen der Gauner auf der Stirn geschrieben steht, reich gewordene Kaufleute laufen in der Halle mit der breiten Marmortreppe auf und ab. Rudy spricht mit dem einen, lächelt einem anderen zu, wird ungeduldig, gibt Befehle. Ab und zu dringt in den Lärm der Unterhaltung ein erstickter, sonderbarer Schmerzensschrei. Niemand scheint ihn zu hören, niemand scheint die beiden Männer zu bemerken, die mit auf dem Rücken gefesselten Händen und entstelltem Gesicht streng bewacht in einem der Flure warten. Rudy stellt Girier seine Komplizen und Mätressen vor, als sei er einer der ihren. Er führt ihn in die Bibliothek, den Musiksalon, den riesigen Eßsaal. In dem porphyrgekachelten Badezimmer liegt eine nackte junge Frau mit langen schwarzen Haaren in der eingebauten Badewanne; einer der Männer mit aufgekrempelten Hemdsärmeln hält ihr den Kopf unter Wasser. Kurz bevor sie ohnmächtig wird, packt der Mann sie an den Haaren, hebt sie aus dem Wasser heraus,

ohrfeigt sie, um sie wieder zum Leben zu bringen, dann taucht er sie wieder ins Wasser, und man sieht nur noch ihre schwarzen Zöpfe darin treiben. Girier hat den Eindruck, einen Alptraum zu erleben. Aber die krampfhaften Bewegungen des Opfers, die Schläge nach den Ohrfeigen, die Fragen – immer die gleichen –, die nach jedem Untertauchen auf sie einhämmern, und die Mißhandlungen reißen ihn aus seiner Illusion. Er möchte dazwischentreten, die Frau retten. Doch Rudy schiebt ihn aus dem Raum.
Girier ist empört. Diese sadistischen Methoden widern ihn an. Er sagt es. Es gibt Dinge, die zu tun er sich weigert, selbst für alles Gold der Welt. Er macht sich nichts aus der Moral, aber er will sich nicht jeden Morgen, wenn er sich rasiert und dabei im Spiegel sieht, selbst anekeln.
Rudys Augen sind schmal geworden und ein verächtliches Lächeln spielt um seine Lippen. Girier möchte ihm am liebsten einen ordentlichen Kinnhaken verpassen, nur damit es ihm vergeht. Noch nie hat er ein derartiges Bedürfnis gespürt, jemanden umzubringen. Aber er bezwingt sich. Er weiß, wenn er zuschlägt, wird er nicht lebend das Hotel verlassen. Die beiden Männer sehen sich haßerfüllt an. Rudy senkt als erster den Blick. In der Unterwelt gilt Girier als einer, dem die Finger lose am Abzug liegen, und Rudy weiß, daß er stets bewaffnet ist. Sein Ruf hat Girier das Leben gerettet. Aber er hat sich soeben einen Todfeind gemacht.
Von 1942 ab ist das Leben Giriers eine ununterbrochene Kette spektakulärer Ereignisse. Er läuft immer größere Risiken. 1943 bringt ihm nach einem Raubüberfall ein Polizist, der ihn verfolgt, eine Schußwunde am Bein bei. Er wird verhaftet, operiert und ins Krankenhaus von Marmottan gebracht, dort verführt er seine Krankenschwester, und mit ihrer Hilfe gelingt es ihm zu fliehen, trotz seines Beines, das in Gips liegt. Man hat ihm prophezeit, er müsse sein Leben lang hinken und könne sich nur noch mit Krücken fortbewegen. Die Unterwelt gibt ihm den Spitznamen Spazierstock-René. Jeder andere hätte resigniert. Girier bringt es mit erstaunlicher Willenskraft, Pflege und Sport so weit, daß er nicht mehr hinkt. Im Gegenteil, nach den gymnastischen Übungen, zu denen er sich zwingt, erwirbt er sich eine außerordentliche Gelenkigkeit. Der Spitzname Spazierstock-René bleibt ihm – Symbol für die Charakterstärke eines Mannes, der das Schicksal besiegte.
Juli 1944. Girier plant einen Überfall auf eine Vorstadtfabrik. Es handelt sich um mehrere Millionen, den Monatslohn für die Arbeiter. Trotz sorgfältigster Vorbereitungen geht das Ding im letzten Augenblick schief. Girier, der wie geplant als erster die Fabrik

betreten hat, wird bereits von den Wächtern erwartet. Ein Komplize hat ihn verpfiffen. Die schweren Fabriktore schließen sich hinter ihm, die des Gefängnisses öffnen sich aufs neue. Die Alliierten sind gelandet. Die nahende Katastrophe versetzt die Deutschen in Angst und Schrecken, läßt sie noch grausamer werden. Man foltert, deportiert, richtet hin. Es gibt keine Hoffnung mehr. Girier fällt der Gestapo in die Hände. In der Rue des Saussaies bearbeitet man ihn mit Ochsenziemern. Leutnant Radler, der ihn verhört, ist nicht gerade zart besaitet. Girier wird mit einer Gruppe echter Widerstandskämpfer zusammengesperrt, die lieber sterben als verraten. Sieben Tage später wird er in das Gefängnis von Cherche-Midi überführt. Dann kommt er nach Compiègne, wieder mit einer Gruppe Widerstandskämpfer. Es ist der große Abtransport nach Deutschland, in die Konzentrationslager, in den Tod.

In Compiègne hat Girier seine Schuhe gegen ein Sägemesser getauscht. Er behält nur dessen scharfe Klinge, die er in ein Stück Stoff gewickelt in der Unterhose versteckt. Der Zug des Todes setzt sich in Bewegung. In drei Tagen legt er hundert Kilometer zurück. Sie sind hundert in einem Wagen, hundert, die halb nackt, von Ruhr geplagt, zusammengepfercht sind. Die Hitze und der Gestank sind unerträglich. Nach und nach entsteht in dieser wie Trauben aneinanderhängenden hilflosen Masse hier und dort eine Lücke. Alle sechs Stunden öffnen die Deutschen die Türen, um die Toten auszuladen.

Am Abend des dritten Tages gelingt es Girier, ein Loch in die Wand neben den Puffern zu schneiden. Vier Stunden später ist die Öffnung groß genug, um hindurchschlüpfen zu können. Da bricht der Tumult los. Wahnwitzige Panik ergreift den ganzen Waggon. Die Deportierten treten, kratzen, beißen um sich, klammern sich aneinander fest. Entsetzt reißt Girier sich von denen los, die versuchen, ihn zurückzustoßen, um seinen Platz einzunehmen. Er springt blind, rollt auf der Erde weiter, wobei er sich die Haut an den Steinen des Bahndamms aufschürft, kullert eine Böschung hinunter, bleibt in einer dornigen Hecke liegen. Er ist barfuß, hat nur einen Slip an, und sein Körper ist voller blauer Flecken und Blut. Zweihundert Meter weiter ist der Zug stehengeblieben. Scheinwerfer blitzen auf, Maschinengewehre eröffnen das Feuer. Die Deportierten, die in die Strahlenbündel laufen, fallen wie die Marionetten. Ein Gemetzel.

Von Hecke zu Hecke entfernt Girier sich, teils auf allen vieren, teils rennend, vom Bahndamm. Die Nacht ist wieder ruhig geworden.

Das Bellen der Maschinengewehre ist verstummt. Girier rennt über die Felder, ohne auf die Getreidestoppeln zu achten, die sich in die Fußsohle ritzen. Als er stehenbleibt, verwechselt er sein eigenes Keuchen mit dem der Lokomotive, das gedämpft zu ihm dringt, bis er feststellt, daß der Zug abgefahren ist. Er ist gerettet, aber er empfindet keine Freude darüber. Wie ein Alptraum verfolgt ihn das Bild der nackten Körper, die von den Kugeln zerrissen werden. Er hat ein neues Gefühl entdeckt: das Mitleid, etwas, das der Brüderlichkeit ähnelt.

Nach dem Krieg nimmt Spazierstock-René in der Unterwelt einen Sonderplatz ein. Man betrachtet ihn als eine Art Freischärler, einen etwas eigenwilligen Straßenräuber. Aber man bewundert sein außerordentliches Organisationstalent.

Die Professionellen unter den Verbrechern, wie übrigens alle Professionellen, vertrauen ihrem Wissen und ihrer Erfahrung. Diese langerworbene Erfahrung ist so sehr zu ihrer zweiten Natur geworden, daß sie gar nicht auf den Gedanken kämen, plötzlich ihre Regeln anzuzweifeln. Die begabten Amateure erfinden ihre Technik stets neu, je nach den Notwendigkeiten. Jede ihrer Unternehmungen ist ein einzigartiges Meisterwerk an Präzision. Wenn es dabei zu große Schwierigkeiten gibt, machen sie etwas, was kein Professioneller tun würde: sie improvisieren, sie schlagen einen unerwarteten Haken. Der Professionelle sagt: »Das ist unmöglich« und gibt auf. Der Amateur: »Wenn es auf diese Weise unmöglich ist, versuche ich es eben auf eine andere.«

Der Krieg war die Zeit der Amateure. Piloten, Fallschirmspringer, Widerstandskämpfer, keiner oder fast keiner kam aus den großen Militärschulen. Auf seine Art gehörte René Girier zu diesen erstaunlichen Dilettanten. Hätte er es sich in den Kopf gesetzt, die Tresore der Banque de France auszuräumen, hätte er sich den Tresorraum vom Bankdirektor persönlich öffnen lassen. Unmöglich? Nein. Er hätte zunächst seine Frau gekidnappt. Improvisation? Er hätte diese Entführung in allen Einzelheiten vorher geplant. Wie manche naive Maler, die liebevoll jeden Dachziegel, jeden Zweig, jedes Blatt des Hauses oder des Baumes malen, den sie wiedergeben wollen, ist Girier ein Meister im Detail. Wenn er einen Coup vorbereitet, erkundigt er sich vorher. Wenn er einen Geldtransport überfällt, hat er vorher mit einer phantastischen Präzision alles notiert; das Ergebnis eingehender Nachforschungen, die er entweder als Taxichauffeur verkleidet durchführt, der mit ausgeschaltetem Freizeichen auf einen Kunden wartet, oder als Beamter irgendeiner Behörde, als Angestellter der Stadtwerke. Alles interessiert Girier. Zunächst natürlich nur die wichtigsten Fakten: die Örtlichkeiten, der Zeitpunkt, wann der Wagen ankommt, die Zeit, die man braucht, um die Beute umzuladen, die Zahl der Angestellten usw. Aber auch die Informationen, die zunächst einmal bedeutungslos erscheinen. Girier erkundigt sich nach dem Namen des Mannes, der die Säcke in den Wagen trägt. Er weiß, daß der Mann, wenn er ihn mit seinem Namen anruft, für den Bruchteil eines Augenblicks verwirrt sein kann und daß ihn das möglicherweise rettet, wenn etwas schiefgehen sollte.

Seit die Polizei sich nach den ersten ungewissen Nachkriegszeiten reorganisiert hat, ist er besonders vorsichtig geworden. Er trägt ständig zwei verschiedene Brillen bei sich, um rasch sein Aussehen verändern zu können, mehrere Ausweise, die auf verschiedene Namen lauten, Wattepfropfen, mit denen er sein Gesicht dicker erscheinen lassen kann. Stets trägt er einen Colt oder eine 38er in seinem Gürtel. Er ist ein Waffenfan.

Am mißtrauischsten zeigt er sich jedoch bei der Wahl seiner Komplizen. Er hat eine ungeheure Furcht vor Spitzeln. Seine Erfahrungen während der Besatzungszeit haben ihm einen tiefen Abscheu vor der Unterwelt eingeflößt. Er umgibt sich mit geschickten und intelligenten Gangstern, die ihm ergeben sind. Er vermeidet es, außerhalb des »Geschäftlichen« mit ihnen zu verkehren. Seine Freunde gehören nicht zum »Milieu«, selbst wenn sie gut getarnt außerhalb des Gesetzes leben. Wie alle verfolgten Männer sichert Girier sein Leben nach allen Seiten.

Er ist vorsichtig. Diese Vorsicht hat ihn sogar dazu gebracht, morgens vor dem Quai des Orfèvres 36 die Nummern aller Kripowagen aufzuschreiben und mit dem Teleobjektiv seine möglichen Verfolger zu fotografieren. Manch ein Inspektor wäre hoch erstaunt, wenn er wüßte, daß Girier in seiner Tasche ein hervorragend gelungenes Konterfei von ihm in schwarz-weiß oder in Farbe mit sich herumträgt.

Spazierstock-René lebt sein Leben, als handele es sich dabei um ein Spiel, eine Art Schachpartie gegen einen unmenschlichen Gegner. Diesen Gegner würde Girier wohl die Gesellschaft, das Gesetz, die Konventionen, sogar die Bullen nennen, es macht keinen großen Unterschied. In Wirklichkeit kennt er sich selbst nicht. Er sieht nur die möglichen Kombinationen, die nach einer bestimmten Zahl von Zügen das Ungeheuer schachmatt setzen. Vielleicht weiß er sogar in seinem Innersten, daß er keinerlei Chance hat zu gewinnen, ebensowenig, als würde er gegen einen tausendköpfigen Drachen kämp-

fen, doch nichts und niemand wird ihn daran hindern, seine Figuren zu setzen.
Das ist sein Laster. So wie die Jagd das meine.

7

Es ist unwahrscheinlich, wie ein Gespräch plötzlich die Dinge in einem anderen Licht erscheinen läßt. Für Delpêche kommt die Affäre Van Cleef wie gerufen, in diesem ereignislosen Monat August, in diesen ersten sorglosen Ferien der Nachkriegszeit, in denen alles ruhig bleibt. Giriers Name und sein Foto werden in den Schlagzeilen der Presse erscheinen. Delpêches Sensationslüsternheit zusammen mit der Karrierebesessenheit des Dicken... Deauville wird der Startplatz für eine neue Menschenjagd.
Es ist 14.30. Die Stunde, in der die bunte Menge der Badelustigen zum Strand eilt. Eine ganze Ferienkolonie läuft im Gänsemarsch unter der strahlenden Sonne, gefolgt von einem pickligen Jüngling, der in eine Mundharmonika pustet. Delpêche ist offenbar müde, denn er gähnt so heftig, daß seine Kinnladen knacken. Er ruft den Ober, um zu zahlen, schreibt einen Scheck aus, kritzelt in die linke Ecke der Rechnung »Mittagessen Borniche« und steckt sie in seine Brieftasche. Er steht sicher von seinem Stuhl auf, während ich mich etwas mühsam erhebe; ich stelle fest, daß sein Glas noch voll ist, die Flasche Champagner dagegen leer und merke, daß er mich zum Trinken animiert hat, um meine Zunge zu lösen, während er sich äußerst vorsichtig eingeschenkt hat. Dieser Gauner, das werde ich ihm eines Tages heimzahlen!
Vom Casino bis zu unserem Hotel ist es nicht weit. Ich nehme den Zimmerschlüssel vom Brett – Nummer 7, meine Glückszahl –, Delpêche greift nach dem seinen, und wir steigen beide nebeneinander die Stufen bis zum ersten Stock hinauf, wo sein Zimmer liegt. Er schließt auf. Während ich weiter die Treppe hochgehe, höre ich, wie er mir mit schläfriger Stimme zubrummt:
»Stell dir vor, was das für eine phantastische Schlagzeile gegeben hätte, wenn die Begum persönlich bei dem Überfall in dem Juwelenladen gewesen wäre. Sie muß in ein paar Minuten auf dem Flughafen landen.«
»Du hast recht«, erwidere ich, ohne mich noch einmal umzudrehen. »Arpels und die Begum, das wäre der Knüller gewesen. Nicht für uns, die Polypen, sondern für euch. Ciao, René, und danke schön. Ich werde mich ein bißchen hinlegen.«

Ich schlage die Tür hinter mir zu. Ich habe keine Minute zu verlieren. Sobald der Journalist es sich in seinem Zimmer gemütlich gemacht hat, mache ich mich auf die Socken nach Deauville, um den Kommissar zu besuchen, der die ersten Ermittlungen angestellt hat. Dann werde ich auch noch rasch in Blonville vorbeifahren, um den Zeugen auszufragen, von dem Delpêche mir berichtet hat. Und heute abend, wenn ich noch Zeit dazu habe, schaue ich noch rasch bei der Besitzerin des Hotels Ariana rein.

Hinter Touques fängt eine andere Welt an. In Trouville befindet man sich auf der Erde, inmitten menschlicher Wesen. In Deauville kommt man in eine Science-fiction-Landschaft, auf einen anderen Planeten. In den Adern der Leute, die hier zusammenkommen, ist Geld und kein Blut. Und alles, was man sich für Geld kaufen kann, befindet sich in Deauville, blitzend, wertbeständig, unzerstörbar, aseptisch.

Kommissar Lemonnier ist ein höflicher Mann. Ich will nicht gerade sagen, daß die Spielbank auf ihn abgefärbt hat, aber ich habe selten einen so eiskalten Kommissar getroffen. Elegant und phlegmatisch steht er hinter seinem Büro wie hinter einem Bakkaratisch. Wenn er in seinen Akten blättert, glaube ich das gedämpfte Geräusch der zusammengerechten Spielmarken zu vernehmen. Er betrachtet mich mit jener Überheblichkeit und zugleich Besorgnis, die die Kommissare gegenüber aus Paris gesandten Inspektoren empfinden. Ich beruhige ihn: meine Mission ist keinesfalls offiziell. Wegen des Wertes des erbeuteten Schmucks möchte die Direktion gern ein paar Details über den Überfall haben:

»Ich weiß«, erwidert Lemonnier, »Ihr Chef hat vorhin schon angerufen. Er hat sich gewundert, warum er noch nichts von Ihnen gehört hat.«

Er hebt den Hörer ab, drückt ein paar Mal nervös auf den Apparat ohne Zifferblatt, bis die Telefonvermittlung sich meldet:

»Die Direktion«, sagt er. »Anjou 28–30. Es ist dringend!« Dann wendet er sich wieder an mich:

»Er hat darum gebeten, daß Sie ihn sofort anrufen, wenn Sie hier sind. Er schien ziemlich wütend zu sein.«

Das ist mir egal. Die schlechte Laune des Dicken wird schon wieder vorübergehen. Genauso, wie in diesem Augenblick kleine weiße Schäfchenwolken am Himmel aufziehen.

»Schön«, fährt Kommissar Lemonnier fort. »Am besten, ich erzähle alles von Anfang an.«

Er berichtet gerade, wie die Gangster in den Juwelenladen eindran-

gen, als das Telefon läutet. Er reicht mir den Hörer.
»Borniche? Es wird ja auch Zeit. Also ist es nun Girier oder nicht?«
Die Stimme des Dicken im Hörer klingt so nah, als stünde er im Nebenzimmer, wo ein kahlköpfiger, vierschrötiger Sekretär sitzt und durch die halboffene Tür von Zeit zu Zeit einen verstohlenen Blick auf mich wirft.
»Ich weiß noch nicht, Chef. Es gibt ein paar Anzeichen, die dafür sprechen, aber noch nichts Sicheres. Ich werde Sie heute abend wieder anrufen.«
»Schön.« Er scheint enttäuscht zu sein. »Haben Sie Radio gehört?«
Was für eine Frage, wo hätte ich denn Radio hören sollen? Ich war mittags in Deauville und schleppe schließlich keinen Radioapparat in meinem Koffer herum.
»Nein, warum?«
Ich vermute, daß in den Nachrichten Giriers Name genannt wurde und daß es jetzt offiziell ist: Girier ist für den Juwelenraub bei Van Cleef verantwortlich. Ich höre Vieuchêne brummen:
»Immer das gleiche. Diese Jugend, nichts interessiert sie. Warum, warum?... Weil man der Begum für 200 Millionen Schmuck geklaut hat, gerade als sie ins Flugzeug nach Deauville steigen wollte. Ihnen ist das natürlich völlig gleichgültig. 300 Millionen in zwei Tagen, das ist immerhin ein stattliches Sümmchen. Na, was sagen Sie jetzt?«
Damit hängt er auf. Er hat ja recht, das ist wirklich ein stattliches Sümmchen, aber was kann ich dazu? Ganz Frankreich macht Urlaub, außer den Verbrechern. Ich erinnere mich wieder an Delpêches Worte. Dieser Journalist muß ein Radargerät in seinem Hirn eingebaut haben. Kommissar Lemonnier sieht mich fragend an. Ohne das geringste Mitleid für seinen Kollegen von der Côte erklärt er:
»Immerhin besser, daß ihm das passiert als mir! Zwei Überfälle in Deauville, und ich könnte gleich mein Köfferchen für Vesoul packen.«
Wir kommen wieder auf die Sache zurück, die mich interessiert. Dabei erfahre ich etwas Erstaunliches. Einer der Gangster hat seinen Colt im Tresor des Juwelenhändlers liegen gelassen. Statt dessen hat er die Selbstladepistole von Jacques Arpels mitgenommen.
Darüber kann man sich weiß Gott wundern. Eine solche Schlampigkeit hat in der Geschichte des Verbrechens kaum seinesgleichen. Und meine Überraschung wächst, als ich erfahre, daß ein Ring im Wert von 8 Millionen und der Führerschein von einem der Beteilig-

ten, einem gewissen David Médoui, im Teich des Loup pendu in Blonville gefunden wurde, den Taucher abgesucht haben. Es ist einfach unvorstellbar, daß Girier sich mit einer Gruppe so närrischer Anfänger umgeben haben soll.
»Und der Wagen, Herr Kommissar?«
»Natürlich gestohlen. Einem gewissen Paul de Rozay, wohnhaft in Paris, Rue Leconte-de-Lisle 21, und zwar ein paar Tage vor dem Überfall. Keine Fingerabdrücke, mit denen etwas anzufangen wäre. Den Wagen haben zu viele Hände betatscht, nachdem er von den Gangstern stehengelassen wurde.«
Wie immer ist die Personenbeschreibung, die die Opfer gegeben haben, ein wenig vage, äußerst phantasievoll und reich an Widersprüchen. Jacques Arpels war von der Vulgarität ihrer Sprache beeindruckt, nicht von ihrem Aussehen. Der Angestellte an der Tür erinnert sich an einen braunen Anzug, der ihm riesig vorkam, während er die Regenmäntel zu eng geschnitten fand. Dem zweiten Verkäufer, einem empfindsamen Mann mit ausgezeichneten Manieren, der unter einem leichten Stottern litt, waren die kräftigen Muskeln der Männer aufgefallen. Und Armand Coutant versichert auf seinem Krankenbett, daß sie alle groß und stark gewesen seien. Jeder ein kleiner Herkules!
Auch über die Art ihrer Maskierung kann man sich nicht einigen. Trugen sie Nylonstrümpfe, Halbmasken, Ganzmasken, Kopfschützer oder gar Kapuzen?
»Ich habe gehört, daß eine Hotelbesitzerin in Trouville...« Der Kommissar zuckt mit den Schultern:
»Ja. Warten Sie...«
Er drückt auf einen Knopf und gleich darauf öffnet sich die hintere Tür des Büros.
Inspektor Duruy ist nicht ganz so reserviert, nicht ganz so elegant und nicht ganz so höflich wie Kommissar Lemonnier. Aber sehr viel präziser als Delpêche. Genauso wie der Dicke hat der Journalist ein wenig übertrieben. Madame Gondera hat nie behauptet, daß Girier in ihrem Hotel gewohnt hat. Sie hat lediglich ausgesagt, sie sei sicher, daß er in ihrer Bar ein paar Tage vor dem Überfall ein Gläschen getrunken habe.
Dies hatte sie so leichthin ein paar Gästen gegenüber behauptet, angesteckt von dem allgemeinen Nervenkitzel, den der Überfall hervorgerufen hatte. Die Sache war Duruy zu Ohren gekommen. Als er sich ins Hotel begab, um Madame Gondera zu befragen, war sie nicht da. Er wandte sich an ihren Mann; er zuckte die Schultern. Seine Frau, so meinte er, sei ein Opfer der Sensationspresse. Seit sie

sämtliche Details über das Leben berühmter Persönlichkeiten verschlinge, bilde sie sich ein, sie persönlich zu kennen. In Deauville sei die Versuchung besonders groß. Das Leben hier, in einer Welt der Stars, gekrönter Häupter, Milliardäre und Gangsterkönige könne einem leicht beeindruckbaren Geschöpf schon zu Kopf steigen. Madame Gondera hole sich ihre imaginären Bekannten aus den entsprechenden Kolumnen von Samedi-Soir, Détective, France-Dimanche, Noir et Blanc. Sie kenne besser als irgendein anderer das Privatleben der Berühmtheiten des Tages, Königinnen oder Gangster, Starlets oder griechische Reeder. Kurz und gut, Herr Gondera riet dem Inspektor, den Behauptungen seiner Gattin nicht zu große Bedeutung beizumessen, die sich am Ende wohl als die Phantasien eines von dem Geschwätz der Journalisten erhitzten Geistes herausstellen würden...

8

Halb um meine Nerven zu beruhigen, halb um die Landschaft zu bewundern, habe ich mich, zwei Schritte vom Meer entfernt, ins Gras gesetzt, während mein Taxichauffeur mit vom Calvados rot gefärbten Wangen am Steuer sitzt und gähnt.
Blonville ist aus der Nähe betrachtet ein ebenso hübsches Dorf, wie es von weitem aussieht. Die Häuser sind sauber und ordentlich, Rasen und Gärten wohlgepflegt. Das fast schwarze Fachwerk hebt sich ab von den hellen Mauern der Häuser, auf die ich einen Blick durch die vergitterten Tore werfen kann.
Es ist sonderbar. Jedesmal, wenn ich einer Spur nachgehe, ergreift mich eine übertriebene Erregung. Dabei weiß ich, daß nichts in meinen Gesten oder meiner Stimme sie verrät. Nach außen hin bleibe ich eiskalt. Im Gegenteil, je mehr die Jagdbesessenheit mich gefangennimmt, je stärker sie meine Gedanken fesselt, desto größer wird meine Ruhe. Ich, der ich von Natur aus nervös, unruhig und lebhaft bin, zeige mich plötzlich umsichtig, ruhig und ordentlich. Ich bringe Gelassenheit, Geduld, Besonnenheit auf.
Ich begreife die Langsamkeit des Fischers, die peinliche Sorgfalt, mit der er seine Angelhaken schärft und seine Köder vorbereitet, mit den geduldigen Fingern eines Uhrmachers, die Zeit, die er darauf verwendet, seine Angel wurfbereit zu machen, als ob sein Leben von einem nachlässig geschlungenen Knoten oder einer lockeren Spleiße abhinge. Ich begreife die Feierlichkeit des Jägers, der sein Gewehr zerlegt und fettet, die Stunden, die er damit verbringt, seine

Patronen selbst zu gießen, Blei und Pulver im richtigen Verhältnis zu dosieren, die Zündhütchen zu überprüfen, während das Wild frei draußen herumläuft und er es bloß zu jagen brauchte. Etwas Geheimnisvolles scheint den Jäger und sein Wild zu verbinden, ein starkes und gleichzeitig zerbrechliches Band, so zerbrechlich, daß die geringste heftige Geste, die kleinste unüberlegte Handlung, der kleinste Irrtum es zerreißen kann.
Für mich würde der Beruf, den ich ausübe, nicht die geringste Spannung besitzen, wenn ich nicht mit Leib und Seele ein Jäger wäre. Der Name Girier hat mein Jagdfieber geweckt. Ich spüre, ich weiß, daß ich keinen Augenblick mehr Ruhe haben werde, bevor ich ihn nicht gestellt und verhaftet habe.

»Ach, bitte, ist das die Villa von ›Herrn fünf Prozent‹?«
Der Gärtner hinter der Buchsbaumhecke betrachtet mich mißtrauisch, die Hände in die Tasche seiner blauen Gärtnerschürze vergraben, aus der der Griff einer Baumschere hervorschaut. Ich habe das Taxi 50 Meter von hier warten lassen und bin in diesen kleinen Pfad eingebogen. Inspektor Duruy schlug mir in einem Anfall von Kollegialität vor, mich zu begleiten. Ich habe sein Angebot abgelehnt. Ich will lieber allein sein. Einmal, um nachzudenken. Aber auch, um die Hinweise zu verwerten, die ich vielleicht doch noch bekomme. Obwohl ich mir da nicht allzu große Illusionen mache: die Kollegen von Rouen haben hier vorher alles abgegrast, sie haben ein paar Längen Vorsprung.
Duruy har mir erklärt, daß der Teich des Loup pendu nicht weit von der Villa des Milliardärs Calouste Gulbenkian entfernt ist, der den Spitznamen »Herr fünf Prozent« trägt, und zwar wegen der Höhe der Prozente, die er auf die Erdölproduktion von Moussoul im Golf von Persien erhebt. Deshalb bin ich zu seiner Villa gegangen.
»Worum handelt es sich?«
Daß er überhaupt diese Frage stellt, beweist mir, daß ich auf dem richtigen Weg bin.
»Polizei«, erwidere ich und halte ihm mein Abzeichen hin. »Ich wollte gern Herrn Gabi Selian sprechen, den Gärtner von ›Herrn fünf Prozent‹.« Und in vertraulichem Ton füge ich hinzu: »Es handelt sich um den Überfall in Deauville.«
Der Mann seufzt, schiebt mit einer Bewegung seiner Schulter die Zweige beiseite, drückt sein dunkles Gesicht an das Gitter und betrachtet mich mit seinen schmalen Augen.
»Das bin ich«, brummt er, »aber ich hab' bereits alles erzählt, was ich weiß. Ich hab' sonst nichts mehr zu sagen.«

Ich nicke verständnisvoll:
»Aber natürlich!« Man darf nie einen Zeugen zu Beginn eines Gespräches brüskieren oder ihm widersprechen, sonst wird er bis zum Schluß verstockt bleiben. »Ich bin nur gekommen, um Ihnen ein Foto zu zeigen. Vielleicht ist dieser Bursche da in die Sache verwickelt!«
Ich ziehe aus meiner Tasche Giriers polizeidienstliches Erkennungsfoto, Registriernummer 856775 vom Mai 1944. Das ist alles, was ich von ihm besitze. Er ist einmal von vorn und einmal von der Seite aufgenommen, er lächelt leicht, trägt keine Krawatte, und über dem geöffneten Hemdkragen wird sein Adamsapfel sichtbar.
Der Gärtner sieht sich die Fotografie durch das Gitter an, zögert, runzelt die Stirn und bemerkt schließlich:
»Also, es ist schon möglich, mag schon sein, daß er es war...«
»Nur?«
Ich lauere auf die Antwort, mit eingezogenen Krallen wie ein hinter dem Baum auf den Vogel lauernder Kater seine Ungeduld bezähmt.
Die Lippen des Gärtners bewegen sich. Von seiner Antwort kann es abhängen, ob noch heute die Rotationsmaschinen der Zeitungen heißlaufen und morgen ganz Frankreich zum Frühstück in den Schlagzeilen lesen kann: »Spazierstock-René führt die Polizei an der Nase herum, Giriers phantastischer Coup in Deauville, Schmuck für 100 Millionen in den Taschen des Gangsterkönigs«, oder ob die Information des Dicken, Delpêches Hoffnungen und Madame Gonderas Phantasien wie ein angestochener Luftballon zusammenfallen.
»Das Foto ist alt.«
Das ist alles, was er dazu zu sagen weiß, der alte Selian. Ich gebe mich geschlagen. Daß dieses Bild vielleicht den Mann zeigt, den er am Tag zuvor neben dem Teich in galanter Begleitung gesehen hat, den Mann, der vielleicht den sensationellsten Raubüberfall der letzten Jahre verübt hat und dem die gesamte Polizei mit mehr oder weniger Erfolg auf den Fersen ist, eher mit weniger als mit mehr, ist ihm völlig gleich. Was ihn interessiert, ist lediglich, wie alt das Foto ist! Da kann man wirklich von den Zeugen bis zum Rest seiner Tage die Nase vollhaben.
Ich bezwinge meine Erbitterung und reiche ihm mit dem gelassensten Gesicht der Welt eine Philip Morris durch das Gitter. Jede Woche kaufe ich mir meinen Zigarettenvorrat bei den Arabern an der Place Blanche, wo sie bedeutend weniger kosten als regulär.
»Natürlich ist das Foto alt«, erwidere ich, »und der Typ ist auch ein

bißchen dicker geworden. Aber die Züge sind doch dieselben, finden Sie nicht?«

Der Gärtner beugt sich über mein Feuerzeug, zieht an der Zigarette, pustet, stößt eine große blaue Rauchwolke raus und betrachtet noch einmal das Foto. Mein Glaube hat ihn beeindruckt, er möchte mir gern einen Gefallen tun. Er kneift ein Auge zu, dann das andere, hält das Foto ein bißchen weiter entfernt, ein bißchen näher, setzt seinen Strohhut ab, kratzt sich den Kopf mit seinem rechten Ringfinger, scheint nachzudenken, setzt seinen Hut wieder auf und brummt schließlich:

»Kommen Sie.«

Ich war auf alles gefaßt, außer darauf. Mein Zeuge verschwindet hinter der Hecke und ich höre das Geräusch seiner Holzpantinen auf dem Kies der Allee. Ich folge ihm auf meiner Seite, dem Geräusch seiner Schritte nachgehend, bis zu dem hochherrschaftlichen Parktor. Ich erwarte jetzt eine sensationelle Enthüllung und werde ganz nervös vor Spannung.

»Wissen Sie«, beginnt er, »ich hab ja nicht viel gesehen. Ich saß in meinem Jeep, und ein Citroen, der neben dem Teich stand, verdeckte mir die Sicht. Die Typen haben ihn geschoben und ich bin dann weitergefahren. Ich hatte gerade noch genug Zeit, um einen zu sehen, der was in den Teich warf und einen anderen, der mit einem Mädchen neben einem Kabriolett auf der Straße stand. Es war ein großer, gut aussehender Junge. Wenn ich gewußt hätte, daß das alles so wichtig war, hätte ich mir die Nummer aufgeschrieben. Ich hatte doch keine Ahnung, daß das Verbrecher waren. Ihre Kollegen haben mir das erst gesagt.« Mit dem Finger nimmt er einen Tabakkrümel von der Lippe und wischt sich dann den Mund mit dem Aufschlag seines Ärmels. »Als ich auf dem Rückweg wieder vorbeikam, war niemand mehr da. Außer dem Wagen. Das ist alles!«

Es war wirklich nicht der Mühe wert, deshalb bis zum Tor zu laufen, um mir das zu sagen. Ich mache noch einen Versuch:

»Und der große Schlanke, meinen Sie wirklich nicht, daß es derselbe wie auf dem Foto ist?«

Der Gärtner zuckt seine breiten Schultern.

»Offen gesagt, ich weiß es nicht. Ihre Kollegen haben mir eins gezeigt, das so ähnlich aussieht wie Ihres. Kann sein, daß es dieser Typ war, kann aber auch sein, daß er's nicht war. Verstehen Sie, was ich damit sagen will?«

Das ist die typische Antwort des Bauern aus der Normandie. Da sind die Armenier Einfaltsknaben dagegen. Aber ich halte diese Unge-

wißheit nicht länger aus. Ich brauche noch ein paar zusätzliche Details über das Aussehen, das Alter und das Verhalten der Verdächtigen. Das ist unheimlich wichtig: In Deauville waren sie nämlich maskiert; hier zeigten sie ihr Gesicht.
Ich frage weiter:
»Haben Sie sie denn nicht wenigstens reden gehört? Oder sonst irgend etwas bemerkt? Waren sie jung, alt, blond, dunkel, klein oder groß . . . ?«
»Ach, wenn Sie glauben, daß ich darauf geachtet habe! Ich habe sie ja für normale Urlauber gehalten. Im Sommer kommen hier viele her und halten ein Picknick ab. Da, sehen Sie, ich hab auch noch das Papier hier gefunden, ich weiß nicht, ob es interessant ist. Und außerdem ist noch nicht einmal gesagt, ob es auch von ihnen stammt. Es ist eine Kinokarte . . . «
Er bückt sich, nimmt einen umgestülpten Blumentopf von der Mauer und holt mir ein kleines rechteckiges Stück Karton her, das wirklich so aussieht wie eine Kinokarte. Es ist auf einer Seite bedruckt, aber die Feuchtigkeit hat die Ziffern und einen Teil der Buchstaben verwischt. Ich greife danach. Mit Mühe lese ich » . . . li 1969 – . . . 87 – 473 . . . lennes-sur-Seine«. Ich bin sprachlos.
»Das ist wirklich nichts Besonderes«, sage ich schließlich, nachdem ich mich einigermaßen gefaßt habe. »Haben Sie es auch meinen Kollegen gezeigt?«
Der Gärtner schüttelt den Kopf.
»Nein. Ich habe es auf dem Rasen gefunden, nachdem sie wieder weggefahren waren, nicht weit von der Stelle, wo das Kabriolett stand.«
Ich tue so, als würde ich die Karte zu einer kleinen Kugel rollen und sie mit dem Finger fortschnippen. Da ich aber ein bißchen was von einem Zauberkünstler habe, lasse ich sie in meiner Hand verschwinden und stecke sie dann in meine Tasche. Die Götter sind auf meiner Seite. Ich habe meine Fährte. Und zwar eine gute. Einen Anhaltspunkt, von dem die Polizisten von Rouen keine Ahnung haben. Ich weiß, das Girier Rudersport treibt. Deshalb hat er auch einen so breiten Brustkorb, so starke Muskeln. Ich weiß, daß er ein Faible für jede Art von Wassersport hat und sich oft am Strand von Villennes-sur-Seine, der FKK-Insel, aufhielt. Ich habe das irgendwo in den Akten gelesen. Ich hatte vorher nicht daran gedacht, aber jetzt bin ich überzeugt, daß ich dort, wenn ich ein bißchen herumhorche . . .
»Brauchen Sie mich noch?«
Die Stimme des Gärtners weckt mich aus meinen Überlegungen.

»Nein, danke. Kann sein, daß ich noch einmal wiederkomme. Noch einmal vielen Dank.«
Als ich die Hand des braven, alten Mannes schüttele, fallen die ersten Regentropfen auf mein Gesicht. Ich bin froh, daß ich mir ein Taxi genommen habe, obwohl ich nicht sicher bin, daß der Dicke mir das Geld dafür wiedergibt.

9

Man betritt das Hotel Ariana durch die Bar. Eine Vase mit Gladiolen, die auf der Theke steht, soll dem Ganzen wohl den Anstrich von Luxus geben. Es ist ein ziemlich bescheidenes Café-Hotel.
An der Kasse sitzt eine blonde, dickliche Frau mit wässrigen blauen Augen, über und über mit Lippenstift beschmiertem Mund und blättert in Illustrierten. Sie betrachtet mich neugierig. Ich bin der einzige Gast. Wie gelingt es ihr bloß, mit einem so schlaffen Gesicht überhaupt ein Gefühl auszudrücken? Wirklich ein Rätsel.
»Einen Kaffee bitte, Madame!«
Madame Gondera steht auf, seufzt, betätigt die Kaffeemaschine, bringt mir den Kaffee. Dabei nutzt sie die Gelegenheit, mich noch einmal aus der Nähe zu betrachten. Jetzt sehe ich, daß ihre Neugier so ungeheuer ist, daß sie alles andere verdrängt. Ich habe den Eindruck, von einer Art menschlichen Polypen eingesogen zu werden.
»Wissen Sie«, säuselt sie schließlich geziert, »daß ich Sie schon einmal gesehen habe?«
»Ach?«
Ich muß wohl sehr überrascht aussehen, und sie fügt hinzu:
»Doch, doch. Ich könnte schwören, daß ich Sie schon einmal gesehen habe.«
Sie sieht mich aufmerksam an. Ich will ihr gerade eine Frage stellen, als sie strahlend vor Entzücken ausruft:
»Sie sind Inspektor Borniche!«
Ich bin völlig verblüfft. Ich bin zwar nicht gerade bescheiden, aber ich hätte nie gedacht, daß ich derart bekannt bin. Sie erklärt:
»In der Zeitschrift ›Der Detektiv‹ habe ich ihr Bild gesehen; Sie standen da neben Pierrot le Fou. Sie haben ihn doch festgenommen, nicht wahr?«
In heuchlerischer Demut neigte ich den Kopf:
»Das stimmt. Meinen Glückwunsch, Sie haben ein bewunderswertes Gedächtnis.«

»Ich vergesse nie ein Gesicht«, erwidert sie geschmeichelt, »vor allem, wenn es einmal in der Zeitung war. Was ist das eigentlich für ein Gefühl?«

»Was? Einen Verbrecher festzunehmen?«

»Nein. Sein Foto in der Zeitung zu sehen.«

Das sagt sie in einem Ton, als handele es sich um eine religiöse Weihehandlung. Sie bekommt eine geradezu verzückten Blick. Ich habe es da offensichtlich mit einer geistig Zurückgebliebenen zu tun, die das Gedächtnis eines Elefanten besitzt. Aber sie ist noch nicht fertig:

»Stellen Sie sich vor, all die vielen Leute, die Sie auf der Straße erkennen. Das muß doch berauschend sein, nicht wahr?«

»Oh«, erwidere ich leicht blasiert, »wir wollen doch nichts übertreiben. In Deauville begegnen einem auf Schritt und Tritt so viele Berühmtheiten, daß das gar nichts Besonderes mehr ist.«

Sie spielt jetzt die Rolle der Arroganten, der das Leben nichts Neues mehr bieten kann. Ihr Blick schweift über die leere Theke, als dränge sich da eine lärmende, fröhliche Gruppe von Filmstars, die sich einen Weißwein genehmigen. Es kommt mir so vor, als erlebe ich ein Wunder. Die Phantome der Berühmtheiten, von denen sie offenbar Tag und Nacht träumt, scheinen plötzlich Fleisch und Blut angenommen zu haben, dennoch zögert sie. Die Rolle der Frau, die von den Eitelkeiten dieser Welt gesättigt ist, reizt sie einen Moment lang. Ihre Neugier ist stärker.

»Sie sind gekommen, um hier Nachforschungen anzustellen, hab ich recht?«

Sie läßt mir nicht die Zeit, rasch eine Lüge zu erfinden. Schon beugt sie sich über die Theke, legt mir die Hand auf die Schulter und fährt in verschwörerischem Ton fort:

»Na, da haben Sie ja heute Ihren Glückstag.«

Sie erzählt mir, daß ein paar Tage vor dem Überfall, an einem Mittwoch oder einem Donnerstag, ein junger, gut aussehender, großer Mann eingetreten sei, der ausgesehen habe wie der Erzengel persönlich – bei der bloßen Erinnerung daran gerät sie in Ekstase und rollt verrückt die Augen. Sie stand allein hinter der Theke, denn ihr Mann war an jenem Tag nicht da. Das feingeschnittene Gesicht des Unbekannten, seine hohen Backenknochen, seine grünschillernden Augen mit Punkten darin, sein sinnlicher Mund hatten sofort ihre Aufmerksamkeit gefesselt. Er selbst sah sie an, als kenne er sie bereits seit unendlich langer Zeit und gleichzeitig flüsterte ihr ihre innere Stimme zu – dieselbe, die sie auch bei meinem Eintreten vernommen habe –: »Mathilde, du kennst diesen Mann, du hast ihn

schon einmal gesehen ...« Dieser Blick, der auf dem ihren ruhte, machte sie leicht schwindelig. Plötzlich die Erleuchtung: dieser junge Mann war weder ein Filmstar noch ein internationaler Playboy, auch kein berühmter Sportler. Es war der »intellektuelle Bandenchef«, der »König der Ausbrecher«, der »sympathische Gangster«, dem seine »Kollegen« den Spitznamen »Spazierstock-René« gegeben haben: René Girier.
Madame Gondera hat von seinen Heldentaten gelesen, kennt sein Leben fast auswendig. Vor vier Monaten war er aus dem Gefängnis von Pont-l'Evêque ausgebrochen. Damals hatte die Presse seine Biographie in allen Einzelheiten gebracht. Madame Gondera wird noch bei dem bloßen Gedanken an ihn kreidebleich.
»Ein Panther, Herr Inspektor, mit der gleichen geschmeidigen Grazie und – das habe ich genau gespürt –, seine Tatzen waren bereit zuzuschlagen. Mir ist ganz komisch dabei geworden.«
Ich kann mir die Szene gut vorstellen. Madame Gondera hatte einen flüchtigen Blick in den Spiegel geworfen, um sich davon zu überzeugen, daß ihr Lippenstift und ihre Haarlocken nicht unter dem Schock gelitten hatten, und als sie sich wieder umdrehte, ein zugleich ängstliches und liebenswürdiges Lächeln auf den Lippen, um zu zeigen, daß sie ihn erkannt hatte, war Girier bereits verschwunden. Vor seinem leeren Glas auf der Theke lag ein Geldschein, der bewies, daß sie nicht geträumt hatte.
Was auch immer ihr Mann davon hält, Madame Gonderas Aussage bekräftigt sehr wohl die des Gärtners Selian. Kein Zweifel, Girier befand sich vor und während des Überfalls in Deauville.
Ich bin überzeugt davon, daß es sich nicht bloß um einen Zufall handelt.
Es ist schon Nacht, als ich wieder in mein Hotel zurückkomme. Im Fach Nummer 7, wo mein Schlüssel hängt, finde ich einen Briefumschlag, mit dem ›Florian‹ als Absender.
Schon die Rechnung, überlege ich mir. Übermäßig vertrauensselig sind sie ja nicht.
Ich reiße den Umschlag auf und finde ein paar handschriftliche Zeilen:

Mein lieber Roger,
Du hast Dich heimlich still und leise davongemacht, ich bin Dir nicht böse. Ich hätte Dir noch gern auf Wiedersehen gesagt, bevor ich weiterfahre. Die Zeitung schickt mich nach Cannes in der Affäre Begum. Den Artikel über Girier lasse ich erst einmal fallen. Tu Du mir den Gefallen und gib mir einen Tip, sobald Du

glaubst, daß Du ihm auf den Fersen bist. Ich möchte gern bei seiner Verhaftung dabeisein. Viel Glück, laß Dir's gut gehen.

DELPECHE

Die Rückseite des Blattes ist leer. Langsam falte ich den Brief und stecke ihn in meine Tasche, ich werfe noch einen Blick auf den Schlüssel von Delpêches Zimmer, der in seinem Fach hängt und vielleicht schon einem neuen Gast gehört, und steige in mein Zimmer hinauf.

Ich habe keinen Hunger. Ich denke an Girier. Ich muß ihn aufspüren, koste es, was es wolle! Und wenn ich all meine Spitzel auf ihn ansetzen muß –, sie sind nicht allzu zahlreich, obgleich ich das dem Dicken gegenüber immer zu verschleiern suche –, die hinter Gittern, und die gerade auf freiem Fuß sind. Hier habe ich nichts mehr zu tun.

In Paris und vielleicht sogar in Villennes habe ich mehr Chancen, eine frische Fährte aufzuspüren.

Ich ziehe mich aus und lege mich ins Bett. Lange Zeit finde ich keinen Schlaf. Der Lärm von der Straße dringt, wenn auch gedämpft, bis hier herauf. Der Katzengesang auf den Dächern macht mich nervös. Schließlich schlafe ich gegen 2 Uhr morgens ein, meine letzten Gedanken gelten dem begehrenswerten nackten Körper von Marlyse.

10

»Borniche, Sie sind ein Träumer!«

Die Worte des Dicken treffen mich wie eine kalte Dusche, als ich gerade nach beendetem Bericht erwarte, daß er mir diesmal sein uneingeschränktes Lob zuteil werden lasse.

»Fabelhaft, mein Lieber, machen Sie nur so weiter. Sammeln Sie alte Eintrittskarten! Dadurch wird Ihnen Girier geradewegs in die Arme laufen. Ich habe sogar noch einen besonderen Tip für Sie: Wie wär's, wenn Sie mit einem Handkarren einmal nach dem Grand Prix nach Longchamp oder Auteuil spazierten. Was denken Sie, was das für eine reiche Ernte wird!«

Vieuchêne betrachtet mich ein paar Sekunden mitleidig, wobei er seiner Mißbilligung mit einem Schütteln des Kopfes Ausdruck verleiht, dann zuckt er die Schultern und fügt resigniert hinzu:

»Ich habe Ihnen schon hundertmal gesagt, Sie sollen sich um Ihre

Spitzel kümmern, aber Sie wollen ja nicht hören. Sie tun immer nur das, was Sie wollen. Jetzt verbeißen Sie sich in diese Geschichte mit der Eintrittskarte, die Sie nirgendwohin führen wird. Übrigens ist noch nicht einmal bewiesen, daß Girier sie verloren hat. Glauben Sie vielleicht, er sei so blöd, mitten im August auf der Seine auf und ab zu rudern, bei der Beute, die er gerade abgesahnt hat?«
Mit einer blitzschnellen Bewegung, die sein Geheimnis ist, läßt der Dicke seine Brille auf die Nase herunterfallen und widmet sich der Durchsicht der täglichen Post, die danach in die entsprechenden Abteilungen weitergeleitet wird. Ich stehe neben seinem Schreibtisch, ohne ein Wort zu sagen und sehe ihm bei der Arbeit zu; seine Worte haben mich etwas unsicher gemacht. Wie jedesmal, wenn er sich ärgert, steht eine widerspenstige Strähne von seinem schwarzen, brillantineglänzenden Haar ab. Ohne den Kopf zu heben, fährt der Dicke fort, hier und da in den Berichten, die er mit geübtem Auge überfliegt, ein paar besonders wichtige Stellen rot zu unterstreichen, was ihn aber nicht daran hindert, in seinem Klagelied fortzufahren:
»Ob Sie's nun wollen oder nicht, bei diesem kleinen Spiel sind unsere Freunde von der Kripo die Gewinner. Die werden sich kaum genieren, uns Girier vor der Nase wegzuschnappen. Glauben Sie mir, die haben nicht auf Sie gewartet, um die ganze Pariser Unterwelt durchzukämmen ...«
Der Dicke blickt plötzlich auf und zeigt anklagend mit seinem roten Bleistift auf mich:
»Mein lieber Borniche, in Paris wimmelt es nur so von Spitzeln der Kripo, wie Würmer auf einer Leiche, haben Sie mich verstanden?«
Während ich zur Tür gehe, überlege ich mir, daß diese fixe Idee des Dicken ihn offenbar um den Verstand gebracht hat. Aber ich irre mich.

Wenn Charlot der Normanne mit seinen Fäusten loslegt, kommt auch ein Preisboxer nicht mehr mit. Es hagelt nur so Rechte und Linke, er schlägt mit dem Knie, den Füßen, der Peitsche zu, eine äußerst schmerzhafte Behandlung, die ihre Spuren zurückläßt. Martine hat soeben diese Erfahrung gemacht.
Martine sitzt vor ihrem Frisiertisch in ihrem Luxusappartement in der Rue de la Faisanderie und bürstet mit zur Seite geneigtem Kopf ihr langes braunes Haar; ihre Augen sind von Tränen gerötet, ihre mageren, knochigen Schultern lassen ihren Rücken eher wie den eines Jungen aussehen; ihr Büstenhalter bildet einen schmalen schwarzen Strich auf ihrer hellen Haut. Unterhalb der Taille wer-

den ihre Formen rundlicher, sanfter und weiblicher. Charlot liegt mit hinter dem Nacken verschränkten Händen auf dem Sofa und beobachtet sie von der Seite. Es tut ihm leid, daß er so fest zugeschlagen hat. Auf ihren Hüften, den Schultern und den Schenkeln zeichnen sich die blauen Male seiner Schläge ab. An einigen Stellen haben seine Finger rötliche Spuren hinterlassen. Charlot seufzt. Klar, die Strafe hatte sie verdient. Aber die Kunden mögen keine Mädchen mit Striemen auf dem Körper. Sie bilden sich ein, die Weiber seien frei, gehörten ihnen und sie könnten das Leben gemeinsam mit ihnen entdecken. Dafür zahlen sie, die Idioten! Sie lassen sich diese Illusionen etwas kosten und die darf man ihnen nicht nehmen. Aber verdammt noch mal, warum hat Martine sich während seiner Abwesenheit mit einem anderen vergnügt? Obendrein noch mit einem Gangster! Und was für einem Gangster!
Bei der Erinnerung daran wird Charlots Wut wieder lebendig. Hätte Spazierstock-René ernsthafte Absichten gehabt, dann hätte er wenigstens einen Handel vorschlagen können, die Höhe der Entschädigung – der Ausdruck »Strafe« ist Charlot zuwider – festsetzen und die paar Tausender in bar berappen können. Und ein paar Tausender wären für Martine nicht zu hoch gegriffen, immerhin ist sie eines der besten Strichmädchen von der Madeleine, trotz ihres halb knaben-, halb mädchenhaften Aussehens, mit ihren kleinen Brüsten, ihren langen, schlanken Beinen und ihren großen Kinderaugen.
Statt dessen hat Girier Süßholz geraspelt. Er hat sich einen Dreck um Charlots Gefühle und seine Kasse geschert. Er hatte die Gesetze der Moral mit Füßen getreten, ihn lächerlich gemacht. Aber er wird nicht ungestraft davonkommen, so wahr er Charlot heißt. Wenn die Unterwelt sich nicht mehr an die Spielregeln hält, wenn die Gangster und die Strichmädchen Romeo und Julia spielen, während die Männer auf Urlaub sind, wo kommt man da hin? Das wäre das Ende ihres Berufs, der eisernen Gesetze der Gerechtigkeit. Und den René, den wird er sich schon noch vorknöpfen. In der Zwischenzeit hat erst einmal Martine das bezogen, was ihr zustand.
Sie ist immer noch dabei, ihre Haare zu kämmen, dann läßt sie sie in Locken seitlich über die Schultern fallen. Charlot ist aufgestanden. Er betrachtet mit seinen wäßrigen Augen das Gesicht der jungen Frau im Spiegel. Er legt seine Hände mit den manikürten Fingernägeln zu beiden Seiten um den schlanken Hals. Seine fetten Finger pressen sich in die Schultermuskeln. Martine weiß aus Erfahrung, daß der Druck, der im Augenblick noch nicht schmerzhaft ist, zu einer Folterqual werden kann. Ihr Körper verkrampft sich aus Angst

vor dem drohenden Schmerz. Die Finger bewegen sich fast unmerklich. Martine hält den Atem an. Es hat keinen Zweck, zu versuchen, sich loszureißen, denn bei der geringsten Bewegung würden die Hände sich wie ein Schraubstock um ihren Hals schließen. Langsam streckt sie mit unbeweglichem Oberkörper eine Hand nach dem Frisiertisch aus, nimmt aus einer Schale ein paar Haarnadeln.
»Paß auf«, sagt sie mit kühler Stimme, »du wirst mir die Frisur verderben.«
Charlot der Normanne gibt ihren Hals frei, schüttelt den Kopf und beginnt im Zimmer auf und ab zu laufen.
Vor dem Krieg war Charles Delannoy, genannt Charlot der Normanne, der gesuchteste »Verteiler« auf dem Pariser Prostituiertenmarkt. Seine Aufgabe bestand darin, die Bordelle und die geheimen Etablissements mit Nachschub zu versorgen. Er kannte die besten Adressen in Frankreich, die speziellen Wünsche des Auslands, die Qualitäten jedes Mädchens, die Bedürfnisse jedes »Hauses.« Da die Hauptsorge der Bordellbesitzer der steigende Umsatz ist, tauschte Charlot regelmäßig die Mädchen aus, sorgte dafür, daß sie sich auch immer vom Typ her unterschieden und die Spezialität des Hauses nicht immer die gleiche blieb. Ob es sich um eine Absteige in einer Garnisonsstadt oder ein erstklassiges Etablissement in Paris, Kairo oder Beirut handelte, Charlot der Normanne kam seinen Verpflichtungen mit der Pünktlichkeit und der Seriosität eines Personalchefs in einem großen Unternehmen nach. Er schob die Mädchen zwischen mehreren Häusern hin und her; seine Vermittlungsgebühr kassierte er in zwei Raten: die erste bei Empfang der Sendung, die zweite, wenn die Frau alle Erwartungen ihres Arbeitgebers erfüllt hatte. Stand eine Abreise vor der Tür, zahlte Charlot die Schulden und übernahm die Fahrtkosten. Dafür stand ihm auch für jedes Mädchen eine Vertragsstrafe zu. Man rief ihn als Experten und Richter zu Hilfe. In der Unterwelt war Charlot ein angesehener Mann.
Nur bei der Polizei war er nicht ganz so angesehen, denn die hätten ihn bei der erstbesten Gelegenheit wie einen ganz normalen Zuhälter schnappen können. Dieser Gedanke nagte an ihm. Die Sitte interessierte sich für die »Fleischhändler«. Von Zeit zu Zeit gab es eine Razzia und sie schnappte sie sich bei Morgengrauen in ihrem Hotel auf dem Montmartre oder ihrem eleganten Studio auf dem Boulevard Suchet. Es war nie etwas Ernstes, sondern nur eine etwas rauhe Art, sie daran zu erinnern, daß ihre Sicherheit keine endgültige war und daß man sich dafür kooperativ zu zeigen habe.
Was die Kripo interessierte, waren die Listen der Verteiler, die

Akten der Organisation, die sie dann jederzeit zur Hand hatte. Charlot wollte seinen Frieden. Er hielt sich für einen Kaufmann, eine Art Pferdehändler höheren Standes, der seinen festen Platz innerhalb der Gesellschaft hatte. Von diesem Blickwinkel aus gesehen waren seine Beziehungen mit den Behörden sozusagen ehrbarer Natur. Er arbeitete mit der Polizei in den Hinterzimmern der Kneipen zusammen.

Charlot setzt sich auf das Bett und zündet sich eine Zigarette an. Martine tänzelt in Slip und Büstenhalter im Zimmer herum. Charlot beachtet sie gar nicht. Einen Augenblick lang überlegt sich Martine, ob sie seinen Blick auf sich ziehen soll, ihn zwingen, ihre Nacktheit zur Kenntnis zu nehmen. Aber heute scheint der Anblick ihres Körpers, der sonst so aufreizend auf ihn wirkt, keine Macht über ihn zu haben. Sie zieht ein Kleid über und versucht mühsam, die Knöpfe am Rücken zu schließen.
»Bist du so lieb und hilfst mir?« bittet sie und nähert sich dem Bett. Sie spürt, wie die Hände des Mannes ihren Rücken herabgleiten. Sie umfassen ihre Taille, legen sich um ihre Hüften. Martine bewegt sich katzenhaft – lockend. Aber diesmal stößt Charlot sie heftig zurück.
»Wenn du glaubst«, sagt er zähneknirschend, »daß du mir auf diese Weise davonkommst, du Hure.«
Martine erwidert nichts. Sie kennt ihn allzu gut, um offenen Widerstand zu leisten. Aber sie hat keine große Angst mehr vor ihm. Auch Schläge können verräterisch sein. Charlot hat sie methodisch verprügelt, wie ein Folterknecht, der ein Urteil vollzieht, aber hinter diesem Strafgericht entdeckte sie die Verzweiflung und die Wut eines verletzlichen Mannes. Eine Mauer ist eingestürzt. Sie weiß jetzt, daß er eifersüchtig ist...
Zum hundertsten Mal fragt Martine sich, wer ihm den Tip gegeben hat. Maud? Diese lange Bohnenstange, die sich einbildet, daß sie ihr ihren Platz gestohlen habe? Wo hätte Maud sie zusammen sehen können? An der Oper, an der Madeleine, in der Rue Bonaparte? Es stimmt, sie waren beide äußerst unvorsichtig gewesen. An jenem Tag ging er in der Rue Royale spazieren mit weit über der Brust geöffnetem Hemd, einem Goldkettchen um den Hals und mit derartiger Lässigkeit, als ob die Pariser Polizei in einen Dornröschenschlaf gefallen sei. Zum hundertsten Mal fragte Martine sich, was sie sich bei der Sache wohl gedacht hat. Von dem Augenblick an, als ihre Blicke sich kreuzten, hatte sie begriffen, daß er gefährlich war. Trotzdem hatte sie ihn in der Bar in der Rue

Caumartin wiedergetroffen und sich dort wie ein Schulkind umgarnen lassen.
In einem Hotel in Saint-Germain-des-Prés hatten sie dann die Begegnung fortgesetzt. Sie waren bis zum Abend auf ihrem Zimmer geblieben. Girier war kein schlechter Liebhaber, aber für Martine war das nicht die Hauptsache gewesen. Bei Charlot kam sie auch auf ihre Kosten, obwohl er etwas älter war. Aber bei Girier war es etwas ganz anderes. Es war komischer, lustiger. Er erzählte ihr drollige Geschichten, die ebenso drollig und spannend waren wie ein Illustriertenroman; sie strich über sein männliches Gesicht und fand, daß er aussah wie ein Filmstar. Sie hatte ein bißchen Angst vor ihm, aber gleichzeitig wünschte sie sich nichts sehnlicher, als daß er noch länger bei ihr bleiben, sie mit seinem bezwingenden Charme fesseln möge.
Am Morgen des vierten Tages zeigte Girier sich, der normalerweise entspannt und gut gelaunt war, ziemlich nervös. Er war verschiedene Male hinausgegangen, um zu telefonieren. Vom ersten Augenblick an hatte Martine sich auf etwas Ähnliches gefaßt gemacht. Sie wußte, daß sie ihn nicht halten konnte. Übrigens hatte sie auch gar nicht diesen Wunsch. Sie war für eine solche Existenz nicht gemacht, in der man ständig von einem Ort zum anderen floh. Sie wollte den Komfort, die Sicherheit, eine Welt, in der alles in Ordnung war. Sie wußte, daß die meisten Dirnen übel enden. Und sie wußte auch, daß ihre beste Chance, diesem drohenden Schicksal zu entgehen, Charlot war. Charlot hatte sich der bestehenden Gesellschaft angepaßt. Martine und er ähnelten sich. Er verkaufte Frauen, sie prostituierte sich. Beide fanden das völlig natürlich; sie fühlten sich in Übereinstimmung mit einer Welt, die diese Art Tätigkeit von ihnen verlangte. Girier stellte das täglich wieder in Frage.
An jenem Tag hatte Girier eine Verabredung mit Freunden in der Rue Marcadet auf dem Montmartre in einem italienischen Lebensmittelgeschäft, dessen Hinterzimmer in eine Bar umgebaut war. Martine hatte ihn begleitet. Diesen Ort, dessen Decke Schinken, Würste und Chiantiflaschen schmückten, kannten nur die Eingeweihten. Man trank hier hausgemachten Absinth, den der Wirt mit kleinen Vorspeisen servierte. Martine war begeistert. Die Ambiance gefiel ihr. Sie fühlte sich hier wieder zu Hause, nach ihrem Aufenthalt in Saint-Germain-des-Prés. Obwohl sich René hier von ihr trennte. Girier hatte ihr ganz einfach verkündet, daß er für ein paar Tage Paris verlassen müsse.
Der Satz war völlig unbedeutend, aber er hatte ihn so betont, als ob

die Tatsache, daß Martine seine Begleiterin gewesen war, eine einzigartige Erfahrung sei, die nicht von längerer Dauer sein könne. Martine begriff. Noch am gleichen Nachmittag ging sie in ihr Appartement im 16. Bezirk zurück, wo Charlot, der früher als beabsichtigt heimgekehrt war, schon auf sie wartete...

Charlot der Normanne haßt Girier. Er hält ihn für einen Abenteurer, dem niemand trauen kann. Spazierstock-René glaubt an nichts, er wäre bereit, das unwahrscheinlichste Ding zu drehen, ändert seine Ansicht je nach Lust und Laune und gibt einen Coup ebenso rasch wieder auf, wie er ihn beschlossen hat.

Allein der Gedanke, daß Martine sich von ihm verführen ließ, bringt ihn zur Weißglut. Es ist das erste Mal, daß sie so unüberlegt reagiert. Charlot sagt sich, daß er an ihr hängt. Er muß etwas tun, bevor ihre Beziehungen mit Girier möglicherweise leidenschaftlich werden und ihr Leben zerstören. Solange Männer wie Spazierstock-René auf freiem Fuß sind, kann sich niemand sicher fühlen. Dieser Typ ist einfach störend. Er handelt nicht nach den Gesetzen der Unterwelt. Martine betrachtet Charlot aufmerksam. Sie hat eine fast physische Vorstellung von den Gedanken, die ihm durch den Kopf gehen. Ihr Instinkt warnt sie vor einer Gefahr.

»Er ist zu allem fähig, dieses Stinktier!« knurrt er wütend.

»Der spinnt doch, und du hast dich von diesem kleinen Idioten einwickeln lassen!«

Mit einem Schritt steht er vor ihr. Martine sieht nur noch seine breite Gestalt und sein drohendes Gesicht. Unter seinem durchdringenden dunklen Blick verliert sie ihre Selbstsicherheit:

»Hör zu«, jammert sie, »ich hab dir doch gesagt, daß es aus ist.«

Er packt sie an dem Kragen ihres Kleides und zieht sie brutal an sich.

»Aus, sagst du?« fragt er ironisch. »Willst du mich für dumm verkaufen?«

Er schüttelt sie ein paar Mal und läßt sie dann los.

»Aber auf eines kannst du dich verlassen, ich werde zwei Wörtchen mit ihm reden, mit deinem Playboy!«

Martine wird unsicher. Sie blickt den Normannen ungläubig an. Er spielt ihr da was vor. Er hat doch nicht die Absicht, Girier herauszufordern. Das ist keine Frage des Mutes, aber so etwas liegt einfach nicht in seinem Charakter. Er ist zu schlau, um wie ein Stier draufloszugehen. Selbst wenn er die Kraft und den Schneid dazu hätte. Plötzlich spürt sie, wie sich seine Finger in ihre Haut graben.

»Malst du dich vielleicht für diesen Scheißkerl seit einer Stunde an?«

Sie versucht, ihn zu besänftigen:

»Hör zu, machen wir Schluß damit. Ich hab dir gesagt, daß wir uns nicht wiedersehen. Ich schwör dir, ich weiß nicht, wie es geschehen konnte ...«
»Und wenn er dich wieder zu betören sucht? Na, was machst du dann, du Schlampe? Dieser Hundesohn kommt bestimmt wieder und verdreht dir den Kopf. Er will mich provozieren, aber er vergißt, daß die Bullen ihm auf den Fersen sind!«
Der Druck seiner Hände wird noch stärker. Instinktiv hebt Martine den Arm, um ihr Gesicht zu schützen. Der Blick des Normannen hat sich geändert. Er betrachtet sie streng, erbarmungslos.
»Wo ist sein Hauptquartier?«
Martine schüttelt den Kopf.
»Ich weiß es nicht!«
Die Ohrfeige betäubt sie halb.
»Wo?« fragt Charlot. »Wo? Sag sofort, wo?«
Die junge Frau schwankt, versucht, sich an dem Frisiertisch festzuhalten. Ihre Augen sind blind von Tränen. Ihre Lippe blutet. Charlot holt zu einem neuen Schlag aus.
»Spuckst du's nun aus, du Schlampe?«
Eine innere Stimme rät ihr zu sprechen, irgend etwas zu sagen, weil er ihr sonst das Gesicht zerschlagen wird. Die Furcht überwältigt sie. Sie versucht, dem Schlag auszuweichen. Charlot schlägt sie mit der Handkante auf den Schulteransatz. Der Schmerz lähmt sie. Er brüllt:
»Entweder du sprichst jetzt, oder ich schlage dir die Visage zu Brei!«
Martine kann sich nicht mehr rühren. Sie weiß, daß er ihr das nächste Mal ins Gesicht schlagen wird. Sie will um Gnade flehen, doch statt der Worte, die ihr auf der Zunge liegen, hört sie sich plötzlich sagen:
»... Rue Marcadet... Bei Emilio... Dort geht er immer hin...«
Der Normanne läßt sie befriedigt los. Martine bleibt einen Augenblick aufrecht stehen, dann schwankt sie. Gedankenfetzen schwirren ihr durch den Kopf. Sie hat vor lauter Angst einfach drauflosgeredet. Tränen laufen ihr über die Wangen bis zu den geschwollenen Lippen. Ihr Körper brennt. Sie läßt sich auf das Bett fallen, den Kopf in die Arme vergraben.
Sie weiß, daß sie Girier verraten hat, daß Charlot der Normanne ihn seinen »Bekannten« von der Kripo verpfeifen wird.

11

Der Dicke hat sicher recht, wenn er mir die sagenhaften Fähigkeiten der Konkurrenz vor Augen hält, aber warum sollte ich nicht dem Tip des alten Gärtners nachgehen? Man kann nie wissen. Ich fasse einen Entschluß: ich werde meine Spitzel aufsuchen – wenn ich sie überhaupt erwische, jetzt während der Urlaubszeit –, dann werde ich meinen ersten freien Nachmittag dazu benutzen, um nach Villennes zu fahren. Auf eigene Kosten und ohne dem Dicken etwas davon zu sagen, zu meiner persönlichen Befriedigung.
Denn seit ich aus Deauville zurück bin, geht mir der Gedanke nicht mehr aus dem Kopf.

Genau 36 km von Notre-Dame entfernt und 900 m nach der Abfahrt von der Autobahn nach Westen, schlängelt sich ein geteerter Weg durch die gepflügten Felder und führt nach Villennes-sur-Seine.
An einen grünen, nur leicht abfallenden Bergrücken geschmiegt, zieht sich der Ort bis zum Ufer des Flusses hin, ein Paradies für Fischer und Wassersportler; gegenüber liegt eine kleine Insel, die von zwei Armen der Seine umspült wird, und zu der man mit einer Fähre gelangt.
Als ich am Ufer der Seine anlange, bin ich völlig erledigt. Der Schweiß rinnt mir vom Gesicht, und mein Hemd ist zum auswringen. Hätte ich mir doch nur im Büro einen unserer Wagen zur Verfügung stellen lassen. Statt dessen habe ich aus meinem Keller ein kleines Tandem geholt, das Marlyse und ich freudig bestiegen. Sie hatte mir versprochen, kräftig mitzutreten, aber Pustekuchen, wer den ganzen Weg über treten mußte, war ich, während ihr leichtes Sommerkleid im Wind wehte. Als ich schließlich vom Rad steige, bin ich völlig zerschlagen und kann nur noch mit Mühe laufen.
Der Fährmann ist ein alter Beau mit der Brust voller Orden, der auf seine tressenbesetzte Mütze ebenso stolz ist wie auf seinen rötlichen Schnurrbart. Wenn er spricht, glättet er ihn liebevoll mit einer raschen Bewegung seines Handrückens, wobei seine von Nikotin gelb gefärbten Zähne zum Vorschein kommen.
Im Augenblick interessiert ihn das offenherzige Decolleté von Marlyse. Eine Hand in die Tasche gesteckt, wo er mit den Münzen klingelt, bietet er uns mit der anderen die Karten an, rühmt die Lage der Insel und die Bemühungen der Stadtverwaltung, fragt uns vorwurfsvoll, ob wir denn auch ja im Vorübergehen Emile Zolas Besitz bewundert hätten, der nach seinem Tod in ein Sanatorium

umgebaut wurde.
»Kommen die Herrschaften heute zum ersten Mal nach Villennes?«
Ich kann schlecht das Gegenteil behaupten. Es ist wirklich das erste Mal, und ich bin auch nicht hergekommen, um mich zu amüsieren oder die Landschaft zu bewundern. Ich trage in meiner Brieftasche Giriers Foto, das ich von den wenig schmeichelhaften Kennzeichen des polizeilichen Erkennungsdienstes befreit habe. Es sieht jetzt wie ein schlichtes Foto aus, auf die Rückseite habe ich gekritzelt »Meinem lieben Vetter, René«. Auf diese Weise kann man nicht einmal wissen, ob dieser Vorname der seine oder der meine ist.
Ich lauere auf einen günstigen Augenblick, um diesem alten Schwätzer das Foto zu zeigen, denn er fällt mir mit seinem Redefluß jetzt wirklich auf die Nerven. Ich erfahre, daß der Strand, von dem der Wind ab und zu ein paar Akkordeonklänge herüberträgt, auf der Nordseite der Insel liegt, während der Süden dem FKK-Camp, kleinen Bungalows und Bootsanlegestellen vorbehalten ist.
»Liebling, wie machen wir das bloß, bei dieser Menschenmenge werden wir ihn nie entdecken!« sage ich zu Marlyse. Dann wende ich mich an den Fährmann:
»Wissen Sie, wir suchen unseren Vetter, einen großen, gut aussehenden Burschen, der Segelsport treibt. Kennen Sie ihn?«
Ich zücke mein Foto. Der Alte betrachtet es einen Augenblick, schiebt es dann beiseite und reckt bedauernd das Kinn vor:
»Wissen Sie, es kommen so viele Leute hier vorbei! 60 bei jeder Überfahrt. Das beste wäre, sie gingen zu dem Strandwärter. Er könnte ihn mit dem Lautsprecher ausrufen lassen.«
Ich frage nicht weiter, sondern stecke mein Foto wieder ein, bemühe mich, mir meine Enttäuschung nicht anmerken zu lassen, und besteige mit Marlyse die Fähre, auf der sich die Passagiere bereits drängeln.
Als wir an der Insel anlegen, ruft mir der Alte noch nach, die Hände trichterförmig an den Mund gelegt:
»Wenn er nicht am Strand ist, fragen Sie doch den Bottsverleiher. Er liefert auch dem Camp die Boote.«
Vorsichtshalber spielen wir auf dem Weg weiter das glücklich liebende Paar.
Aber ich bin nicht ganz bei der Sache.
Wir entdecken den Bootsverleiher am Landesteg, mit einem Farbtopf in der Hand, schmutziger Kapitänsmütze, hohen Backenknochen und ausgemergeltem Gesicht, leicht geschwollenen Lidern, ölverschmiertem blauen Arbeitsanzug und einem watschelnden

Entengang. Ein paar Boote schaukeln auf den plätschernden Wellen, die ein vorüberziehender Lastkahn hervorgerufen hat. Neben der handbetriebenen Zapfsäule liegen kieloben ein paar reparaturbedürftige Boote.
Der Mann beugt sich über die Fotografie unseres Vetters René, die ich erneut aus der Brieftasche genommen habe. Zwei oder drei Mal schiebt er einen kleinen sommersprossigen Jungen beiseite, der sich auf die Zehenspitzen stellt, um besser sehen zu können.
»Ich will nicht behaupten, daß mir der Mann unbekannt ist, aber um Ihnen zu sagen, wo ich ihn gesehen habe: Haben Sie schon mal am Strand nachgefragt?«
Wieder ein Reinfall.
Wie ein junger Hund bin ich auf dieser Fährte vorwärtsgeprescht, die einfach nichts hergibt. Der Dicke, der die Nutzlosigkeit meines Unternehmens vorhergesehen hatte, war gar nicht so dumm. Giriers Foto, das in allen Zeitungen erschienen war, ist bei den Lesern im Unterbewußtsein hängengeblieben. Wohl deshalb kommt dem Bootsverleiher auch das Bild, das ich ihm gezeigt habe, irgendwie bekannt vor. Nun, ich hab halt kein Glück gehabt, aber wenigstens habe ich jetzt ein ruhiges Gewissen. Ich habe nichts versäumt. Ich werfe Marlyse einen unglücklichen Blick zu. Meine Laune ist nicht mehr die gleiche wie vorhin. Meine glücklichen Träumereien verwandeln sich in Angst. Ich habe nicht einen einzigen meiner sechs Spitzel erreichen können. Alle sind sie an die sonnigen Gestade des Südens geeilt. Der Dicke wird sich freuen. Und den Beförderungsvorschlag zum Oberinspektor, den kann ich gleich abschreiben, und zwar auf Nimmerwiedersehen.
Dem Bootsverleiher scheint es leid zu tun, daß er mir nicht helfen kann. Er versucht, seine Unwissenheit zu rechtfertigen:
»Wissen Sie, ich verleihe hier nur die Boote und repariere sie. Wenn Ihr Vetter mit seiner Freundin zusammen segelt und sein Boot woanders abstellt, woher soll ich ihn dann kennen?«
Das ist klar. Und diese Erkenntnis überwältigt mich derart, daß ich gar nicht mehr den kleinen Jungen beachte, der seinem Vater dauernd mit dem Zeigefinger in den Schenkel piekst. Ärgerlich schiebt dieser ihn beiseite.
»Hör auf, du ärgerst mich, was willst du denn schon wieder?«
Der Knabe sieht mit glänzenden Augen zu uns auf. Sein Zeigefinger deutet jetzt auf das Foto. Halb forsch und halb ängstlich lispelt er:
»Den Mann, den kenne ich nämlich. Dem gehört die Thans-Thouthi, er hat immer tho junge Damen bei thich.«
Der Bootsverleiher dreht sich interessiert um. Er beugt sich zu

seinem Sohn nieder:
»Was erzählst du da?«
»Ist wirklich wahr«, versichert das Kind. »Ich hab thie auch tchon nackt hinter der Hecke gethehen. Er thellt thein Boot hinter dem Bungalow von Madame Tchampion ab.«
Ich muß wohl ein ziemlich komisches Gesicht gemacht haben, denn der Bootsverleiher hat es gemerkt. Er schaut mich verwundert an, und ich bemühe mich krampfhaft, leicht zu lächeln und mit so gleichgültiger Stimme wie möglich zu erwidern:
»Ach, das kann er nicht sein! Wissen Sie, mein Vetter hat gar kein Boot.«
Dadurch verhindere ich, daß möglicherweise etwas durchsickert. Gleichzeitig überlege ich mir angestrengt, wie ich es anstellen kann, um den Besitzer der Sans-Souci zu identifizieren und, was dagegen ein Kinderspiel sein wird, jene Madame Champion zu finden. Das Wichtigste ist erst einmal, daß nichts davon bekannt wird.
»Was sollen wir machen?« fragt Marlyse.
Ich weiß es auch nicht. Ich fühle mich schlapp und fiebrig. Meine Nervosität und Unruhe wachsen bei jedem Schritt. Soll ich lieber noch weiter hier in der Gegend herumlaufen und auf meinen hypothetischen Vetter warten oder vielleicht mit der Unterstützung des Dicken wieder zurückkommen? Es ist jetzt 4 Uhr und verdammt heiß. Am besten wäre es jetzt wohl, zum Strand hinunterzulaufen und meinen Durst erst einmal an der Bar mit einem halben Hellen zu stillen und dann im Telefonbuch nachzusehen. Vielleicht hat Madame Champion ein Telefon. Es ist gescheiter, bei ihr anzufangen. Wer weiß, vielleicht haben wir sogar Glück und sie leiht uns einen Bungalow, damit wir von dort aus auf unseren Girier lauern können.
Im Telefonbuch ist niemand mit dem Namen Champion verzeichnet. Aber das macht nichts. Ich rufe im Büro an.
»Borniche am Apparat, verbinden Sie mich bitte mit dem Chef.«
Ein Rauschen, ein Knacken, dann meldet sich der Dicke.
»Ja?«
»Ich bin in Villennes.«
»Wo?«
»In Villennes, Sie wissen doch!«
Schweigen. Ich höre, wie auf der anderen Seite der Dicke laut schnauft. Trotz der Hitze in der Telefonkabine spüre ich, wie mir eine Art Schauer über den Rücken läuft.
»Und?«
»Ich kann hier nicht so gut reden, ich glaube, daß es stimmt.«

Erneutes Schweigen. Der Dicke räuspert sich. Dann fragt er mit heiserer Stimme:
»Was stimmt?«
»Die Eintrittskarte, Chef. Das heißt, nicht die Eintrittskarte, sondern die Insel ...«
Der Dicke verliert die Geduld, er erwidert scharf:
»Nun erklären Sie doch endlich, zum Teufel!«
»Ich glaube, ich habe das Schiff und den Ort, wo es anlegt. Wenn man sich dort eine Zeitlang versteckt ...«
»Haben Sie ihn gesehen?«
»Wen?«
»Girier.«
»Nein. Ich habe nur eben einen Tip bekommen.«
»Schön. Ich komme sofort.«
Ich zucke etwas belustigt die Schultern. Ich sehe es förmlich vor mir, wie der Dicke seine Jacke anzieht, seine Spielzeugpistole einsteckt, die Bürotür hinter sich zuschlägt, hochroten Gesichts die fünf Etagen hinunterstürzt und sich schwer atmend auf den Rücksitz des Dienst-Citroens fallen läßt. Ich versuche, es ihm auszureden:
»Chef, heute abend hat das keinen Zweck mehr, aber morgen, das wäre möglich. Ich werde Ihnen noch alles erklären.«
»Na schön«, seine Stimme klingt leicht enttäuscht. »Verlieren Sie keine Zeit.«
Damit hat er aufgehängt. Ich verlasse die Telefonzelle und gehe wieder zu Marlyse zurück, die sich mit geschlossenen Augen in ihrem Stuhl zurückgelehnt hat und sich, die Beine ausgestreckt, der Sonne hingibt.
»Weißt du, Liebling«, sagt sie, ohne auch nur die Augen zu öffnen, »Madame Champions Bungalow liegt in der dritten Allee links, wenn man die Hauptallee hinuntergeht, hinter dem Transformator. Er steht auf der Seine-Seite, nach Triel hin. Sie wohnt in Paris, Boulevard Flandrin und die Sans-Souci ist auch keine Fata Morgana. Sie war noch letzte Woche hier.«
Ich höre ihr völlig sprachlos zu, das Glas halb zum Mund gehoben. Marlyse hält einen Augenblick inne, wendet sich zu mir, die Hand schützend über die Augen gelegt und fügt hinzu:
»Du siehst, so kompliziert ist das gar nicht. Ein durstiger Briefträger kann ein sehr nützlicher Mensch sein.«
Ich lasse mich auf einen Stuhl sinken, einerseits beglückt von den Neuigkeiten, andererseits leicht demoralisiert von der Aussicht auf den Rückweg nach Paris, den ich noch pedaltretend hinter mich bringen muß.

Plötzlich kommt mir eine Erleuchtung. Sein Boot Sans-Souci nennen, wenn einem die Polizei auf den Fersen ist, sieht Girier wirklich ähnlich, in seiner unbekümmerten Art, die Gesellschaft herauszufordern und ständig sein Leben wie ein Spieljeton zu setzen.
Ich bin jetzt fest davon überzeugt, daß er den Überfall von Deauville organisiert hat. Die Straßensperren hatten keinen Erfolg? Natürlich nicht! Ich kann mir geradezu plastisch vorstellen, wie Spazierstock-René langsam und gemächlich an Bord der Sans-Souci die Seine hinaufsegelt, im Badeanzug in der prallen Augustsonne, den Millionenschmuck sorgfältig verpackt zu seinen Füßen, während die schwitzenden Verkehrspolizisten ihre Straßensperren aufstellen und lange Reihen ebenso schwitzender Autofahrer überprüfen.
Wenn sich meine Überlegungen als zutreffend erweisen – und ich bin ziemlich sicher, daß sie es sind –, brauche ich mich nur eine Zeitlang in Villennes auf die Lauer zu legen. Eines Tages wird Girier auftauchen. Und, was sein Hobby betrifft, kann Girier dann die Segel gen Paris setzen, Haftanstalt der Santé.

12

Aus seiner Vergangenheit als »Verteiler« hat Charlot der Normanne sich eine sonderbare Vorstellung von der Polizei bewahrt. Er glaubt, daß zwischen den Bullen und ihm ein heimliches Bündnis besteht. Die Unterwelt mit ihren zahlreichen Verzweigungen, in der es von Verbrechern wimmelt, die sich in ihrer Gier zu leben gegenseitig stoßen und ein Bein stellen, ist ihr gemeinsames Territorium. Niemals, so sagt er sich, könnten sich die Bullen dort zurechtfinden, wenn sie nicht über heimliche Sendeantennen verfügten, und nie wäre es ihm selbst gelungen, sich ohne ihre Hilfe einen Weg durch diesen Dschungel zu bahnen. Für den Normannen hatte dieses subtile Spiel des »eine Hand wäscht die andere« begonnen, als Inspektor Morin von der Sitte seinem schwungvollen Handel gegenüber die Augen verschloß.
Nach dem Krieg hatten sich die beiden Männer wiedergetroffen. Morin war befördert worden: er war nicht mehr Inspektor bei der Sitte, sondern Oberinspektor im Sonderdezernat. Charlot hatte ihn zufällig eines abends in der Dirty-Dick, einer Bar in der Rue Forchot getroffen, wo sich Gangster und Polypen von Mitternacht bis zum Morgengrauen in einem alkoholischen Niemandsland zusammenfinden. Der Bulle und der Zuhälter hatten gemeinsame Erinnerun-

gen ausgetauscht. Er waren zwar keine aus dem Ersten Weltkrieg, aber fast. Die großen Schlachten hießen Le Chabanais, das One-Two-Two, die Sphinx... Ganz allmählich waren sie auf die Gegenwart zu sprechen gekommen. Charlot hatte »Sorgen«: eines seiner »Weiber« war gerade von der Sitte geschnappt worden. Morin zeigte sich voller Mitleid. Es war zwar nicht mehr seine Abteilung, aber er hatte bei der Sitte noch einige Freunde.
Der Normanne brauchte keine weiteren Details. Im Leben bekommt man nichts geschenkt, vor allem nicht von einem Bullen, selbst wenn man gerade seine Erinnerungen austauschte. Außerdem rührten seit dem Ende des Krieges die Gewaltverbrecher, jene Räuber und Mörder, die zu Morins Kundenstamm zählten, zu viel Staub auf. Charlots Reich war das Laster. Jener weiche Sumpf, in dem man allmählich versinkt. Morins Jagd auf die Raubtiere störte jene Gaunerkreise. Die Razzien, die Kontrollen, die Verhaftungen, das ständige Herumschnüffeln der Polizei nach jedem Überfall machte sie nervös. Die Banditen alten Stils fanden, daß die neue Generation ein wenig zu viel Wind machte.
Charlot der Normanne hielt sich nicht für einen Spitzel. Er sah die Welt in schwarz-weiß. Die Rolle der Polizei, die er dabei unterstützte, bestand darin, zu verhindern, daß eine Welt das Übergewicht gewann. Ein allzu eifriger Bulle schien ihm ebenso gefährlich wie ein maßloser Gangster. In seiner primitiven Lebensanschauung war das beste ein Gleichgewicht der Kräfte. Dieser Wunsch nach Ehrbarkeit, den einige Gangster besitzen, ist gleichzeitig ihre Schwäche. Sie sind auf der Seite der Verteidiger von Recht und Ordnung. Das war auch bei Charlot dem Normannen der Fall.
Morin war intelligent genug gewesen, es zu begreifen.

Oberinspektor Georges Morin, Kommissar Clots rechte Hand, der der Chef des Sonderdezernats ist, wohnt im 18. Arrondissement, in der Rue Custine, am Fuße von Sacré-Cœur.
Er ist ein kleiner, untersetzter Mann, mit schwarzen, nach hinten gekämmten Haaren, lebhaftem offenem Blick. Er trägt strenge graue oder dunkelbaue Anzüge und tadellose weiße Hemden mit Manschettenknöpfen.
Oberinspektor Morin hat keinen besonderen Sinn für Humor, selten versteht er einen Witz. Er ist pünktlich wie ein Wechsel, hartnäckig wie Unkraut und ordnungsliebend wie ein Gendarm. Am Quai des Orfèvres sind sich alle einig, daß er sein Handwerk versteht. Wenn er wollte, könnte er längst bei der Kriminalabteilung sein, in der die Experten in »Sachen Mord« arbeiten und direkt dem Ministerium

unterstellt sind. Er zieht das Sonderdezernat vor, das dem geschickten, einfallsreichen Polizisten, der sich auf unauffälliges Beschatten und mühsames Auf-der-Lauer-liegen versteht, die Möglichkeit bietet, ins Schwarze zu treffen, den großen Gangster oder den kleinen Dieb in flagranti zu ertappen und ihm – für jeden echten Polypen ein berauschender Augenblick – die Handschellen anzulegen. In seinem Dezernat sitzen die altgedienten Jäger. Morin ist ein Jäger. Er schnüffelt, nimmt die Spur auf, jagt davon.
Seine Devise ist einfach: er glaubt nicht an den Weihnachtsmann. Wie der Dicke, sein Konkurrent in der Sûreté, weiß er, daß ein guter Spitzel so viel wert ist wie zehn Polizisten. Deshalb schließt er bei den kleineren Sachen die Augen, will von bestimmten Dingen nichts wissen. Das ist nicht besonders moralisch, es grenzt sogar an Erpressung, und die Polizei kompromittiert sich dabei schamlos, aber die Gesellschaftsordnung wird dadurch gestärkt. Die Prostituierte, der Zuhälter, der Straßenhändler, der Nachtwächter, der Kneipenwirt, der auf Bewährung Entlassene und der kleine Gauner ohne Aufenthaltserlaubnis, sie alle sind seine Helfer. Ihre Beweggründe – ob sie aus Furcht, Rache oder Geldgier handeln – interessieren ihn nicht.

Zu dieser frühen Morgenstunde ist die Brasserie Dupont-Barbès fast leer; in dem riesigen Raum herrscht gähnende Langeweile und Schweigen.
Inspektor Morin fragt sich, warum Charlot der Normanne ihn absolut hier treffen wollte. Vielleicht, weil es ganz in der Nähe von seiner Wohnung ist? Der Telefonanruf hat ihn überrascht. Nie hat Charlot von sich aus bei ihm angerufen. Die Sache muß schon ziemlich wichtig sein.
Als er die Brasserie betritt, sitzt Charlot bereits hinten im Saal an einem Tisch vor einem Kaffee, den er düster und aggressiv betrachtet. Morin stellt fest, daß seine Finger abgeschürft sind. »Er muß sich ganz schön geschlagen haben«, denkt er. Er gibt ihm die Hand.
»Guten Morgen, wie gehen die Geschäfte?«
Er beginnt leichthin mit dieser Frage, um das Gespräch in Gang zu bringen, das Eis zu brechen. Er spürt, daß Charlot nervös ist. Der Normanne wirkt fast deprimiert:
»Sie gehen schlecht«, erwidert Charlot, »schlechter könnt's kaum gehen. Kaffee?«
»Ja, gern.«
Der Normanne winkt dem Kellner, der gerade dabei ist, auf dem Steinfußboden Sägemehl auszustreuen.

»Und ein Croissant bitte.«
Der Kellner macht auf dem Absatz kehrt, noch bevor er bis zu ihrem Tisch gekommen ist. Morin wartet gespannt. Seine Neugier ist geweckt, er läßt sich nichts anmerken. Er weiß aus Erfahrung, daß man den Normannen nicht drängen darf. Seine Beweggründe sind oft dunkel, und er verrät nur das, was er verraten will. Die beiden Männer sitzen einen Augenblick schweigend da. Der Kellner bringt das Tablett, stellt die Tasse hin und den Korb mit dem Croissant, dann wendet er sich wieder seinem Sägemehl zu. Morin und Charlot trinken in kleinen Schlucken den heißen Kaffee. Sobald sie sicher sind, daß der Kellner außer Hörweite ist, zerpflückt Charlot sein Croissant, rollt automatisch ein paar Krümel auf dem Tisch zu einer Kugel. An einem kaum merklichen Zurückwerfen der Schulter erkennt Morin, daß er jetzt bereit ist zu sprechen, daß der Normanne diesen kurzen Augenblick des Schweigens brauchte, um seine Selbstachtung zu unterdrücken. Jeder Verrat ist etwas Abscheuliches und jeder Spitzel, wer auch immer und in welcher Lage er auch sein mag, empfindet für den Polizisten, den er sich als Vertrauten ausgesucht hat, eine sonderbare Zuneigung, in die sich Furcht, Haß und Unterwürfigkeit mischen.
»Was ich Ihnen heute zu sagen habe«, beginnt Charlot mit müder und zögernder Stimme, »also, was ich Ihnen versprochen habe, ist wichtig. Es ist sehr wichtig. Deshalb muß es auch unbedingt unter uns bleiben. Einverstanden?«
»Einverstanden«, versichert Morin, ohne seine Neugier zu verraten.
»Kennen Sie Martine?« Morin nickt. Nach Charlots Stimme zu urteilen, erwartet er hier wirklich die Bombe des Jahres. »Gut, also kurz gesagt, sie setzt mir Hörner auf.«
Morins Blick wird aufmerksam. Er beobachtet die ernste und verschlossene Miene des Normannen. Charlot scheint es schwer getroffen zu haben.
»Wenn das keine Ironie ist«, denkt Morin, »daß selbst ein König der Zuhälter sich verliebt!« Er versucht es mit der ersten Fangfrage: »Was soll das heißen, sie setzt dir Hörner auf?«
»Genau das, was ich gesagt habe. Dieses dumme Weibsbild hat sich verliebt...«
»Na und«, unterbricht Morin ihn mitleidlos, »das soll doch schon vorgekommen sein. Sie ist jung, hübsch und attraktiv, sie hat den reichen Jüngling getroffen, der sie entführen will, ihr seine Millionen und ein Schloß zu Füßen legen...«
Der Normanne unterbricht ihn mit einer ungeduldigen Geste:

»Machen Sie keine Witze. Wenn Sie wüßten, wer der Jüngling mit den Mäusen ist, würden Sie anders reden. Sie sind schon seit fünf Monaten hinter ihm her. Er ist mit Buisson aus Villejuif ausgebrochen und jetzt hat er sich aus Pont-l'Evêque aus dem Staub gemacht!«

Morin zuckt zusammen. Spazierstock-René! Heuchlerisch bedauert er: »So ein Scheißkerl, dieser Girier! Das ist schon ein starkes Stück...«

Charlot ist nicht dumm. Er weiß genau, daß Morin sein Kummer völlig egal ist, aber es ist zu spät, um seine Worte zurückzunehmen. Und außerdem will er es auch gar nicht. Er sieht Martines Gesicht vor sich, ihren Mund, den sie Girier dargeboten hat und ihm noch weiter darbieten wird, davon ist er überzeugt.

»Scheißkerl oder nicht«, erwidert er, »so ist es nun mal. Anfangs hatte ich nicht übel Lust, ihm in der Rue de Marcardet bei Emilio aufzulauern und ihm meine Meinung zu sagen. Aber dann habe ich mir überlegt, daß es sich wirklich nicht lohnt, sich die Hände schmutzig zu machen und ein paar Jahre zu riskieren. Meinen Sie nicht auch?«

Morin antwortet nicht sofort. Er kennt die Bar, die Charlot ihm soeben genannt hat. Wie er alle zweifelhaften Kneipen in Paris und der näheren Umgebung kennt. Er sieht den Lebensmittelladen und den Schankraum dahinter deutlich vor sich, ja er riecht sogar den Absinth, den Emilio ausschenkt, dieser Hundesohn, der ihm jedesmal vor Freundlichkeit fast um den Hals fällt, wenn er an seinem Laden vorbeikommt. Warte nur! Dem wird er es zeigen! Den wird er wegen Begünstigung dranbekommen und seinen Kollegen einen Tip wegen Alkoholschmuggel geben! Girier verkehrt in Emilios Kneipe, und der hat ihm nie ein Wort davon gesagt!

»Bist du sicher?«

»Ehrenwort«, erwidert Charlot. »Ich will nicht behaupten, daß Girier oft dahin geht, aber er geht hin. Martine hat es schließlich ausgespuckt. Meistens taucht er da mit Mathieu Robillard auf, einem Kumpel, der einen BMW fährt, ein übler Bursche. Ich wäre nicht überrascht, wenn er bei dem Überfall von Deauville seine Hand im Spiel gehabt hat.«

Morin ist in Gedanken versunken. Er sieht sich schon mit seinen Leuten in der Rue Marcadet, hübsch getarnt in einem kleinen Lieferwagen, der mit Tisch und Stühlen ausgestattet ist und außen an den Seiten Werbetafeln der Stadtwerke trägt. Er wartet, bis Girier und Mathieu auftauchen, springt auf sie zu und führt sie im Triumph zu seinem Chef.

»Bravo, Morin, da werden Vieuchêne und Borniche aber Augen machen!«
Charlots Stimme weckte ihn aus seinen Träumen.
»Was werden Sie jetzt tun?«
Morin schüttelt seine Gedanken ab, sieht auf die Uhr.
»Ich muß gehen. Ich habe einen wichtigen Termin. Und du?«
»Ich warte lieber, bis Sie weg sind«, erwiderte Charlot, »es ist besser, wenn man uns nicht zusammen sieht.«
Morin steht auf, will die Rechnung zahlen, aber Charlot hält bereits die Hand auf dem Kassenbon und legt einen Geldschein auf den Tisch.
»Lassen Sie, ich mache das schon!«
In seinem dunklen, gut geschnittenen Anzug wirkt er wie ein Geschäftsmann. Morin reicht ihm die Hand, rutscht beinahe auf dem Sägemehl aus, verläßt die Brasserie. Charlot sieht ihm eine Weile nach. »So ein Scheißkerl«, brummt er und stolpert ebenfalls. Der Kellner, der ihm zu Hilfe eilt, blickt ihm verblüfft nach. Er wird nie erfahren, wem dieser Satz galt.

13

27 Tage sind bereits seit dem Überfall von Deauville vergangen. Die Sûreté tritt auf der Stelle. Der einzige Erfolg, den wir sozusagen als Trostpreis verzeichnen konnten, war die Verhaftung von David Médoui in einer Kneipe am Faubourg Montmartre. Die Inspektoren von Rouen haben ihn verhört und sogar ein kleines bißchen gekitzelt, aber Médoui hat lautstark seine Unschuld beteuert und angegeben, man habe ihm seine Papiere gestohlen. Nach ein paar Tagen hinter Gittern hat ihn der Untersuchungsrichter wieder freigelassen. Als ich mit schmerzenden Waden und Schenkeln dem Dicken von den Erfolgen meines Nachmittags berichtete, faltete er seine Hände über seinem rundlichen Bauch und meinte schließlich ironisch, während er seine Daumen in den Gürtel steckte: »Borniche, in Ihrem Alter! Da lassen Sie sich noch von Kindergeschwätz einwickeln! Werden Sie denn ewig an den Weihnachtsmann glauben?«
Aber ich glaubte auch noch weiterhin daran. Anfangs hatte ich nicht besonderes Glück. Ich hatte angenommen, daß auch Segelboote in irgendeiner Zentralkartei verzeichnet sind und daß es dafür so etwas Ähnliches wie Kraftfahrzeugscheine gibt. Aber das war ein Irrtum. Deshalb hatte ich auch nicht herausbekommen können, ob

die Sans-Souci tatsächlich Girier gehörte und, was noch viel wichtiger gewesen wäre, was für eine Adresse er angegeben hatte.
Aber ich hatte mich nicht entmutigen lassen, obgleich Madame Champion, die ich in ihrer Villa in Saint-Jean-Cap-Ferrat anrief, ziemlich ausweichend antwortete und überdies auch durch das Rauschen in der Leitung kaum zu verstehen war.
»Gewiß, Herr Inspektor, ich habe dieses Boot ein paar Mal gesehen. Aber Einzelheiten darüber kann ich Ihnen leider nicht sagen. Haben Sie sich schon einmal an meinen Butler gewandt?«
Antonin, der Butler, mißtrauisch und hoheitsvoll, in gelb-schwarz gestreifter Weste, hatte es noch nicht einmal für nötig gehalten, mich zu empfangen; durch die halb geöffnete Tür sah er mich aus zusammengekniffenen Augen an:
»Ich kenne mich in diesen Schiffen nicht aus. Wenn Monsieur sich aber bei Monsieur erkundigen möchten, dem Sohn von Madame, der in La Baule wohnt, könnte Monsieur ihm vielleicht weiterhelfen. Ich werde mir den Namen von Monsieur und seine Telefonnummer aufschreiben. Wenn Monsieur anruft, will ich es ihm gerne ausrichten.«
Damit schloß er die Tür. Enttäuscht und diese ganze verständnislose Bourgeoisie innerlich verfluchend, hatte ich den Boulevard Flandrin verlassen. Im nächsten Postamt fand ich nach knapp 10 Minuten Suchen die Telefonnummer von Champion jun., der Gott sei Dank zu Hause war. Ich bekam ihn sofort an den Apparat.
»Das Schiff ist ein Requin«, erklärte er mir, »eine Achtmeterjacht mit Mahagoni-Rumpf und rötlichen Kupferbeschlägen, ein schönes Segelschiff. Ich vermute, daß es Jacques in Meulan gekauft hat. Er hat es mit einem Motor ausgerüstet, um Wasserski zu fahren.«
»Jacques?«
»Ja, so wurde der junge Mann von den Frauen genannt; nur einmal nannte ihn eine kleine, dunkelhaarige, recht hübsche Frau René. Ich stand gerade hinter der Hecke und sah, wie sie sich küßten. Ich glaube, die Kleine war seine Frau. Es kommt oft vor, daß Bekannte die Vornamen einfach vertauschen.«
Erregt umklammerte ich den Hörer, diesmal war das Glück auf meiner Seite. Und dann hatte ich jene Frage gewagt, die ich gleich darauf bereute, weil sie eigentlich nicht gerade intelligent war:
»Sie wissen nicht zufällig, wo die beiden gerade wohnen?«
Sicher war mein aristokratischer Gesprächspartner durch diese läppische Frage leicht indigniert. Ich stellte mir vor, wie er in seidenem Morgenrock neben dem Telefon stand, in einem Salon mit Stilmöbeln, dessen Fenster zum Meer hin weit geöffnet waren

und den Blick zur Decke hob, höchlichst verwundert darüber, daß man einen Mann seines Standes mit irgendwelchen unbedeutenden Segelamateuren oder sonstigen Fischern in einem Atemzug nennen konnte. Und im Geist hörte ich auch die Stimme des Butlers, in seiner gestreiften Uniform, der mir streng und herablassend erklärte:
»Sie haben Monsieur beleidigt, Monsieur. Monsieur pflegen in diesen Kreisen nicht zu verkehren.«
Aber ich hatte mich getäuscht. Liebenswürdig, mit leicht snobistischem Tonfall erwiderte mir Monsieur Champion jun.:
»Tut mir leid. Aber ich glaube, Sie werden es durch seinen Freund erfahren können. Mein Chauffeur hat ihn vor fünf oder sechs Wochen auf der Landstraße nach Poissy gesehen. Sein BMW wurde von einem Abschleppwagen gezogen.«
Ich wußte jetzt genug. Auf jeden Fall soviel, daß ich mich sofort auf den Weg nach Meulan und anschließend nach Poissy auf den Weg machte. Eines war jetzt sicher: der kleine Sohn des Bootsverleihers hatte keine Märchen erzählt, die Sans-Souci in Villennes schien tatsächlich Girier zu gehören.

In einer Schiffswerft von Meulan wurde mein Verdacht durch die Rechnungen, die ich dort fand, nur noch bestätigt. Höchst aufschlußreich war ein Lieferschein, der auf den Namen Jacques Béraudo ausgestellt war, einen Kaufmann, wohnhaft in Neuilly, Boulevard Victor-Hugo 24. Die Adresse war natürlich falsch, aber der Nachname Béraudo war der Mädchenname von Marinette Girier.
Höchst befriedigt begab ich mich nach Poissy. Auch hier hatte ich Erfolg: bereits die erste Werkstatt, wenn man in die Stadt kommt, war die richtige. Der Werkstattbesitzer fand nach kurzem Suchen unter den fettverschmierten Rechnungen, die aufgespießt auf seinem Schreibtisch lagen, die Abschlepprechnung für einen BMW, 2409 RN 2.
Sein Besitzer war Mathieu Robillard aus Paris, Rue Notre-Dame-de-Lorette, der, wie es sich gehörte, bar bezahlte. Mir fiel auf, daß auf eine Ecke der Rechnung eine Telefonnummer gekritzelt war, Choiseul 93–52.
»Was ist das für eine Nummer?«
Der Mechaniker hatte die Stirn gerunzelt.
»Das ist wohl die Nummer, über die ich ihn erreichen konnte, wenn die Reparatur beendet war.«
»Haben Sie ihn angerufen?«

»Nein. Er rief mich sowieso jeden Tag an oder kam mit seinem Freund hier vorbei. Der ging mir vielleicht auf die Nerven, dieser Typ. Sieht mir nicht so aus, als ob die beiden in ihrem Job sich abschuften müssen!«

Ich zückte sogleich das Foto von Vetter René und hielt es ihm unter die Nase.

»Sagt Ihnen vielleicht dieses Foto etwas?«

Der Werkstattbesitzer erkannte Girier ohne zu zögern wieder.

Ich jubilierte. Innerhalb von zwei Tagen hatte ich den Kreis geschlossen, dank der Aufmerksamkeit eines kleinen 9jährigen Jungen.

Weder der Name Mathieu Robillard noch die Telefonnummer waren mir unbekannt. Beide waren vor vier Monaten anläßlich der Ermittlungen aufgetaucht, die ich nach Giriers Ausbruch aus der Haftanstalt von Pont-l'Evêque anstellte. Die Telefonnummer war die einer Bar, des Favart, in der Rue Marivaux, wir hatten damals sogar den Anschluß angezapft. Aus irgendeinem Grund – wahrscheinlich hatten wir gerade einmal wieder einen neuen Tip erhalten – hatten wir uns nicht mehr darum gekümmert. Jetzt wird es höchste Zeit, die Kneipe wieder unter die Lupe zu nehmen.

Siehe da, jetzt glaubt sogar der Dicke an den Weihnachtsmann. Er reibt sich die Hände.

»Die Zeit arbeitet für uns«, wiederholt er mir ein dutzendmal am Tag. »Wir sind auf dem rechten Weg. Eines Tages muß die Sans-Souci wieder in Villennes vor Anker gehen, und dann stehen wir bereits da, um Girier in Empfang zu nehmen, und ich stelle mir schon jetzt das dämliche Gesicht von Clot und Morin vor.«

Einen Augenblick lang hatte er schon daran gedacht, einen Fahndungsbefehl herauszugeben, denn wahrscheinlich lag Giriers Segelschiff irgendwo zwischen Villennes und Honfleur im Hafen. Die Idee war gar nicht so schlecht. Aber dadurch hätten wir mit Sicherheit die Aufmerksamkeit der Wasserschutzpolizei auf den Besitzer der Sans-Souci gelenkt. Deshalb hatte er lieber darauf verzichtet. Es war besser, einfach abzuwarten.

»Übrigens ist die Kripo«, so erklärte er mir, »auch nicht weiter als wir. Überschätzen Sie die Konkurrenz nicht, mein kleiner Borniche! Trotz ihrer stattlichen Anzahl von Beamten und der Spitzel, die sie überall herumlaufen haben, schwimmt sie völlig. Ich lese ja jeden Tag die Berichte, die sie ans Ministerium schickt. Daher weiß ich es genau: sie haben nicht den geringsten Anhaltspunkt.«

Die Haltung des Dicken mir gegenüber hat sich völlig geändert. Er

liest mir förmlich jeden Wunsch von den Augen ab. Mein neuer Kollege, Kommissar Robert Boury, kann es kaum fassen.
»Meinen Glückwunsch, alter Freund«, sagt er anerkennend und nickt mit seinem glattrasierten Kopf à la Yul Brynner. »Du bist ja geradezu zu seinem Schoßkind geworden.«
Und das ist wahr. Ich weiß nicht, wie lange es noch dauern wird, aber im Augenblick schwimme ich in einem Meer der Glückseligkeit. Der Dicke tätschelt und verwöhnt mich, hütet mich wie seinen Augapfel. Der Dienstwagen steht mir zur Verfügung, um nach Villennes zu fahren, anstandslos zeichnet er die gesalzenen Rechnungen von mir und Marlyse ab, die wir im Hafenrestaurant machen, ich werde zu keinem Nachtdienst mehr eingeteilt, währenddem man auf einer dünnen Matratze im Büro schläft oder genauer gesagt, kein Auge zudrückt; nichts fehlt zu meinem Glück. Der Dicke ergeht sich in Lobessprüchen über meine beruflichen Fähigkeiten, verliert kein Wort mehr über meine Fehler. Ja, er hat mir sogar meine Ernennung zum Oberinspektor prophezeit, sobald Girier hinter Schloß und Riegel sitzt.

31. August 1949. Der Tag hat wie die vorangegangenen heiß und heiter begonnen.
Ich habe meine Jacke über die Stuhllehne gehängt, meine Krawatte gelockert und den Hemdkragen noch um ein paar Knöpfe weiter geöffnet. Es ist 10 Uhr. In meinem Büro herrscht bereits eine Gluthitze, die die Luft aus dem Inneren der Sûreté kaum zu mildern vermag. Ich gähne. Die Kopfhörer über den Ohren, sehe ich gelangweilt zu, wie sich das Band mit den abgehörten Telefongesprächen aus der Bar Favart auf dem Diktaphon dreht. Es ist eine einfache und keineswegs erregende Arbeit: in jeder Rille kann eine kurze Mitteilung enthalten sein, deshalb ist es wichtig, nicht eine einzige zu übergehen.
Bis jetzt habe ich nichts als banales Geschwätz mitbekommen. Ich kenne den Vornamen der Geliebten des Barkeepers, Joseph, ich weiß, was er gestern mit ihr im Stundenhotel in der Rue des Capucines getrieben hat, ich weiß, was die beiden morgen in der Wohnung machen werden, wenn ihr Mann, Fahrkartenschaffner bei der Metro, in seinem Häuschen sitzt und die Fahrtausweise knipst. Ich habe erfahren, daß der Besitzer der Bar, Michel Varani, sich im Gefängnis langweilt, zwei Anträge auf vorläufige Haftentlassung gestellt hat, die beide zurückgewiesen wurden, und daß der Untersuchungsrichter klug beraten wäre, wenn er dem dritten stattgäbe, weil er sonst Ärger mit dem Oberstaatsanwalt bekom-

men würde, der korsenfreundlich eingestellt ist!
Und dann wecken mich plötzlich, mitten in den uninteressanten Gesprächen seiner Stammgäste, ein paar knappe, kurze Worte aus meiner Schläfrigkeit.
»Joseph? Mathieu. Hast du was für mich?«
»Grüß dich! Nein!«
»Wir sind in Villennes. Ich ruf dich morgen wieder an. Ciao!«
Das ist alles. Um auch ja nichts zu versäumen, höre ich das Band noch zu Ende ab, aber ich weiß im voraus, daß für mich nichts mehr dabeisein wird. Ich laufe zu Boury ins Büro.
»Sie sind wieder in Villennes!«
Phlegmatisch wie immer hebt Boury seinen kahl geschorenen Kopf und zwinkert mir gut gelaunt zu.
»Das kann doch nicht wahr sein!«
»Doch. Wenn wir Glück haben, schnappen wir sie uns jetzt. Bist du bereit?«
Boury sieht mich fragend an.
»Und der Dicke?«
Das ist wahr, wir haben ja den Dicken vergessen, den unvermeidlichen Dicken. Wir können gar nicht anders. Wir müssen ihm die Neuigkeit verraten. Wenn er sich auch anfangs über mich lustig gemacht hat, seither hat er wirklich versucht, es wieder gut zu machen. Er ist bei allem dabei gewesen, jedesmal, wenn wir in Villennes herumhockten und auf Girier lauerten. Tagtäglich teilt er mit uns jede Minute unserer Hoffnungen und unserer Ängste. Er hat sich freundlich, großzügig, heiter und gesellig gezeigt. Er hat Mühsal auf sich genommen, wanderte in Begleitung von Marlyse Arm in Arm mit ihr über die ganze Insel und spielte mit ihr das verliebte Touristenpaar, trotz der Blasen, die er sich dabei zwischen den Zehen holte, weil seine Gummisandalen zu eng waren.
Hundertmal hat er uns erklärt, daß ein guter Kommissar zusammen mit seinen Leuten draußen am Ort des Geschehens zu sein hat, statt sich in seinem Büro vor einem Schwarm von Journalisten zu brüsten, wie seine Kollegen von der Kripo, die sich allzu gern mit den Lorbeeren ihrer Mitarbeiter bekränzen. Der Meinung bin ich auch. Trotzdem habe ich ein bißchen den Verdacht, daß er gar nicht so verschieden ist von denen, die er kritisiert, und daß er sich vor allem für seine Niederlage im Juni rächen möchte, indem er dem obersten Boß beweist, daß er geradezu die idealen Voraussetzungen dafür mitbringt, um ein bißchen aufzusteigen. Denn selbst wenn man ein großer Polizist ist, hat man schließlich das Recht, menschliche Gefühle zu entwickeln.

Der Dicke vernimmt die Neuigkeit von Giriers Auftauchen in Villennes mit überschwenglichem Jubel. Es reißt ihn geradezu aus seinem Sessel; er zieht seine Jacke über, befiehlt seinem Sekretär, uns einen Dienstwagen zu bestellen. Eine dreiviertel Stunde später sind wir bereits auf der Insel.

Die Sans-Souci wiegt sich auf den Wellen, mit im Wind flatternden Segeln, die Leine um eine Eiche geschlungen. Spuren auf dem kleinen Flußpfad und niedergetretenes Gras beweisen, daß erst kürzlich jemand von Bord gegangen sein muß. Ein paar Taue liegen ebenfalls herum.

»Die können gar nicht weit sein«, flüstert der Dicke. »Es ist besser, wenn wir hier nicht allzu auffällig herumstehen. Sie kommen bestimmt bald zurück.«

Er winkt uns, ihm zu folgen, und hinter einer dichten Hecke verborgen verrät er uns leise seinen Plan:

»Man kann diese Insel nur mit der Fähre verlassen. Und wir werden uns jetzt wieder übersetzen lassen und warten am besten im Restaurant am Hafen drüben. Von dort aus sehen wir sie auf jeden Fall, wenn sie vorbeikommen.«

Die Idee ist genial. Von der Terrasse aus überblicken wir die Seine, das Fährschiff und die Straße.

»Dort können sie uns gar nicht entgehen«, wiederholt der Dicke, höchst befriedigt über seinen Plan.

Er hat recht. Wir setzen uns in die Sonne vor drei große, gut gekühlte Helle und strecken gemütlich die Beine aus. Der Chauffeur ist ausgestiegen, hat sich's auf der Wiese am Fluß bequem gemacht, sich eine Zeitung über das Gesicht gelegt und die Füße ins Wasser gestreckt. Die Chauffeure und die Inspektoren sind, auch wenn sie gut miteinander auskommen, nicht für allzu große Intimitäten. Das ist so Brauch. Ein Chauffeur ist dazu da, seinen Wagen zu fahren und nicht etwa um zu denken. Das kaut ihnen jeden Morgen ihr Gewerkschafts-Typ vor: »Soll man uns doch wie die Inspektoren bezahlen, dann wollen wir auch gern ihre Verantwortung übernehmen. Wenn nicht, dann machen wir unseren Job und keinen Deut mehr!« Damit hat er sogar nicht einmal unrecht.

Während wir freudig erregt diskutieren, lassen wir das Ufer keinen Augenblick aus den Augen. Es ist kurz vor Mittag. Der Dicke studiert die Speisekarte. Ich dagegen spüre immer mehr, wie sich mein Magen vor Angst und Spannung zusammenkrampft. Entweder ist Girier auf der Insel geblieben, dann muß er ja irgendwann einmal auftauchen, oder er ist bereits fort. Dann können wir hier

warten, bis wir Wurzeln schlagen.
In diesem Augenblick fällt mir etwas enorm Wichtiges ein: Der Wagen! Ich hatte nicht eher daran gedacht. Wenn Girier selbst den BMW holt, der irgendwo unter den Bäumen geparkt sein muß, kommt er an uns vorbei, und wir können ihn uns schnappen. Aber wenn Robillard zu seinem Auto geht, müssen wir ihn erst einmal gewähren lassen, und dann könnte es sein, daß er unser nicht ganz unauffälliges Dienstauto aus der Nähe betrachtet.
Ich springe die Stufen hinunter und schüttle den verschlafenen Chauffeur.
»Hör mal, du mußt deine Karre irgendwo anders hinstellen. Dort hinten, unter den Bäumen, wo du willst. Hier ist sie zu auffällig.«
»Na schön!«
Der Chauffeur nimmt's mir nicht übel. Er greift nach seiner Zeitung, watschelt gemächlich zu seinem Wagen, setzt sich hinter das Steuer und parkt ihn dann in einer Sackgasse vor einem verlassenen Gebäude. Die Schlüssel in der Hand kommt er an den Fluß zurück.
»Ist es so gut?«
»Hervorragend!«
Ich nehme wieder meinen Platz auf der Terrasse ein. Der Dicke gibt mir Recht, er hat allerdings ein Bedenken; wenn wir rasch dem BMW hinterherfahren müssen, sind wir die Dummen.
»Entweder das eine oder das andere«, erwidere ich. »Wir können so oder so Pech haben.«
»Da haben Sie recht«, sagt der Dicke, dessen Gesicht sich plötzlich verzerrt. »Sie haben's erfaßt! Sehen Sie sich das an.«
Ich drehe mich um. Zehn Meter von uns entfernt taucht der BMW mit Mathieu Robillard am Steuer weiß Gott woher auf, fährt am Landesteg vorbei, wobei er geschickt den Unebenheiten des Bodens ausweicht. Dann wird er rasch schneller und verschwindet hinter einer Straßenbiegung. Im Vorbeifahren konnte ich jedoch noch auf dem Beifahrersitz Girier entdecken, dessen Haar im Wind wehte und der heiter lachte.
Wir drei sitzen da, sprachlos, als wären wir an unseren Stühlen festgewachsen. Als wir uns einigermaßen gefaßt haben und in unseren Citroën springen, ist der BMW weit. Der Chauffeur drückt zwar das Gaspedal durch, um ihn doch noch einzuholen, aber es ist vergebens.
Im Tunnel auf der Autobahn dreht sich der Dicke auf dem Vordersitz zu mir herum. Ich registriere die Drohung, die in seinen Worten mitschwingt.

»Borniche, ich kann Ihnen nur raten, die beiden hinter Schloß und Riegel zu bringen, ehe Ihnen die Kripo zuvorkommt. Sonst ...«
Ich weiß, was diese Drohung bedeutet und vollende schweigend den Gedanken meines verehrten Chefs:
»Sonst, mein lieber Borniche, werden Sie so rasch von Ihrem Sockel fliegen, daß Sie glauben, Sie hätten Flügel.«

14

Oberinspektor Morin verliert nicht gerne seine Zeit. Seit acht Tagen lauern seine beiden Mitarbeiter, Bouygues und Marceau, vor dem italienischen Lebensmittelladen in der Rue Marcadet. Sie sind da, wenn Emilio die Rolläden hochzieht. Und sie sind immer noch da, wenn er sie abends herunterläßt und befriedigt über die Tageseinnahmen mit eingezogenen Schultern nach Hause geht.
Bouygues ist klein, untersetzt und ständig zu Tode betrübt. Der Tod rottet seine Familie aus. Es vergeht kaum eine Woche, in der er nicht mit leidvoller Stimme den Heimgang eines seiner Familienangehörigen verkündet. Zunächst erweckten diese Schicksalsschläge tiefes Mitleid. Als man aber erfuhr, daß Bouygues, einziger Sohn und hartgesottener Junggeselle, ungefähr 300 Vettern und Cousinen besaß, atmete man wieder auf. Das widrige Geschick wurde zu einer Frage der Statistik. Es handelte sich nicht mehr um die Ausrottung eines ganzen Geschlechtes. Und anstelle des Mitleids trat die Wahrscheinlichkeitsrechnung.
Bouygues ist ein guter Polizist und außerdem noch ein hervorragender Koch. Er sammelt Rezepte wie Trauerfälle. Wenn er einmal pensioniert ist, möchte er gern ein Restaurant aufmachen; er hat seinen Kollegen bereits den Namen verraten: »Zum schlauen Polypen«. Im Augenblick hockt er schläfrig in dem Lieferwagen, der nicht weit von Emilios Laden entfernt geparkt ist.
Neben ihm beobachtet Marceau, ein erst kürzlich dem Sonderdezernat zugeteilter Hilfsinspektor, aufmerksam die Straße. Er läßt den Eingang zu dem Lebensmittelladen, der, wie sein Chef behauptet, der Bande als Treffpunkt dient, nicht einen Augenblick aus den Augen. Morins Befehle sind eindeutig: Sobald Girier auftaucht, verfolgt Marceau ihn zu Fuß, Bouygues fährt langsam mit dem Lieferwagen hinterher. Das ist nicht gerade genial, aber mit ein bißchen Glück müßte es klappen. Der Erfolg des Unternehmens beruht auf Morins fester Überzeugung, daß Girier sich bei Emilio völlig sicher fühlt.

Bouygues hätte ihn lieber aus der Bar geholt und dabei wie gewöhnlich mit dem Überraschungseffekt gearbeitet. Morin war damit aber nicht einverstanden gewesen. Er will Spazierstock-René bis zu seinem Schlupfwinkel verfolgen, um ihn dort festzunehmen.
»Wir sind schließlich nicht in Chicago«, hatte er gemurmelt. »Ich will Girier und nicht einen Haufen Leichen inmitten von Salami und Mortadella.«
Bouygues nahm es philosophisch und zuckte mit den breiten Schultern. »Du hast ganz recht«, hatte er ironisch erwidert. »Wir folgen ihm bis in seine Wohnung, bringen ihn zu Bett, überzeugen uns, daß ihm auch ja nichts fehlt, löschen das Licht aus und ... dann rufen wir dich an ...«
Morin hatte nichts erwidert.

Marceau zuckt plötzlich zusammen. Er schüttelt Bouygues und flüstert ihm mit vor Erregung erstickter Stimme zu:
»Da, sehen Sie!«
Bouygues öffnet ein Auge, dann das andere, rückt seine Mütze zurecht. Aber dann ist er völlig wach. Er preßt die Nase an das Guckloch im Lieferwagen, nachdem er seinen Mitarbeiter mit dem Ellenbogen beiseite geschoben hat. Zwei Männer überqueren fröhlich lachend die Straße. Der eine ist groß, schlank, dunkelhaarig und trägt einen grau-karierten Anzug; der andere ist ebenso groß und schlank, aber etwas kräftiger und trägt keinen Hut. Sein Gesicht wird halb von der riesigen Sonnenbrille verdeckt. In seinem lockigen, fast blonden Haar tanzen die Sonnenstrahlen. Ein dritter, kleiner und untersetzter Mann trottet hinter ihnen her. Sie verschwinden in Emilios Laden.
»Spazierstock-René«, flüstert Bouygues gelassen. »Mit Mathieu Robillard und einem Typen, den ich nicht kenne. Bravo, Kleiner! Ruf rasch Morin an, daß er mit ein bißchen Unterstützung anrückt.«
Marceau schleicht sich aus dem Wagen. Er trägt einen blauen Mechanikeranzug und hat sich eine Ledertasche, aus der sein Werkzeug herausquillt, über die Schultern gehängt. Sorglos und völlig uninteressiert läuft er über die Straße, an Emilios Laden vorbei und geht in ein Café-Tabac* an der Ecke der Rue Damrémont. An der Kasse holt er sich eine Telefonmünze und läuft die Treppe hinunter zur Telefonkabine. Er läßt sich mit Morins Büro verbinden.

* Eine Bar, in der in Frankreich mit besonderer Lizenz auch Tabakwaren verkauft werden. (AdÜ)

»Marceau am Apparat, Monsieur Morin. Sie sind da.«
Morins Stimme klingt aufgeregt.
»Wer?«
»Girier und zwei andere Typen. Wir müßten ...«
Aber auf der anderen Seite hat Morin bereits aufgelegt. Enttäuscht zuckt Marceau die Schultern. Er geht zu seinem Kollegen im Lieferwagen zurück.
»Na und?«
»Gar nichts. Ich hatte nicht einmal Zeit, ihm zu erklären ...«
»Die sind doch alle gleich!« seufzt Bouygues. »Wenn wir hier stundenlang im Lieferwagen hocken, drücken sie sich! Aber nachher bei der letzten Runde, da möchten sie alle dabeisein!«

Morin, der zwischen Marceau und Bouygues im Lieferwagen sitzt, ist wirklich nicht mißtrauisch, aber er wird erst dann davon überzeugt sein, daß Spazierstock-René wirklich bei Emilio ist, wenn er ihn mit eigenen Augen gesehen hat. Und plötzlich sieht er ihn auch. Aber nur für den Bruchteil einer Sekunde, wie eine Eidechse in einer Mauerritze. Marceau schafft es gerade noch, sich den Gangstern an die Fersen zu heften.
Girier ist allein aus der Bar gekommen. Er läuft die Rue Damrémont hinunter in Richtung des Friedhofs Montmartre. Er geht sehr schnell. Er sieht fast aus wie ein Boxer, mit seinen breiten eckigen Schultern und der eng geschnittenen blauen Jacke. Trotz der riesigen Sonnenbrille wirkt sein Gesicht durchaus ausdrucksvoll.
Marceau läßt ihn nicht aus den Augen. Sollte Girier mißtrauisch werden, würde er nur einen jungen Arbeiter im Mechanikeranzug sehen, der nach getaner Arbeit friedlich in der Menge nach Hause geht. Alle zehn Schritte dreht Marceau sich um. Plötzlich stößt der Polizist einen halbunterdrückten Fluch aus. Der Lieferwagen ist verschwunden. Er ist allein. Wenn Girier jetzt zu seinem Auto geht, ist es aus!
Marceau möchte am liebsten auf ihn zuspringen und ihn schnappen, bevor es vielleicht zu spät ist. Und diesmal sind es nicht Morins Instruktionen, die ihn zurückhalten, sondern er ist der Überzeugung, daß der andere ihm überlegen ist ... Diese Erkenntnis stimmt ihn nicht gerade froh. »Ich reiße ihm die Beine vom Boden, wie beim Rugby«, überlegte er sich, »so daß er nicht einmal Zeit hat, mit den Augen zu rollen. Ich versetze ihm einen Kinnhaken, ich ...« Aber er weiß, daß das alles keinen Zweck hat. Er registriert jetzt, daß Girier plötzlich langsamer läuft, sich vorsichtig umschaut, stehenbleibt, wieder weitergeht; er muß irgend etwas vorhaben. Marceaus Herz

klopft rascher: »Wenn der nicht irgend einen üblen Trick probiert«, sagt er sich, die Nerven zum Zerreißen gespannt.

Einer hinter dem anderen erreichen die beiden Männer den Friedhof von Montmartre. Das Hotel Les Terrasses steht an der Ecke der Rue Caulaincourt und der Rue Joseph-de-Maistre. Girier bleibt einen Augenblick stehen, blickt sich um, geht über die Kreuzung, läuft an dem Hoteleingang vorbei und verschwindet.
Marceau tritt aus dem Hauseingang, in dem er sich versteckt hatte und renkt sich den Hals aus. Er weiß nicht, ob Girier ins Hotel oder ins nächste Haus hineingegangen ist.
Eine schwarze Limousine mit einem Polizisten in Zivil am Steuer bleibt direkt neben ihm stehen. Morin beugt sich durch das heruntergekurbelte Fenster.
»Wo ist er?«
Marceaus Maultierkopf wird noch länger. Er macht sich auf eine strenge Gardinenpredigt gefaßt, auch zwei Nächte zusätzlichen Dienst oder einen gestrichenen Urlaubstag. Mit der Hand deutet er auf die beiden Gebäude:
»Er ist in eines der beiden Häuser da hineingegangen. Ich hatte mich in einen Hauseingang gestellt, weil er sich andauernd herumdrehte.«
»Steigen Sie ein!«
Marceau klettert auf den Rücksitz, stellt seine Werkzeugtasche auf den Boden zwischen seine Füße und sagt kein Wort mehr. Morin überlegt. Wenn Girier ohne seine Wachhunde hierher gekommen ist, hat er sicher ein Rendezvouz mit einer Puppe. Sie brauchen hier nur auf ihn zu warten. Sobald er wieder herauskommt, werden sie auf ihn zuspringen.

Die Nacht ist hereingebrochen. Sie sitzen jetzt zu viert im Citroën, in dem es drückend heiß ist. Bouygues hat sich zu seinen Kollegen gesellt, nachdem er den Lieferwagen in der Rue de Maistre geparkt hat.
Plötzlich tritt ein Paar aus dem Café des Hotels, bleibt mitten im Licht der Straßenlaternen stehen und geht dann lässig auf einen BMW zu, der in der Rue Caulaincourt mit Mathieu Robillard am Steuer am Straßenrand geparkt auf sie wartet. Der dritte Mann, der kleine untersetzte, ist ebenfalls mit von der Partie. Morin strahlt.
»Girier ist mit seiner Frau zusammen«, flüstert er mit vor Erregung trockenem Mund. »Das ist ein gutes Zeichen.« Dann wendet er sich an den Chauffeur: »Passen Sie auf, Sie dürfen sie auf keinen Fall

verlieren. Wir verlassen uns ganz auf Sie!«
In mäßigem Abstand folgt unser Wagen dem BMW. Im Schein der Straßenlaternen kann Morin den Kopf von Girier, der zusammen mit Marinette hinten sitzt, und die blonden Locken der beiden erkennen. Morin sitzt wie auf Kohlen. Der Chauffeur ist zwar ein geschickter Mann, aber wer weiß?
Morin hat den Eindruck, daß der BMW schneller wird, daß er die Avenue Gambetta geradezu herunterrast. Er wendet sich an den Chauffeur:
»Glauben Sie, daß sie gemerkt haben, daß wir ihnen folgen?«
Der Polizist zuckt schweigend die Schultern. Die beiden Autos liefern sich jetzt ein tollkühnes Rennen. Morin ahnt, daß der verfolgte Hase ihm einen Haken schlägt. Mathieu fängt an, ziemlich gewagt zu chauffieren. Er überholt, auch wenn er kaum Platz dazu hat, nimmt die Kurven mit quietschenden Reifen, überfährt die Ampeln.
»Ich glaube, sie haben uns gesehen«, stellt der Chauffeur mit Bitterkeit fest. »Wir sind zu beladen, ich kann nicht schneller fahren.«
Aber was wollen wir machen? An der Porte de Bagnolet herrscht reger Verkehr; ein LKW nach dem anderen biegt in den Boulevard Mortier ein.
»Los, Mann, drücken Sie auf's Gas!« schreit Morin.
Der Chauffeur drückt den Gashebel runter. Der Citroën fährt knapp vor einem LKW über die Kreuzung, dessen Fahrer so heftig auf die Bremse treten muß, daß die Reifen quietschen und er fast mit einem Abschleppwagen zusammengestoßen wäre. Die Rücklichter des BMW sind kaum noch zu sehen, als unser Wagen die Verkehrsstauung schließlich überwunden hat. Morin sieht, wie sie am Croix de Chavaux in eine Nebenstraße einbiegen und dann verschwinden. Zu spät. Als sie an die Kreuzung kommen, ist der BMW nicht mehr zu sehen.

»Was sollen wir jetzt machen?« fragt der Chauffeur, der mit gemäßigter Geschwindigkeit weiterfährt, nachdem die Jagd ja doch zu Ende ist. Morin umgibt sich mit einem hartnäckigen, drohenden Schweigen. Bouygues freut sich, daß er nicht am Steuer saß. Marceau denkt, daß Morin eine Flasche ist. Ihm haben sie diesen Reinfall zu verdanken. Sie hätten Spazierstock-René bereits im Hotel Les Terrasses die Hände auf die Schultern legen sollen.
»Wir warten«, beschließt Morin.
»Und auf was?« fragt Bouygues, der sich das nicht verkneifen kann.

»Wo?« erkundigt sich der Chauffeur.
»Hier«, erwidert Morin, dessen graue Zellen wieder zu arbeiten anfangen. »Es ist jetzt 10 Uhr. Spazierstock-René und Marinette werden den Abend gemeinsam verbringen. Aber die anderen? Unsere Chance steht 9 zu 10, daß sie nach Paris zurückkommen.«
»Wenn sie gemerkt haben, daß wir hinter ihnen her waren«, sagt er, »dann werden wir warten, bis wir schwarz werden.«
»Na und?« unterbricht ihn Morin. »Das macht jetzt auch keinen Unterschied mehr.«

Der Citroën wartet erst knapp eine Stunde am Stadtrand von Rosny-sous-Bois, als oben auf der Anhöhe Scheinwerfer sichtbar werden. Ein Auto, Richtung Paris. Morin greift zu seinem Fernglas.
»Das ist er! Versperren Sie ihm die Straße!«
Der Citroën ist bereits angefahren. Er dreht mitten auf der Rue de Paris und zwingt so den BMW, langsamer zu fahren und schließlich zu stoppen. Der Mann am Steuer ist allein im Wagen. Aber es ist weder Girier noch Robillard, sondern der kleine Untersetzte, der jetzt aussteigt, um die Insassen des Wagens zu beschimpfen, der ihm den Weg verstellt.
»Polizei!«
Der Mann zuckt zusammen und macht Anstalten, die Flucht zu ergreifen. Aber Bouygues' Hand umklammert seinen Arm wie ein Schraubstock.
»Keine Bewegung!« bellt Morin, »oder wir schießen dich über den Haufen.«
»Was hab ich denn getan?« fragt der Mann in panischer Angst.
Bouygues und Marceau nehmen ihn in ihre Mitte, halten ihn fest und tasten ihn ab, um sicherzugehen, daß er keine Waffe bei sich trägt, und schieben ihn dann unsanft in den Citroën. Erschrocken läßt der Mann alles über sich ergehen. Offenbar hat das Wort Polizei ihm Arme und Beine gelähmt.
Morin lächelt innerlich. Nach dieser Reaktion zu urteilen, glaubt er kaum, daß er es mit einem Professionellen zu tun hat. Wenn sie Glück haben, stellt es sich vielleicht heraus, daß er nur ein Freund von Marinette ist.
»Wie heißt du?«
Der Ton ist kurz und drohend.
»Vossel«, erwidert der Mann, der zusammengekauert auf dem Rücksitz hockt. »Auguste Vossel. Ich habe nichts getan ...«
»Halt's Maul!« brummt Bouygues, »du redest nur, wenn wir es dir erlauben.«

Der Mann versucht vergeblich, sich zusammenzunehmen; er zittert an allen Gliedern; Morin beugt sich über ihn, nimmt aus der Innentasche seiner Jacke eine Brieftasche, die er mit angewiderter Miene öffnet.
»Der Mann stinkt nach Lude auf 100 Meter gegen den Wind.«
Er schaltet die Deckenbeleuchtung ein und studiert die Ausweispapiere. Er vergleicht das Paßfoto mit dem Gesicht des Mannes und steckt dann die Brieftasche ein.
»Sehen Sie«, sagte Vossel, der etwas zuversichtlicher geworden ist. »Es handelt sich um einen Irrtum ...«
»Donnerwetter«, ruft Morin triumphierend, als habe er eben eine wichtige Entdeckung gemacht. Er fügt voller Sanftmut hinzu: »Wie heißt du wirklich?«
»Wie ich wirklich heiße?« wiederholt Vossel, der überhaupt nichts mehr versteht. »Aber so heiß ich doch, Vossel!«
Bouygues grinst ironisch.
»Deine Papiere sind aber falsch«, erklärt Morin ihm freundlich. »Und wenn du es nicht zugeben willst ...«
Panische Angst ergreift Vossel. Seine Muskeln verkrampfen sich, sein Atem geht plötzlich rasch und stoßweise; Morin erkennt daran, daß der Mann offenbar begriffen hat, worum es geht. Vossel verflucht seine Dummheit. Er hätte auf Girier hören sollen und auf einem anderen Weg nach Paris zurückfahren.
»Hör mal«, sagt Morin, »ich hab dich was gefragt. Du könntest mir vielleicht antworten, oder nicht?«
»Was wollen Sie denn von mir?«
»Deinen Namen.«
»Ich hab Ihnen doch schon gesagt, daß ich Vossel heiße.«
Bouygues wendet sich an Morin.
»Der will uns für dumm verkaufen, der Scheißkerl. Fahren wir mit ihm an den gewohnten Ort?«
»Ja«, erwidert Morin. »Fahren Sie los! Dann wird er vielleicht begreifen.«

Erschrocken sieht Vossel einen nach dem anderen an. Er hat plötzlich Angst. Wo fahren sie ihn hin? Die Miene des Polizisten zu seiner Linken ist undurchdringlich. Rechts von ihm spürt er den kräftigen Arm des anderen. Vor ihm erkennt er die Umrisse des breiten Rückens des Chauffeurs. Das Gefühl seiner Ohnmacht schnürt ihm die Kehle zu.
»Wer sind Sie?« Und da er nur ein höhnisches Lachen zur Antwort erhält, brüllt er fast: »Wo fahren Sie mich hin?«

»Wer wir sind?« erwidert Morin mit sanfter Stimme. »Das wirst du erfahren, wenn du uns auf unsere Fragen geantwortet hast.«
»Welche Fragen«, murmelt Vossel.
»Wo hast du Spazierstock-René und Marinette abgesetzt?«
Vossel schluckt. Schweiß perlt an seiner Stirn und läuft in kleinen Rinnsalen seine Wangen hinab.
»Ich weiß gar nicht, wovon Sie sprechen«, flüstert er mit kaum hörbarer Stimme.
»Aber das ist doch nicht so schwer zu verstehen«, sagt Morin gelassen. »Du sagst uns, wo sie sind, und wir lassen dich laufen, oder...«
»Aber ich sage Ihnen, daß ich diese Leute nicht kenne«, ruft Vossel mit schriller Stimme.
Er hat wieder Hoffnung. Er spürt, daß die Polizisten ihm nichts anhaben können. Er muß nur hartnäckig alles abstreiten. Das ist seine einzige Chance. Die anderen schweigen wieder. Das Auto fährt durch eine düstere, verlassene Gegend.
»Wo fahren wir hin?« fragt Vossel, den die plötzliche Stille beunruhigt.
Bouygues dreht sich um und wirft ihm einen ironischen Blick zu.
»In die Nähe der Gasometer«, erwidert er. »Das ist ein Ort wie geschaffen für eine kleine Unterhaltung, niemand wird uns dort stören.«
Vossel betrachtet ihn ängstlich. Die Furcht dreht ihm fast den Magen um und erstickt seine Stimme. Panik ergreift ihn.
»Was wollen Sie denn überhaupt von mir?« fragt er kläglich.
Bouygues packt ihn am Arm.
»Du Miststück«, brüllt er. »Hör doch endlich auf, hier eine Schau abzuziehen! Wir sind dir seit dem Hotel Les Terrasses auf den Fersen. Also laß gefälligst dein Theater, uns reichts. Entweder packst du jetzt aus oder wir verpassen dir eine Superbehandlung, wie du sie in deinem Jammerleben bisher bestimmt noch nicht erlebt hast. Verstanden?«
Vossel schüttelt den Kopf. Tränen steigen ihm in die Augen. Er ein Verräter, niemals! Girier ist sein Freund, er ist Marinettes Mann. Dieser Gedanke läßt ihn aufbegehren.
»Wenn Sie glauben, daß ich Angst vor Ihnen habe«, sagt er.
Er hatte gar keine Zeit, sich gegen den Schlag zu schützen. Bouygues hat ihm mit der Handkante auf das Nasenbein geschlagen. Vossel sinkt in sich zusammen. Ein paar Tropfen Blut fallen auf seine Jacke. Der Schmerz nimmt ihm fast das Bewußtsein.
»Das ist nur der Anfang«, bemerkt Morin sanftmütig. »Wir haben

noch die ganze Nacht vor uns.«
Vossel bedeckt sein Gesicht mit beiden Händen. Er spürt die Wärme des Blutes an seinen Handflächen. Die Worte dringen gedämpft wie durch eine Wand zu ihm, aber der Sinn ist grauenhaft deutlich.

Der Wagen fährt jetzt durch eine riesige einsame Ebene, in der hier und da im Scheinwerferlicht große Gasometer auftauchen.
»Halten Sie dort«, sagt Morin.
Der Citroën verlangsamt die Fahrt, stoppt. Der Chauffeur stellt den Motor ab, dann die Scheinwerfer. Es herrscht tiefes Schweigen.
»Nein«, schreit Vossel. »Nein!«
Bouygues schüttelt ihn unsanft.
»Los komm, wir steigen aus«, sagt er. »Wir sind da.«
Vossel entwindet sich seinem Griff, wirft sich nach vorn. Seine Hände umklammern den Vordersitz vor ihm. Er versucht, über die Lehne hinwegzuklettern und die Wagentür zu öffnen. Bouygues packt ihn am Kragen. Vossel brüllt vor Angst und versucht, sich loszumachen. Er schlägt um sich und kreischt mit hysterischer Stimme unzusammenhängende Flüche und Schimpfworte.
Morin dreht sich halb um und verpaßt ihm zwei gesalzene Ohrfeigen.
»Schnauze, du Scheißkerl!«
Vossel versucht noch einmal mit letzter Kraft, sich loszumachen, aber Bouygues hält ihn mit seinen kräftigen Armen wie ein Schraubstock fest.
»In Montfermeil«, flüstert Vossel, »Hôtel du Nord... Rue Henri-Barbusse...«
Bouygues läßt ihn los. Einen Augenblick lang versucht Vossel, das Gleichgewicht zu halten, dann gleitet er langsam zu Boden, wo er sich zu Füßen der Polizisten zusammenkauert. Sein Körper wird von Schluchzen geschüttelt.
Morin und Bouygues lächeln sich verständnisinnig zu.

Marlyse hat mit einer Stimme gegen eine den Einkaufsstreik auf unbestimmte Zeit beendet.
»Wann wirst du dich endlich dazu entschließen, uns einen neuen Gasherd zu kaufen?« wirft mir meine liebreizende Gefährtin wieder einmal vor: »Er ist schon wieder kaputt, wie soll ich da etwas Anständiges auf den Tisch bringen?« Dann fügt sie seufzend hinzu: »Aber das ist dir natürlich ganz egal, denn du kommst ja höchstens dreimal in der Woche zum Abendessen nach Hause!«
Es ist mir durchaus nicht egal. Ich hatte mir sogar kurz überlegt, ob

ich nicht zum würdigen Abschluß unserer Idylle von Villennes den Dicken zu uns zum Abendessen einladen sollte. Nun, der bedenkliche Zustand unseres armen alten Herdes zwingt mich, den Gedanken auf später zu verschieben. Deshalb beschließe ich, Giriers baldige Verhaftung und meine damit verbundene Ernennung zum Oberinspektor zum Anlaß zu nehmen, um diesen Plan auszuführen. Unsere freundschaftlichen Bande werden dadurch um so enger werden!

Da aber die Verhaftung noch nicht so unmittelbar bevorsteht, spaziere ich erst einmal an diesem Morgen wie an allen anderen mit meinem Einkaufsnetz in der Hand durch die Rue Lepic und betrachte mit Kennermiene die Auslagen. Ich laufe gern morgens durch die Straßen von Paris, dränge mich zwischen den Lieferwagen hindurch, lausche im Vorübergehen dem Geschwätz der Lebensmittelhändlerinnen. Nach einem kurzen Aufenthalt bei meinem Fleischer eile ich dann leichten Herzens in mein Büro. Heute, an diesem Tag, Anfang September, ist der Fleischerladen fast leer und ich kann gegen die Kasse gelehnt ganz in Ruhe Zeitung lesen. Auf diese Weise kann mir Vieuchêne nicht nachher im Büro vorwerfen, daß ich das politische Tagesgeschehen nicht verfolge.

An diesem Morgen jedoch fallen mir beim Anblick des »Parisien Libéré« fast die Augen aus dem Kopf: auf der Titelseite prangt groß Giriers Foto mit entsprechender Überschrift.

»Haben Sie da noch Worte«, sagt mein Fleischer im Ton höchster Bewunderung zu mir, während ich lese, daß Inspektor Morin von der Kripo Spazierstock-René und Mathieu Robillard in Montfermeil verhaftet hat. »Das nenn ich einen Polizisten! Stellen Sie sich vor, Monsieur Borniche, ein wahrer Heldenmut!«

Und wie ich es mir vorstelle! Und der Dicke nicht minder. Als ich ins Büro komme, schäumt er geradezu vor Wut:

»Bravo! Ausgezeichnete Arbeit. Ich werde Ihnen das bestimmt nicht vergessen.«

Er mustert mich erbittert, rückt seine Krawatte zurecht und fährt fort:

»Es kommt mir fast so vor, als hätten Sie es geradezu darauf angelegt, mich als den größten Idioten von ganz Paris hinzustellen! Ich habe Sie nur um zwei Dinge gebeten: Buisson und Girier zu schnappen. Buisson läuft immer noch frei herum, und Girier ist inzwischen hinter Gittern. Borniche, ich habe von Ihnen erwartet, daß Sie die beiden hochgehen lassen! Aber in der Zwischenzeit, mein Lieber, hat die Kripo Sie hochgehen lassen.«

Ich verschwinde schleunigst wieder aus seinem Zimmer. Damit ist

das Abendessen mit dem Dicken erst einmal ins Wasser gefallen, aber ich gebe die Hoffnung noch nicht auf. Die Kripo kann ihn nur 24 Stunden lang im Präsidium festhalten, bevor er dem Untersuchungsrichter vorgeführt wird, und Girier ist weiß Gott nicht der Mann, der nach zwei Flaschen Bier anfängt zu singen.
Und überdies sind unsere Kollegen nur damit beauftragt, den Überfall auf den Geldtransport am Boulevard Jourdan zu klären. Während der Raub von Deauville einzig und allein unsere Sache ist: wenn wir uns Girier tüchtig vornehmen, haben wir immerhin noch eine kleine Chance, die hundert Millionen von Van Cleef und Arpels wiederzufinden.

Bauer, Turm und König

15

Rechtsanwalt Grador ist schlecht gelaunt erwacht; der Alptraum der Nacht wirkt noch in ihm nach. Barfuß, in einen blaß-roten Morgenmantel gehüllt, schleppt er sich in die Küche, in der noch das schmutzige Geschirr und die Essenreste auf dem Tisch stehen. Ein Geruch nach Verbranntem und Kohl liegt noch in der Luft. Über dem Spülstein, in dem schmutziges, fettiges Wasser steht, hat der Dunst die Wände, von denen die Farbe abblättert, bräunlich verfärbt.

Der Anwalt holt aus dem Küchenschrank eine verrußte Kaffeemaschine, die er auf den Herd stellt. Er zündet ein Streichholz an. Mit dem Ärmel seines Morgenrocks wischt er eine Ecke des Tisches ab, schiebt dabei die schmutzigen Teller beiseite, setzt sich auf einen Hocker und entfaltet die Juristenzeitung. Er überfliegt interessiert einen Bericht, dann überfällt ihn plötzlich die Erkenntnis, daß er heute etwas Wichtiges vorhat. Ohne abzuwarten, bis sein Kaffee fertig ist, legt Rechtsanwalt Grador seine Zeitung wieder hin, steht auf und geht in sein Büro hinüber.

Mit dem Rest der Wohnung verglichen, könnte dieses Zimmer fast als luxuriös gelten. Die verblichenen Vorhänge, der dünne Teppich, die altersschwachen Sessel sehen noch – ebenso wie der große Empire-Schreibtisch und die beiden mahagonifurnierten Bücherschränke – imposant genug aus, um die Klienten zu beeindrucken. Zu beiden Seiten des Fensters sieht die Ahnenreihe der Gradors, zu der hohe Beamte gehörten, mit strengem Blick aus ihren Goldrahmen auf ihren Nachkommen herab. Ihre feierliche Kleidung, ihre Hermelinschärpen und ihre von Orden und Auszeichnungen bedeckte Brust beweisen, wie erfolgreich sie in ihrem Beruf gewesen waren, wie treu sie ihrem Land gedient hatten.

Rechtsanwalt Grador hätte ebenso wie sein Vater und Großvater Beamter werden können. Nachdem er ohne Schwierigkeiten sein Juraexamen gemacht hatte, war er unschlüssig geblieben. Dabei erfüllte er alle Voraussetzungen für diese Karriere. Die Beamtenlaufbahn bedeutete für ihn ein ruhiges Leben, automatische Beförderung, gesichertes Alter. Sein Vater, ein alter Radikaler und Freimaurer, erklomm eine Stufe nach der anderen dank der schützenden Protektion von Moro-Giafferi, dem Präsidenten des Justiz-

Ausschusses der Abgeordneten-Kammer. Sein Sohn konnte damit rechnen, in seine Fußstapfen zu treten, hohe Ämter im Amts- oder Landgericht zu bekleiden und schließlich seine Laufbahn umworben und geehrt am obersten Gerichtshof zu beenden. Rechtsanwalt Grador hatte die väterliche Protektion abgelehnt. Sein Temperament und seine Berufung zogen ihn zum Verteidigerberuf. Er wollte plädieren, Witwen und Waisen seinen Schutz angedeihen lassen, eine Justiz bekämpfen, die er als ungerecht empfand, die ihre launenhaften Urteile je nach dem Reichtum der einen und der Armut der anderen fällte. Die Skandale der Dritten Republik hatten ihn stark beeindruckt. Er wollte nicht ein kriecherischer Beamter werden, dessen Gewissen sich an den Versprechungen auf Beförderung orientierte.

Der Vertreter der Anwaltskammer, vor dem er den Anwaltseid leistete, hatte ihn, von dem Charme, dem sicheren Urteil und der Willenskraft des jungen Assessors beeindruckt, aufs herzlichste beglückwünscht und ermuntert. Die Anwaltschaft konnte in ihm einen ihrer künftigen hervorragenden Vertreter sehen, einen Mann in der Robe, für den das Ehrgefühl vor seinen Gebühren kam. Eines Tages, so prophezeite man ihm, würde er seine Zulassung zum obersten Gerichtshof erhalten. Eines Tages würde er selbst Vorstand der Anwaltskammer werden. Der Zweite Weltkrieg sollte seine Hoffnungen zerstören.

Als er nach fünf Jahren Gefangenschaft in einem Stalag in Ostpreußen wieder nach Paris zurückkehrte, hatte sich eine neue Welt etabliert. Die Gefangenschaft hatte seine Gesundheit untergraben. Der hochgewachsene, lebhafte Anwalt von einst, mit den blauen Augen und dem schwarzen, sorgfältig nach hinten gekämmten Haar, war ein anderer Mann geworden. Seine Augen waren blaß geworden, sein Blick hatte die Schärfe verloren. Silbersträhnen wurden an den Schläfen sichtbar. Sein Rücken war gekrümmt. Rechtsanwalt Grador erschien bei Gericht nur noch kurz und selten, plädierte in kleinen und unbedeutenden Sachen, vernachlässigte seine Kollegen. Er besaß keine Lebenskraft mehr. In den Fluren des Gerichts flüsterte man sich zu, daß seine Frau für den Zusammenbruch verantwortlich war, daß er einige Tage nach seiner Entlassung unverhofft an seine Tür geklopft habe und die Tür ihm von seinem Nachfolger geöffnet worden sei. Ein anderer hätte diesen Schock vielleicht überwunden. Aber Rechtsanwalt Grador, der schon gebrochen gewesen war, hatte es nicht überwinden können. Zu Tode verletzt, hatte er sein Haus verlassen und der untreuen Ehefrau die Wohnung in der Avenue Bosquet überlassen. Es war nicht schwer gewesen, die Scheidung zu erreichen, aber die Wunde blieb. Er hatte sich woanders niedergelassen, in einem erbärmlichen Viertel, und war nach und nach immer tiefer gesunken. Nur noch die Möbel und die Bilder waren ihm geblieben, die ihm sein Vater, der noch während des Krieges gestorben war, hinterlassen hatte.

Ohne daran zu denken, seinen Morgenrock über seinen nackten, erschreckend mageren Körper zu ziehen, beginnt der Anwalt in den unordentlich auf seinem Schreibtisch liegenden Papieren zu wühlen. Unter einem Stapel Akten findet er, was er suchte: eine kleine Röhre aus Elfenbein, nicht dicker als ein Bleistift. Gedankenvoll betrachtet er sie einen Augenblick. Was er da in Händen hält, ist ein »Stöpsel«, ein »Etui«, das die Bagno-Sträflinge benutzen, um Sägeblätter und Geld darin zu verstecken, die sie für ihre Flucht brauchen; sie führen diesen Stöpsel durch den After so tief wie möglich ein und tragen ihn direkt links unterhalb der Leiste. Wieder einmal muß Rechtsanwalt Grador der Versuchung widerstehen, das Röhrchen aufzuschrauben. Er hat die groteske Vorstellung, daß die Tatsache, daß er ihren Inhalt nicht kennt, seine Schuld im Falle der Entdeckung mildern würde. Er weiß, daß dieser Stöpsel nicht den so heiß ersehnten Tip enthält, wie er an den Schmuck kommen kann, dieser Schmuck, dessen Besitz bei ihm zu einer fixen Idee geworden ist. Von diesem Stöpsel hängt alles ab; vorausgesetzt, es gelingt ihm, ihn Girier zu übergeben, ohne daß der Wärter etwas bemerkt. Was würde passieren, wenn man sie ertappen würde? Oder wenn man Girier durchsuchte, bevor er wieder in seine Zelle zurückkehrt? Wenn die Flucht mißlang... Und wieder beginnt der Anwalt, in Gedanken die Reihe aller unheilvollen Möglichkeiten durchzugehen. Der Geruch nach kochendem Kaffee, der in das Zimmer dringt, weckt den Anwalt aus seinen Ängsten.
Hastig läuft er in die Küche, wo die Kaffemaschine übergelaufen ist. Fluchend gießt er den Rest Kaffee in eine Tasse. Dann setzt er sich hin, um sein Frühstück zu verzehren.
Es ist 7 Uhr morgens. In drei Stunden wird er Girier im Gefängnis der Santé gegenüberstehen. Schluck für Schluck trinkt Rechtsanwalt Grador den Kaffee.

Alles hatte vor zwei Monaten mit dem Telefonanruf eines geheimnisvollen Monsieur Louis begonnen, der ohne Umschweife gefragt hatte, ob er die Verteidigung von René Girier übernehmen wollte. Rechtsanwalt Grador rekrutiert seine Klienten nunmehr unter den kleinen Gaunern. Er hat sich zwar bisher noch nicht ausgesprochen strafbar gemacht, aber die Moral ist auch nicht mehr seine stärkste Seite. Er lehnt es nicht ab, seinen Klienten gelegentlich alle möglichen Gefallen zu erweisen, die nicht immer ganz sauber sind. Sein Ruf hat sich unter den Prostituierten, den Zuhältern, den Buchmachern verbreitet, kurz und gut, in jenen zweifelhaften Kreisen, wo man ihn für einen geschickten Anwalt hält, der jederzeit bereit ist, für ein paar Scheinchen seine Dienste zur Verfügung zu stellen.

Und Geld ist seine schwache Seite. Er hat ständig Schulden, bewohnt eine miese Wohnung in einem heruntergekommenen Mietshaus in der Rue de la Grande-Truanderie. Dafür gibt er aber auch Unsummen für das, was er euphemistisch sein »Vergnügen« nennt, aus. Die etwas spezielleren Bordelle, die Dirnen ganz bestimmter Art kennen seine hochgewachsene, magere Gestalt recht gut. Diese speziellen Damen, die er aufsucht, sehen nicht ohne ein gewisses Grauen diesen Kunden mit dem wachsbleichen Gesicht, den hohlen Augen auftauchen, den eine Art Leichengeruch umweht. Sie haben ihm den Spitznamen »Fantomas der Gräßliche« gegeben, wegen seines schwarzen Umhanges und seines Zylinders, die die Accessoires für das makabre Schauspiel bilden, das er verlangt. Im Sondertarif der Laster stehen die Vergnügungen des Anwalts so ziemlich an der Spitze, und er muß dafür die kärglichen Gebühren, die ihm seine zweifelhaften Klienten zahlen, so gut es geht, zusammenkratzen.

Es war das erste Mal, daß man ihn darum bat, sich um einen der Großen zu kümmern, sozusagen einen Star der Unterwelt, dessen Foto in allen Zeitungen auf der ersten Seite prangte.

Rechtsanwalt Grador ist zu abgebrüht, um sich auch nur einen Augenblick lang einzubilden, daß sein Talent mit diesem Vorschlag auch nur das geringste zu tun hat. Spazierstock-René hat andere Verteidiger, zum Beispiel Touati und Berthon, die Asse unter ihnen, und sogar eine junge Anwältin, Suzanne Dubreuil. Wenn man sich an ihn wandte, so nur, um die schmutzigen Geschäfte zu besorgen, Briefe, Mitteilungen durchzuschmuggeln, Zeugen zu bestechen.

Allerdings können solche Dienste im Fall Girier, der in der Haftanstalt der Santé ständig unter strengster Aufsicht gehalten und dessen Zelle jeden Tag durchsucht wird, Rechtsanwalt Grador eine Menge Geld einbringen. Trotzdem hätte er sich fast geweigert.

Als er den Namen Girier hörte, wurde ihm die Kehle trocken. Er weiß, daß er den wirklich großen Gangstern nicht gewachsen ist und da ihm die Idee, jemandem zu helfen, ohne ihn dabei übers Ohr zu hauen, genauso fremd ist wie z. B. der Gedanke, Leprakranke in

Afrika zu pflegen, vermeidet er es, mit jemandem zu tun zu haben, der stärker ist als er. Hin- und hergerissen zwischen Furcht und Geldgier, umklammert er den Hörer mit seiner schweißnassen Hand und zögert mit der Antwort, während er versucht, in seiner Panik die Risiken und die Vorteile dieses verwirrenden Vorschlages abzuwägen. Sein Gesprächspartner am anderen Ende der Leitung wurde ungeduldig. Schließlich siegte die Habsucht. »Monsieur Louis« hängte ohne ein Wort des Dankes wieder auf. Ein paar Tage später fand Rechtsanwalt Grador in seinem Briefkasten einen Umschlag, der eine beträchtliche Anzahl Geldscheine enthielt und ein paar kurze Sätze, die ihn aufforderten, sich mit seinem neuen Klienten in Verbindung zu setzen, der ihn gegenüber seinem Untersuchungsrichter als seinen neuen Anwalt bezeichnet hatte.

Bereits bei seinem ersten Besuch hatte sein Instinkt Gefahr gewittert.

Nach den Fotos in den Zeitungen erwartete der Anwalt, einen großen, gut aussehenden Mann mit den Zügen eines Intellektuellen zu treffen. Doch dann trat in die Sprechzelle gleichsam wie in einen Käfig ein Raubtier ein, dessen offenbare Anmut wie die des Tigers trotz aller Lässigkeit eine geradezu erschreckende Reaktionsfähigkeit und Anspannung verbirgt. Dieser Kontrast zwischen dem eleganten Äußeren des Mannes und seiner geballten Kraft stimmt den Anwalt jedesmal, wenn er Girier gegenübersteht, sonderbar unbehaglich. Bei seinem zweiten oder dritten Besuch versuchte Rechtsanwalt Grador ein paar Auskünfte über Monsieur Louis zu erhalten, doch Girier begnügte sich damit, ihn mit einem leicht ironischen und drohenden Lächeln zu mustern. Der Anwalt verlor seine Fassung, während ein Schaudern seinen Rücken entlanglief. Dann verschwand das Lächeln und es machte einem verächtlichen Ausdruck Platz:

»Das geht dich einen Dreck an!« antwortete Girier und duzte ihn, wie dies bei Gangstern untereinander üblich ist. »Man bezahlt dich nicht dafür, daß du Fragen stellst.«

Rechtsanwalt Grador wagte nichts zu erwidern. Sein Rücken krümmte sich ein bißchen mehr, und sein Leichengesicht wurde, soweit dies überhaupt möglich war, noch etwas länger. Er begriff, daß seine Rolle einzig und allein darin bestand, zwischen dem in seiner Zelle gefangenen Girier und der Außenwelt als Vermittler zu dienen. Aber der Gangster und seine Korrespondenten, wie z. B. Monsieur Louis, sind mißtrauisch. Die Nachrichten, die der Anwalt übermittelt, sind verschlüsselt. Trotz all seiner Bemühungen und

seiner Schläue gelingt es Rechtsanwalt Grador einfach nicht, herauszubekommen, was da im Gange ist. Allerdings ist er zu der Überzeugung gekommen, daß Giriers Ausbruch nur das Vorspiel zu irgendetwas anderem, Unverständlichem, Geheimnisvollem ist. Im Grunde genommen interessieren ihn auch die Zukunftspläne seines neuen Klienten nicht besonders. All seine Phantasien und Träume gelten den Juwelen von Deauville, jenem sagenhaften Schatz, der vor etwa einem Jahr verschwunden ist und von dem die Gerüchte behaupten, daß Spazierstock-René ihn geraubt hat.
Zu seiner großen Überraschung legte Girier ein seltsam geheimnisvolles Benehmen an den Tag, als er eines Tages, an dem der Gangster in mitteilsamer Laune zu sein schien, vorsichtig die Sprache darauf brachte. Girier sah ihn aufmerksam und unverwandt an, den Kopf leicht zur Seite geneigt, während wie stets ein leises Lächeln um seine Lippen spielte.
War das ein Geständnis? Im Grunde genommen ist das dem Anwalt ganz egal. Er ist von der Schuld des Gangsters überzeugt und hat beschlossen, sich ein Stück von dem Kuchen abzuschneiden, wenn Girier den Schmuck wieder ausgräbt. Wie? Der Anwalt hat keine Ahnung. Wenn der Augenblick erst einmal gekommen ist, wird ihm schon was einfallen.
»Irgendetwas wird geschehen«, denkt er, während er sich überlegt, welche Möglichkeiten er hat, und sich bemüht, die Furcht zu unterdrücken, die bei dem Gedanken in ihm aufsteigt, daß er mit den Gangstern ein doppeltes Spiel spielen will.

Und dann war gestern das ersehnte Ereignis eingetreten.
Diesmal fand der Anwalt keinen Briefumschlag in seinem Briefkasten, wie jedesmal, wenn er sich in die Santé begeben sollte, sondern ein schmales, längliches Päckchen, das in braunes Packpapier eingewickelt war. Er öffnete es vorsichtig und zum Vorschein kam ein Röhrchen, um das eine maschinenbeschriebene Seite gewickelt war. Rechtsanwalt Grador betrachtete es aufmerksam, drehte es in seinen Fingern hin und her, versuchte, es aufzuschrauben. Er wußte, daß er einen »Stöpsel« in der Hand hielt, und seine Neugier war dadurch besonders angestachelt. Schließlich gab er es auf, das Röhrchen zu öffnen, er setzte seine Brille auf und nahm das Schreiben zur Hand.
Monsieur Louis – denn seit dem einzigen Telefonanruf von vor zwei Monaten ist der Anwalt, ob zu Recht oder Unrecht, fest davon überzeugt, daß er es ist, der all jene Mitteilungen für Girier in seinen Briefkasten wirft – Monsieur Louis befahl ihm also, dieses Elfen-

beinröhrchen dem Gefangenen zu überbringen; er sollte ja nicht versuchen, es zu öffnen. Girier würde ihm persönlich am nächsten Tag seine Instruktionen erteilen.

Rechtsanwalt Grador war enttäuscht: das Päckchen enthielt kein Geld. Aber in seinen Gedanken zeichnete sich eine geradezu strahlende Perspektive ab. Würde nicht Giriers Flucht aus dem Gefängnis die Situation schaffen, auf die er fieberhaft wartete? Er brauchte nur den geflohenen Sträfling davon zu überzeugen, sich ihm anzuvertrauen. Rechtsanwalt Grador überdachte diese Idee mit einer Mischung von Jubel und Angst. Girier war nicht allein sich selbst überlassen. Er hatte hinter sich ein bedrohliches Netz von Komplizen. Sein Ausbruch war Teil eines großen Planes und mit Sorgfalt vorbereitet worden. Der Anwalt hatte gar keine Chance, sein Vertrauen zu gewinnen, es sei denn...

Es sei denn, daß es ihm gelänge, sich Masche für Masche durch das Netz zu beißen, das Girier sicher zu seinem Schutz ausspannen ließ. Sonderbarerweise hat er nicht mehr die gleiche Furcht vor dem Gangster wie anfangs. Wenn dieser Ausbruch gelingt, wird Girier die Polizei von ganz Frankreich auf den Fersen haben. Zuversichtlich sagt sich Rechtsanwalt Grador, daß ein Verfolgter, ein ständig gehetzter Mann eine leichte Beute ist. Er überrascht sich sogar dabei, daß er ein leichtes Gefühl der Überlegenheit empfindet.

16

Nie war das Gefängnis, um dessen Mauern ein kalter, feuchter Wind pfiff, Rechtsanwalt Grador so düster erschienen. Seine Plastikmappe an sich pressend, überquert der Anwalt den Hof der Santé. Statt des alten Morgenrocks trägt er jetzt einen schäbigen Mantel und Schaftstiefel. Mit gleichgültiger, ja fast verächtlicher Miene lassen die Wärter ihn passieren. Er benimmt sich auch hier wie ein Ausgestoßener. Er geht langsam, mit eingezogenen Schultern, steigt gebückt ein paar Stufen hinauf, öffnet auf dem Absatz die erste Glastür. Gleichzeitig schlägt ihm der Geruch nach Gefängnis entgegen. Jede Strafanstalt hat ihren eigenen, unverwechselbaren Geruch, der so schwach ist wie der Atem eines Sterbenden und so zäh haftend wie das Gefängnis selbst. Seine Bestandteile sind überall die gleichen, nur die Mischung ist anders. Die Ausdünstungen von Schmutz, Spülmitteln, Wachs, Kalk, Küche und Farben mischen sich in Fresnes nicht zu dem gleichen Geruch wie zum Beispiel in La Roquette. Rechtsanwalt Grador atmet den ihm

vertrauten Geruch der Santé mit leichtem Herzklopfen. Er umklammert seine Aktentasche, in der der »Stöpsel« verborgen ist, ein wenig fester.
Neben der Schreibstube wirft ein Aufseher ihm einen gewohnheitsmäßig mißtrauischen Blick zu, bevor er seinen Namen und den Grund seines Besuches im Register notiert. Im Anwaltssprechzimmer weist ein Wärter ihm eine Kabine zu. Rechtsanwalt Grador setzt sich auf einen Stuhl, legt die Aktenmappe vor sich auf einen Tisch aus hellem Holz, in den unzählige Nägel ihre Spuren geritzt haben, wie Hieroglyphen, und die die Hoffnungen und Ängste der Sträflinge ausdrücken. Plötzlich greift er wieder nach der Mappe und preßt sie an sich.
Um diese Zeit sind die meisten Zellen besetzt. In der gegenüberliegenden wartet gerade Rechtsanwalt Floriot, hinter dessen dicken Brillengläsern der Blick lebhaft umherschweift, auf einen Klienten. Er studiert die vor ihm aufgeschlagene Akte mit der beschäftigten Miene eines Mannes, dem jede Minute kostbar ist. Rechtsanwalt Grador betrachtet ihn verwundert. Diese Komödie kommt ihm grotesk vor. Plötzlich begreift er, daß es sich um gar keine Komödie handelt. Die meisten Anwälte interessieren sich wirklich für ihre Akten. Er ist es, der Komödie spielt. Dieser Gedanke erschreckt ihn, als hätte er die Macht, ihn an den Pranger der allgemeinen Mißbilligung zu stellen. Einen Augenblick lang überlegt er sich, ob er nicht seine Aktenmappe öffnen und ein paar Blätter herausnehmen soll, in die er sich mit ernsthafter Miene vertiefen könnte, um die anderen zu täuschen. Aus Faulheit verzichtet er darauf. Es ist warm. Sein Körper entspannt sich.
Ein ununterbrochenes Murmeln dringt aus den Zellen, die zu beiden Seiten des Ganges liegen, in dem ein Wärter auf und ab läuft. Rechtsanwalt Grador beobachtet ihn, wie er an den Türen entlanggeht, deren obere Hälfte verglast ist. Er hört das Zurückschnappen der Riegel, jedesmal wenn ein Gefangener eine Kabine betritt und sie wieder verläßt. Und ständig auf dem Gang, nur von dem metallischen Geräusch des Auf- und Abschließens unterbrochen, die gleichmäßig hämmernden Schritte des Wärters, der fast den Eindruck eines mechanischen Spielzeugsoldaten macht, der sich nach rechts und links bewegt.

Spazierstock-René betritt die Sprechzelle. Hinter ihm wird die Tür sofort wieder verriegelt. Plötzlich scheinen die Mauern zu eng zu sein. Girier füllt die ganze Zelle aus. Seine Haltung ist die eines Mannes, der sich zu einer ständigen Zurückhaltung zwingt, und

doch hat der Anwalt den Eindruck, als sähe er unter der gebräunten Haut die Muskeln spielen und die Nerven vibrieren. Instinktiv steht er auf. Giriers Züge sind hart und verschlossen, trotz des Lächelns, das um seine Lippen spielt. Er geht um den Tisch herum und setzt sich auf den Stuhl, den eben noch der Anwalt eingenommen hatte, dem er nicht einmal die Hand reicht. Auf diese Weise liegt die Glastür ihm gegenüber. Überrascht von Giriers Benehmen läßt Rechtsanwalt Grador sich in den anderen Stuhl fallen. Es beunruhigt ihn, daß er nicht mehr sehen kann, was im Gang vor sich geht. Besorgt dreht er den Kopf zur Tür, voller Angst, der Wärter könne jeden Augenblick in die Zelle stürzen.
»He, sag mal, was ist denn los? Willst du vielleicht, daß man auf uns aufmerksam wird?«
Girier spricht leise, fast ohne die Lippen zu bewegen, aber sehr deutlich. Langsam und mit Mühe setzt Gradors Fähigkeit zu denken wieder ein. Er legt seine Aktentasche hin, nimmt einige Dokumente heraus, breitet sie auf dem Tisch aus, gibt weitschweifige Erklärungen. Er spricht laut, aber er vermeidet es, Girier dabei anzusehen, der ihm mit geheucheltem Interesse lauscht. Nach und nach gewinnt er seine Sicherheit zurück. Sein leichenblasses Gesicht bekommt etwas Farbe.
»Hast du das Ding?«
Man könnte meinen, daß Girier gerade so lange gewartet hat, bis Rechtsanwalt Grador seine Beherrschung wiedergefunden hat, um ihm die Frage zu stellen. Der Anwalt neigt lediglich den Kopf und beginnt in seiner Aktentasche zu suchen.
»Also«, wiederholt Girier, »hast du's oder hast du's nicht? Zum Teufel, so antworte doch!«
Rechtsanwalt Grador nickt bejahend, ohne zu wagen, Girier dabei anzuschauen, der genau die Schritte des Wärters verfolgt und nun fast flüsternd, mit unwiderstehlicher Überzeugungskraft befiehlt:
»Sobald du mir das Ding gegeben hast, stehst du auf und gehst ein paar Mal um den Tisch. Sag etwas dabei, daß es etwas natürlicher wirkt.«
Rechtsanwalt Grador stammelt kläglich sein Einverständnis. Er hat den Eindruck, in einer Farce mitzuspielen, einer burlesken Parodie, aus der Girier ihn mit einem Wort befreien wird. Seine Blicke flehen, betteln um dieses eine Wort. Aber seine Hoffnung ist vergebens; statt beruhigend auf ihn einzureden, herrscht der Gangster ihn mit unterdrückter Heftigkeit an, mit halb vorgestrecktem Oberkörper, als wolle er ihn über den Tisch hinweg anspringen:
»Scheiße, auf was wartest du denn noch? Los, beeil dich!«

Rechtsanwalt Grador wühlt in seiner Aktentasche herum. In seiner Aufregung findet er nichts. Eine widerliche Angst krampft ihm den Magen zusammen. Er fragt sich, ob er etwa den »Stöpsel« beim Weggehen vergessen hat. Giriers Blick kommt ihm vor wie die Mündung eines auf ihn gerichteten Revolvers. Endlich ertasten seine Finger das lange Röhrchen. Er ist so erleichtert, daß er es, ohne sich umzuschauen, in Giriers Hand gleiten läßt, die sich wie ein Blitz um die seine geschlossen hat.

Giriers Blick wird sanfter. Er entspannt sich. Er wirkt plötzlich sehr jung und nimmt den etwas hinterhältigen, aber strahlenden Ausdruck eines Kindes an, das endlich bekommen hat, was es wollte. Aber die Verwandlung ist nicht von Dauer.

»Schön. Du weißt ja jetzt, was du zu tun hast.«

Der Anwalt erinnert sich, daß er aufstehen soll. Er ergreift irgendeine Akte und beginnt mit lauter Stimme zu lesen, während er den Tisch umkreist.

Mit seinem Gang, dem eingezogenen Hals und dem grünlichen Mantel, seiner leicht vorgeschobenen Schulter und dem mageren, fast reglosen Oberkörper erinnert er an eine Küchenschabe. Girier beobachtet ihn voller Abscheu. Er möchte ihn am liebsten mit dem Absatz zertreten. Aber sein Gesicht bleibt unbewegt. Der Anwalt spielt eine zu große Rolle in seinen Plänen, als daß er es riskieren könnte, ihn aufzuscheuchen. Er muß ihn bis zum Schluß in Sicherheit wiegen, ihm wie eine Fata Morgana die Vorteile vorspiegeln, die er noch aus seiner bereitwilligen Hilfe ziehen könnte.

Seit der Anwalt ihn nach Deauville ausgefragt hat, weiß Girier, daß er ihn an der Leine hält. Er kennt den miesen Charakter seines Verhandlungspartners. Der Anwalt ist ebenso feige wie habgierig. Und jeden Augenblick kann ein Laster über das andere die Überhand gewinnen.

Zweimal schon war der Kopf des Wärters hinter der Glasscheibe aufgetaucht. Er warf einen mißtrauischen Blick auf den seine Runde drehenden Anwalt, dann einen noch schärferen auf das aufmerksame Gesicht des Gefangenen und drehte sich dann wieder um, beruhigt über dieses offenbar harmlose Bild.

Girier weiß, daß er sich jetzt beeilen muß. Der Wärter hat die Szene registriert; für den Augenblick sind sie erst einmal sicher. Als der Anwalt gerade an der Tür vorbeikommt, befiehlt Girier ihm, stehenzubleiben und sich nicht mehr zu rühren.

Die hohe Gestalt des Anwalts verdeckt die gläserne Türfüllung und schirmt ihn ab. Man kann vom Gang aus nicht mehr sehen, was

innerhalb der Zelle vor sich geht. Girier hat genau 30 Sekunden: die Zeitspanne, bis der Wärter zurückkommt. Wenn bis dahin der Rücken des Anwalts immer noch die Tür verdeckt, wird er mißtrauisch werden.
Girier steht auf, knöpft hastig seine Hose auf und schiebt sie zusammen mit dem Slip herunter. Der Anwalt betrachtet sprachlos die Szene. Ohne sich weiter um ihn zu kümmern, spreizt Girier die Beine, geht in die Hocke und schiebt sich, ohne zu zögern, das Röhrchen in den After. Seine Züge verzerren sich vor Schmerz. Der Anwalt kann seinen Blick nicht von diesem Schauspiel wenden, das ihm fast den Atem nimmt. Er sieht, wie die Adern auf der Stirn des Gangsters vor Anstrengung anschwellen, sein Mund sich verkrampft, damit er nicht vor Schmerz aufschreit. Giriers Hand ist noch immer zwischen seinen Schenkeln verborgen. Er muß das Röhrchen tief genug einschieben, damit es durch das Zusammenziehen des Schließmuskels nicht wieder ausgestoßen wird. Schweiß perlt über Giriers Gesicht. Dann scheint der Schmerz nachzulassen. Spazierstock-René richtet sich vorsichtig wieder auf, wischt sich die Stirn mit dem Handrücken, zieht seine Hose herauf und setzt sich mit zusammengepreßten Beinen wieder hin. Mit einer Handbewegung bedeutet er dem Anwalt, daß er seine Runde wieder aufnehmen kann.
Mit weichen Knien und flatternden Nerven setzt der Anwalt sich in Bewegung. Eine Sekunde später preßt der Wärter seine Nase gegen die Scheibe. Girier hat bereits wieder eine aufmerksame Miene aufgesetzt, und die unsichere Stimme des Anwalts füllt erneut die Zelle.

17

»Ein Brief für Sie, Borniche.«
Der Dicke heftet einen freundlichen Blick auf mich, er hält mir einen Briefumschlag mit feiner, fast unleserlicher Schrift hin, den er heute morgen in der Post gefunden hat und bestimmt zwischen seinen fetten, kleinen Fingern mit den gepflegten Nägeln hin- und hergewendet hat, bevor er mich in sein Büro rief. Neugierig wie er ist, hat er wahrscheinlich versucht, hinter die Initialen des – der Schrift nach weiblichen – Absenders zu kommen. Offenbar ist ihm das nicht gelungen. Deshalb ist er auch so schlechter Laune.
Seit ich dem Dicken den »Kopf« von Emile Buisson, dem untersetzten Mörder mit den dunklen Augen, gebracht habe, ist Vieuchêne

auf der Erfolgsleiter eine Stufe hinaufgefallen. Er vereinigt seither die Funktionen des Abteilungsleiters für das Dezernat Raubüberfälle und die des stellvertretenden Direktors der gesamten Kriminalabteilung. Es kann nicht mehr lange dauern, bis er endgültig zum Chef wird, wobei ihm natürlich ein spektakulärer Erfolg in einer großen Sache recht nützlich wäre. Er ist jetzt praktisch der drittwichtigste Mann in der Sûreté.

Trotz dieser so ersehnten Beförderung langweilt sich der Dicke. Sein kämpferischer Charakter kann sich nicht an die papierne Verwaltungsarbeit gewöhnen. Er hat sein bescheidenes Büro im ersten Dezernat gegen ein freundlicheres Zimmer zur Hofseite getauscht, mit einem etwas vornehmeren Mobiliar aus lackiertem Holz. Von seinem Fenster aus, das eine nicht gerade saubere Baumwollgardine vor indiskreten Blicken schützt, kann er mit einem Blick die ganze fünfte Etage übersehen, wo die einzelnen Büros untergebracht sind, über die er jetzt gebietet. Auf diese Weise kann er sich heimlich von der Tätigkeit – oder Untätigkeit – seiner Untertanen überzeugen. Im Büro nebenan sitzt seine Sekretärin, Paulette Viel, hübsch, rothaarig und kurzberockt. Sie hämmert heiter auf den Tasten, während Choutier, ihr altes sauertöpfisches Gegenüber, sie unfreundlich anstarrt und von Zeit zu Zeit seinen Kummer in einem Viertel Roten in der Kneipe an der Ecke ersäuft.

»Sie könnten eigentlich davon absehen, sich Ihre Liebesbriefe ins Büro schicken zu lassen«, murmelt der Dicke.

Ich habe allerdings keine Ahnung, wer mir Liebesbriefe schicken sollte. Ich drehe den Umschlag um. Die Initialen S. T. und die Adresse, Rue de la Roquette 143, sagen mir genug. Es ist Simone Tirard, eine ewig Rückfällige, die jetzt schon seit zehn Jahren in der Haftanstalt von La Roquette sitzt, mit zwei Unterbrechungen wegen Ausbruchs, und zwar 1941 und 1946.

»Es ist die alte Tirard«, erwidere ich, um mich zu rechtfertigen.

Der Dicke beobachtet mich ungläubig. Ich öffne den Brief. Auf liniertem Schulpapier prangt rechts in der Ecke über dem Datum, dem 5. November 1950, der Stempel der Zensur. Links in der Ecke informiert unter dem Namen der Haftanstalt und der Gefangenennummer den Empfänger ein anderer, kleinerer Stempel davon, daß der Empfang von Briefmarken und Geldscheinen in der Anstalt streng verboten ist.

»Nun?« fragt der Dicke mit hochgezogener Augenbraue.

Ich stelle mich mit dem Rücken ans Fenster und lese halblaut:

Sehr geehrter Herr Inspektor,
ich habe Sie seit sehr langer Zeit nicht mehr gesehen und daß tut mir leit. Der Untersuchungsrichter hat mich schon oft vernomen und ich komme wol balt nach Rennes. Ich mus Sie tringend sprechen.

Das Wort »dringend« ist unterstrichen. Ich sehe auf. Mein Blick begegnet dem des Dicken. Ich kann ein belustigtes Lächeln nicht unterdrücken.
»Na ja, es ist wieder das gleiche Lied«, sage ich. »Vor zwei Jahren hat sie auch damit angefangen.«
Der Dicke sieht mich erstaunt an.
»Was für ein altes Lied?«
Ich stütze mich mit beiden Händen auf den Tisch.
»Ganz einfach, sie fängt wieder an, lauter Diebstähle zu erfinden, die sie gar nicht begangen hat, nur um in La Roquette bleiben zu können. Sie hat Angst vor dem etwas härteren Wind, der in den Landeshaftanstalten weht. Und deshalb schreibt sie jetzt, damit sie dort nicht hin muß.«
Der Dicke legt seinen Kugelschreiber und seine Brille auf die Schreibmappe aus dunkelrotem Leder, die wir ihm zu seiner Beförderung geschenkt haben. Er sieht einen Augenblick nachdenklich vor sich hin.
»Vielleicht kann sie uns irgendwas Interessantes erzählen? Das Mädchen müßte doch eine wahre Goldmine sein. Sie weiß alles, was hinter Gittern vor sich geht.«
Ich nicke resigniert.
»Sicher, das Dumme ist nur, daß sie immer nur Märchen erzählt. Sie hat fünfzehn Jahre wegen Totschlages bekommen, und jetzt erfindet sie lauter kleine, unbedeutende Vergehen; ein Richter unterzeichnet einen Antrag auf vorläufigen Verbleib in der Haftanstalt, so daß sie vor einer Überführung erst mal sicher ist, und von der Strafkammer wird sie dann zu ein paar Monaten verurteilt, die in ihrer Hauptstrafe praktisch aufgehen. So treibt sie es nun schon seit Jahren. Dabei ist es ganz und gar unmöglich, daß sie all das auf dem Kerbholz hat, was sie sich da zusammenschwindelt.«
»Warum?« fragt der Dicke, der immer noch eine Fährte wittert.
»Weil die Hälfte von alledem gar nicht von ihr allein ausgeheckt werden konnte. Sie sammelt einfach von überall her ein paar Informationen über die Umstände, setzt die einzelnen Elemente sorgfältig wie ein Puzzlespiel zusammen, und wenn dann alles irgendwie zusammenpaßt, verschickt sie ihre Briefe. Die wirklich Schuldigen schicken ihr dankbar Päckchen und Geld.«

»Wirklich amüsant!« brummt der Dicke. »Aber warum hat sie denn nur an La Roquette so einen Narren gefressen?«
»Hab ich doch schon gesagt: sie hat nur Angst, in die Landeshaftanstalt zu müssen. In La Roquette ist sie die älteste Gefangene und kann so ungefähr alles machen, was sie will. Sie kommandiert die anderen Gefangenen herum, spielt die Kupplerin bei den einzelnen Paaren, hält die Schwarzhauben bei Laune und beschimpft sogar die Aufseherinnen. Sie kennt jeden Stein in dem Gefängnis, alle Möglichkeiten, alle Tricks und alle krummen Spielchen. Sie hat vor nichts Angst, es ist ihr alles egal, weil sie weiß, daß man ihr nichts anhaben kann. Ihr einziger schwacher Punkt ist, daß sie sich verliebt hat.«
»Ach nein!«
»Ja, in Gaby Darly, die wegen Mordes vors Geschworenengericht kommt. Eine Professionelle wie sie. Das ganze Gefängnis kennt ihre Liebschaft... Simone turtelt um sie herum, seit sie da ist, und solange Gaby bleibt, wird sie alles tun, um La Roquette nicht verlassen zu müssen.«
Der Dicke denkt einen Moment nach und meint dann:
»Und wenn man das als Druckmittel benutzen würde? Wenn Simone sich nicht ein bißchen kooperativ zeigt, lassen wir Gaby woandershin überführen. Nach Fresnes, zum Beispiel.«
Ich zuckte skeptisch die Schultern.
»Und ihr Anwalt? Glauben Sie doch nicht, daß die Simone von gestern ist! Sie hat mir zwei oder drei Tips in bezug auf Raubüberfälle gegeben, das stimmt. Aber als ich dann sah, daß die Typen, die sich da beschuldigten, Lebenslängliche waren, die nur an eins dachten, nämlich wie sie am besten ausbrechen könnten, war mir alles klar. Sie spielen dasselbe Spielchen wie sie.«
Ich falte den Brief zusammen, stecke ihn in meine Tasche und sage abschließend, die Hand auf der Türklinke:
»Glauben Sie mir, Chef, das Mädchen ist eine taube Nuß. Aus der können wir nichts rausholen. Es hat doch keinen Zweck, wenn wir unsere Zeit vergeuden.«
Ich gehe hinaus. Auf dem Flur zünde ich mir eine Zigarette an und gehe dann gemächlich in mein Büro zurück. Als ich gerade die Klinke herunterdrücken will, läutet das Telefon. Ich beeile mich. Aus dem Hörer dringt die näselnde Stimme des Dicken:
»Borniche, ich habe darüber nachgedacht. Sie müssen auf jeden Fall nach La Roquette! Je eher, desto besser. Stellen Sie sich vor, wenn die Tirard auf die Idee käme, ihre Tips an die Kripo weiterzugeben!«
Bevor ich auch nur ein Wort erwidern kann, hat er bereits aufgelegt.

Ich blase bläuliche Rauchspiralen in Richtung Fenster und setze mich dann seufzend hin. Immer das alte Lied! Der wird auch nie schlau.

10. November 1950. Es ist trüb und kalt an diesem Morgen, und der Nebel hüllt die Kuppel von Sacré-Cœur ein. Frierend schlage ich den Mantelkragen hoch und laufe zur Metrostation Blanche, begierig, wieder in die Wärme zu kommen.
Ich bin gut dran. Die Linie Nummer 2, die von der Porte Dauphine zur Place de la Nation fährt, bringt mich direkt bis zum Père-Lachaise. Von dort brauche ich nur etwa 300 Meter zu laufen, bis ich vor dem Tor des Gefängnisses stehe, dessen düstere Mauern sich in einem Karree von verlassenen, häßlichen Straßen erheben. Wenn heute schönes Wetter wäre, würde ich vielleicht noch ein bißchen im Friedhof Père-Lachaise herumwandern, in dem die Vögel im Sommer wie im Winter hübscher singen als woanders, vielleicht, weil sie hier von den Toten der verschiedensten Epochen und den verschiedensten Ständen inspiriert werden, die in das Dunkel der Zeiten eingegangen sind.
Ein kleiner Garten mit Sträuchern und winzigen Bäumchen liegt vor dem Eingang zum Gefängnis. Die Gittertür öffnet sich. Dann betrete ich die Kanzlei, meine Polizeimarke in der Hand sowie die Sprecherlaubnis, die mir die Staatsanwaltschaft ausgestellt hat, und lege beides auf den Schreibtisch.
»Es ist für die Tirard«, ruft eine Aufseherin, die auf dem Aufschlag ihres blauen Kittels zwei Silbersterne trägt, das Zeichen der Gefängnisverwaltung. »Schon wieder. Was haben die nur alle mit ihr zu quatschen?«
Der keifende Ton, das abstehende Haar, der schiefe Blick und das eckige Kinn sind mir nicht gerade angenehm. So einer Megären-Wärterin möchte ich nicht gerne in die Hände fallen.
Die Aufseherin, die mich jetzt ins Vorzimmer führt, einen riesigen Saal mit grünlichen Wänden und rotem Kachelboden, scheint mir dagegen etwas menschlicher zu sein. Sie ist sogar ziemlich hübsch. Sie hat eine gute Figur. Verführerische Beine. Sie dreht sich um und fragt:
»Kennen Sie die Tirard?«
Sie läuft weiter und ihre Stimme hallt in dem Gewölbe wider.
»Ein wenig«, erwidere ich. »Warum?«
»Die ist ein bißchen sonderbar. Ein ziemliches Ungeheuer. Ach, wenn wir die nur endlich los wären.«
Ich stehe jetzt in einem langen Flur, von dem zu beiden Seiten

kleine, vier Quadratmeter große Kabinen abgehen, mit Türen, in denen in Augenhöhe eine runde Glasscheibe angebracht ist: »Hier, das ist Ihre«, sagt die Aufseherin und schiebt den Riegel zurück.
Sie verschwindet. Ich setze mich auf einen Stuhl vor den Tisch aus hellem Holz. Ich habe keine Aktentasche dabei, keine Akte. Ich zünde mir eine Zigarette an. Draußen auf dem Gang geht eine junge, knapp zwanzigjährige Nonne vorbei, die so hübsch und appetitlich ist, daß ich mich frage, was sie eigentlich bewogen hat, sich in diese vergitterte Lasterhöhle zu begeben. Ich strecke gemütlich die Beine aus und beginne, vor mich hin zu träumen, während ich auf die Ankunft meines »Ungeheuers« warte.

Simone Tirard besaß einst ein Engelsgesicht mit braunem Haar, das sie wie Kleopatra geschnitten trug, Rehaugen, üppige feste Brüste, lange, schlanke Beine; ihre galante Karriere hat sie im »Rouergue« begonnen, wo sie ihr Beschützer, Jo der Schmeichler, hingeschickt hatte.
Sie hatte ihn auf dem allerbanalsten Wege kennengelernt. Mit 16 war sie entschlossen, sich ihren Unterhalt auf von der Moral streng getadelte Weise zu verdienen und tauchte im »Balajo« auf, dem Tanzlokal in der Rue de Lappe, wo böse Buben zwischen zwei Walzern auf der Suche nach leichten Opfern sind. Georges Renassian war auf sie aufmerksam geworden. Er war damals 30, besaß schwarzes Haar und den bleichen Teint der Orientalen, trug maßgeschneiderte Anzüge und Seidenhemden, deren Manschettenknöpfe mit Diamanten besetzt waren. Er fuhr einen Sportwagen und hatte zwei Schritt vom Eiffelturm entfernt eine Junggesellenwohnung, die von einem berühmten Innenarchitekten ausgestattet war. Zwei Stunden später lag Simone ausgestreckt auf einem Satinsofa, trug nur noch ihr schwarzes, spitzenbesetztes Set und machte keinen Hehl aus ihren Absichten: was sie interessierte, war das Moos, sie wollte wie eine Prinzessin leben.
Am nächsten Tag entdeckte sie, mit falschen Papieren versehen, die sie um vier Jahre älter machten, in Millau ein sonderbares Haus, in dem die Zimmer im Souterrain lagen. Seine Bewohnerinnen hatten das traditionelle »Na, Süßer, kommst du mit rauf« durch ein »Na, mein Häschen, gehst du mit runter«, ersetzt.
Es wurde Simone bald klar, daß sie im »Rouergue« nicht das große Geld machen konnte. Sie bat den Schmeichler, sie in Paris unterzubringen. Jo versprach ihr, sich darum zu kümmern. Es vergingen Wochen. Simone, die ohne Nachricht blieb, verweigerte schließlich

die »Arbeit«. Die Bordellmutter beschwerte sich. Jo mußte eine Vertragsstrafe für sie zahlen. Er wurde böse und schlug zu. Das war allerdings ein Fehler.
Denn Raymond der Schläger war von einem Tag auf den anderen in Simones Leben getreten. Er war der Sohn eines Adjutanten in der Kolonialarmee und einer Lebensmittelhändlerin und wohnte in Paris, ein paar Schritte von der Rue Rebeval entfernt, wo er geboren war. Er war gut aussehend, hatte breite Schultern und ein paar schwere Fäuste, die ihm leicht ausrutschten. Ein kleiner Raubüberfall hatte ihn nach Millau geführt, wo er den Abend im »Panier fleuri« beendet hatte. Mit Simone im Gepäck kehrte Raymond nach Paris zurück.
Er lehrte sie das »Metier«. Während Raymond arbeitete, stand Simone Schmiere. Dann wechselten sie die Methode. Ihre Jugend nutzend, lockte Simone ihre Kunden in dunkle, einsame Ecken, wo Raymond sie niederschlug und ausraubte. Das Geschäft ging glänzend.
Eines Tages hatte Simone eine fabelhafte Idee:
»Hör mal«, sagte sie zu ihrem Liebhaber, »wie wär's, wenn wir uns auf die Züge spezialisierten? Wir suchen uns einen Kerl aus, der erster Klasse fährt, und nachts, wenn er schnarcht, holen wir uns die Kohlen.«
Raymond war von dieser neuen Idee nicht besonders überzeugt; sie schien ihm gefährlich.
»Und wenn es dabei Krach gibt?«
»Du hast nicht begriffen!« erwiderte Simone. »Wir betäuben sie mit Chloroform, dann packen wir die Beute ein, und wenn sie wieder aufwachen, sind wir längst weg. Das ist viel besser als sie niederschlagen, das tut ihnen auch nicht so weh.«
Raymond war einverstanden. Am 15. November 1937 bestieg die steinreiche Madame Garola den Zug Straßburg-Ventimiglia, ohne zu ahnen, daß man am nächsten Morgen ihre Leiche verkrümmt in einem Abteil finden würde, die Fußgelenke mit dünnen Eisenketten gefesselt. Der zu fest auf ihr Gesicht gepreßte Wattebausch hatte zu ihrer Erstickung geführt.
Nach langen Ermittlungen wurden Raymond der Schläger und Simone festgenommen. Raymond gestand. Simone leugnete hartnäckig. Einen Monat später brach sie aus, mit Hilfe von zerrissenen und aneinandergebundenen Laken. Nicht eine einzige Aufseherin von La Roquette konnte sich erinnern, daß eine Gefangene solch einen Ausbruch gewagt hätte.
Die Polizei sammelt nicht nur Mißerfolge. Simone wurde wieder

geschnappt, kam vor das Geschworenengericht und bekam acht Jahre wegen Beihilfe zum Mord. Der Urteilsspruch hatte eine heilsame Wirkung auf sie. Zur großen Verblüffung ihrer Aufseherinnen wurde Simone von der Gnade des Herrn berührt. Man sah sie beten, zum Abendmahl gehen, stundenlang den Rosenkranz zwischen ihren Fingern hin und her bewegen, Übeltaten beichten, die sie bisher sorgfältig verschwiegen hatte. Aber man schätzte sie falsch ein. Erneut gelang es ihr, die düsteren Mauern des Gefängnisses hinter sich zu lassen, und sie wurde die Anführerin einer Räuberbande, die in Fabriken einbrach. Ihr Liebhaber, der große Pierrot, um 15 Jahre jünger als sie, wurde eines Nachts von einem alten Wächter überrascht:
»Nimm deine Knarre und mach ihn fertig!« schrie Simone, »sonst verrät uns dieses Schwein noch!«
Pierrot schoß ihn nieder. Aber bei der Polizei fing er sofort an, alles auszupacken, und beschuldigte Simone, sie habe ihn zu diesem Mord angestiftet. Das Geschworenengericht verurteilte Simone zu 15 Jahren.
Und auf diese Simone warte ich nun, die in ein paar Minuten schüchtern und zierlich in ihrem Sträflingskittel vor mir stehen wird. Sie hat noch immer dieses von dunkelbraunem Haar umrahmte Engelsgesicht.

18

Ich war bei diesem Weibsstück auf alles gefaßt, außer darauf, daß plötzlich wieder Girier in mein Leben treten würde.
Das Jahr hatte uns eine reiche Anzahl von Morden und Raubüberfällen beschert. Dreizehn Monate lang hatte ich mich nicht um Spazierstock-René kümmern können. Die Kripo von Rouen hatte ihn wegen seines Ausbruchs aus der Haftanstalt von Pont-l'Evêque verhört und wegen des Überfalls auf Van Cleef und Arpels, Clot und Morin hatten ihn wegen des hold-ups am Boulevard Jourdan in die Mangel genommen, und die Vertreter von Lloyds waren sogar so weit gegangen, daß sie ihm eine beachtliche Belohnung boten, für den Fall, daß er sich entschließen könnte, den gestohlenen Schmuck herauszugeben. Girier hatte nur gelacht.
»Aber ich sage Ihnen doch, daß ich mit Deauville nichts zu tun habe!«
Und da kommt Simone Tirard her und behauptet steif und fest,

während sie auf der Philip Morris herumkaut, die ich ihr angeboten habe:
»Die Sache in Deauville hat Girier gedreht!«
Ich betrachte sie ironisch und leicht skeptisch. Alles, was sie mir zu sagen hat, nehme ich nur mit größtem Mißtrauen zur Kenntnis. Ich kenne ja ihr hinterlistiges Spielchen. Sie hat wie jeder andere von dem Überfall gehört, hat sich die Details wie üblich gemerkt und will mir jetzt sicher ein paar Kumpel von ihr, die auf eine Gelegenheit zur Flucht lauern, als Täter verkaufen. Nur eine Sache stört mich bei der Geschichte. Simone kennt Girier nicht. Aber wer weiß, ob nicht der schöne René sich irgendwie mit ihr in Verbindung gesetzt hat, um uns da etwas einzubrocken, das ich im Augenblick noch nicht zu durchschauen vermag.
»Ach nein!« erwidere ich mit verständnisinnigem Lächeln. »Und um mir das zu erzählen, haben Sie mich extra hierher kommen lassen?«
Mit ihren kurzgeschnittenen Nägeln reißt Simone das nasse Ende von ihrer Zigarette ab und stopft ein paar Tabakkrümel fest. Sie sieht mich mit ihren dunklen Augen beleidigt an.
»Wie Sie wollen!« sagt sie und steht auf. »Ich dachte, Sie würden sich dafür interessieren. Aber dann brauchen wir uns ja nicht weiter zu unterhalten. Ich werde mich wohl an die Kripo wenden.«
Damit geht sie zur Tür. Ich bleibe völlig verblüfft sitzen und frage mich, was ich nun machen soll. Ist sie aufrichtig oder spielt sie mir hier nur das übliche Theater vor? So ein Miststück! Nach dem Bordell, den Raubüberfällen und den Morden versucht sie es nun mit Erpressung. Ausgerechnet bei mir! Ich stelle mir geradezu plastisch vor, wie der Dicke explodiert, wenn – was Gott verhüten möge – die Kripo von der Tirard ein paar Tips über Deauville bekäme. Ich gebe klein bei.
»Nun werden Sie nicht gleich so böse. Sie sehen doch, ich habe nur einen kleinen Scherz gemacht. Die Sache in Deauville ist schon so lange her...«
Sie dreht sich um, geht langsam zum Tisch zurück und bleibt davor stehen. Das Gesicht der Aufseherin taucht für einen Augenblick im Guckloch der Tür auf.
»Stimmt, es ist schon eine Weile her, aber Sie haben die Sache auch noch nicht aufgeklärt.« Sie setzt sich wieder hin. »Eine Hand wäscht die andere. Sie gehen zur Staatsanwaltschaft und sehen zu, daß ich von hier wegkomme, und ich erzähle Ihnen die ganze Geschichte. Okay?«
»Okay.«

Ich habe mich da ein bißchen rasch festgelegt, aber mir bleibt ja keine andere Wahl. Es ist bestimmt nicht der geeignete Augenblick, um sie zu verärgern. Und der Dicke, der ja jetzt in einer ziemlich einflußreichen Position ist, soll eben sehen, was er für sie tun kann. Zu irgendwas muß eine Karriere schließlich auch gut sein. Ob die Tirard in La Roquette oder sonstwo sitzt, ist mir letzten Endes ziemlich schnuppe, Hauptsache, sie bleibt hinter Gittern.
Simone ist meinem Gedankengang offenbar gefolgt. Sie fügt hinzu:
»Und da ich den Bullen gegenüber etwas mißtrauisch bin, liefere ich Ihnen heute erst die eine Hälfte der Geschichte. Sie können dann ja sehen, ob sie stimmt. Die andere Hälfte und das Versteck der Juwelen, das erfahren Sie erst, wenn Sie Wort gehalten haben. Einverstanden?«
»Einverstanden.«
Das ist kein so schlechter Vorschlag. Denn ich werde sofort merken, wenn sie mich an der Nase herumführt. Simone nimmt einen Zug aus der Zigarette und streift die Asche mit dem Zeigefinger ab.
»Als Spazierstock-René aus Pont-l'Evêque ausgebrochen ist, wartete Mathieu Robillard mit seinem BMW auf ihn. Als sie das Ding in Deauville gedreht hatten, transportierten sie den Schmuck in Renés Segelboot. Während die braven Polizisten überall Straßensperren aufstellten, sonnten sich René und Mathieu an Bord der ›Sans-Souci‹, die normalerweise in Villennes-sur-Seine vor Anker liegt. Und als die Kripo sie in Montfermeil schnappte, kamen sie gerade aus Emilios Bar in der Rue Marcadet. Ich weiß, wer sie verpfiffen hat.«
Ich muß offenbar ziemlich große Augen gemacht haben, denn sie lächelt jetzt leicht ironisch.
»Da sperren Sie die Ohren auf, nicht wahr?« fährt sie fort. »Wären Sie gleich zu mir gekommen, statt nur grimmig herumzusitzen, dann hätten Sie ihnen die Handschellen anlegen können!«
Ich versuche, mich zu rechtfertigen:
»Ich habe in der Sache Buisson eine ganze Menge zu tun gehabt. Und außerdem haben Sie ja auch noch andere für sich eingespannt. Sie haben doch schon an den Richter geschrieben, oder?«
»Klar hab ich das gemacht. Aber Sie haben mich hier besucht, das ist immerhin eine nette Abwechslung für mich.«
Sie drückt die Zigarette mit dem Absatz aus und fährt fort, indem sie mich aufmerksam ansieht:
»Niemand weiß auch nur das geringste von dieser Sache. Niemand ahnt, wo zwischen Les Andelys und Rouen der Schmuck versteckt ist. Wenn Sie nett zu mir sind, können Sie sich die Steinchen holen.«
Ich nicke mit dem Kopf und klopfe nachdenklich mit dem Feuerzeug

auf den Tisch, bis es herunterfällt. Bei Simones Geschichte ist mir ganz schön die Luft ausgegangen. Ich dachte, ich wäre mit dem Dicken und Boury der einzige, der davon etwas weiß, und jetzt höre ich sie in allen Details aus ihrem Mund. Sie scheint wirklich hervorragend Bescheid zu wissen.

Simone mustert mich noch immer aufmerksam.

»Nicht schlecht, was ich Ihnen da erzähle, nicht wahr? Kommen Sie, ich will Ihnen noch was sagen, ganz im Vertrauen. Als Ihnen Spazierstock-René in Villennes durch die Lappen ging, holte er gerade Marinette ab. Dann hat er mit ihr einen kleinen Ausflug auf der ›Sans-Souci‹ gemacht. Hätten Sie noch ein bißchen gewartet, dann wäre er Ihnen doch noch ins Garn gegangen. Was denken Sie sich, wie Morin sich gefreut hat, als er das erfuhr.«

Mir wird plötzlich ausgesprochen übel. Eine Frage brennt mir geradezu auf den Lippen:

»Woher wissen Sie das?«

Simone kneift die Augen zusammen. Sie schüttelt den Kopf und ihre Haare glänzen einen Augenblick in dem schwachen Sonnenstrahl, der durch die Gitter dringt.

»Daß er Ihnen durch die Lappen gegangen ist, das weiß ich von Martine!«

»Kenn ich nicht!«

Meine Unwissenheit verblüfft sie. Sie betrachtet mich einen Augenblick fast ungläubig und versucht mir dann zu erklären:

»Aber natürlich kennen Sie sie. Sie gehört zu Charlot dem Normannen. Die hat vielleicht Prügel von ihm bezogen, weil sie dem schönen René nicht widerstehen konnte. Sie hat mir alles erzählt, als sie hierher gekommen ist. Charlot hat ihn bei Morin verpfiffen, und Morin hat ihm dann die ganze Geschichte erzählt.«

Simone unterstreicht ihre Worte mit lebhaften Gesten, fast wie ein kleines Mädchen. Ich versuche währenddessen vergeblich, herauszufinden, wer Charlot der Normanne ist. Es will mir einfach nicht einfallen. Macht nichts, ich brauche ja nur die Ludenkartei bei der Sitte durchzusehen, in der auch die Spitznamen verzeichnet sind.

Simone fügt hinzu:

»Das wundert mich wirklich, daß Sie nicht wissen, wer Martine ist. Sie läuft in der Rue Godot-de-Mauroy. Jedenfalls kann ich Ihnen eines verraten, Sie haben ungeheure Chancen bei ihr. Die können Sie jederzeit haben, wenn Sie wollen!«

»Danke schön!«

Ich verziehe leicht das Gesicht. Die inneren Beweggründe der Huren, die sich genauso rasch in Gangster verlieben wie in Polizisten, sind mir immer ein Rätsel gewesen. Gewiß, seit dem Krieg haben sich auch hier die Grenzen etwas verwischt. Die Gangster mischen sich unter die Polizisten, die Polizisten ziehen sich an wie Gangster, besuchen dieselben Bars, gehen mit denselben Mädchen aus. Man nennt das »die Erfassung« der Unterwelt, was zweifellos einige Risiken mit sich bringt. Ich frage mich oft, ob es nicht eher die Unterwelt ist, die die Polizei erfaßt. Das Problem ist nur, ob dabei wirklich etwas für die Gesellschaft herausspringt. Auf jeden Fall springt für ein paar Inspektoren dabei etwas heraus. Wenn ich Innenminister wäre, würde ich regelmäßig die Inspektoren von der Sitte in eine andere Abteilung versetzen. Wir haben ja schließlich genügend. Außerdem würde ich mich besonders aufmerksam um die Verteilung der gelben Karten kümmern, jene Art Gewerbeschein, den man den sogenannten Freudenmädchen ausstellt, und die in den wenigsten Fällen die damit verbundenen Auflagen befolgen, sondern lediglich am Ende eines jeden Monats einen dicken Umschlag abliefern, um ihr Business in aller Ruhe weiter ausüben zu können.

Ich nehme mir eine Zigarette aus meinem Päckchen und zünde sie an. Ich lasse einen Augenblick die Flamme meines Feuerzeuges vor meiner Zigarette weiter brennen und frage so harmlos wie möglich:

»Wenn ich Sie recht verstanden habe, bekomme ich das Versteck der Juwelen erst verraten, wenn Sie sicher sind, daß Sie hierbleiben können, und nicht eher?«

»Nein.«

»Na schön. Ich werde darüber mit meinem Chef reden. Das einzige, was mich noch interessiert, ist nur, woher Sie das wissen können, denn Girier ist bekanntlich äußerst mißtrauisch.«

Simone lächelt schlau.

»Er hat das Ding ja nicht allein gedreht. Es waren noch drei andere dabei.«

»Ja, ich weiß, aber sie waren nur zu zweit auf dem Schiff, das haben Sie ja eben selbst gesagt.«

»Na und?«

»Ganz einfach. Entweder hat Girier den Schmuck allein versteckt und wollte warten, bis er ihn an den richtigen Mann bringen kann, oder seine Freunde kannten das Versteck auch, dann haben sie sich inzwischen ihren Teil abgeholt. Das ist doch einfach und logisch.«

»Für Ihren simplen Bullenverstand, ja! Es wäre auch logisch, nur leider ist Spazierstock-René inzwischen hinter Gitter gewandert! Am nächsten Tag sollte er nämlich das Zeug holen und es in Emilios

Bar einem alten Hehler verkaufen. In dieser Geschichte sind bisher alle die Dummen gewesen, und sie warten jetzt nur darauf, daß Girier wieder rauskommt.«
Ich lache schallend los.
»Da können sie aber lange warten, der hat noch eine Menge abzusitzen.«
Simone lächelt ironisch:
»Vielleicht nicht so lange, wie Sie glauben. Ich kann Ihnen nicht mehr darüber verraten, aber Sie werden jedenfalls überrascht sein, wenn Sie erfahren, von wem ich die Geschichte weiß.«
»Von Marinette?«
»Fragen Sie nicht weiter, ich sag's Ihnen doch nicht. Eine Hand wäscht die andere, ist das klar? Ach, ich hab noch etwas vergessen: Sollte Girier doch eines Tages seine Koffer packen, dann sagen Sie Martine Bescheid. Sie ist ein braves Mädchen, und es wäre schade, wenn ihr was zustoßen sollte. Und außerdem besuchen Sie doch mal seinen Anwalt, Grador.«
»Wozu?«
»Man kann nie wissen!«
Simone steht auf, reicht mir die Hand, klopft zweimal an die Scheibe. Fast im gleichen Augenblick wird ihr die Tür aufgeschlossen. Ich bin überzeugt davon, daß die Aufseherin sich fast den Hals verrenkt hat, um am Schlüsselloch zu lauschen. Simone ist offenbar der gleichen Meinung, denn sie streckt ihr verächtlich die Zunge raus.
Gefolgt von der neugierigen Lauscherin geht sie durch den Flur. Bevor sie um die Ecke verschwindet, dreht sie sich noch einmal um und winkt mir fröhlich zu. Leicht außer Fassung, bleibe ich auf der Schwelle der Zelle stehen.
Was habe ich eigentlich Neues erfahren? Nichts. Zumindest reichlich wenig. Aber zumindest eines: daß der Dicke und ich vor einem Jahr bei der Kripo das Gelächter des Tages gewesen sein müssen. Nur werde ich mich hüten, dem Dicken das zu verraten.
Von La Roquette ist es nicht weit bis zur Metrostation Voltaire. Jedenfalls kommt man dabei an der Kneipe an der Ecke des Platzes vorbei. Da meine Füße von dem Steinboden in der Zelle völlig erstarrt sind, überlege ich mir, ob ein heißer Kaffee jetzt nicht gerade das richtige für mich wäre.
Ich betrete den Jugendstilsaal, dessen kupferne Dekoration von dem heißen Dampf der Espressomaschine stumpf geworden ist. Zwei Kanalarbeiter in ihren Stiefeln, die Lampen an ihre Gürtel gehängt, trinken an der Theke ein Bier. Der kahlköpfige Kellner, der eine zu

weite Weste trägt, hört ihrer Unterhaltung zu und trocknet dabei rasch und geschickt die Gläser mit dem Daumen darin ab.
»Einen Milchkaffee bitte!«
Ich setze mich etwas abseits an einen kleinen Tisch und fange an, über mein Gespräch mit Simone Tirard nachzudenken. Ich weiß nicht, was ich von ihr halten soll. Und ich frage mich, inwieweit sie mir nicht doch einen Bären aufgebunden hat.
Hinter Gittern spricht sich alles herum. Das ist ein Phänomen, das ich oft konstatiert habe. Noch bevor die Zeitungen oder das Radio etwas bringen, sind die Gefangenen meist bestens über alle Neuigkeiten informiert. Martine hat also erfahren, und das war sicher nicht schwer, daß Girier in Villennes ein Segelboot besitzt und daß er damit kurz nach dem Überfall in Deauville zusammen mit Robillard die Seine entlang fuhr. Das ist erst einmal das eine. Von Martine hat sie erfahren, daß Charlot der Normanne Girier an Morin verpfiffen hat. Das ist das andere. Und der Rest?
Nichts. Sie hat mir überhaupt nichts Neues gesagt, weder die Namen von Giriers Komplizen bei dem Überfall noch den Ort, wo der Schmuck möglicherweise versteckt ist, noch irgendwelche Details über Giriers Teilnahme an der ganzen Sache; das einzige, was sie mir verraten hat, war, daß er die Beute in seinem Schiff transportiert hat. Und weiß sie darüber überhaupt etwas Genaueres? Wahrscheinlich hat sie wie gewöhnlich ein paar Informationen zusammengefügt, um ihnen einen Anschein von Wahrscheinlichkeit zu geben, und hat sie mir dann brühwarm serviert, sozusagen als Köder, damit ich zu ihren Gunsten bei der Staatsanwaltschaft interveniere. Kurz und gut: so besonders positiv ist das alles nicht, abgesehen vielleicht von Martine. Wenn überhaupt! Und dieser Grador kann mir völlig schnuppe sein, es ist ja bloß Giriers Anwalt. Was können wir wohl von dem rausbekommen? Ich hatte es dem Dicken ja gleich gesagt: dieses Miststück ist eine völlig taube Nuß.

»Was machts?«
Ich zahle dem Kellner meinen Kaffee, der mich dabei engelsgleich anlächelt und sein Gebiß sehen läßt, und gehe zur Metrostation. Bis Miromesnil brauche ich nicht umzusteigen. Das Erste-Klasse-Abteil ist leer. Ich setze mich auf eine Bank in der Mitte und strecke bequem die Beine aus.
Sie schien ziemlich selbstbewußt zu sein, diese alte Simone. Und dann hat sie mir doch noch vorgeworfen, daß ich sie nicht früher besucht habe, wirklich die Höhe! Als hätte ich dazu Zeit gehabt! Ich brauche ja bloß einmal zu überlegen: Nachdem wir im Juli 1948

Pierrot le Fou verhaftet hatten, auf den Dächern der Rue Charlot, wo ich mir fast den Hals gebrochen hätte, wer war dann hinter dem großen Pierrot hergelaufen, der während eines Verhörs im Gerichtsgebäude spurlos verschwunden war? Natürlich ich! Inzwischen war es bereits September. Wer war dann mit heraushängender Zunge vier Monate hinter dessen Kumpel Badelane hergerannt, der gemächlich durch das große Tor der Santé spaziert war, mit dem Hut, der Aktentasche und dem Ausweis seines Rechtsanwalts in der Hand? Immer noch ich. Übrigens ein wahres Meisterwerk, dieser Ausbruch, den Gericht und Staatsanwaltschaft allerdings nicht besonders geschätzt haben! Der Anwalt auch nicht, weil er gleich anstelle seines Klienten in der verlassenen Zelle Einzug hielt.
Und da wagt die Tirard, mir auch noch Vorwürfe zu machen. Man sollte es doch nicht übertreiben! Und 1949, hab ich mich da vielleicht amüsiert, mit Giriers Ausbruch, dem Überfall von Deauville, dem Juwelenraub bei der Begum, der dem Boß der Kripo sowie unserem hochgeschätzten Chef fast den Kopf gekostet hätte, während Buisson wild um sich schießend seine Komplizen oder seine Opfer erledigte, kurz und gut, mit all dem Ärger am Hals? Und 1950, als ich mich um die Typen kümmerte, die die Begum erleichtert hatten, um Emile Buisson und seine Bande, als ich seitenlange Protokolle schreiben mußte, während der Dicke strahlend Autogramme gab, was hat die reizende Simone denn da gemacht? So ein unverschämtes Weibsbild! Mir Vorwürfe machen, daß ich sie nicht besucht habe, um mir ihr Geschwätz anzuhören, obwohl ich noch nicht einen einzigen Tag Ferien gehabt habe.
Miromesnil. Ich erwache gerade aus meinen Gedanken, als sich die Wagentür wieder schließt. Gott sei Dank ist die nächste Station Saint-Philippe-du-Roule, die nicht weit von der Rue des Saussaies entfernt ist. Auf diese Weise kann ich wenigstens noch einen Blick auf die Schaufenster im Faubourg Saint-Honoré werfen, die schon für Weihnachten dekoriert sind.
Eines ist klar, wenn wir in der Affäre von Deauville weiterkämen, würde das unsere Aktien enorm steigern. Bisher haben wir völlig im Dunkeln getappt. Nun, ich will mal sehen. Ich werde mich mal wieder um meine Spitzel kümmern, die offenbar eingeschlafen sind, ich werde Robillard ein bißchen kitzeln, der bestimmt mehr über die Sache weiß, als er zugibt, und ich werde Martine einen kleinen Besuch abstatten, um zu sehen, was da eigentlich dahinter steckt – sie zu finden, wird nicht allzu schwer sein –, und wenn ich dann ein paar Trümpfe in der Hand habe, werde ich mir Girier ein

bißchen vorknöpfen, am besten, ich laß ihn mal in mein Büro kommen.
Gott sei Dank geht der mir im Augenblick nicht verloren; der dürfte noch für eine Weile zu haben sein. Ich kann ihn mir jederzeit vorführen lassen.

19

20. November 1950. Girier glaubt plötzlich auf dem Flur den leisen Schritt des Aufsehers in Socken zu vernehmen, der sich unbemerkt heranschleicht, um mit seinem mißtrauischen Blick durch das Guckloch in der Zellentür zu spähen.
Mit einem Schritt ist er an seinem Lager und legt sich hin. Die Angst und die Nervosität zerren an seinen Nerven. Sein Herz schlägt überlaut. Girier zittert unter seiner Decke, die er über sich gebreitet hat, während er sein Gesicht zur Wand gedreht hat. Sein Hemd ist schweißnaß. Er spannt seine Muskeln an, um seinen Körper zu zwingen, nicht mehr zu zittern, beißt sich in die Lippen, versucht alles, um nicht in Panik zu verfallen. Er stellt sich vor, wie Kerker-Geier reglos vor der Türe steht, das Auge am Guckloch, eine Hand am Schlüsselbund, und ihn beobachtet, jederzeit bereit, in seiner Zelle aufzutauchen, er hört förmlich seine fistelnde Eunuchenstimme: »Na, Spazierstock-René, bereiten wir einen kleinen Ausbruch vor?«, während seine heimtückischen Augen jede Ecke der Zelle durchsuchen.
Girier spürt, wie eine ohnmächtige Wut in ihm emporsteigt. Zorn ist an die Stelle der Angst getreten. Er ballt die Fäuste, seine Augen werden schmal, er beleckt seine blassen, vom Fieber ausgedörrten Lippen. Wenn Kerker-Geier jetzt eintreten würde, er würde ihn ohne zu zögern erwürgen. Girier weiß, wie groß die Versuchung wäre, und die Absurdität dieses Gedankens entlockt ihm ein sarkastisches Grinsen. Diesen Scheißkerl umbringen und gleichzeitig den Erfolg monatelanger sorgfältiger Vorbereitungen aufs Spiel setzen, auf seine Pläne verzichten? Nein, bestimmt nicht! Er ist nicht der Mann, der seine Chancen durch eine unüberlegte Handlung in den Wind schlägt, selbst wenn es einen noch so sehr dazu drängt. Nicht jetzt.
Girier schluckt mühsam. Nach und nach beruhigen sich seine Nerven. Das Geräusch auf dem Flur hat sich nicht wiederholt. Girier seufzt. Mit einem Mal spürt er, wie sein Körper und sein Geist sich beruhigen. Schon vor einiger Zeit hat es von dem Glockenturm von

Val-de-Grâce 4.30 geschlagen. Das Gefängnis, ein riesiges Gebäude, das einer Nekropole gleicht, schläft, während der Novemberregen herniederfällt. Girier hört, wie er gegen die Mauern plätschert, von dem Zinkblech der Dachrinne abprallt und von den Windstößen getrieben gegen das Glas seines vergitterten Oberlichts peitscht. Girier schlägt die Decke zurück, steht im Dunkeln auf, nähert sich leise der Tür. Unbeweglich, mit angehaltenem Atem lauscht er. Niemand. Wenn Kerker-Geier vor der Tür stünde, würde Girier seine Gegenwart spüren. Die Abgeschlossenheit, die Einsamkeit, der Haß haben seine Wahrnehmungsfähigkeiten geschärft. Beim geringsten Anzeichen schlagen sie Alarm, so wie eben, bei dem gedämpften Schritt des Aufsehers auf dem Flur.

Mit dem Handrücken streicht Girier ein paar feuchte Strähnen aus der Stirn, dann schleicht er sich zu dem Eimer. Er kniet nieder. Seine Finger tasten hinter dem Kübel über die Wand, bis sie die rauhe Stelle gefunden haben. Girier lächelt befriedigt. Das Stück hartgewordener Brotkrume, das das Loch verdeckt, das er in langen Nächten mit Hilfe einer Nadel in den Zement gebohrt hat, ist noch an seinem Platz. Girier dreht sich um, lauscht noch einmal aufmerksam. Beruhigt fängt er nun an zu kratzen. Der Nagel macht ein schrilles Geräusch. Die Brotkrume zerbröckelt. Ein Elfenbeinröhrchen kommt zum Vorschein. Girier faßt es vorsichtig an, nimmt es heraus und verstopft dann das Loch mit frischer Brotkrume. Klopfenden Herzens legt er sich wieder auf sein Lager.

Unter der Decke schraubt Girier den »Stöpsel« auf. Er kann sich nicht beherrschen, er muß einfach noch einmal – zum letzten Mal, sagt er sich – seinen Inhalt betrachten, als ob das Sägeblatt und der kleine Bohrer, die in einen Gepäckschein und einen Fünftausend-franc-Schein gewickelt sind, die verhängnisvolle Macht hätten, plötzlich wieder zu verschwinden. Aufatmend lächelt er. Er spürt unter seinen Fingern die Papierrolle knistern. Tastend steckt er sie wieder in das Röhrchen, das er vorsichtig zudreht, um ja nicht etwas kaputt zu machen.

Unruhig wartet Girier darauf, daß die Tabletten ihre Wirkung tun. Er hat fünfzehn geschluckt, auf einmal, aber bis jetzt spürt er nur eine leichte Übelkeit. Nach dem, was er erfahren hat, müßte diese Dosis Rubiazol ein oder zwei Stunden lang wirken und einen beängstigenden Fieberanfall und unwahrscheinliches Erbrechen zur Folge haben. Aber soweit ist es noch nicht. Im Augenblick ist sein Zustand noch nicht so ernst, daß er Kerker-Geier damit imponieren und ihn dazu zwingen könnte, Alarm zu schlagen.

Mit der ihm eigenen Vorsicht hat Girier nicht Rechtsanwalt Grador gebeten, ihm die Tabletten zu besorgen. Er hat sie sich auf einem recht außergewöhnlichen Weg verschafft, der für Knastbrüder geradezu klassisch ist, dem Yoyo. Eines Morgens während des Spazierganges hatte er dem kleinen Roger Dekker zuflüstern können:

»Sag mal, Roger, ist es wahr, daß man von Rubiazol Erbrechen bekommt?«

Das war alles, aber es genügte. Roger hatte verstanden. Er nickte Girier, seinem Kumpel, den er vor zwei Jahren zusammen mit Buisson aus der Psychiatrischen von Villejuif befreit hatte, fast unmerklich zu. Er hatte weder versucht, ihn zu fragen, wieviel Tabletten er brauche, noch wozu er sie haben wollte. Er hatte sie sich beschafft. Und das Yoyo funktionierte.

Er hatte das Stoffsäckchen, in dem die Tabletten steckten, an einer Schnur befestigt, und diese langsam an der Außenmauer zwischen den Gitterstäben vor den Zellen in der dritten Etage entlanggleiten lassen, bis sie etwa zwei Meter tiefer hing; mit kurzen, präzisen Gesten hatte Dekker die Schnur dann hin und her geschwenkt, bis er sie kreisförmig bewegen konnte und die Leine sich um einen aus einer naheliegenden Zelle gestreckten Arm wickelte. Dekker hatte losgelassen.

»Weitergeben! E. G. Zelle 17«, hatte er befohlen und so als Empfänger den Gefangenen aus Zelle 17 im Erdgeschoß des Gefängnisses bezeichnet.

Von Zellenfenster zu Zellenfenster war die Sendung von anonymen Händen an der Steinmauer entlang weitergeschleust worden, bis zur letzten vergitterten Öffnung; begleitet jeweils von demselben Befehl: »Zellennummer 17, Erdgeschoß!« Zwei Hände hatten sich ausgestreckt und nach dem Stoffsäckchen gegriffen. Lautlos war es bis zum ersten Stock und dann bis zum Erdgeschoß herabgelassen worden. Von geschickten Händen weitergeleitet, war es schließlich von Absatz zu Absatz bis zu seinem Empfänger gelangt.

»Stop! Okay.«

Girier hatte nach dem Päckchen gegriffen, es geöffnet und die Tabletten in die aufgetrennte Naht seines Hosenlatzes nebeneinander gelegt und dann wieder alles zugenäht.

Die Stunden verstreichen. Girier wird jetzt von Fieber geschüttelt, das mit heftigem Erbrechen verbunden ist. Sein Bauch ist angeschwollen und schmerzhaft, in seinem Magen gurgelt es. Eisige Schauer laufen ihm den Rücken herunter, seine Schläfen hämmern.

Verzweifelt konzentriert er seine Gedanken auf die Einzelheiten seines Ausbruchs.

Eines Tages im Juni ist ihm der Gedanke dazu gekommen, als ihn eine grüne Minna von der Santé in den Justizpalast zu einem Verhör brachte.

Diese Fahrten haben irgendwie etwas Grauenhaftes, selbst wenn der Gefangene sie als eine Art Abwechslung nimmt. Eingeschlossen von Gefängnismauern, gehört der Häftling dieser undurchdringlichen, gleichbleibenden Welt an. Selbst wenn er sich nicht an diese Kerkerexistenz gewöhnen kann, so bildet sie doch einen mächtigen Block, mit ihrem eigenen Zeitablauf, ihren eigenen Dimensionen, ihrem eigenen Rhythmus und ihrer eigenen Atmosphäre; eine vollständige, erdrückende Welt, zugleich beschützend wie auch zerstörend. Die Wellen von draußen verebben an ihren Ufern, aber sie berühren nicht die Gefängniszellen, und ihr Rauschen bleibt undeutlich und weit entfernt. Aber wenn bei einer Überführung der Gefangene in der winzigen, dunklen Box des Gefängniswagens eingeschlossen ist, trennen ihn nur ein paar Millimeter Blech von der Straße. Der Lärm der Außenwelt erfüllt dieses Fahrzeug mit Leben, mit diesem freien Leben, das die fixe Idee aller Gefangenen ist, ohne Ausnahme. Sie können alles mit der Hand greifen, aber nichts festhalten. Während der kurzen Überfahrt zwischen dem Gefängnis und dem Justizpalast ist die Frustration vollständig, und gegen diese Tantalusqualen hatte Girier aufbegehrt.

In völligem Dunkel hatte er lange die Zellenwände abgetastet, die ihn einschlossen. An der Decke war ein kleiner Luftschacht, der jedoch zu schmal war, um die Hand hindurchzustrecken. Die Seitenwände, das Dach und die Tür bestanden aus Blechplatten. Ohne einen Schweißbrenner konnte er hier nichts ausrichten. Der Fußboden bestand aus dicken, sorgfältig verzapften Brettern. Zwischen Tür und Bank am Boden hockend hatte Girier lange und sorgfältig jeden Zentimeter Holz betastet. Jedesmal, wenn er glaubte, eine Unebenheit mit seinen Fingern bemerkt zu haben, zündete er ein Streichholz an. Die Bohlen waren fachmännisch aneinandergefügt. Und doch wußte Girier, daß dort, unter ein paar Zentimetern Holz, die Freiheit lag. Dieses Wort enthielt eine irrsinnige Hoffnung. Es dröhnte in seinem Kopf wie eine Herausforderung, er war von der Versuchung dieses Abenteuers geradezu besessen. Wenn es ihm gelänge, sich ein Stück Sägeblatt zu besorgen, dann...

An jenem Tag hatte man ihn im Justizpalast in eine schmutzige Zelle eingesperrt, in der er von 10 Uhr morgens bis 3 Uhr nachmit-

tags bleiben mußte, bevor man ihn zum Verhör holte. Nie war ihm eine Wartezeit so kurz erschienen. Von der Hoffnung beflügelt, erfand er tausend Pläne, wog seine Chancen ab, ging wieder und wieder die gleichen Einzelheiten durch, stieß auf die gleichen Schwierigkeiten. Seine Gedanken überstürzten sich. Er überlegte sich die Möglichkeiten, um sich das notwendige Handwerkszeug zu verschaffen. Ein möglichst grobes Sägeblatt, damit es sich rasch durch das Holz fraß, und eine Art Bohrer, um das Sägeblatt ansetzen zu können. Er rief sich wieder und wieder vor Augen, was er alles in der Zelle entdeckt hatte, und schwankte zwischen Niedergeschlagenheit und Optimismus, der Sicherheit des Triumphes und der Überzeugung seiner Niederlage.
Am Abend, als er wieder zurückgefahren wurde, hatte er sich gezwungen, noch einmal ruhig und gelassen alles zu untersuchen. Er hatte festgestellt, daß die Bretter unter ihm etwa 30-35 cm breit waren. Da er keine Schrauben gefunden hatte, hatte er daraus geschlossen, daß sie offenbar von durchgehender Länge und an beiden Seiten der Wagenwände vernietet waren. Ein Brett in der Mitte der Zelle lag frei, d. h., es lief nicht unter der Bank durch oder weiter nach draußen. Girier war nunmehr überzeugt davon, daß, wenn er an zwei Stellen der Breite nach sägte, ein genügend großes Loch entstehen konnte, um hindurchzuschlüpfen.
Was lag unter dem Bretterfußboden? Die Längsträger des Fahrgestells, Kabel? Spazierstock-René wußte, daß es auf diese Frage keine Antwort gab. Er mußte darauf setzen, daß der Raum unten frei war, wie groß auch sein Risiko dabei war.
Die Freiheit war nur um diesen Preis zu gewinnen...

Ein Ausbruch ist wie ein langes Patiencespiel. Es genügt nicht, sich einen Fluchtweg auszudenken und sich das dazu nötige Werkzeug zu beschaffen. Man muß auch die Zeit zur Ausführung haben.
Während der häufigen Fahrten von der Santé in den Justizpalast hat Girier erkannt, daß er dabei nie genügend Zeit haben würde, um das Brett anzubohren, es durchzusägen und hindurchzuschlüpfen. Er hat wieder und wieder seine Pulsschläge gezählt und aufgrund dieser Art von Chronometer festgestellt, daß der Gefängniswagen für seine Fahrt nur etwa eine Viertelstunde brauchte. Er mußte aber unbedingt mehr Zeit zur Verfügung haben. Es gab nur einen Weg: sich nach Fresnes ins Gefängniskrankenhaus überführen zu lassen. Girier fand ein Mittel. Unter dem Vorwand heftiger Magenschmerzen bekam er die Erlaubnis, sich röntgen zu lassen. Aber nun gab es neue Schwierigkeiten. Vor der Abfahrt hat man ihm in der Santé,

als sei er ein zum Tode Verurteilter, die Handgelenke in Eisen gelegt. Und auf der Hin- und Rückfahrt haben die Wärter die Transportbegleiter noch besonders auf seine Anwesenheit hingewiesen und ihn in eine Zelle nicht weit von der Hecktür eingeschlossen, vor der ein Polizist Wache hielt. Es ist ganz unmöglich, sich von dieser Zelle aus, die praktisch über den Hinterrädern liegt, auf die Fahrbahn hinuntergleiten zu lassen, weil man dabei riskiert, von dem hinteren Trittbrett, das knapp über dem Boden liegt, zermalmt oder geköpft zu werden.
Girier hat aber auch etwas Positives erfahren. Er hat festgestellt, daß der Wagen, bevor er nach Fresnes weiterfuhr, einen Umweg über den Justizpalast machte, was die Gesamtfahrzeit um etwa zwanzig Minuten verlängerte. Das müßte reichen. Sein Entschluß ist gefaßt. Während einer solchen Fahrt wird er sein Glück wagen. Er scheut nicht einmal den Tod oder die Verstümmelung; er zieht sie den elenden Jahren im Gefängnis vor.
Girier durchlebt die folgenden Wochen und Monate in einem Zustand fieberhafter Aktivität. Er denkt nur an seinen Ausbruch. Mit Hilfe alter Federn und Glasscherben hat er aus dem Deckel einer alten Ölsardinenbüchse einen flachen Schlüssel herausgeschnitten, um das Schloß seiner Ketten zu öffnen. Er trägt ihn in seinem Hemdkragen verborgen. Die Kleider werden zwar durchsucht, aber er hat bemerkt, daß die Aufseher die Hemden dabei außer acht lassen, weil sie der Ansicht sind, daß man in ihnen sowieso nichts verstecken kann. Und dann hat er das Mittel gefunden, um sich ins Krankenhaus von Fresnes überführen zu lassen. Vor zwei Tagen wurden ihm mit Hilfe des Yoyo die Rubiazol-Tabletten zugeschickt. Heute abend hat er sie geschluckt. Das, was er heute wagt, hat noch nie jemand unternommen. Es ist eine Herausforderung, ein Versuch, sich gegen die Welt zu behaupten.
Er ist zwar nur ein schäbiger Strafgefangener, aber wenn ihm dieses Wagnis gelingt, dann hat er die Grenzen des Unmöglichen durchbrochen.

20

Es regnet noch immer. Girier fühlt sich von Minute zu Minute schlechter. Sein Magen wird von Krämpfen geschüttelt. Das Fieber hat seinen Mund ausgedörrt. Durst quält ihn. Er spürt den drängenden Wunsch, um Hilfe zu rufen, Kerker-Geier anzuflehen, daß er ihm etwas zu trinken bringt. Er kämpft gegen diesen Schrei an, der ihm über die Lippen will. Der Gedanke, daß er sterben könnte, ja, daß er schon im Sterben liegt, frißt sich in seinem Gehirn fest. Das Klappern seiner aufeinanderschlagenden Zähne betäubt ihn, hindert ihn daran, sich auf etwas anderes zu konzentrieren. Fetzen aus der Vergangenheit kommen ihm wieder ins Gedächtnis.

Das Gesicht von Monsieur Louis hebt sich von der Menge seiner vagen Eindrücke ab; Monsieur Louis, das ist der Freund, der Komplize, der allen anderen unbekannte Zufluchtsort in dieser Welt, in der es von Spitzeln, Feiglingen und Dummköpfen wimmelt.

Girier sieht sein flaches, rundes Gesicht wieder, den kupferfarbenen Teint – wie ein alter Indianer – seine fleischigen Lippen, die die schlechten Zähne sehen lassen, seine hohe Stirn, die eine Falte von dem kahlen, glänzenden, elfenbeinfarbenen Kopf trennt, der geradezu eindrucksvoll wirkt, die blaßblauen Augen, ohne Wimpern und Augenbrauen. Diese Augen, die fast den Eindruck erwecken, als hätte sich ihr Blick auf den Grund einer Meeresgrotte zurückgezogen.

Ohne Louis wäre dieser Ausbruch nicht möglich. Girier kennt aus Erfahrung die Klippen, an denen die großen Ausbrüche scheitern. Um sich seine Freiheit wieder zu erobern, belauert der Gefangene Tag für Tag seine Wächter, studiert das Leben im Gefängnis, betastet die Mauern, den Fußboden, die Gitter, bis es ihm endlich gelingt, sich durch das Nadelöhr hindurchzuarbeiten, das er entdeckt hat. Und in diesem Augenblick, dem berauschendsten, in dem er wieder seine Freiheit genießt, ist die Gefahr am größten. Er ist nun wieder draußen, nackt und wehrlos wie ein Säugling. Er weiß nicht, wo er hingehen, wo er ein schützendes Dach, Essen und Kleider finden soll, als ob seine ganzen Kräfte sich in der übermenschlichen Anstrengung erschöpft hätten, die er aufwenden mußte, um sich aus den Klauen der Gefängnismauern zu befreien. Die sicheren Freunde, die Eltern werden von der Polizei bewacht, die Meute der wohlanständigen Bürger ist bereit, einen sofort zu verpfeifen, und es wimmelt von Schweinehunden, die einen für ein Linsengericht verkaufen würden.

Girier hat seine erste Flucht mit 16 Jahren gewagt. Fünfmal hat er sich in dieses berauschende Abenteuer gestürzt, fünfmal hat er entdeckt, daß in der Freiheit überleben einer langen Wanderung durch eine von Schakalen und Kojoten heimgesuchten Wüste gleicht. Die Erinnerung an die Tage nach dem berauschenden Augenblick, in dem er sich sechs Meter über dem Abgrund hinweg auf die Gefängnismauer von Pont-l'Evêque geschwungen hat, ist noch in ihm lebendig. Was für Fehler hat er gemacht? Nur fünf Monate hat die Freiheit gedauert. War es unvorsichtig gewesen, nach Villennes zurückzugehen? Hätte er sich lieber nicht mit Mathieu Robillard in Verbindung setzen sollen? War es unklug gewesen, Marinette wiederzusehen? Seit wann waren die Polizisten ihm auf den Fersen? Schon seit Villennes? Von Emilios Bar an? Oder vom Hotel Les Terrasses? Oder waren sie in Wirklichkeit hinter Marinette und Vossel her? Es sei denn, es war ihnen gelungen, irgend jemanden zum Singen zu bringen. Aber wen? Die bezaubernde Martine, in die er sich in einem schwachen Augenblick verliebt hatte? Nein, sie kannte nur Emilio. Emilio? Er kannte Montfermeil nicht. Mathieu Robillard? Den hatte man mit ihm zusammen verhaftet. Vossel? Er ist ein Freund von Marinette und hing an ihr mit der Liebe eines jungen Hundes. Aber wer war es dann? Dreizehn Monate lang hatte diese brennende Frage ihn gequält, aber er hat keine Antwort gefunden. Nun, es war ja auch egal. Diesmal will Girier sich nicht noch einmal schnappen lassen. Er will all seine Gewohnheiten ändern, seine alten Bekannten, seine Stammkneipen aufgeben. Monsieur Louis ist seine Chance. Vom Fieber geschüttelt erlebt Spazierstock-René noch einmal ihre erste Begegnung.

Girier war 18 Jahre alt und ein Anfänger in Einbrüchen.
Den Tip hatte ihm ein junges Mädchen gegeben, das er in einer Bar in der Rue du Dragon kennengelernt hatte. Sie war eine Italienerin, schön und begehrenswert.
Er war durch Zufall in diese Bar gegangen. Das brave kleine Schulmädchen in seinem schwarzen Kleid mit weißem Kragen hinter der leeren Theke hat ihm sofort gefallen. Sanft hat er versucht, an sie heranzukommen, um sie nicht zu erschrecken. Nie hat er sich derart in einer Frau getäuscht. Sie war erst 16, aber ihre Erfahrung ist so tief wie ein Abgrund.
Um sich etwas Geld nebenher zu verdienen, dient Lisa als »Schlepperin« für einen Antiquitätenhändler, der besonders auf alten Schmuck spezialisiert ist. Sie beschafft ihm minderjährige junge Mädchen, die der Alte als artige Schulmädchen verkleidet; das Schauspiel, an dem der alte Mann sich aufgeilt, würde grotesk und vulgär wirken, wenn nicht der Rahmen, in dem sich alles abspielt, von unglaublichem Reichtum wäre, die Kleider und die Möbel von bewundernswerter Kostbarkeit und der Hauptakteur so beeindrukkend wie ein »Vampir« im Kino... Jedenfalls glaubt Girier das aus Lisas vertraulichen Gesprächen zu entnehmen, ihrem lauten Geki-

cher, wenn sie bestimmte Szenen beschreibt, den Worten, die sie dabei wählt, und die so abgenutzt sind wie der Bodensatz der Liebe, ihre lange Vertrautheit mit dem Laster. Die erotischen Details interessieren Girier nicht so sehr wie die Adresse des Sammlers, seine Gewohnheiten als alter Junggeselle und Auskünfte über die Örtlichkeiten.

Die Wohnung liegt im Erdgeschoß eines Mietshauses, in dem es keine Concierge gibt. Die Wohnungstür ist mit einem einbruchsicheren Sicherheitsschloß versehen. Eiserne Rolläden schützen die Fenster, die obendrein mit Gittern versehen sind. Jede Wohnung im Haus besitzt einen elektrischen Türöffner. Doch nach Lisas Meinung werden diese Schwierigkeiten wieder wettgemacht durch die Existenz eines schmalen, dunklen Flurs, auf den die Küchen- und Badezimmerfenster hinausgehen sowie der Dienstboteneingang, der von einer Eisentreppe abgeht. Wenn Girier einen Weg findet, in den Hof hineinzugelangen, ist es ein Kinderspiel, durch das Schiebefenster in die Küche einzusteigen. Der Zufall beschert ihm diese Möglichkeit. Eines Morgens, noch ziemlich früh, als er in dem Viertel herumstreunt, sieht er eine alte Frau mit Kopftuch und blauer Schürze, die mit einem Schlüssel die Haustür eines Gebäudes öffnet, das dem, in dem der Antiquitätenhändler wohnt, ziemlich ähnlich ist. Neugierig bleibt Girier stehen. Kurz darauf kommt die Frau wieder heraus und schiebt einen Karren mit Mülleimern vor sich her, die sie auf den Bürgersteig stellt; dann geht sie rasch davon. Nachdenklich folgt ihr Girier. Die Aufgabe dieser Frau hier verrichtet sicher eine andere im Mietshaus des Antiquitätenhändlers. Girier eilt davon. Seine Hypothese erweist sich als richtig. Ein alter Mann bringt die Mülleimer auf die Straße hinunter. Girier geht ihm nach. Der Alte biegt in eine gewölbte Toreinfahrt ein und betritt dann eine Pförtnerloge. Durch die Glastür sieht Girier, wie er einen Schlüssel mit einem Etikett daran an einem Brettchen aufhängt.

Der alte Mann machte sich gerade an seinem Ofen zu schaffen und dreht dem Brettchen den Rücken zu, als Girier in die Pförtnerloge tritt; er hält in seiner Hand verborgen einen ähnlichen Schlüssel. Der Alte betrachtet ihn mit seinen farblosen Augen.

»Madame Beaudu wohnt doch hier, nicht wahr?«

Girier hat die Tür wieder geschlossen und steht jetzt vor dem Schlüsselbrettchen. Mit einem Blick überzeugt er sich, daß der Schlüssel zu dem Gebäude des Antiquitätenhändlers an seinem Platz hängt. Der Pförtner runzelt die Stirn und denkt offensichtlich scharf nach.

»Vorsicht, Großvater, Sie verbrennen sich ja.«

Girier sagt das in besorgtem Ton. Während der Alte instinktiv einen Schritt zurückweicht und ängstlich zum Herd blickt, hat Girier bereits mit schneller und sicherer Bewegung die beiden Schlüssel ausgetauscht.
»Kenn ich nicht«, brummt der alte Mann. »Die wohnt nicht hier.«
Er verflucht noch immer seinen Herd und die lästigen Besucher, als Girier bereits weit fort ist.

Monsieur Louis wacht plötzlich auf. Jemand versucht, bei ihm einzudringen, dessen ist er sicher. Er setzt sich in seinem Bett auf und lauscht mit angespannten Nerven in das Schweigen hinein, das ihn umgibt. Durch das Dunkel dringt ein gedämpftes, seltsames Geräusch zu ihm. Er versucht es gerade zu identifizieren, als er feststellt, daß das Geräusch, dem er lauscht, nur das Schlagen seines eigenen Herzens ist. Er bleibt unbeweglich sitzen und hört dem eigenartigen Rhythmus seines eigenen Herzens zu.
Plötzlich läßt ihn ein Knacken, das aus der Wohnung dringt, zusammenfahren. Monsieur Louis denkt an das Schiebefenster in der Küche, der einzige schwache Punkt in seiner Festung, die so wertvolle Schätze beherbergt. Er hat schon seit langem daran gedacht, dort ein Gitter anzubringen. Irgend jemand macht sich daran zu schaffen. Das Geräusch, das er vernommen hat, stammt von dem Riegel, der unter dem Ruck eines Hebels zerbrochen ist.
Monsieur Louis stellt sich hinter die Tür seines Schlafzimmers, seine 7,65er wie in den guten alten Zeiten fest umklammert, und wartet mit fieberhafter Ungeduld, daß das Geräusch sich wiederholt. Er hat den Eindruck, den Höhepunkt seines Lebens erreicht zu haben, daß die Ereignisse, die seine ferne Jugend mit seinem plötzlichen Erwachen vor ein paar Minuten verbinden, sich nur so erklären, daß sie ihn notwendigerweise zu diesem gespannten, dramatischen Warten führen mußten. Die Minuten vergehen.

Girier flucht. Der Fensterriegel ist unter dem Druck des Hebels mit einem lauten Knacken zerbrochen, das wie ein Gewehrschuß widerhallt. Mit einem Sprung zieht er sich in den gewölbten Gang zurück, der die Haustür mit dem Hof verbindet. Mit klopfendem Herzen lauscht er angespannt und wartet. Alles im Haus ist ruhig, es herrscht vollkommene Dunkelheit. Girier wagt sich erneut in den Hof und schleicht bis zum Fenster. Die Brechstange steckt zwischen dem unteren Fensterrahmen und der Fensterbank. Er hebt sie langsam mit seinen behandschuhten Händen hoch. Das Fenster läßt sich ganz einfach nach oben schieben. Girier hält es fest, stützt sich

mit der anderen Hand auf die Fensterbank und springt behende in die Küche. Seine Kreppsohlen dämpfen den Sprung. Er hat das Schiebefenster noch nicht losgelassen und hat Mühe, sein Gleichgewicht zu bewahren. Er lauscht noch einmal. Nur der gedämpfte Lärm von der Straße dringt herein.
Girier schließt das Fenster wieder. Seine Augen gewöhnen sich an das Dunkel. Das Tropfen eines schlecht geschlossenen Wasserhahns, die vertrauten Umrisse einer Kücheneinrichtung, die Gewißheit, daß der Antiquitätenhändler auf Reisen ist, geben ihm das Gefühl der Sicherheit. Er öffnet die Tür, versucht die Dunkelheit zu durchdringen und seinen Weg bis in den großen Salon zu finden, in dem die Sammlung ausgestellt ist. Der Flur kommt ihm riesig, unendlich lang vor. Er zwingt sich, den Atem anzuhalten. Sein Herz klopft. Der Strahl seiner Taschenlampe verliert sich in diesem nicht endenwollenden Gang, von dem verschiedene Türen ausgehen. Endlich entschließt er sich und öffnet eine von ihnen; er betritt ein Zimmer, das das Lichtbündel zeitweise dem Schatten entreißt. Er erblickt in die Wände eingelassene Vitrinen.
Girier geht auf die ihm am nächsten liegende zu, die Elfenbein- und Jadefiguren enthält. Seine Taschenlampe beleuchtet die Etageren. Lisa hatte ihm von einer Sammlung alten, sehr wertvollen Schmucks erzählt, von Goldmünzen und Edelsteinen. Sein Blick fällt auf eine in Elfenbein festgehaltene Szene. Ihre Obszönität schockiert ihn. Seine Taschenlampe erhellt eine Gruppe ineinander verschlungener Männer und Frauen. Im gleichen Augenblick wird Girier klar, daß er eigentlich nur einen Teil der Darstellung sehen dürfte. Aber als er es wirklich begreift, ist es bereits zu spät. Das Deckenlicht ist voll eingeschaltet. Ein glatzköpfiger Mann im Morgenrock steht im Türrahmen und hält eine Pistole auf ihn gerichtet. Girier zuckt zusammen. Sein ganzer Körper verkrampft sich. Eine kalte, leicht höhnische Stimme nimmt ihm jede Hoffnung:
»Mach keinen Unsinn, oder ich schieß dir eine Kugel in den Kopf.«
Girier ist jetzt wieder ganz entspannt. Diese Stimme, der leichte Unterton, der in der Drohung lag, die Art, wie der Antiquitätenhändler seine Pistole hält, der fast belustigte Ausdruck in seinem Gesicht, lassen nicht den geringsten Zweifel offen.
»Laß dein kleines Spielzeug fallen ...«
Das Brecheisen fällt mit gedämpftem Laut auf den Teppich.
»Und jetzt deine Knarre.«
»Ich habe keine Waffe.«
Der alte Mann nickt, macht einen Schritt nach vorn. Unter seinem roten, drachenbestickten seidenen Morgenrock sehen die Pyjama-

beine hervor. Die Füße stecken in weichen Lederpantoffeln. Er ist klein und dick, aber er trägt sein Nachtgewand mit einer so vollendeten Lässigkeit, daß man darüber seine schwere, untersetzte Gestalt vergißt.

Girier wägt seine Chancen ab, rasch genug zu seiner Pistole greifen zu können, die in seinem Gürtel steckt. Er vertraut auf seine Gelenkigkeit, seine Reaktionsgeschwindigkeit, um den anderen zu überraschen. Er stellt sich weiter keine Fragen. Im Augenblick wundert er sich auch nicht über die Argot-Ausdrücke des Antiquitätenhändlers; seine Aufmerksamkeit ist einzig und allein auf die Waffe in dessen Hand gerichtet.

Der alte Mann nähert sich noch ein paar Schritte, bleibt dann stehen und befiehlt:

»Hände hoch!«

Girier preßt die Lippen zusammen. Sein Blick verschleiert sich. Der Befehl verbittert ihn. Seine durch die Überraschung betäubte Eitelkeit wird wieder wach. Sie züngelt wie eine Giftschlange, die zum tödlichen Sprung ansetzt. Er hebt die Arme nicht.

Monsieur Louis betrachtet ihn einen Augenblick. Er hat es mit keinem gewöhnlichen Einbrecher zu tun. In diesem hochgewachsenen, nach außen hin lässig wirkenden Mann steckt eine geballte Tatkraft. Nichts wird sie aufhalten können, wenn man ihn aus Unvorsichtigkeit bis zum äußersten treibt. Welches sind seine empfindlichen Punkte? Die Eitelkeit? Der Mut? Eine Überschätzung seiner selbst, seine physischen Kräfte? Louis ist neugierig. Er fühlt plötzlich so etwas wie Sympathie für den jungen Dieb. Ein anderer wäre zusammengebrochen. Er hat in ähnlichen Situationen beobachtet, wie sogenannte harte Männer anfingen zu betteln und zu weinen, und andere sich dummdreist brüsteten. Dieser scheint aus anderem Holz geschnitzt. Er ist gutaussehend, selbstsicher, und die Peinlichkeit seiner Situation berührt ihn nicht weiter. Louis hat die beglückende Überzeugung, daß diese Begegnung ihm vorherbestimmt ist. Seine Vergangenheit wird wieder lebendig, die Last der Einsamkeit leichter. Er weiß nicht, wie er sich verhalten soll, der junge Mann ist so eigensinnig. Er läßt noch immer die Arme hängen, ein paar Zentimeter von seinem Körper entfernt. »Mein Gott«, denkt Louis, »er ist bewaffnet und will sich selbst beweisen, daß er keine Angst hat. Es ist wirklich zu idiotisch. Es bleibt mir nicht anderes übrig, als ihn umzulegen...« Ganz automatisch krümmt sich sein Finger am Abzug. Sein schon fast freundschaftlicher Blick beobachtet aufmerksam den anderen. Louis spürt, daß er bereit ist, zu ziehen. Da breitet sich ein Lächeln auf seinem runden,

flachen Gesicht aus.
Mit einer beiläufigen Bewegung wirft er seine Pistole auf den Sessel.

Noch heute spürt Girier so lebendig wie damals seine Überraschung und das überwältigende Gefühl von Wärme, als die Waffe sich in das Sofakissen eingrub. Es war mehr als Erleichterung: ein beglückendes Gefühl, so als ob der alte Mann durch seine unerwartete Geste die Kette der Ereignisse unterbrochen hätte, den Ablauf der Dinge von seiner Geburt an bis zu diesem Augenblick. Girier hat die berauschende Sicherheit, plötzlich frei zu sein. Seine Beziehungen zur Umwelt haben sich plötzlich verwandelt. Das Unvorhergesehene hat sich ereignet. Er ist nicht mehr der Gefangene eines starren Universums, in dem Geschehen und Ursache sich in unerbittlicher Logik entwickeln. Er gleicht einem Mann, der sieht, wie ein versteinerter Wald plötzlich lebendig wird.
Ihre Freundschaft datiert von jener Nacht. Erst viel später und auch nur langsam hat Girier entdeckt, daß sich hinter dem Antiquitätenhändler, dem Liebhaber von Kunstgegenständen und pornographischen Stichen ein Gangster verbarg, der sich vom Geschäft zurückgezogen hatte, ein Verbündeter, den nichts, kein Verbot, kein Vorurteil und kein Gesetz beeindrucken kann. Umgeben von seiner bizarren Sammlung, von seinen verkleideten »Schulmädchen«, wie ein alter, lüsterner, launenhafter König, von seinen Büchern über die Kriminalität, sexuelle Perversion und berühmte Mörder, vergleicht Louis die Welt mit einem Irrenhaus, in dem die Insassen sich für die Hauptdarsteller des menschlichen Dramas halten.
Die Beziehungen der beiden Männer zueinander sind seltsam, von längeren Abwesenheiten unterbrochen. Louis kompromittiert sich nie, er geht kein Risiko ein. Manchmal gibt er einen Tip für ein lohnendes »Geschäft«, nennt einen Hehler, besorgt ein sicheres Versteck. Es ist das erste Mal, seit sie sich kennen, daß Monsieur Louis mit dem Fluchtplan seine eigene Sicherheit aufs Spiel setzt. Mit Hilfe von Lisa hat er sich mit Girier in Verbindung gesetzt. Die junge Frau spielt immer noch eine wichtige Rolle in seinem Leben. Er war ihr nicht böse wegen ihrer Indiskretion. Im Gegenteil, seitdem sind ihre Bande noch fester geworden. Eines Tages sah Girier sie, für ihn völlig überraschend, im Sprechzimmer auftauchen, mit einem falschen Personalausweis, der sie als seine Cousine auswies. Die Worte, die Lisa gebrauchte, um den Antiquitätenhändler zu bezeichnen, schockierten ihn: »Das alte Schwein«, »der Drecksack«, »der Saukerl«.

Die Beleidigung eines von ihm verehrten Mannes durch eine Nutte ärgert Girier und beunruhigt ihn gleichzeitig. Er fragt sich, ob sie am Ende nicht doch recht hat. Vielleicht ist Louis im Grunde genommen nichts anderes als ein reicher Lastergreis, der sich langweilt.
Aber er weiß, daß er sich auf ihn verlassen kann, was seine Flucht angeht.

21

Girier hat plötzlich ein Gefühl, als stünde jemand in seiner Zelle. Eine unerklärliche Furcht hat sich seiner bemächtigt. Dunkle Flekken gehen in einem einzigen auf, verschwimmen zu einer undurchsichtigen Masse. Mit weit offenen Augen versucht er, diese Vision von der ihn umgebenden Dunkelheit zu trennen, die Konturen zu erkennen. Erstaunt entdeckt er, daß der drohende Schatten nur die Zellentür ist.
Girier wendet den Blick ab, versucht, die Wand anzusehen. Über der Pritsche bezeichnet Bleistiftstrich neben Bleistiftstrich die vergangenen Wochen. Es sind 62, die jetzt vor seinen Augen schwanken, verschwimmen. Der 16. besteht aus einem wütend hingekritzelten Weihnachtsbaum.
Jetzt lösen Frauengesichter die Striche ab, sie füllen die Zelle. Marinette! Marinette, seine Frau, seine Freundin, die Begleiterin und Zeugin eines ganzen Lebens. Er darf sie nicht mehr sehen. Er darf nicht mehr, vier Stufen überspringend, mit klopfendem Herzen die Treppe zu ihrer Wohnung hinauflaufen und ihren schmalen, warmen Körper gegen den seinen pressen, um bei ihr ein wenig Wärme und Trost zu finden. Er darf sie nicht mehr lachend Arm in Arm laufend in die ruhigen Herbergen auf dem Land oder die kleinen Hotels in den Außenbezirken von Paris mitnehmen, wo er mit ihr zusammen war, um ihr zärtliche Worte ins Ohr zu flüstern, die sie beruhigten.
Die verliebten Augen von Martine heben sich jetzt von der Wand ab. Nein, mit ihr gibt es keine Probleme. Er hat ein paar wunderschöne, glückliche Tage mit ihr verbracht, aber er hat sehr schnell entdeckt, daß sich hinter der Hingabe des kleinen, lüsternen Mädchens eine Existenz verbarg, die jenseits der Barriere ihre festen Wurzeln hatte. Sie ist eine Nutte und wird eine Nutte bleiben, selbst wenn sie sich eines Tages mit Charlot dem Normannen – oder mit irgendeinem anderen alten Playboy, der sich von ihrer vorge-

täuschten Frische blenden läßt – in ein sorgenloses, bürgerliches Leben zurückzieht. Es gibt in der Unterwelt Typen, die schlimmer sind als die sogenannten ehrbaren Leute. Übrigens wird er sich in Zukunft vor dieser Art von Begegnungen hüten müssen, dieser sorglosen Verliebtheit von ein paar kurzen Tagen, die, trotz des intensiven Glücks eines Augenblicks, nicht zwei verschiedene Menschen zu einem einzigen zusammenzuschmelzen vermag. Der Mann auf der Flucht kann nur denen vertrauen, die ihm ihre Seele geschenkt haben.

So ist Gennie. Girier hat sie ein paar Wochen vor seiner Verhaftung kennengelernt und sich fast widerwillig ihrer Liebe ergeben. Gennie besitzt jene strenge Schönheit, die sich einem nicht auf den ersten Blick erschließt. Sie ist intelligent, kultiviert und gehört vor allem einem anderen Millieu als dem seinen an. Ihre Erziehung, ihre Bildung, ihre ernsthafte Art, die Dinge zu sehen, sich mit zurückhaltender Eleganz zu kleiden, ja, jede ihrer kleinen Gesten waren für ihn eine angenehme Überraschung, sie versetzten ihn in eine andere Welt. In ihrer Gegenwart hatte er das Gefühl, ein anderer Mensch zu sein. Die Bewunderung, die er in ihren Augen las, schmeichelte ihm, obwohl ihn dieses Spiel sicher irgendwann einmal gelangweilt hätte: ohne den Mut zu haben mit ihr zu brechen, hatte er erkannt, daß diese Kultiviertheit, die er niemals bei einem Fehler ertappte, diese ständigen anspruchsvollen Gespräche im Grunde genommen nichts mit der Wirklichkeit des Lebens zu tun haben.

Girier hat Gennie die Wahrheit über seine Existenz als Krimineller verschwiegen. Dennoch ließ Gennie sich nicht hinters Licht führen. Er hat seine Rolle als Müßiggänger und als Sohn aus bester Familie gut gespielt, aber nicht gut genug, um sie zu täuschen. Vom ersten Tag an, als er sich mit einem Lächeln eines gefallenen Engels sanft von ihr losgemacht hat, war sie von der Sicherheit erfüllt, ihm mit Leib und Seele zu gehören, sie war von dem unsäglichen Wunsch beseelt, sich ihm bis zur völligen Aufopferung hinzugeben, in der Erwartung einer schrecklichen Offenbarung. Von dem Augenblick an, in dem sie von ihrer Lust wieder aufwachte wie aus einem dunklen, tiefen Wasser, in das sie bisher nie getaucht war, fühlte sie sich verloren.

Giriers Verhaftung gab ihr die Gelegenheit, sich selbst zu beweisen, daß ihre Liebe stärker war als alles andere. Die Wahrheit über ihren Geliebten blendet sie nur noch ein bißchen mehr, anstatt ihr die Augen zu öffnen. Es ist ihr gleich, daß er verheiratet ist. Sie benimmt sich wie eine vollkommene Ehefrau. Sie hat mit ihrer

Familie und ihrem ganzen Milieu gebrochen. Sie hat eine bescheidene Stellung bei einer Luftverkehrsgesellschaft gefunden, sie ist entschlossen, ihr Leben zu opfern, um ihn zu retten. Sie schreibt ihm glühende Briefe, in denen von ihrer Zukunft die Rede ist. Er antwortet ihr im gleichen Stil, in dem etwas leicht Geheimnisvolles mitschwingt und läßt ihr diese Briefe mit Hilfe von Rechtsanwalt Grador zukommen. Er schmückt sie mit vagen Versprechungen aus. Er spricht darin von Spanien, von Südamerika, wo er Freunde hat.
Arme Gennie! Girier weiß, daß es den Bullen nicht schwerfallen wird, sie mit Hilfe des Postverzeichnisses der Häftlinge, in dem alle Adressen notiert sind, ausfindig zu machen. Er wird die Beziehungen zu ihr abbrechen. Die Zeit, die die Polypen damit verschwenden, dieser Spur zu folgen, ist immerhin für den »großen Coup« gewonnen, den er plant, das sensationellste »Ding« seiner Laufbahn, an dem er arbeitete, als man ihn verhaftete, und der es ihm erlauben soll, sich endgültig aus dem »Geschäft« zurückzuziehen. Ein neues Leben zu beginnen, wie Monsieur Louis.

Sein Fieber steigt. Girier hat das Gefühl, als ob die Hitze eine reinigende Wirkung auf seinen Kopf ausübt. Er sagt sich, daß er dabei ist, eine große Entdeckung zu machen. Er wird begreifen, warum er sich gegen die Gesellschaft auflehnt. »Nicht resozialisierbar«, sagen diese Affen von Psychiatern über ihn. Was hat man davon, wenn man sich resozialisiert, nun? Warum sollte man? Natürlich, damit der Motor sich dreht! Damit die Dampfwalze – wie Louis sagt – weiterfahren und alles auf ihrem Weg niederwalzen kann... »Eine Dampfwalze, mein Junge, das ist die Gesellschaft, mit einem Teerbrenner dahinter, der eine dicke Schicht heißen Asphalts auf einen Teppich von niedergewalzten Menschen ausspuckt! Nichts weiter. Eine Maschine zum Glattwalzen, bevor alles sorgfältig mit einem schwarzen Brei bedeckt wird...«
Kein Wunder, daß Monsieur Louis Rechtsanwalt Grador so rätselhaft vorkam. Bei dem Gedanken an die hagere Gestalt des Anwalts spielt – trotz der Schmerzen – ein spöttisches Lächeln um die ausgetrockneten Lippen Giriers. Eine Marionette! Er gehört auch zu seinem Plan. Man braucht nur die Fäden zu kennen, an denen man zu ziehen hat, um ihn dahin zu bringen, wo man ihn haben will. 100 Millionen! Der Schmuck von Deauville, der verschwundene Schatz, von dem dieser Versager Tag und Nacht träumt, seit Louis ihn seiner erbärmlichen Existenz entrissen hat, um aus ihm einen Verteidiger von Spazierstock-René zu machen. Hypnotisiert von

den Juwelen wird der Rechtsanwalt die Rolle des Köders spielen. Die Bullen werden sich mit Sicherheit an ihn hängen, und er wird sie auf eine falsche Spur locken. Trotz seiner Selbstsicherheit ist Girier ein bißchen beunruhigt. Vielleicht ist Rechtsanwalt Grador doch nicht so einfach zu manipulieren, wie es den Anschein hat. Er ist durchtrieben, möglicherweise hat er das Spiel durchschaut und beschließt, lieber zu warten, sich in seine Höhle zu verkriechen, statt blind draufloszugehen und die ganze Polizei wie eine Hundemeute hinter sich herzuziehen...

Girier schüttelt die Zweifel ab. Wenn Grador nicht in die Falle tappt, nun, er hat noch andere Hasen, die bereit sind, an seine Stelle zu treten, andere Spuren, an denen die Bullen sich ihre Nasen plattdrücken können... Nein, Grador hängt fest an der Angel. Er hat ihm gerade genug gesagt, um seine Habsucht ein bißchen anzustacheln. Für einen so käuflichen Menschen bedeuten 100 Millionen einen völlig neuen Anfang.

Und gleichzeitig mit seiner Galle stößt Girier ein verächtlicher Haß auf die ganze Menschheit auf.

Ein schmutzig-dämmriger Tag dringt in die Zelle. Girier fühlt sich schwach. Er zittert vor Kälte in seinem durchnäßten Hemd. Dennoch erscheint ihm jetzt alles einfach. Sein Plan steht erneut mit allen Einzelheiten vor ihm; alles, was er jetzt noch zu tun hat, zeichnet sich klar vor ihm ab, so wie die Kilometersteine einer glatten, sicheren Strecke. Ja, er runzelt sogar die Augenbrauen, wenn er an die Angst denkt, die ihn noch vor wenigen Minuten fast erstickte. In weniger als einer Stunde kommt Kerker-Geier in die Zelle, mit einem dämlichen Grinsen um die Lippen.

»Sieben Uhr, Spazierstock-René. Auf gehts!«

Der Hundesohn! Na, er wird vielleicht ein Gesicht machen, wenn er erfährt, daß Girier ausgebrochen ist. Er und die ganze Bagage. Das wird sie ganz schön umwerfen, diese Scheißkerle, diese selbstsicheren Bullen, die allmächtigen Untersuchungsrichter, diese Staatsanwälte, diese Beamten, die alle davon überzeugt sind, die Affen, Gesetz und Ordnung zu repräsentieren! Mein Gott, was für eine Ordnung!

Er muß jetzt handeln. Vorsichtig schiebt Girier den »Stöpsel« zwischen seine Schenkel, nimmt all seine Kraft zusammen, um sich zu erheben, stemmt sich mit Füßen und Schultern nach vorn. Das Röhrchen entgleitet seinen feuchten Fingern. Girier denkt an Louis. Dieser Elfenbeinstöpsel gehört zu seiner seltenen Sammlung von Gegenständen, die von Bagno-Sträflingen gefertigt wurden. Er

hatte ihn oft mit leicht spöttischer Bewunderung in die Hand genommen. Er sieht noch heute die Miene des alten Antiquitätenhändlers vor sich, als er eines Tages Anstalten machte, ihn zum Spaß zu benutzen: »Spiel nicht damit, mein Junge! Dieses Röhrchen verkörpert soviel Hoffnung, Furcht, Mut, Geduld, Leiden...«
Ein dumpfer Schmerz weckt ihn aus seinen Träumereien. All seine Gedanken sind jetzt auf den »Stöpsel« gerichtet, der nun in seinem Körper steckt. »Hoffentlich kann ich ihn bei mir behalten bis zur Abfahrt...« denkt er und beißt sich dabei auf die Lippen.

Die grüne Minna verläßt die Santé jeden Tag um 17 Uhr. Er hat noch zehn Stunden Wartezeit vor sich. Girier beobachtet ängstlich seinen Körper. Die Rubiazol-Tabletten, die er geschluckt hat, um ins Krankenhaus überführt zu werden, beunruhigen ihn jetzt auch. Wird ihn die allzu starke Dosis nicht in jenem Augenblick lähmen, in dem er all seine Kräfte zusammennehmen muß? Er versucht, sich die langsame und komplizierte Zersetzung der chemischen Substanzen in seinem Inneren vorzustellen, die Wirkung, die diese geheimnisvolle Verwandlung auf seine Nerven und Muskeln hat. Er spürt eine Art widerliche Neugier für all die Geräusche, die er in sich wahrnimmt, die physischen Empfindungen, die er konstatiert. Gleichzeitig stellt er fest, daß er jetzt weniger häufig bricht, und daß er außer dem quälenden Durst und einer leichten Betäubung zumindest keinen Schmerz spürt.

Und damit stellt sich bei ihm eine andere Sorge ein: die, würde er etwa zu rasch wieder gesund werden? Wird es ihm gelingen, Kerker-Geier zu täuschen? Wird er aus dieser Zelle herauskommen?

22

Die Zellentür wird plötzlich weit geöffnet. Kerker-Geier erscheint auf der Schwelle, seine schlaffen Wangen verziehen sich in seinem ewigen Lächeln.

»Sieben Uhr, Spazierstock-René. Auf gehts!«

Girier wendet ihm sein graues, eingefallenes Gesicht zu. Er versucht, die Übelkeit, die ihm wieder den Magen rumdreht, zu unterdrücken. Kerker-Geier wird ungeduldig, rasselt mit den Schlüsseln.

»Oh!« ruft er hämisch, »sollten wir uns heute morgen nicht in Form fühlen?«

Er nähert sich der Pritsche und betrachtet Girier mißtrauisch, dann fragt er:
»Sag mal, du bist doch nicht etwa krank?«
Girier nickt matt. Mit schwacher Bewegung deutet er auf seinen Bauch.
»Ich weiß nicht, was ich hab... Da drin brennts wie Feuer.«
Es fällt ihm nicht schwer, die Krankheit zu simulieren. Er hat einen abscheulichen Geschmack im Mund. Das Deckenlicht blendet ihn. Kerker-Geier beobachtet ihn scharf. Seine alte Erfahrung und seine Verachtung für die Strafgefangenen, »alles Simulanten«, machen ihn mißtrauisch. Aber Girier scheint wirklich krank zu sein.
»Ich schick dir den Arzt«, brummt er. »Aber wenn du mich nur verarschen willst...«
Er vollendet seine Drohung nicht, sondern dreht sich um, verriegelt die Tür hinter sich und löscht das Licht.
»Wasser...«
Doch das Zuschlagen der Tür überdeckt Giriers Stimme. Es ist ihm gleich. Er hat einen ersten Sieg davongetragen. Kerker-Geier ist überzeugt davongegangen. Damit hat er bereits halb gewonnen. Denn ein Wort, ein dummer Scherz, ein leichter Zweifel können nur allzu leicht die Ärzte beeinflussen, die immer dazu neigen, sich dem Urteil der Aufseher anzuschließen.

Um 9 Uhr öffnet sich die Tür leise. Kerker-Geier folgt dem Amtsarzt im weißen Kittel. Girier ist nur halb bei Bewußtsein. Er versucht, sich aufzurichten. Die Anstrengung ist zu groß, er stöhnt. Leichenblaß läßt er sich auf die Matratze zurückfallen. Der Doktor beugt sich über ihn. Er ist jung und offenbar gewissenhaft. Girier merkt es an der sorgfältigen Art, mit der er ihn abhört, an den Fragen, die er stellt. Doktor Paul ist da etwas anders.
Der Arzt fühlt ihm den Puls, mißt ihm den Blutdruck und betastet wieder und wieder den geschwollenen Bauch. Er richtet sich mit gerunzelter Stirn wieder auf. Er zögert, ein Urteil abzugeben. Girier fürchtet, daß alles umsonst gewesen sein könnte. Seine Ohnmacht erbittert ihn. Seine Hände verkrampfen sich. Das lange Schweigen ist für ihn unerträglich. Kerker-Geier stochert, gegen die Wand gelehnt, in seinen Zähnen. Das saugende Geräusch, das er mit seiner Zunge macht, ärgert den Arzt.
»I.C.F.*«, sagt der Arzt plötzlich.
Girier hat kaum die Kraft, zu triumphieren. Er stottert ein Danke-

* Zentrales Gefängniskrankenhaus von Fresnes

schön, aber der Arzt unterbricht ihn und wünscht ihm gute Besserung. Wütend schließt Kerker-Geier wieder die Tür.
Alles ist bereit. Das Bündel mit den Kleidern, die Brotkrume, die das Loch in der Wand stopft, die Briefe, die er absichtlich liegengelassen hat, einen für Marinette, den anderen für Gennie.
Wie es die Anstaltsordnung fordert, wird Girier aus seiner Zelle geführt und kommt in den Entlassungsraum. Während er durch die Flure geht, kommt es ihm so vor, als durchdringe sein Blick die Mauern, die Gitter, ja selbst den Rücken von Kerker-Geier, als öffne er ihm Türen und Wege. Am Ende seiner Gedanken findet er Louis. Er läßt die Formalitäten der Durchsuchung über sich ergehen, dann hockt er sich in eine Ecke des Saals. Es ist Mittag. Die Überzeugung, daß er bald am Ziel ist, erfüllt ihn mit wilder Entschlossenheit. Er bemüht sich, aufzustehen und herumzugehen. Sein Hals und sein Mund sind noch leicht pelzig, aber das Erbrechen ist vorüber. Ein Geruch nach Schweiß und stickigem Atem herrscht in dem Raum, in dem die anderen apathisch auf den Bänken hocken. Der »Stöpsel« tut ihm weh. Die Stunden vergehen langsam. Wieder wird Girier unruhig. Er betrachtet angewidert seine Fahrgenossen. Kein einziger von ihnen wird den Schneid haben, mit ihm die Flucht zu wagen. Das liest er in ihren Zügen. Bei der ersten Bewegung würden sie ihn wahrscheinlich verpfeifen. Es gibt nur eine Lösung: er muß den, der das Pech hat, seine Zelle im Wagen mit ihm zu teilen, k.o. schlagen. Der Gedanke ist ihm unangenehm, aber er weiß, daß ihn nichts aufhalten kann. Er muß den Weg zu Ende gehen, was auch immer geschieht.
Die Tür öffnet sich. Ein junger, totenbleicher Mann betritt den Saal, er hält ein blutbeflecktes Taschentuch vor den Mund. Irgend etwas in ihm erweckt in Girier den Eindruck, daß er eine außergewöhnliche Charakterstärke besitzt.
Leise spricht Girier ihn an. Er hat beschlossen, ihn zu seinem Fluchtkameraden zu wählen. Er flüstert ihm zu, wenn er mit von der Partie sein wolle, müsse er sich nur in dieselbe Zelle sperren lassen. Der andere zögert nicht lange.
»Einverstanden«, erwidert er. »Aber wir gehören beide zu den ›Gefährlichen‹. Meinst du, die sind dumm genug, uns zusammenzulassen?«
»Mach dir keine Sorgen. Tu, was ich dir sage, dann wird schon alles gut gehen ...«
Von Mittag bis 5 Uhr Nachmittag warten die Gefangenen dicht aneinander gedrängt auf den Gefängniswagen. Die Luft ist zum Schneiden. Es haben nicht einmal alle mehr einen Sitzplatz bekom-

men. Ab und zu müssen die Aufseher einschreiten, weil es in diesem Inferno von Flüchen, Stöhnen und Klagen auch zu kurzen Schlägereien kommt.
Aus Furcht, man könne auf sie aufmerksam werden, haben Girier und sein Kumpel sich getrennt. Sie wissen, daß es überall ein paar besonders eifrige Typen gibt. Überall gibt es spähende Augen, lauschende Ohren, die fähig sind, einen Kumpel, der genauso im Dreck sitzt, für einen winzigen Vorteil, eine kleine Gunst zu verpfeifen...

Die Stunden schleppen sich dahin. Diese letzte Wartezeit ist für Girier besonders qualvoll. Immer wieder kaut er die gleichen Gedanken durch, die gleichen Ängste, die gleichen Hoffnungen. Er ist rasch wieder zu Kräften gekommen, aber er hat jetzt den Eindruck, als ob sein Brustkorb von einem eisernen Schraubstock zermalmt würde. Doch je näher der entscheidende Augenblick rückt, desto mehr legt sich auch seine Furcht. Die Aussicht, bald handeln zu können, verschafft ihm eine Art Erleichterung.
Endlich öffnet sich die Tür. Aufseher füllen den Raum, stoßen die Gefangenen umher, brüllen Befehle. Wie immer nach einem langen und vergeblichen Warten drängt jetzt die Zeit.
Girier und sein Kumpel sind die ersten, die zum Ausgang geschoben werden. Man führt sie zunächst in die Schreibstube, wo sie noch andere Formalitäten über sich ergehen lassen müssen. Die beiden stehen immer noch hintereinander. Girier wundert sich: man hat ihm keine Handschellen angelegt. Seine Hände sind frei. Er glaubt schon fast an ein Wunder. Doch als sein Name jetzt aufgerufen wird, hört er, wie der Oberaufseher brüllt: »Das ist ein Gefährlicher!« Aber man legt ihm trotzdem keine Handschellen an. Sie stoßen ihn nur ein bißchen unsanft auf den Hof. Sein Kumpel folgt ihm. Mit gekrümmtem Rücken und von einem Hustenanfall geschüttelt.
Der Wagen steht bereit. Ein Aufseher läßt sie einsteigen, folgt ihnen in dem engen Mittelgang und schiebt sie dann in die letzte Zelle links, hinter der Fahrerkabine. Er befiehlt ihnen, ihre Bündel auf den Boden zu legen und in der winzigen Zelle Platz zu nehmen. Die beiden Männer trauen kaum ihren Augen. Die Tür wird hinter ihnen verschlossen. Sie sind zusammen!
Girier, der immer noch steht, spürt in seinem Nacken den Atem seines Kumpels. Er versucht vergeblich, die Bank hochzuheben und gegen die Wand zu lehnen, um ein paar Zentimeter Platz zu gewinnen.

Im Gegensatz zu denen in den anderen Wagen ist diese festgeschraubt.

»Steig da drauf«, befiehlt Girier. »Ich muß mich etwas bewegen.« Eng aneinander gepreßt vollführen die beiden Männer eine halbe Drehung, wobei sie die Blechwände streifen, die sie einschließen. Es gelingt dem jungen Mann, auf die Bank zu steigen, wo er in der Hocke sitzen bleibt.
Girier kniet sich nieder und tastet den Boden ab. Mit Sorge bemerkt er, daß die Bretter, aus denen er zusammengesetzt ist, weniger breit sind als normalerweise. Aber er bemerkt zwischen zwei Brettern unter dem Sitz eine Ritze, durch die das Tageslicht dringt. Dieser Augenblick wirkt auf ihn anfeuernder als alles andere. Plötzlich füllt die Zelle ein zitterndes Licht. Sein Kumpel über ihm hat ein Streichholz angezündet.
»Verdammt!« ruft Girier. »Das hättest du mir auch gleich sagen können, wieviel hast du?«
»Eine Schachtel. Bei der Durchsuchung haben sie's nicht bemerkt. Ich hatte sie in meinem Taschentuch versteckt.«
Girier nickt befriedigt. Der Typ ist sogar ganz gut zu gebrauchen.
»Wie heißt du?«
»Moinon.«
»Hör zu«, fährt Girier fort, »du setzt dich jetzt mit gespreizten Beinen auf die Bank und ich hocke mich dazwischen. Das ist die einzige Möglichkeit.«
Er hat seine Hose heruntergelassen. Er kauert sich auf den Boden, um den »Stöpsel« herauszuholen. Die scharfe Kante der Bank schneidet ihm in den Rücken. Mit der Stirn stößt er gegen die Tür. Der Lärm ist unerträglich. Er hat den Eindruck, als ob der ganze Wagen dröhne und gleich der mißtrauische Aufseher herbeieilen würde. Moinon zündet ein Streichholz nach dem anderen an. Girier stellt sich vor, was er wohl für ein Gesicht macht. Das Schauspiel muß geradezu grotesk sein.
Girier richtet sich wieder auf. Aus dem Elfenbeinröhrchen zieht er das Sägeblatt und den Bohrer heraus, dann setzt er sich zwischen Moinons Füße auf die Bank.

Wenn er sich weit genug hinunterbeugt, kann er unter dem Sitz die beiden leicht auseinanderliegenden Bretter erreichen. Sein Kopf stößt gegen das Blech, genau an die Eisenbolzen, die ihm die Stirn aufschürfen und den Kopf ritzen. Moinon reicht ihm sein blutiges Taschentuch, das er zum Schutz dazwischensteckt. Moinons Knie

bearbeiten unsanft seinen Rücken. Girier fragt sich, wie das erst werden wird, wenn der Wagen anfährt. Schon jetzt steigt ihm das Blut zu Kopf, seine Muskeln verkrampfen sich, er bekommt kaum noch Luft, und ein heftiger Schmerz scheint ihm fast den Magen zu zerreißen. Aber er darf keine Zeit mehr verlieren. Die Türen werden zugeschlagen, der Motor beginnt zu brummen, das Fahrzeug setzt sich in Bewegung.
Girier setzt sofort seinen Bohrer an die Fuge zwischen den Brettern an. Beim ersten heftigen Stoß wird das Taschentuch weggeschoben und das Blut beginnt, ihm in die Augen zu rinnen. Trotz aller Anstrengungen gelingt es Moinon nicht, das Gleichgewicht zu bewahren, indem er sich an der Blechwand abstützt. Seine Hände rutschen ab. Immer wieder fällt er gegen den Rücken von Girier, der wie besessen arbeitet, die Arme unter den Sitz gebeugt, und von Zeit zu Zeit das Blut abwischt, das ihm aus der Nase fließt. Bald ist das Loch groß genug, um das Sägeblatt ansetzen zu können. Girier benutzt die Finger seiner linken Hand, um das Blatt zu führen. Obwohl er kaum Platz hat, sind seine Bewegungen rasch und sicher. Mit jeder einzelnen rückt die Freiheit näher. Doch schon nach ein paar Minuten kann er nicht mehr. Sein Atem geht pfeifend. Er hat das Gefühl zu ersticken. Er hat den Eindruck, in einem glühenden Backofen eingeschlossen zu sein. Ein Krampf lähmt seine Arme. Seine blutigen Finger brennen, als würde die Haut von tausend Nadeln durchstochen. Das Gewicht von Moinons Körper drückt ihm den Brustkorb zusammen. Girier beißt die Zähne zusammen, um nicht laut zu schreien. Er muß noch ein paar Zentimeter weiter sägen, aber seine Muskeln gehorchen ihm nicht mehr. Ohne daß er es hört, dringt ein immer lauter werdendes Stöhnen über seine Lippen.
»Sei doch ruhig, sonst haben wir sie gleich auf dem Hals!«
Girier verflucht Moinon. Er stammelt wütende Worte vor sich hin, setzt das Sägeblatt wieder an. Die spitzen Zacken fressen sich weiter und sägen mit dem Holz auch Giriers Finger halb durch. Girier merkt es nicht einmal.

Plötzlich findet das Sägeblatt keinen Widerstand mehr. Das Brett ist der Länge nach durchsägt. Girier richtet sich halb betäubt auf. Moinon zündet ein Streichholz an. Er betrachtet den bis zum Knochen durchgesägten Finger.
»Mach rasch«, flüstert er, »wir sind bald da.«
Girier reagiert nicht. Er hat noch nie etwas ähnliches empfunden. Er weiß, daß er fast gesiegt hat, aber die Erschöpfung und der Schmerz

lähmen seinen Willen. Moinon schüttelt ihn:
»Worauf wartest du noch. Los, geh schon!«
Girier reißt sich aus seiner Erschlaffung. Sein Bohrer dient ihm als Hebel. Es gelingt ihm, das Brett hochzuheben, die Hände in die Öffnung zu zwängen. Seine letzten Kräfte nimmt er zusammen, um das Holz wegzureißen. Er spürt im Gesicht einen frischen Luftzug. Unter ihm gleitet rasend schnell das Straßenpflaster vorbei. Moinon betrachtet hingerissen die Öffnung, die zum Teil von der Bank verdeckt wird.
»Da kommst du nie durch«, sagt er mit erstickter Stimme. »Es ist vielleicht lang, aber nicht breit genug.«
Girier reagiert heftig. Er weiß, daß sein Kumpel recht hat. Aber der Gedanke, so nah am Ziel könnte noch einmal alles fehlschlagen, erbittert ihn. Er muß hindurch, und wenn er dabei draufgeht. Hindurch oder draufgehen. Die beiden Worte hämmern in seinem Kopf...

Seine Bewegungen sind fast automatisch. Er hat sie sich so oft vorgestellt, sie so oft wiederholt und sich eingeprägt, daß er wie abseits stehend sich selbst dabei zuschaut, während er langsam, wie in einem Alptraum, jede Geste ausführt. Die Wirklichkeit der Situation bestürzt ihn. Es ist ihm gelungen, seine Beine bis zu den Schenkeln durch die Öffnung zu zwängen, aber die Hüften gehen nicht durch. Die Bank steht im Wege. Er muß sich zur Seite beugen, um ihr auszuweichen. Das ganze Gewicht seines Körpers ruht auf einer einzigen Hand. Nein, auf diese Weise wird er nie durchkommen. Seine angezogenen Beine ziehen an ihm wie ein Zentnergewicht, der Arm, mit dem er sich sützt, fängt an zu zittern. Das Dröhnen des Motors hallt in der Zelle wider und betäubt ihn. Dann verstummt das Geräusch fast, er hört bald nur noch das Schlingern der Reifen auf dem nassen Pflaster. Das Fahrzeug verlangsamt die Fahrt, es bleibt stehen.
Moinon, der über seinen Schultern gebückt steht, stößt ihn. Girier hat den Eindruck, als ob seine Knochen knirschen. Seine Beine berühren den Boden. Er steckt jetzt bis zur Taille in der Öffnung. Er muß sich nur noch herumdrehen, damit er mit dem Oberkörper und mit den Schultern hindurchschlüpfen kann. Doch bevor er sich drehen kann, fährt der Wagen wieder an. Er hat gerade noch Zeit, die Beine anzuziehen. Mit fast übermenschlicher Anstrengung gelingt es ihm, sich hochzuziehen, indem er sich auf seine Ellbogen stützt. Der Wagen wird jetzt wieder schneller. Girier spürt, daß er nicht mehr lange den Schmerz, der in all seine Glieder steigt, ertragen kann,

jeden Augenblick kann die Kraft ihn verlassen. In seinem erschöpften Zustand wird er sich nur noch ein paar Sekunden festhalten können, und jede Sekunde erscheint ihm wie eine Ewigkeit.
Millimeter um Millimeter geben seine Beine nach. Wenn sie die Straße berühren, werden sie unausweichlich von den Rädern mitgerissen und verstümmelt. Es gibt nichts Gräßlicheres als diese Gewißheit, daß dort unten der Tod lauert, erschreckend nahe, bereit, zuzuschlagen, wenn seine Muskeln auch nur ein klein wenig nachgeben. Und doch empfindet Girier keinerlei Angst. Es ist das Ende. Selbst der Gedanke, von den Rädern zermalmt zu werden, schreckt ihn nicht.
Plötzlich kreischen die Bremsen. Der Wagen hält.

Girier fühlt sich hochgehoben, dann senkt sich ein ungeheurer Druck auf seine Schultern. Er begreift, daß Moinon ihn herunterstößt, damit er zu Boden fällt. In einer verzweifelten Anstrengung schiebt sich Girier nach unten und landet schließlich zusammengekrümmt vor zwei riesigen Zwillingsrädern, von denen der Regen tropft. Mit letzter Geistesgegenwart dreht er sich einmal um sich selbst. Sein Kopf schlägt gegen den Bürgersteig.
Mit einem Sprung steht Girier auf, schüttelt sich und verschwindet taumelnd in der Dunkelheit. Er erkennt die tristen Straßen in der Nähe der Porte d'Orléans.

23

Girier läuft weiter durch die Nacht. Er ist in Hemdsärmeln, aber er spürt weder die Kälte noch den Regen. Er hat sich mit dem Handrükken sein blutbeschmiertes Gesicht abgewischt und die Hand mit dem verletzten Finger in seine Hosentasche gesteckt. Die Leute auf der Straße bemerken ihn kaum. Hier in der Gegend vom Bahnhof Montparnasse laufen viele abgerissene Clochards herum. Girier biegt in die belebte Rue de l'Ouest ein und mischt sich unter die Menge. Die Bürgersteige sind voller Menschen, die baufälligen Mietshäuser, die Fahrbahn, die Autos, die Lichtreklame, die Läden, dieses ganze lärmende, belebte Schauspiel vermag er kaum wahrzunehmen, er ist wie in Trance. Er sieht nichts, denkt an nichts. Wenn man ihn in diesem Augenblick fragen würde, würde er erwidern, daß er auf der Pritsche in seiner Zelle liegt und von einer Straße träumt, auf der ungezwungene, eilige und gleichgültige Leute sich drängen.

Aber in diesem Wachtraum beschäftigt ihn deutlich eine Idee, wie das Ticken einer Wanduhr, das man deutlich durch andere Geräusche hindurch wahrnimmt: der Koffer, den Louis in der Gepäckaufbewahrung abgegeben hat.
Wieder erwacht die Angst in ihm. Und wenn der Koffer nicht da ist? Ein schrecklicher Gedanke. Girier versucht, die Betäubung abzuschütteln, läuft schneller. Er bildet sich ein, solange er den Koffer nicht in Händen hält, sei er wehrlos, seinen Verfolgern ausgeliefert. Plötzlich verwandeln sich die Passanten, die Straße, die Lichter, seine ganze Umgebung in eine feindliche Welt, in der die Verfolger auf ihn lauern. Er sieht sich jetzt so wie die anderen ihn sehen. In Hemdsärmeln, trotz des Regens, mit aufgelöstem Gesicht und dem Benehmen eines Menschen auf der Flucht.

Im Bahnhof Montparnasse begibt sich Girier erst einmal auf die Toilette, die nichts kostet, in der es aber auch kein warmes Wasser, Seife oder Handtücher gibt. Er wäscht sich die Hände, das Gesicht, kämmt sich mit den Fingern, die Wunde tut ihm weh. Mit einem Stück Zeitungspapier umwickelt er den blutenden Finger. Männer kommen und gehen, aber niemand wird auf ihn aufmerksam. Als er findet, daß er nun anständig genug aussieht, geht er zur Gepäckaufbewahrung und hält seinen Schein hin.
Der Bahnbeamte, ein dicker, gleichgültiger Mann, bewegt sich mit aufreizender Langsamkeit. Girier beobachtet, wie er schlurfend durch den Gang geht, stehenbleibt, den Aufkleber mit dem Schein vergleicht, mit dem Kopf nickt und endlich mit einem Koffer zurückkommt. Spazierstock-René atmet auf. Am Schalter schimpft ein anderer Angestellter, warum er kein Kleingeld hat. Er starrt ihn aus seinen Schlangenaugen an, während er gleichzeitig den Fünftausend-Franc-Schein mustert. Girier bemüht sich, ein Lächeln zustandezubringen. Der Mann gibt ihm das Wechselgeld heraus. Spazierstock-René geht betont langsam von dannen, während er den Blick des anderen in seinem Rücken spürt.

In den Duschen im Untergeschoß verschafft sich Girier gegen ein gutes Trinkgeld Seife und ein zusätzliches Handtuch. Eine Matrone mit schwammigem Gesicht starrt ihn aus blaßblauen Augen an, die zwei Saugnäpfen gleichen. Dieser hochgewachsene Mann mit den geraden, breiten Schultern und den kräftigen Händen, der ein schmutziges, blutbeflecktes Hemd trägt, kommt ihr nicht ganz geheuer vor.
Sie erkennt den Mann nicht wieder, als er den Duschraum verläßt.

Er hat seine Kleider gewechselt, die nun sauber und ordentlich sind, er trägt ein weißes Hemd und eine Krawatte. Sein noch feuchtes blondes Haar ist sorgfältig gekämmt. Die Gewalttätigkeit und die Wildheit, die sie noch vor ein paar Minuten in seinem Blick gespürt hat, sind verschwunden; Girier wirkt völlig beherrscht. Es liegt jetzt etwas Triumphierendes in der Haltung des Unbekannten.

Girier genießt das überwältigende Gefühl von Freiheit und Stärke. Seine Flucht scheint bereits weit hinter ihm zu liegen. In seinen Gedanken nimmt sie bereits einen Platz unter all den anderen Episoden seines Lebens ein, und wenn auch im Augenblick die Erinnerung daran noch etwas lebendiger ist, wird sie bald immer nebelhafter, verschwommener werden.

Er geht die Rue de Rennes in Richtung Saint-Germain-des-Près hinunter, den Koffer in der Hand. Er möchte gern seine alten Sträflingssachen loswerden und fragt sich, ob er sie nicht einfach in einem Café lassen kann. Aber er sagt sich, daß es doch besser ist, den Koffer zu behalten, vor allem, wenn er sich ein Hotelzimmer nehmen muß. Diese Möglichkeit erschüttert ihn übrigens nicht im geringsten. Zwar ist inzwischen bestimmt die ganze Polizei auf den Beinen, aber niemand wird auf die Idee kommen, ihn in einer kleinen Pension in Saint-Germain-des-Prés zu suchen, und sein Foto kann nicht vor morgen mittag in den Zeitungen sein. Und außerdem, wenn er Gino im Royalty trifft, braucht er gar kein Zimmer. Der junge Mann wird ihm seines überlassen. In diesem Hotel herrscht ein so ständiges Kommen und Gehen, und man gibt sich so wenig Mühe, die Bestimmungen einzuhalten, daß er auf keinen Fall ein Risiko eingeht.

Girier hat Gino durch Moniseur Louis kennengelernt. Er ist der Jüngste unter den Protegés des Antiquitätenhändlers: Gino spielt jetzt in dem einsamen Leben des ehemaligen Gangsters, der nur noch dem Laster lebt und sich aus der Welt zurückgezogen hat, die Rolle, die Girier vor zwölf Jahren spielte.

Niemand kennt die Verbindungen zwischen Girier und dem Antiquitätenhändler. Gino ist für die Polizei ein unbeschriebenes Blatt. Spazierstock-René denkt befriedigt, daß er sein Leben hervorragend abgeschirmt hat. Nicht nur, daß es keine Beziehungen zwischen der Unterwelt und seinen Freunden gibt, sondern er besitzt auch noch verschiedene Verstecke, in Bezirken, die nichts miteinander zu tun haben, die jede eine Enklave für sich sind. Saint-Germain-des-Prés ist eine dieser Inseln. René fühlt sich hier entspannt, fast heimisch. Dies hier ist eine Welt für sich, abseits von der

Gesellschaft. Die Bullen, Gangster, Nutten und Spitzel würden hier wie Fische auf dem Land elendiglich eingehen. Sie sind nicht geschaffen dafür, in dieser Atmosphäre der Sorglosigkeit und des spöttischen Spiels zu leben, unter diesen verkommenen Genies, die nichts beeindruckt oder schockiert.

Girier hebt stolz den Kopf. Er läuft raschen Schrittes. Seine Müdigkeit ist verschwunden. Die Furcht ist von ihm abgefallen wie eine Hülle, wie die verwesende Haut einer Leiche. Er spürt den Druck der Waffe, die er in seinen Gürtel gesteckt hat. Louis denkt an alles. Im Koffer hat Girier außer der Kleidung noch einen Ausweis auf den Namen Brézin gefunden und eine 38er.
Girier kennt diese Pistole gut. Er hat sie oft in seiner Hand gehalten. Eine schöne Waffe, nicht zu leicht, nicht zu schwer. Gefährlich und beruhigend.
Spazierstock-René steckt die Hand unter seine Jacke, faßt nach dem Kolben. Ein brennendes Glücksgefühl überströmt ihn. Er hat soeben einen berauschenden Sieg davongetragen.

Gardez!

24

20. November 1950. Der lang erwartete große Abend ist gekommen.
Vor acht Tagen, nach meinem Besuch im La Roquette, habe ich dem Dicken meine Einladung überbracht, über die er ganz verlegen wurde. Er war errötet, hatte mich einen Augenblick gerührt angesehen und gestammelt: »Ich weiß nicht, ob ich annehmen soll, Sie bringen mich in Verlegenheit.« Aber nachdem ich darauf bestanden hatte, war er schließlich einverstanden gewesen. Marlyse hat keine Mühen und Kosten gescheut. Sie hat in einem Kochbuch ein Menü entdeckt, das normalerweise den größten Feinschmecker entzücken müßte, dabei ist Kochen nicht gerade ihre Stärke; wie viele junge Mädchen in ihrem Alter hat sie von ihrer Mutter eine eher begrenzte kulinarische Erziehung erhalten. Anfangs hatte ich mich damit abgefunden, vor allem, da sie mir ständig predigte, daß für einen Polizisten eine Scheibe gekochter Schinken und ein bißchen Salat ideal seien, um in Form zu bleiben.
Und dann stand ich eines Tages in einer Buchhandlung am Boulevard Saint-Michel – in die ich nur hineingegangen war, weil ich gerade jemanden verfolgte – vor einem Kochbuch, das zu einem besonders günstigen, für mich gerade noch erschwinglichen Preis angeboten wurde. Der Band war nicht gerade der allerneueste, aber als ich ihn durchblätterte, stellte ich fest, daß Marlyse es sich mit dem Kochen wirklich allzu einfach machte.
Ich vertiefte mich in das Buch – wobei ich jedoch des öfteren aufschaute, um nicht den gegenüberliegenden Eingang zu einem Mietshaus aus den Augen zu verlieren, wo mein »Kunde« verschwunden war – und erfuhr, daß es verschiedene, streng zu trennende Arten der Küche gibt. Es gibt die schnelle Küche – die ich kannte –, die sparsame Küche, die aufgewärmte Küche, die gute Küche, die große Küche und die Küche mit dem I-Tüpfelchen, die Krönung des Ganzen. Ich lernte auch, wie man einen Tisch decken muß, um ihm ein festliches Aussehen zu verleihen, die Art, wie man seine Menüs zusammenstellen kann, um als perfekte Hausfrau zu gelten, und welchen Wein – weiß, rot oder rosé – man mit welchem Gang servieren muß, um bei den Gästen als Kenner Eindruck zu schinden. Ich beschloß, zu unserem ersten Festessen den Dicken

einzuladen und zog mit meiner Neuerwerbung unter dem Arm ab. Marlyse sah mich zunächst etwas schief an.
»Wenn wir uns jetzt zu Feinschmeckern entwickeln wollen«, sagte sie, »müßten wir erst einmal die nötigen Küchengeräte besitzen!«
Nun davon hatten wir genug; seit Monaten schlummerte eine ganze Kiste, die wir geerbt hatten, in dem Schrank auf dem Flur. Ich hatte sie ausgepackt, und indem ich mich von dem Kochbuch inspirieren ließ, im Haushaltwarengeschäft um die Ecke das Fehlende noch hinzugekauft. Marlyse konnte nicht mehr unseren altersschwachen, reparaturbedürftigen Gasherd ins Feld führen, denn, nachdem ich Buisson verhaftet hatte, war mir vom obersten Chef eine Prämie in Höhe von 35 000 Francs zuteil geworden. Wir waren sofort in die Küchenabteilung der Galeries Lafayette geeilt, wo alle Marken zu bewundern waren. Wir stellten dem Verkäufer ein halbes Dutzend Fragen, spähten auf die Preisschilder und stellten Vergleiche an. Schließlich fiel unsere Wahl auf einen vierflammigen Gasherd mit automatischer Zündung, der bereits am nächsten Tag geliefert wurde.
Mit einem Spitzenschürzchen angetan, vertiefte Marlyse sich in die Lektüre des Kochbuches und fragte mich schließlich, ob diese Einladung als ein einfaches Familienessen zu betrachten sei, ein Geschäfts-Diner oder ein feierlicher Empfang, da dieser Abend nämlich ein paar Tage vor dem Geburtstag des Dicken lag. Wir entschieden uns nach langem Hin und Her für das Geschäfts-Diner. Marlyse studierte also die Spezialitäten dieser Kategorie.
»Was hieltest du von einer Rehkeule Weidmannsheil?« schlug sie vor, während mich ihre blauen Augen spöttisch streiften.
Ich war etwas unschlüssig. Würde dieser zweideutige Name den Dicken nicht verärgern? Nachdem ich das Für und Wider sorgfältig abgewogen hatte, war ich jedoch einverstanden.
Während Marlyse sich in der Küche zu schaffen machte, schrieb ich, bevor ich ins Büro ging, das Menü auf weiße, rechteckige Kartons, die ich – man muß sich nur zu helfen wissen – aus einem Schuhkarton ausgeschnitten hatte, und schrieb groß darüber: »Herzlichen Glückwunsch zum Geburtstag, Chef.« Und dann schrieb ich kunstvoll wie ein Grafiker mit elegantem Schwung untereinander: Seezunge, Rehkeule Weidmannsheil, Preiselbeeren, Käseplatte, Apfeltorte, Bordeaux 1947. Als mein Werk vollendet war, stellte ich die Kärtchen vor mich hin, um sie gebührend zu bewundern, küßte Marlyse ermunternd auf die Stirn und begab mich ins Büro. Ich wußte, daß sie bestimmt nicht genügend Zeit haben würde, um alles vorzubereiten, wenn sie es auch noch so gut meinte, und daß das

Delikatessengeschäft und die Konditorei um die Ecke sie zumindest teilweise entlasten würden.
Und das war auch besser so.

Es ist genau 8 Uhr, als ich unsere Wohnungstür aufschließe, nachdem ich Marlyse durch ein dreimaliges Läuten auf unsere Ankunft vorbereitet habe. Der Dicke verbirgt sein Gesicht, das durch unsere vier Treppen vor Anstrengung hochrot ist, hinter einem Strauß Gladiolen, den er wie eine Kerze vor sich herträgt. Marlyse, die bezaubernder ist denn je, nimmt ihm den Riesenstrauß ab, seinen runden Hut und seinen dunkelblauen Mantel. Ich bemerke, daß die Spitze ihres linken Zeigefingers unter einem riesigen Stück Hansaplast verschwindet.
»Hast du dich verletzt, Liebling?«
Sie weicht der Frage aus, indem sie dem Dicken voran ins Eßzimmer geht, ihn in dem Ohrensessel Platz nehmen läßt, erstanden bei einem Trödler in Montfort-l'Amaury. Eine Flasche Ricard steht bereit. Ich zerkleinere das Eis, serviere den Aperitif.
Marlyse hat sich offenbar Mühe gegeben. Unser winziges Eßzimmer, das gleichzeitig als Wohn- und Besuchszimmer dient – wenn meine Schwiegermutter nach Paris kommt –, ist festlich geschmückt. Der Tisch ist hübsch gedeckt, eine Blumengirlande hebt das blendende Weiß der Tischdecke noch besonders hervor, und in zwei Kristalleuchtern, offenbar eine Neuanschaffung, stehen rote Kerzen. Der Dicke scheint strahlend und guter Laune zu sein. Ich beobachte ihn aus den Augenwinkeln und versuche herauszubekommen, welch einen Eindruck er von unserer Wohnung hat, aber er scheint wohl keine besondere Abneigung zu hegen. Natürlich wohnen wir nicht im Schloß von Versailles, sondern in einer Zwei-Zimmer-Wohnung mit Küche und ohne Bad, wie sie einem bescheidenen Beamten zukommt, und sie hat gewiß ihre Fehler, dafür liegt sie aber auch auf dem Montmartre und bietet einen wunderschönen Blick auf ganz Paris, das heute leider etwas trübe wirkt.
»Zu Tisch«, sagt Marlyse.
Wie es sich gehört, sitzt der Dicke in der Mitte. Ich nehme ihm gegenüber Platz, Marlyse rechts von mir, damit sie leichter hin und her laufen kann. Ich entkorke die Flasche Bordeaux, nehme zuerst selbst einen Schluck – in unserem Kochbuch steht, daß es von feiner Lebensart zeuge, wenn man Wein vor dem Eingießen probiert –, und da ich keinen Korkengeschmack feststellen kann, fülle ich die Gläser. Die appetitliche Seezunge ist bereits serviert.

Zunächst verläuft alles bestens. Der Dicke wirft einen Blick auf die Karten mit dem Menü und, hocherfreut über den Glückwunsch, murmelt er: »Sie verwöhnen mich, ja, ja, wirklich«, und macht Marlyse ein solches Kompliment, daß sie errötet. Unsere Unterhaltung wendet sich natürlich bald unseren beruflichen Problemen zu. Dabei gehen wir alles durch: von den hohen Direktoren bis zu den Verkehrspolizisten, von Buissons Verhaftung bis zur Kaltstellung des früheren Chefs der Kriminalabteilung, Valantin, dem die Affäre Begum den Hals gekostet hat, und den knappen Mitteln, die uns zur Verfügung gestellt werden, im Gegensatz zu der Staatsschutzabteilung, die geradezu im Gelde schwimmt.

Als Marlyse aufsteht, um den Hauptgang zu servieren, überfällt mich ein leiser Zweifel; es ist zum ersten Mal, daß sie unseren Backofen benutzt hat. Hoffentlich ist die Rehkeule ihr auch gelungen! Und siehe da, sie ist es. Sie ist sogar hervorragend, denn der Dicke langt noch zweimal zu und befleckt dabei seine perlgraue, gepunktete Krawatte. Marlyse eilte sofort mit heißem Wasser herbei, aber der Dicke wehrt mit einer Geste ab.

»Lassen Sie, meine Teuerste, ich habe alles Nötige zu Hause.«

Ich wechsele den Wein nicht, denn ich bin der Ansicht, daß man am besten bei einer Marke bleibt. Doch als die Apfeltorte auf dem Tisch steht, hole ich aus der Speisekammer – das gute Beispiel des Journalisten Delpêche hat seine Früchte getragen – eine Flasche Krug-Champagner. Der Korken knallt. Das köstliche Naß füllt die Kelche.

»Herzlichen Glückwunsch zum Geburtstag, Chef.«

Ich hebe mein Glas. Der Dicke will gerade in bester Laune mit uns anstoßen.

Und genau in diesem Augenblick beginnt das Telefon im Flur zu läuten. Ich sehe ganz automatisch auf die Uhr: es ist Viertel elf. Marlyse stellt ihr Glas ab, geht zum Telefon.

»Es ist für Sie«, sagt sie, als sie wieder zurückkommt.

Der Dicke scheint sich zu wundern. Er legt seine zerknüllte Serviette auf den Tisch, wischt sich die Lippen mit seinem Zeigefinger ab und nähert sich dem Telefontischchen. Ich vernehme zwei von Schweigen unterbrochene Ausrufe: »Ah! Oh«, und ein abschließendes »Na, schön!«, dann höre ich, wie er den Hörer wieder auflegt.

Als der Dicke wieder ins Eßzimmer tritt, ist er völlig verwandelt. Seine Züge sind verkrampft. Er runzelt die Stirn. Der lachende Ausdruck ist aus seinem Blick verschwunden. Er läßt sich auf seinen Sessel fallen. Ich wage gar nicht, mich zu erkundigen, weil ich

denke, daß wahrscheinlich seine Familie eine gräßliche Katastrophe getroffen hat.
Endlich entschließt er sich zu reden. Er schüttelt ein paar Mal den Kopf, sieht Marlyse an, betrachtet dann mich, nimmt einen winzigen Schluck Champagner, setzt den Kelch wieder ab und sagt schließlich mit tonloser Stimme:
»Wissen Sie das Neueste?«
Wir betrachten ihn einigermaßen verblüfft. Wie sollen wir etwas wissen, nachdem er es eben erst erfahren hat? Wir warten ängstlich, als handele es sich um den drohenden Weltuntergang.
»Girier ist ausgebrochen!«
Ich atme auf. Weiter nichts. Das ist doch weiß Gott kein Grund, ein Drama daraus zu machen. Es ist ja weiß Gott nicht unsere Aufgabe, auf diesen Girier aufzupassen! Wer einmal flieht, der flieht immer, das ist schließlich eine alte Tatsache. Spazierstock-René hat in seinem ganzen Leben nichts anderes getan, und da wird er nicht plötzlich damit aufhören. Der Dicke fährt in einem Ton fort, der lediglich durch Marlyses Gegenwart noch etwas gemildert wird:
»Sehen Sie, Borniche, ich hatte Ihnen ja gesagt, daß Sie ihn längst schon hätten verlegen sollen. Und was haben Sie getan? Nichts. Simone Tirard hatte Ihnen die besten Informationen geliefert. Sie haben nicht daran geglaubt. Wie immer.«
Ich wage nicht, zu antworten. Marlyse versucht, etwas abzulenken:
»Kaffee, Herr Kommissar?«
Die Hierarchie ist wieder in ihre Rechte eingesetzt. Wir haben das Terrain der Freundschaft verlassen und werden wieder beruflich. Der Dicke macht eine abwehrende Bewegung.
»Danke. Sie entschuldigen mich, aber ich muß sofort ins Büro. Ich will sehen, was los ist. Gott sei Dank hatte ich dem Nachtdienst Ihre Nummer dagelassen.«
Marlyse versucht ein schwaches Lächeln, während der Dicke ihr dankt. Im Flur murmelt er zu mir gewandt:
»Poirier von der Kripo wird auf die Sache angesetzt. Ich hoffe nur für Sie, daß er Girier nicht praktisch vor Ihrer Nase schnappt, wie letztes Jahr Morin.«
»Ich auch nicht«, erwidere ich, mit einem Kloß im Hals.
Der Dicke verabschiedet sich ziemlich kühl. Als ich mich zu Marlyse herumdrehe, sehe ich an ihren zusammengepreßten Lippen, daß sie Geschäftsessen endgültig von ihrer Liste gestrichen hat.
»Wer ist dieser Poirier?« fragt sie mich.
»Der beste Mann von der Kripo, Liebling. Ein wahrer Bulldozer.«

25

Die Zeit, das Glück und die Geduld sind die drei besten Waffen aller Polizisten. Pünktlichkeit, Methodik, Weitblick und Ausdauer sind die des Oberinspektors Louis Poirier von der Kripo.
Er ist hochgewachsen, 1,85 m groß, hat braunes, nach hinten gekämmtes Haar, das sich in der Mitte etwas zu lichten beginnt, und eine Figur wie ein Basketballspieler. Poirier hat kräftige Muskeln, das sieht man an seinen Schultern und dem kräftigen Händedruck, mit dem er jeden Morgen um Punkt 9 Uhr seine Kollegen bedenkt, wenn er die 105 abgewetzten Stufen hinaufeilt, die ihn in sein Büro in der zweiten Etage am Quai des Orfèvres bringen, und sich hinter seinen Schreibtisch setzt, von dem aus er die Seine sich bis zum Pont-Neuf hinaufschlängeln sehen kann.
Er hat ein offenes Gesicht, braune, forschende Augen, scharf geschnittene Züge, einen Mund, der Willenskraft verrät, und eine Adlernase. Er läuft mit leicht gespreizten Beinen – die jungen Inspektoren haben ihn deshalb wenig respektvoll »Zehn-Uhr-Zehn« getauft –, wählt seine Anzüge streng nach Gesichtspunkten der Nützlichkeit, hat eine Vorliebe für Dunkelgrau und trägt schwarze, blitzblanke Schuhe. Er ist ein Mann, der sich keinen Bären aufbinden läßt, raucht Zigaretten, die er selbst dreht, und benutzt, um seine Berichte niederzuschreiben, einen altertümlichen Schulfederhalter, dessen Feder er gelegentlich auswechselt. Seine elegante Schrift begeistert seine Vorgesetzten, die kaum noch daran gewöhnt sind, in ihrem Verwaltungsschriftkram wohlgeformte Buchstaben zu entdecken.
Dabei hat Oberinspektor Louis Poirier weiß Gott nicht die Bänke der eleganten Gymnasien gedrückt.
Er ist der Sohn eines bescheidenen Drogisten, hat seinen Vater früh verloren, als dieser noch im besten Mannesalter war, und sich, um zum Unterhalt seiner Mutter beizutragen, bei der Verkehrspolizei gemeldet. 1933 erlaubte ihm endlich die Zahl seiner Dienstjahre, sich für die Inspektorenprüfung zu melden, und er hat sein Glück versucht. Er bestand das Examen mit Auszeichnung, und aufgrund seines guten Stils wurde er zum polizeilichen Erkennungsdienst abgeordnet. Poirier war verzweifelt. Es kam nicht gerade selten vor, daß er seinem weißen Stock nachtrauerte, während er in den staubigen, altersschwachen Gewölben des Justizpalastes Fingerabdrücke bestimmte und einordnete. Als es ihm gelungen war, dank der besonders schwierigen Identifizierung eines Mörders die Möglichkeit zu erhalten, sich für einen aktiven Posten zu bewerben,

hatte er die Fahndungsabteilung gewählt, die übrigens als einzige Abteilung der Kripo damals einen Posten frei hatte.
Jeden Morgen, den Gott werden ließ, verließ Louis Poirier seine Wohnung in Gentilly, um sich, Schlag 6 Uhr, in alphabetischer Reihenfolge die Knast-Kandidaten vorführen zu lassen. Er eröffnete ihnen die Haftbefehle oder andere Anträge des Gerichts und führte sie in Handschellen zum Abtransport in den Hof des Glokkenturms. Es war für ihn eine Schule der Geduld, der geschickten Nachforschungen, der langen, deprimierenden und unaufhörlichen Beschattungen.
Poirier erwarb sich dabei eine Hartnäckigkeit und eine Routine, die ihm schließlich seine Versetzung ins Sonderdezernat einbrachten, in dem er vorwiegend für Schnelleinsätze und Beschattungen im ganzen Departement Seine eingesetzt wurde, um Täter auf frischer Tat zu ertappen, Aufgaben, die seine Fähigkeiten noch vervollkommneten. Sein Name, der oft und lobend bei den Besprechungen der Abteilungsleiter erwähnt wurde, zog die Aufmerksamkeit des Chefs der Kripo auf sich. 1939 wurde Inspektor Poirier dem Dezernat für Gewaltverbrechen zugeteilt, jener Eliteabteilung, in der die Inspektoren vorher mit der Lupe untersucht werden.
Wieder war es lediglich der Kampf gegen die Kriminalität, die ihm als Sohn eines Arbeiters einen Platz auf der Beförderungsliste einbringen konnte, da der Posten eines Kommissars oder anderen höheren Beamten für die jungen Leute reserviert ist, die glänzende Studien absolviert haben. Im Dezernat für Gewaltverbrechen zeichnete Inspektor Poirier sich vor allen anderen aus. Er setzte mit Erfolg seine Gemütsruhe, seinen Scharfsinn und seine psychologische Begabung ein, um dort weiterzukommen, wo andere mit besserer Ausbildung als er Schiffbruch erlitten hatten.
Er legte Doktor Petiot die Handschellen an, dem Landru der Besatzungsjahre, stellte die Zahl seiner Opfer fest, brachte ihn zu einem Geständnis und schickte ihn aufs Schafott. Er heftete sich Sinibaldi, dem berühmten korsischen Mörder, an die Fersen, verfolgte ihn bis nach Amerika, wo ihm der Korse nur knapp aufgrund einer dummen Indiskretion eines unerfahrenen Journalisten entkam. Poirier, der es aufgrund eigener Kraft bis zum Oberinspektor brachte, verbirgt unter seinem strengen Äußeren eine große Herzensgüte. Wenn die Zeit es ihm erlaubt, fährt er mit seiner Frau und seinen Kindern, die ihre Studien glänzend absolvieren, nach Bonneval an der Loire, nicht weit von Châteaudun, zum Fischen. Wenn er dort, die Angel in der Hand, sitzt und wartet, daß etwas anbeißt, denkt er

darüber nach, wie er die Fälle, die ihm gerade übertragen sind, zu ihrem logischen und unausweichlichen Ende führt.

An diesem Abend des 20. November, während ein trüber Nieselregen über Paris fällt, hat Oberinspektor Poirier Sorgen. Er sitzt vor seinem Schreibtisch in dem großen Arbeitszimmer der Inspektoren im zweiten Stock, den Tabaksbeutel in Reichweite, und sieht gerade von einem Bericht auf, den ihm Hillard, der Abteilungsleiter, ein kleiner, untersetzter Mann von fast 50, mit rundem, glänzendem Kahlkopf, überreicht hat.

»Weiß Gott, ich hab wirklich kein Glück!« sagt er nach einer aufmerksamen Lektüre. »Am 6. ein Doppelmord in der Rue Ordener! Am Montag ein Taxichauffeur, den sie am Pont de Charenton aus dem Fluß gefischt haben. Und heute ein Ausbruch! Sieh dir nur meinen Schreibtisch an, ich weiß ja nicht einmal, wo ich die Akten hinlegen soll.«

Er seufzt, denkt einen Augenblick nach und fragt dann:

»Sag mal, konntest du die Sache denn nicht Courchamp aufhängen? Er war noch vor knapp fünf Minuten hier.«

Hillard sieht automatisch auf seine Armbanduhr und hebt dann zum Zeichen seiner Ohnmacht die Arme.

»Er ist schon weg, mein Lieber. Es ist 7 Uhr. Gouny und Dupont haben auch zu tun, ich habe niemanden mehr, den ich damit beauftragen kann. Weißt du, für heute abend brauchst du dir ja keine große Mühe zu machen: Du fährst nur kurz einmal nach Fresnes, um der Staatsanwaltschaft zu zeigen, daß wir nicht die Hände in den Schoß legen, und dann gehst du gemütlich nach Hause. Der Kommissar von Choisy soll sich um die ersten Ermittlungen kümmern. Schließlich ist das ja seine Sache.«

Poirier schaut mit gerunzelter Stirn zum Fenster hinaus und sieht auf dem gegenüberliegenden Ufer den Widerschein der Straßenlaternen vom Pont-Neuf. Er brummt:

»Bei dem Wetter wird nicht viel dabei herauskommen. Weiß man denn überhaupt, wer die Flüchtigen sind?«

Hillard schüttelt den Kopf:

»Ich warte jeden Augenblick darauf, daß mir die Namen durchgesagt werden. Sobald ich sie habe, gebe ich sie dir und kümmere mich selbst darum, daß sie sofort in die Fahndungsliste kommen.«

Er verläßt das Büro. Resigniert stützt Poirier die Arme auf den Schreibtisch und bleibt noch ein paar Sekunden nachdenklich sitzen. Dann steht er auf, geht um den Tisch herum und begibt sich mit seinem gemächlichen Gang zu dem Telefonapparat, der in der

gegenüberliegenden Ecke des Raumes neben dem Garderobenständer steht. Er wählt eine dreistellige Ziffer, d. h. eine Verbindung innerhalb des Hauses.
»Mazard? Poirier. Nur eine Kleinigkeit, jedenfalls sieht es so aus. Wir fahren nach Fresnes. Ich werde es Ihnen gleich erklären. Wir treffen uns unten auf der Straße, vor der Nummer 36.«
Er legt wieder auf, geht zurück zum Schreibtisch. Da taucht auch schon Hillard wieder auf, er ist völlig aufgelöst:
»Girier!« ruft er. »Hast du da noch Worte, es ist schon wieder Girier, der sich aus dem Staub gemacht hat! Das ändert natürlich alles. Das wird eine heiße Jagd werden.«
Als ob Poirier es schon geahnt hätte. Er, als erfahrener alter Fuchs, hatte den »faulen Fisch«, vor dem jeder Polizist einen Horror hat, bereits gerochen. Aber er erträgt diesen Schlag – wie schon so viele – mit stoischer Ruhe und begnügt sich damit, innerlich eine Einladung zu einem Abendessen abzuschreiben, die er bekommen hatte, und an dem er nun nicht teilnehmen kann. Seine Frau wird wie immer allein gehen. Er greift zu seinem Tabaksbeutel, bindet ihn zu, geht quer durch das Zimmer und zieht seinen Mantel an. Er rückt seinen Hut zurecht, reicht seinem Chef etwas kühl die Hand – ein bißchen böse ist er ihm doch.
»Wenn es etwas Wichtiges gibt, sage ich dir Bescheid«, sagt er. Er löscht das Licht und geht dann langsam die zwei Stockwerke hinunter. Unter dem Toreingang schlägt ihm ein frischer Wind entgegen. Er knüpft seinen Schal etwas fester. Ein Dienstchauffeur kommt ihm entgegen.
»Fahren Sie mit mir, Herr Oberinspektor?«
Poirier dankt Hillard innerlich dafür, daß er an den Wagen gedacht hat. Er brummt:
»Ja, wir fahren nach Fresnes. Mit Mazard. Da ist er schon.«
Inspektor Mazard, 30 Jahre, stets zu einem Scherz aufgelegt, ist ebenso stolz über seinen Schnurrbart wie betrübt über seinen vorzeitigen Haarausfall. Er setzt sich auf den Rücksitz des Citroën und läßt, wie es im Beruf üblich ist, die Ehre des Vordersitzes dem Älteren.

Albert, Barmann im Royalty, hat Eichhörnchenzähne, Schafsaugen und das Lächeln eines traurigen Clowns. Seine ungeheure Wichtigkeit, die des Royalty und die der Rue Saint-Benoît ist ihm völlig bewußt. Hier ist der Nabel der Welt. Es gibt nicht ein einziges Ereignis, so unbedeutend es auch sein mag, zwischen Nord- und Südpol, das nicht geheimnisvoll mit seiner Bar verbunden wäre.

Und wenn es die nicht mehr gäbe, so würde sozusagen das ganze Weltall zusammenbrechen, wie bei einem Spiel mit Bauklötzen, denen man die Standfläche entzöge.

Um diese Zeit ist es in der Bar des Hotels ruhig. Die Tische und die Barhocker sind zwar besetzt, aber die Gäste drängeln sich noch nicht, wie das bald der Fall sein wird, in drei oder vier Reihen hinter der Theke. Dies ist der Augenblick der Ruhe, den Albert genießt. Er hat Zeit zum Träumen. Die Verschiedenheit des Lebens ist für ihn so unterhaltsam wie ein Schauspiel. Keiner seiner Stammkunden ist so wie der andere. Der eine zahlt seine Getränke mit der Pünktlichkeit eines Kassierers, der andere läßt die Kassenbons gleichgültig zu einem kleinen Berg anwachsen. Ein dritter rechnet besorgt die Höhe der Gesamtrechnung aus, ein anderer wieder richtet sich in seinem Durst nach dem Inhalt seines Geldbeutels. Albert findet diese Beobachtungen ungeheuer spannend. Ein Blick über die Theke, und er ist im Bilde. Die Elite, die bei ihm verkehrt, hat keinen anderen Lebensinhalt als den Alkohol, den sie konsumiert, bar oder auf Kredit, und was für sie zutrifft, gilt gleichermaßen für den Rest der Menschheit, selbst wenn die Umstände sie daran hindern, öfter ihre Ellbogen auf die Theke des Royalty zu stützen. In der Kategorie derer, deren Kredithöhe beängstigend ist, rangiert Gino Valentin mit an der Spitze. Albert hat ein Faible für ihn. Gino prüft nie seine Rechnung nach, ist ein hervorragender Kartenspieler und gibt königliche Trinkgelder, die er sich verschafft, indem er einen Kumpel anpumpt, der sofort bei dem nächsten eine Anleihe aufnimmt. Gino wohnt seit zwei Jahren im Royalty. Es gibt bei den Hotelbesitzern eine bestimmte Grenze, die, wenn sie einmal aufgrund einer subtilen Verkettung von Kredit und Versprechen überschritten ist, nicht mehr rückgängig gemacht werden kann. Alle Hotels kennen diese Art von Gästen, die sich seit Wochen eingenistet haben und zahlungsunfähig sind, die man aber auch nicht vor die Tür setzen kann, ohne gleichzeitig jede Hoffnung fahren zu lassen, jemals noch die Schulden bezahlt zu bekommen. Gino spielt auf dem Register dieser Hoffnung wie ein Virtuose. Seine Kunst besteht darin, seine Schuld stets auf der gleichen Höhe zu halten, durch unerwartete, manchmal unerklärliche Zahlungen, die überraschend, jedoch kaum beruhigend sind.

Man kann ihm gegenüber aber auch nicht streng sein. Gino ist ein verwöhntes Kind, und in punkto Verwöhnen ist das Royalty an die Stelle seiner Familie getreten; man verzeiht ihm alles, weil er gutaussehend, fröhlich und großzügig ist. Ein Feind jeder Anstrengung, sieht er von der Welt nur das luxuriöse, müßiggängerische

und verschwenderische Bild, das die Illustrierten ihr verleihen. Reichtum, mit Eleganz und Schönheit gepaart, erweckt in ihm eine Art vagen Hasses. Nie spürt er stärker, wie unbedeutend er ist, als wenn sein Blick beim Umherschlendern auf der Straße dem einer schönen, gut zurechtgemachten Frau begegnet, die wie ein Idol in einem Rolls-Royce neben einem Chauffeur thront. Diese gleichgültigen Augen, die seinen Blick flüchtig kreuzen, als sei er nur ein x-beliebiger Gegenstand, verletzen ihn zutiefst. Es ist ihm unerträglich, daß ihn jemand ansieht, ohne ihn wahrzunehmen. Im Royalty hat Gino das Gefühl, jemand zu sein, wirklich zu existieren, zu zählen. Doch diese Befriedigung seiner Eigenliebe bringt ihm nicht die echte Erfüllung. Er gewinnt immer mehr die Überzeugung, der Geprellte zu sein, aber er weiß weder weshalb und von wem, und dieses Nichtwissen verschärft noch seinen Groll.
Gerade diese nutzlose, böse Kraft schätzt Monsieur Louis bei ihm. Er destilliert sozusagen in der Seele des jungen Mannes Schmeichelei und Spott, um eines Tages das Gift zu ernten. In der geheimen Aggressivität Ginos und seiner krankhaften Eitelkeit hat Louis die Zeichen des Killers erkannt.
Im Augenblick steht Gino an der Theke und gibt der »kleinen Bande«, zu der er nicht gehört, Unterricht in Kartenspielertricks. Es sind sechs oder sieben lärmende, stets zu Witzen aufgelegte Schauspieler, Journalisten und Fotografen, die das Meisterstück fertigbringen, 24 von 24 Stunden mit dem Glas in der Hand im Royalty zu verbringen und dennoch woanders irgendeinem Beruf nachzugehen. Es ist dies ein Geheimnis, das selbst Albert noch nie zu ergründen vermochte. Sie sind da, wenn man aufmacht, sie sind immer noch da, wenn man zumacht. Jedesmal, wenn er einen Blick in ihre Ecke wirft, – denn sie haben eine Ecke für sich allein, die sie gegen jeden Eindringling verteidigen – sitzen sie da, Tag und Nacht, alle miteinander und halten sich an ihrem Glas fest. Albert traut manchmal seinen Augen nicht. Er sagt sich, daß einige von ihnen fehlen müssen, es ist doch gar nicht anders möglich, es sei denn, sie hätten Doppelgänger, die Saint-Germain-des-Prés in Serienfabrikation herstellt, Fabrikware, für die das Royalty als alkoholischer Prüfstand dient.
Als Girier die Bar betritt, fährt er zunächst einmal etwas schockiert zurück. Die lärmende, rauchige Atmosphäre erinnert ihn daran, wie er erst vor ein paar Stunden die Schwelle zum Warteraum des Gefängnisses überschritten hatte und ihm der stickige Geruch schmutziger, fieberkranker Menschen entgegengeschlagen war. Aber dann sieht er Gino, und der unangenehme Eindruck mildert

sich etwas. Er geht auf ihn zu. Gino hat sich nicht verändert. Jedesmal, wenn Girier ihn trifft, überkommt ihn das gleiche Gefühl von Sympathie und Zweifel. Irgend etwas in diesem zu hübschen Gesicht mit den zu regelmäßigen Zügen ist ihm geradezu unangenehm. Ihm mißfällt eine gewisse Schlaffheit um den Mund herum, das etwas konturlose Kinn, der athletische Körper, der jeder Spannkraft entbehrt. Bei Gino ist die Kraft nie wirklich verfügbar. Die Freundschaft und die Bewunderung, die Girier in seinen Augen liest, die Wärme seines Händedrucks und sein glückliches Lächeln verscheuchen die Ungewißheit, aber eine Spur davon bleibt zurück. Es fehlt Gino eine Eigenschaft, die Girier besonders schätzt: die Kühnheit. Das ist kein Vorwurf. Gino ist loyal, sicher auch mutig, intelligent und gefährlich. Aber er gehört nicht zu der Art Männer, die Spazierstock-René gern an seiner Seite hätte, wenn es sich um einen harten Coup handelt. Hätte Louis sich nicht für ihn verbürgt, hätte er ihn sicher nicht zum Mittelsmann gewählt, trotz der Vorteile, die er hat. Aber die Männer, auf die man zählen kann, sind nun einmal dünn gesät. Die meisten sind hinter Gittern oder haben die Bullen auf den Fersen; wieder andere sind im Ausland. So bleiben nur Louis und Gino.

Die Beziehung zwischen den beiden Männern irritiert Girier. Die sonderbare, ironische Überlegenheit des alten Mannes, die launische Gleichgültigkeit Ginos sind ihm nicht recht geheuer. Der Antiquitätenhändler besitzt in seinem Schlafzimmer eine häßliche Bronzestatue mit grünlichem Körper, die auf einem mit schwarzem Samt verkleideten Sockel steht. Das rätselhafte Gesicht lächelt. Von dem kauernden Körper gehen ebenso zahlreiche Arme aus wie von einem Tintenfisch. Ist es nicht der Traum des alten Gangsters, mehrere Existenzen zu besitzen, die sich sozusagen von seinem Stamm aus verzweigen? Wäre Gino von Louis getrennt, würde er ebenso wie ein Zweig weiterleben, der erneut seine Kraft aus den Wurzeln schöpft, aber was ihm wirklich Leben verleiht, ist die Willensstärke des alten Mannes...

Girier wirft einen raschen Blick in der Bar umher. Es herrscht bereits das allnächtliche Gedränge. Die Kellnerin schlängelt sich durch die Menge, ihr Tablett hochhaltend, auf dem die Eiswürfel in den Gläsern klirren. Junge Mädchen kommen herein, küssen Gino und setzen sich mit einem halben, von engen Jeans umspannten Hintern auf die Lehnen der Sessel, während sie das Ereignis der Nacht kommentieren, die Eröffnung eines Martinique-Restaurants in der Rue Jacob, zu der alle eingeladen waren. Girier schnappt hier und da ein »phänomenal, irre, steil« auf. Albert ruft ihm

fragend zu, mit der Hand auf ein Glas deutend:
»Was solls sein?«
Girier winkt dankend ab. Er schlägt Gino leicht auf die Schulter. Gino dreht sich um. Seine Hand, die gerade den Würfelbecher schütteln wollte, erstarrt in der Bewegung. In seinen Zügen zeichnet sich eine erstaunte Überraschung ab. Er wirft die Würfel auf den Tisch, steht unter allgemeinen Mißbilligungsrufen auf, wobei er Albert, der ihn beobachtet, einen kurzen prüfenden Blick zuwirft.
»Komm.«
Er zieht Girier mit sich auf die Straße, überzeugt sich, daß das Treppenhaus zum Hotel leer ist und winkt dann Girier, ihm zu folgen. Wie ein Automat steigt Girier hinter ihm die Treppe hoch und tritt in sein Zimmer. Gino erinnert sich, daß irgendwo in seinem Schrank noch ein Rest Alkohol, ein Mullverband und eine alte Tube Penicillincreme sein müssen. Er behandelt Giriers verletzten Finger, der sich die Lippen blutig beißt, um nicht aufzuschreien. Dann legt er ihm mehr schlecht als recht einen Verband um, bevor er wieder geht. Morgen früh will er zurückkommen. Girier wird seine erste Nacht hier verbringen. Morgen wird er Louis treffen. Und ein paar Tage später wird er in der Schweiz das größte Ding seines Lebens drehen. Ein wirklich erstaunlicher Coup.

26

Als der Wagen des Oberinspektors Poirier in den Innenhof des Gefängnisses von Fresnes einbiegt, wird er sofort von einem Schwarm von Journalisten umlagert. Längs der Mauer geparkt steht die grüne Minna mit weitgeöffneter Hecktür. Im Kreis des Lichts, das über dem Treppenaufgang brennt, steht eine kleine Gruppe. Poirier erkennt den Direktor der Haftanstalt und den Kommissar von Choisy-le-Roi. Er wirft einen kurzen Blick auf den Gefängniswagen. Dann zieht ihn der Direktor mit sich in sein Arbeitszimmer, wo er sich in einen Sessel fallen läßt.
»Ich nehme an, daß Ihnen die Einzelheiten des Ausbruchs noch nicht bekannt sind«, beginnt der Direktor. »Ich will Ihnen wiederholen, was ich bereits dem Herrn Kommissar mitgeteilt habe ...«
Poirier stützt sich auf seine Ellenbogen und streckt seine langen Beine bequem aus.
»Um 18 Uhr verließ ein Gefängniswagen die Santé, um, nach einem Umweg über den Justizpalast, wo einige Häftlinge abgeliefert und wieder andere abgeholt wurden, nach Fresnes zu fahren ...«

Poiriers Züge sind undurchdringlich. Er denkt, wenn der Vortrag so anfängt, bin ich bestimmt noch um Mitternacht hier. Der Direktor fährt fort:

»Diese Praxis hat sich so eingebürgert, es ist eine Frage der Zeit- und Benzinersparnis. So brauchen die Gefangenen, deren Termin erst für den Abend festgesetzt ist, nicht den ganzen Tag lang zu warten und die, deren Verhör beendet ist, können gleichzeitig wieder nach Fresnes mit zurückfahren.«

Poirier macht es sich in einem Sessel gemütlich. In Gedanken verfolgt er die Fahrt des Gefängniswagens in dieser regnerischen Nacht in Paris, während er fasziniert die Finger des Gefängnisdirektors betrachtet, die mit dem Gleichmaß eines Metronoms gegen die Innenflächen seiner Hand klopfen.

»Nichts wies darauf hin«, sagte der Direktor, »daß eine Flucht geplant war. In Croix-de-Berny, d. h. kurz vor dem Ziel, spürte einer der Wärter einen heftigen Stoß, der den Boden erschütterte. Er sah durch die Heckscheibe, daß auf der Fahrbahn ein Mann lag. Da er einen Unfall befürchtete, ließ er den Wagen stoppen. Als er mit dem Chauffeur dem vermeintlichen Opfer zu Hilfe kommen wollte, stand der Mann plötzlich auf und rannte so schnell er konnte davon. Als sie daraufhin die Zellen untersuchten, stellte es sich heraus, daß Girier geflohen war, nachdem er zwei Bretter am Boden seiner Zelle durchgesägt hatte. Ein erstaunliches Ding! Spazierstock-René hatte kaum eine Chance von eins zu tausend, damit durchzukommen. Sein Komplize ist ein gewisser Moinon, der wohl als zweiter den Sprung wagte.«

Der Direktor verstummt. Poirier reibt mit seiner Hand den Tabaksbeutel in der Tasche seines Mantels. Er spürt das weiche Leder unter seinen Fingern und das leise Knirschen der Tabakkrümel. Er denkt ein paar Augenblicke nach, dann wendet er sich an den Kommissar:

»Haben Ihre Ermittlungen irgend etwas ergeben?«

»Ja und nein. Einer der Flüchtlinge muß verletzt sein, wie ich aus den blutigen Haaren schließe, die einer meiner Aufseher am linken Hinterrad entdeckt hat. Das Labor wird uns sagen, wem sie gehörten. Aber sonst, nein, es gibt bisher noch keinen Anhaltspunkt.«

Der Kommissar scheint enttäuscht über seinen Mißerfolg zu sein. Poirier ist es nicht minder, wenn er daran denkt, daß nach einem so spektakulären Ausbruch die Jagd gerade erst begonnen hat. Er steht auf, knöpft seinen Mantel zu:

»Ich werde morgen noch einmal wiederkommen, Herr Direktor, nachdem ich in der Santé ein paar Nachforschungen angestellt habe. Daß mir niemand den Gefängniswagen anrührt, bevor die Finger-

abdrücke unter Dach und Fach sind!«
Er schüttelt die Hände, die sich ihm entgegenstrecken, zieht Mazard am Ärmel, der neugierig im Hof stehengeblieben ist, und macht es sich dann in seinem Dienstwagen bequem. Das Gefängnistor öffnet sich. Der Wagen schlägt die Richtung nach Paris ein.
»Nun?« fragt Mazard.
»Tja, mein Lieber«, seufzt Poirier, »bei einem Typ wie Girier wird das kein leichter Job sein. Ich hab so eine leise Ahnung, daß das nicht gerade ein Spaziergang wird. Wir können nur hoffen, daß die Fahndung, die Hillard eingeleitet hat, doch irgend etwas ergibt.«

Gaby, mit Spitznamen »die Dicke«, geht in der Nähe von La Madeleine auf den Strich. Sie ist, wie der einschlägige Jargon lautet, eine »Pflastertreterin«. Sie steht nicht an einem bestimmten Platz, sondern dreht, wie die Hasen, ihre Runde, wobei sie immer wieder an den gleichen Ort zurückkommt. Sie ist klein, rundlich, hat kurzgeschnittenes, kastanienbraunes Haar und ein glattes Gesicht mit grauen, sanften Augen. Wenn man sie so sieht, adrett angezogen, häufig in einem Kostüm, wie sie eher rasch vor sich hinläuft, würde man sie nie für eine Prostituierte halten. Ihre Spezialität ist die der »ehrbaren Frau«. Und das lohnt sich!
Heute abend hat sie ihr Jagdrevier verlassen. Sie hat ein Taxi genommen, das sie in die Rue de la Grande-Truanderie bringen soll, zu diesem Anwalt mit dem komischen Namen, und sie fragt sich die ganze Zeit, warum Gino seine Sachen nicht selbst erledigt. Er hat sie in dem Café angerufen, in dem sie jeden Abend gegen 20 Uhr eine kurze Pause macht, hat sie in die Rue Saint-Benoît bestellt, gegenüber dem Royalty, und ihr einen Brief übergeben. Einen Brief in einen Kasten einwerfen, das ist ja weiß Gott nicht allzu schwer ... Aber sobald es um ihren Bruder Gino geht, macht die Dicke sich Sorgen. Sie hängt an ihm mit einer blinden, leidenschaftlichen Liebe. Gino gehört ihr. Sie hat ihn erzogen. Ihre Mutter ist bei seiner Geburt gestorben, und er war erst zwölf Jahre alt, als ihr Vater, von Geburt ein Italiener, der als Dockarbeiter in Marseille arbeitete, 1938 bei einem Unfall ums Leben kam.
Gino ist schwierig, er ist kränklich. Damit es ihm während dieser bösen Kriegsjahre an nichts fehlte, hat Gaby ihren schlecht bezahlten Job als Sekretärin aufgegeben, um Bardame in einem der unzähligen Nachtclubs zu werden, die am Vieux-Port, wo sie wohnen, geradezu aus dem Boden schießen. Alles, was sie verdient, verwandelt sich in Fleisch, Butter, Schokolade, Milch, die sie auf dem Schwarzmarkt zu Wahnsinnspreisen kauft, und in denen Gino

wie ein kleiner Prinz angewidert herumstochert. Er hat sehr rasch begriffen, welch eine Macht er über seine Schwester hat. Er braucht nur so zu tun, als gehe es ihm schlecht, und schon gibt das arme Mädchen, außer sich vor Angst, seinen Launen nach. Sie lebt in der ständigen Furcht, ihn zu verlieren. Sie hält nach dem geringsten Anzeichen von Unzufriedenheit oder Müdigkeit auf seinen Zügen Ausschau, sie zittert, sobald er sich beklagt, sie hegt und hätschelt ihn, und, was das Schlimmste ist, legt dabei eine Demut an den Tag, als sei sie unwürdig, sich für ihn zu opfern.

Bald genügen die Trinkgelder nicht mehr. Ginos »Krankheiten«, seine Wünsche, sein Hang zum Luxus sind ein Faß ohne Boden. Gaby geht auf den Strich, um ihre Einkünfte zu vermehren. Sie muß sich gegen die Zuhälter wehren. Darum kämpfen, frei zu bleiben. Gino findet das, was sie tut, völlig selbstverständlich. Solange sie ihm genügend Geld nach Hause bringt... Er träumt von schönen Wohnungen, schönen Anzügen, Autos. Er findet das Vieux-Port-Viertel gräßlich. Die kleinen Gauner, die hier herumstreunen, machen ihm Angst. Die Mädchen findet er dumm und vulgär. Er nimmt es seiner Schwester übel, daß sie ihn dazu zwingt, mitten in diesem tausendjährigen Schmutz, dieser stinkenden Armut zu leben.

Als die Deutschen beschließen, das Viertel abzureißen, triumphiert Gino, als habe er einen persönlichen Sieg davongetragen. Das miese Pack, das die Besatzer deportieren, ist sein Feind, das Unglück, das über dieses Gesindel hereingebrochen ist, weckt in ihm ein Gefühl der Macht, als habe er selbst jene Entscheidung gefällt. Er ist 16. Eine seiner schönsten Erinnerungen ist es, dabei gewesen zu sein, als die Häuser am Vieux-Port in einer Wolke von Staub in Schutt und Asche fielen. In ein paar Tagen hat sich das lebhafteste Viertel von Marseille in einen Trümmerhaufen verwandelt. Gino beobachtet von weitem entzückt und erstaunt dieses gigantische Schauspiel. Was die Zerstörung an Leid und Elend mit sich bringt, interessiert ihn nicht. Er hält sich für Nero, der dem Brand von Rom zuschaut.

Mit 18 Jahren ist Gino immer noch von seiner Schwester abhängig, aber er hat ein paar Freunde gefunden, Söhne aus reicher Familie, die wie er die Kneipen und Nachtbars auf der Canebière besuchen. Seine Eleganz, eine gewisse Vornehmheit, ein bißchen angelesenes Wissen blenden die anderen. Er verkehrt nicht mehr mit dem Pöbel, zeigt sich verschwenderisch und verbirgt sorgfältig, woher sein Geld stammt. Gaby gelingt es nicht mehr, alle seine Wünsche zu

befriedigen. Auch seine neuen Freunde sind knapp bei Kasse. Ihre Eltern sind zwar reich, aber die Mädchen, der Champagner, das Spiel, die Autos, die Wochenendausflüge nach Aix und Cassis sind teuer. Wo könnte man das nötige Kleingeld finden? Am einfachsten bei der eigenen Familie. In das väterliche Haus einzubrechen, ist eine wahre Heldentat, die dieser jungen Hochstapler, die sich für echte Kriminelle halten, würdig ist. Gino nimmt an einigen, als Einbrüche getarnten Raubzügen teil. Die »Villenbande« ist geboren. Aber sie werden bald festgenommen, Gino ebenso wie die anderen. Die Anwälte erreichen es, daß sie vorläufig auf freien Fuß gesetzt werden. Die Ermittlungen gestalten sich schwierig: es wird von bestimmten Seiten Druck ausgeübt und die, die vorher Anzeige erstattet haben, ziehen sie nun zurück. Gaby erkennt voller Verzweiflung, daß Gino für die anderen zahlen wird, wenn er vor Gericht kommt. Er hat keinerlei Protektion, und seine Familie reduziert sich auf eine Prostituierte aus der Rue Paradis.
Der Wille, ihn zu retten, bringt sie auf eine Idee. Gino ist unter seinem Namen, Charles Bergonza, verhaftet worden; der Name seines Vaters, der ihn bei seiner Geburt anerkannt hat. Gaby kauft für ihn in einer Bar unter der Theke einen leeren Personalausweis. In einem Café auf der Canebière füllt ihn ein alter Zuhälter aus und setzt als Namen den ihrer Mutter ein, Valentin. Gino wird offiziell zu Charles Valentin, geboren von Simone Valentin – Vater unbekannt. Mit diesem neuen Personalausweis versehen braucht er nur noch zu verschwinden.
Als das Gericht das Urteil fällt, wohnen Gino und die Dicke bereits seit sechs Monaten in Paris. Charles Bergonza wird in Abwesenheit zu fünf Jahren Gefängnis verurteilt und ein Haftbefehl gegen ihn erlassen.

Die Dicke ist besorgt. Wozu ein Anwalt? Wenn Gino Ärger hat, kommt er normalerweise zu ihr. Sie hält ihn noch immer aus. Sie gibt ihm einen Teil ihres Verdienstes ab. Es ist ihr lieber so. Wenn Gino auf sich selbst gestellt wäre, würde er wieder anfangen zu stehlen. Sie hat zwar versucht, für ihn eine ordentliche Stelle zu bekommen, aber Gino hat nichts gelernt. Er wirft es ihr oft genug vor. Sie sei allein verantwortlich dafür, sie habe ihn eben nicht ordentlich erzogen. Das mag schon sein. Er war so zart und sensibel, daß sie nicht den Mut hatte, ihn hart anzufassen, ihm auch nur einen Wunsch abzuschlagen. Und übrigens, solange sie da ist, wird es ihm an nichts fehlen. Er ist einfach nicht dazu geschaffen zu arbeiten, Befehle entgegenzunehmen, frühmorgens aufzustehen,

mit der Metro zu fahren. Was würde er dabei schon verdienen? Ein einziger seiner Anzüge kostet soviel, wie ein Arbeiter im Monat verdient. Und bei ihr ist es das gleiche. Ihr Tagesverdienst entspricht dem einer Sekretärin im ganzen Monat. Wie könnte sie ihn sonst unterhalten, das Royalty zahlen, den M.G., die Ferien in Juan-les-Pins? Gott sei Dank hat sie eine eiserne Gesundheit. Was würde aus ihm werden, wenn sie einmal nicht mehr da ist? Wieder überfällt sie die Unruhe, wieder denkt sie an die Geschichte mit dem Anwalt...
Der Brief ist in ihrer Handtasche. Sie hat den Umschlag aufmerksam betrachtet; Name und Adresse sind in Großbuchstaben geschrieben, und zwar mit Ginos Handschrift; Gaby hat den Eindruck, daß Geld in dem Brief ist. Wieder unterdrückt sie das Verlangen, ihn zu öffnen.
Das Taxi setzt sie an der Ecke der Rue de la Grande-Truanderie ab. Sie läuft ein paar Schritte. Das Haus sieht ziemlich schäbig aus: ein enger, mit Kisten vollgestellter Durchgang zu einem dunklen Hof, altersschwache, schmutzige Treppen. Die Dicke sagt sich, daß ein Anwalt, der in einem so miesen Loch wohnt, bestimmt keine ganz astreinen Geschäfte betreibt. Der wacklige Briefkasten mit dem verrosteten Namensschild erinnert an eine Rattenfalle.
Gerade als sie den Brief in den Kasten stecken will, ändert Gaby ihren Entschluß. Sie dreht sich wieder um, geht in ein Café und liest den Brief. Die Nachricht ist kurz, zwei Linien, die ebenfalls in Druckbuchstaben geschrieben sind.

»Nehmen Sie morgen um 22 Uhr 45 den Zug nach Biarritz. Steigen Sie im Hotel Terminus ab; man wird sich dort mit Ihnen in Verbindung setzen.«

Zwei Zehntausend-Franc-Scheine sind mit einer Büroklammer an dem Schreiben befestigt.
Die Dicke liest den Text wieder und wieder. Sie versucht sich selbst davon zu überzeugen, daß das Ganze nicht weiter beunruhigend ist, aber ihre Intuition sagt ihr das Gegenteil. Überrascht stellt sie fest, daß Gino ein Leben führt, das sie gar nicht kennt. Sie weiß über ihn eine Unmenge von Dingen, dazu tausend unbedeutende, wertvolle Details, und doch sind ihr ganze Teile seiner Existenz unbekannt geblieben. Sie hat das Gefühl, Opfer einer ungeheuren Ungerechtigkeit, eines Betruges zu sein. Ihre Sorge, ihre Zärtlichkeit, ihre Opfer kommen ihr plötzlich völlig bedeutungslos vor. Doch gleichzeitig setzt bei ihr fast automatisch der Schutzinstinkt ein. Wenn

Gino ihr irgend etwas verbirgt, ist er in Gefahr. Sie muß mehr darüber wissen, um ihn besser schützen zu können.

»Rechtsanwalt Grador?«
Der Anwalt versucht, das Gesicht der Fremden zu erkennen, die auf der Schwelle seiner Tür steht. Eine kleine, vollschlanke Frau in einem zu engen schwarzen Kostüm. Im Halbdunkel des Treppenabsatzes hat er sie zunächst für ein Kind gehalten. Er bittet die Besucherin herein. In dem eisigen Flur herrscht ein muffiger Geruch nach Kohl und Schmutz. Das überheizte Arbeitszimmer riecht nach Staub und Papier.
Die Dicke betrachtet neugierig den Anwalt. Sein schwarzer Anzug, auf dem Fettflecken glänzen, sein mageres, bleiches Gesicht sind ihr irgendwie nicht geheuer. Der lüsterne Blick saugt sich an ihr fest. Der alte Lüstling zieht sie in Gedanken aus. Gaby ist daran zwar gewöhnt. Und doch schockiert sie diese Musterung, der ein bißchen weißlicher, getrockneter Speichel in den dünnen Mundwinkeln etwas Lasterhaftes verleiht. Ihre Erfahrung sagt ihr, daß sie es mit einem »speziellen Kunden« zu tun hat. Die zwei Zehntausend-Franc-Scheine, die sie in ihrer Handtasche hat, könnte sie sich wahrscheinlich leicht zurückverdienen. Sofort schiebt sie jedoch diesen Gedanken von sich, als sei er Verrat.
Der Anwalt hat die Prostituierte gleich gerochen. Er durchschaut die innere Erstarrung, diese Sklerose, die den Zügen und den Blicken trotz der künstlichen, erzwungenen Ausdrucksfähigkeit eine Art unangenehme Leblosigkeit verleihen. »Sie sehen alle wie Richter aus ...« Er dreht sich einen Augenblick um, blickt auf die Ahnenreihe, deren Portraits die Wände schmücken. Mit einer leichten Handbewegung bittet er sie, sich zu setzen. Er selbst geht um seinen Schreibtisch herum und nimmt in seinem Sessel Platz.
»Was kann ich für Sie tun, Madame?«
Er spricht mit salbungsvoller Stimme und wartet darauf, daß sie ihm ihren Namen nennt.
Die Dicke hat beschlossen, nichts zu verraten.
»Ich habe eine Nachricht für Sie«, sagt sie und bemüht sich, natürlich zu wirken.
Rechtsanwalt Grador scheint überrascht.
»Eine Nachricht?«
Die Dicke öffnet ihre Handtasche, nimmt den zusammengefalteten Briefbogen und das Geld heraus. Sie reicht ihm beides über den Schreibtisch hinweg und bemerkt einen flüchtigen Glanz im Blick des Anwalts, als er der beiden Geldscheine ansichtig wird.

Rechtsanwalt Grador betrachtet abwechselnd die ausgestreckte Hand und das Gesicht der Dicken. Er rührt sich nicht und sein Gesichtsausdruck bleibt fragend.
»Wer hat Sie damit beauftragt? Und vor allem, wer sind Sie eigentlich?«
Trotz der Höflichkeit der Fragen schwingt eine Spur Mißtrauen darin.
»Das steht in dem Brief«, lügt die Dicke.
Rechtsanwalt Grador streckt seine knochige Hand aus. Die beiden Geldscheine zittern einen Augenblick in seinen Fingern wie ein gefangener Vogel, dann sind sie plötzlich verschwunden. Die Dicke reißt die Augen auf. Nur noch der Brief ist in der Hand des Anwalts, der seine Brille aufsetzt und ihn entfaltet.
»Ich verstehe nicht«, sagt er, nachdem er ihn gelesen hat.
Sein Blick versucht, das freundliche Gesicht der Dicken zu durchdringen. Sie stellt fest, daß er erschrocken und nervös aussieht. Ein Schauder überläuft sie. Ihr Instinkt hat sie nicht getäuscht. Sonst säße der Anwalt nicht so da, wie ein ins Wasser geworfener Kater.
Rechtsanwalt Grador tut so, als läse er die Zeilen noch einmal. Inzwischen überschlagen sich seine Gedanken. Girier ist der Ausbruch sicherlich gelungen. Aber wieso Biarritz? Das ist doch in der Nähe von Spanien. Plötzlich trifft ihn wie ein Blitz die befreiende Erleuchtung. Girier hat vor, über die Grenze nach Spanien zu gehen, und erwartet von ihm, daß er das organisiert. Und den Schmuck von Deauville nimmt er dabei natürlich mit! Die so sehnlichst erwartete Gelegenheit bietet sich endlich. Sofort schmiedet der Anwalt seine düsteren Pläne. Er überlegt sich bereits, wie er einen Grenzführer bestechen, schlau einen Hinterhalt legen könnte. Es sei denn, er würde mit Lloyds ein Abkommen treffen. Oder soll er sich ganz einfach auf Giriers Dankbarkeit verlassen? Auf jeden Fall muß er mehr über die Sache erfahren. Diese Prostituierte, die ihm gegenübersitzt, kommt sicher im Auftrag von Monsieur Louis. Aber welche Rolle spielt sie in dieser Angelegenheit?
»Sie haben mir noch nicht auf meine Frage geantwortet«, sagt er. »Und in diesen Zeilen steht nichts, das mir Auskunft geben könnte.«
Die Dicke zuckt die Schultern. Seit er das Geld wie ein Falschspieler verschwinden ließ und den Brief gelesen hat, hat sie kein so schlechtes Gewissen mehr. Aber ihre Angst ist geblieben. In was für ein großes Ding hat Gino sich da verwickeln lassen? Vielleicht irgendeine Schmuggelgeschichte...
Rechtsanwalt Grador fragt erneut:

»Wie und von wem wurde Ihnen dieser Brief übergeben?«
Und er fügt vorwurfsvoll hinzu:
»Es ist nicht einmal ein Umschlag dabei!«
Die Dicke errötet. Rechtsanwalt Grador bemerkt ihre Verwirrung und ahnt die Wahrheit: Das kleine Biest hat den Brief aus Neugier aufgemacht. Sie kennt also Monsieur Louis, zumindest gut genug, um sich dafür zu interessieren, was er tut.
»Er wird ziemlich ungehalten sein«, sagt er, »wenn er erfährt, daß Sie sein Vertrauen getäuscht haben.«
Die Dicke ist verzweifelt. Der Anwalt wird sich bei Gino beklagen. Und Gino wird ihr vorwerfen, daß sie sich immer in Dinge mischt, die sie nichts angehen. Es bleibt ihr nichts anderes übrig, als zu leugnen.
»Warum hätte er den Brief in einen Umschlag stecken sollen?« ruft sie erregt. »Er vertraut mir, ich bin immerhin seine Schwester!«
Rechtsanwalt Grador spitzt die Ohren. Eine innere Stimme sagt ihm, daß er einen Schritt weitergekommen ist, aber daß er vorsichtig Schritt um Schritt weitergehen muß.
»Er hat mir nie etwas von Ihnen erzählt!« wirft er ein, als zweifle er an der Behauptung seiner Besucherin.
Die Dicke schüttelt den Kopf.
»Mir auch nicht! Und ich würde gerne wissen, was Sie da beide aushecken!«
»Aushecken?«
Rechtsanwalt Grador richtet sich auf. Es gibt Dinge, die er nicht dulden kann. Z. B. einen schmählichen Verdacht. Er setzt ein strenges Gesicht auf. Er wirft der Dicken einen vernichtenden Blick zu.
»Ich bin sein Anwalt, Madame!«
»Sein Anwalt! Mein Gott, was hat er denn getan? Wieso braucht Gino einen Anwalt?«
»Gino?«
Die Dicke ist zu aufgeregt, um den fragenden Ton zu bemerken.
»Das ist wahr«, sagt sie. »Sie sitzen da und beschuldigen mich. Gino hat mir nie etwas gesagt. Warum verheimlicht er mir so etwas?«
»Aber was hätte er denn zu verheimlichen, Madame...?«
»Bergonza. Ich habe ihn erzogen, ich habe mich immer um ihn gekümmert. Ich mache mir Sorgen, verstehen Sie?«
Rechtsanwalt Grador fragt sich, was dieser Gino bei dieser Angelegenheit zu suchen hat. Ist er ein Komplize von Girier? Hat er bei dem Hold-up in Deauville mitgemacht? Oder ist das etwa der Name von Monsieur Louis? Er fragt weiter:

»Ach, sagen Sie, könnten Sie mir seine neue Adresse geben?«
»Er wohnt immer noch im Royalty, er ist nicht umgezogen. Was hat er denn nur in Biarritz zu tun?«
In ihrer Frage liegt eine so offensichtliche Angst, daß Rechtsanwalt Grador keinen Zweifel mehr hat. Er hat eine Spur entdeckt, die ihn zu Girier führen kann, aber dieses Mädchen weiß nichts mehr. Der Anwalt verschanzt sich hinter seinem Berufsgeheimnis. Gino wird sich mit ihm in Verbindung setzen, wenn er es für nötig erachtet. Die Geschichte mit dem geöffneten Umschlag soll ein Geheimnis zwischen ihnen bleiben. Auf jeden Fall soll sie sich keine Sorgen machen, Gino hat sich nichts vorzuwerfen.
Der Anwalt wird jetzt väterlich. Sein Blick verharrt aufs neue bei ihren rundlichen Formen, die das Kostüm noch hervorhebt. Gaby sagt sich, daß sie sich nur ein kleines bißchen Mühe zu geben braucht, um alles zu erfahren, sie spürt, wie sich die Phantasie des Mannes auf sie fixiert. Aber in seinen Augen steht kein Verlangen. Es ist eher so, als ob sich eine Wand zwischen ihn und sie gesenkt hätte, und er mit krankhafter Lüsternheit Bilder beschwört, die nur er sehen kann.

27

Während Giriers Heldentat die Journalisten von ganz Frankreich in Atem hält, während sie ihre Schlagzeilen entwerfen und Spekulationen darüber anstellen, welche Chance die Polizei hat, dem Flüchtigen die Handschellen anzulegen, hat sich die mächtige Maschinerie des Quai des Orfèvres mit ihrer Vielzahl von Rädern in Bewegung gesetzt.
Alle Abteilungen, von der Verkehrspolizei bis zur Sitte, vom Sonderdezernat bis zur Hotelüberwachung und zur Fahndungsabteilung, vom Grenzschutz bis zu den örtlichen Kommissariaten haben im Laufe des Abends einen riesigen Feldzug organisiert, in der Hoffnung, den »Gentleman-Verbrecher« aufzuspüren, der immer wieder von neuem Polizei, Verwaltung und Haftanstalten zum Narren hält.
Ganz Paris wird durchgesiebt. Die Hotels, die Nachtbars, die Restaurants, die Cafés, die Krankenhäuser werden durchsucht oder unter Beobachtung gestellt. In aller Eile hat man ein Fahndungsblatt von Girier, mit seinem Foto – einmal von vorn und einmal im Profil – gedruckt und in Tausenden von Exemplaren vervielfältigt; in zwei oder drei Tagen werden sie in allen Polizeistationen und

Kommissariaten hängen. Fast die gesamte Polizei wurde durch eine Schnellfahndung aufgerüttelt, sogar die Abteilungen des Staatsschutzes, die sich normalerweise mit solchen Dingen nicht abgeben. Jeder Beamte hofft, daß er sich die entscheidende Information beschaffen kann, die ihm mit Sicherheit eine Beförderung oder einen Orden einbringen würde. In der Unterwelt stehen die Spitzel bereit, sie haben den Befehl, in den üblichen Kreisen herumzuschnüffeln: bei den Zuhältern, den Prostituierten, den Inhabern von Nachtbars, den kleinen Dieben und Betrügern.
Oberinspektor Poirier, den der Untersuchungsrichter Chapar mit den Ermittlungen gegen Unbekannt wegen Ausbruchs und Beihilfe hierzu beauftragt hat, überläßt nichts dem Zufall.

Girier wälzt sich in seinem Bett im Royalty hin und her. Er ist eine so weiche Matratze, Laken und ein Federkissen, in dem sein Kopf versinkt, nicht mehr gewohnt. Er schläft nur halb. Die Aufregungen und Gefahren, die er in diesen 24 Stunden erlebt hat, und die er während der überstürzenden Ereignisse gar nicht so intensiv empfunden hat, machen sich jetzt bemerkbar. Er durchlebt erneut das zermürbende Warten, die Angst, den Ausbruch selbst, so wie ein Schachspieler im Traum die gefährlichen Klippen seines Spiels wiedererlebt. Bald glaubt er, immer noch in seiner Zelle zu sein, und versucht, die Geräusche, die von der Straße heraufdringen, mit denen in Einklang zu bringen, die 430 Tage lang seine Nerven zermürbt haben, bald sieht er sich im Gefängniswagen, wie er krampfhaft versucht, nicht zwischen die rollenden Räder zu fallen, und erstickt fast vor Angst. Er hört deutlich das Geräusch der Gummireifen auf dem nassen Asphalt. Seine Muskeln verkrampfen sich, obwohl er genau weiß, daß alles nur ein Alptraum ist.
Es ist laut auf der Straße, im Hotel werden die Türen auf und zu geschlagen, Wasserhähne angedreht. Jeder Laut ist für ihn neu und beängstigend. Girier will am liebsten nichts mehr hören. Wenn er doch nur endlich richtig einschlafen würde.
Ein Kratzen an der Tür läßt ihn zusammenfahren. Seine Hand tastet unter das Kissen, um nach der Pistole zu greifen. Da vernimmt er eine leise Frauenstimme:
»Gino! Gino!«
Leise zieht Girier seine Hose an. Mit nackten Füßen und nacktem Oberkörper, die Waffe in der Hand, schleicht er sich bis zur Tür und lauscht, das Ohr dagegengepreßt. Er spürt, trotz des Schweigens, daß jemand vor der Tür steht, reglos, mit der Hand auf der Klinke. Einen Augenblick lang überkommt ihn der Gedanke, daß Kerker-

Geier auf dem Flur steht. Er hält den Atem an. Es ist nichts zu hören als das Gurgeln eines Wasserrohrs in einem Zimmer nebenan und das Aufheulen eines Motors auf der Straße. Die Bullen? Girier stellt sich vor, wie sie, den Finger am Abzug, auf der Lauer liegen. Wer hat ihnen einen Tip gegeben? Gino? Unmöglich. Vielleicht der Barkeeper? Nein, er hat ihn nur flüchtig gesehen. Grador? Lächerlich! Der Anwalt weiß gar nicht, daß er im Royalty ist. Und außerdem hat das alte Ekel gerade den Brief erhalten und zermartert sich sicherlich das Gehirn, um einen Weg zu finden, ihn in Biarritz übers Ohr zu hauen. Girier versucht, ruhig zu überlegen, aber seine gereizten Nerven hindern ihn daran. Seine Gedanken überstürzen sich. Man hat ihn verpfiffen! Das Mädchen, das sicher mit der Polizei unter einer Decke steckt, ist wieder weggegangen. Aber die Bullen sind geblieben und halten jetzt den Atem an, um sich nicht zu verraten. Es ist eine Falle. Girier versucht, die aufkeimende Panik zu bekämpfen, zu begreifen, was geschehen ist, aber ein Teil seines Verstandes verweigert ihm die Hilfe. Er vergißt, daß er ein Flüchtiger ist, der wie ein tollwütiges Tier gejagt wird. Sein Entschluß steht fest. Er muß sich Gewißheit verschaffen, und zwar rasch. Mit einem plötzlichen Ruck öffnet er die Tür. Niemand ist da. Er bleibt auf dem Treppenabsatz stehen, der von der Nachtlampe nur schwach beleuchtet ist. Er hat seine Waffe in die Tasche gesteckt, aber seine Hand umklammert den Griff. Auf Zehenspitzen geht er weiter. Durch die offenstehende Tür des Zimmers dringen die Geräusche von der Straße zu ihm und beruhigen ihn. Wenn die Polypen das Hotel umstellt hätten, würde er das an der Intensität der Stille merken. Er geht bis zur Treppe, hält sich am Geländer fest und beugt sich hinunter. Eine Frau, die auf einer Stufe sitzt, hebt das Gesicht zu ihm auf.
»Gino?«
Sie erkennt ihren Irrtum, lächelt und steht auf. Sie ist groß. Obwohl sie zwei Stufen unter ihm steht, reicht ihr Kopf ihm bis zu den Schultern. Girier vermag nur undeutlich ihre Züge zu unterscheiden, aber an der Haltung ihres Kopfes mit dem blonden, zu einem Knoten hochgesteckten Haar erkennt er sofort, daß sie sehr schön sein muß.
»Ich warte auf Gino«, sagt sie. »Entschuldigen Sie. Wissen Sie nicht, wo er ist?«
Ihre Stimme ist sanft und wohlklingend und erweckt in ihm den gleichen Eindruck wie ihr ganzes Äußeres. Der Schock, den er verspürt hatte, als sie den Kopf zu ihm hob, wird jetzt von einem sonderbaren Gefühl abgelöst, in dem ein kleiner Hauch von Sehn-

sucht mitschwingt, den die körperliche Schönheit fast immer, wie ein Vorbote des Verlangens, erweckt.
»Nein«, sagt er, »aber bleiben Sie doch da. Kommen Sie.«
Er geht ihr voraus in das Zimmer zurück, schließt die Tür hinter sich, zündet die Nachttischlampe an. Die junge Frau ist ihm gefolgt, ohne ein Wort zu sagen. Jetzt wendet sie ihm den Rücken zu und sieht aus dem Fenster, dessen Vorhänge sie beiseite geschoben hat. Girier erinnert sich, daß sein Oberkörper noch immer nackt ist. Er sucht sein Hemd und knöpft es gerade zu, als sie sich wieder umdreht.
»Ich heiße Hélène«, sagte sie mit einem kleinen amüsierten Lächeln über diese überflüssige Schamhaftigkeit. »Ich nehme an, Sie sind ein Freund von Gino?«
Girier nickt. Hélène betrachtet ihn ohne jede Verlegenheit. Sie ist schlank und fast ebenso groß wie er. Ihre verwaschenen Jeans unterstreichen mit der Präzision eines Kohlestiftes die Konturen ihrer knabenhaften Hüften. Unter ihrer weiß-rotkarierten, wollenen Bluse zeichnen sich ihre festen, nackten Brüste ab. Der lange sanfte Hals verleiht ihrem Kopf jene stolze Haltung, die Girier sofort bewundert hat. Das Gesicht mit den reinen Zügen wirkt ein bißchen leblos. Der blonde Knoten ist streng und ungewohnt. Girier überlegt, daß sie nicht die Art von Frau ist, die mit Gino geht. Es ist in ihr irgend etwas Unschuldiges und Verhaltenes, das ihm gefällt, aber das eigentlich überhaupt nicht zu dem jungen Mann paßt.
»Hatten Sie ein Rendez-vous mit Gino?«
»Nein. Ich habe meine Schlüssel vergessen. Ich wollte ihn bis morgen um seine Gastfreundschaft bitten.«
Girier betrachtet sie erstaunt. Sie hatte es völlig natürlich gesagt. Und übrigens scheint sie das alles natürlich zu finden: Giriers Anwesenheit in Ginos Zimmer, die Tatsache, daß Gino gar nicht da ist, und daß sie selbst mitten in der Nacht zu ihm kommt.
»Na, ist nicht so schlimm«, sagt sie. »Ich hab halt kein Glück! Alle sind heute nacht in der Rue Jacob, zur Eröffnung des neuen Restaurants.«
Sie bewegt sich voller Anmut und scheint den Blick, der ihr folgt, offenbar nicht zu beachten.
Es ist so lange her, seit Girier allein mit einer Frau zusammen war, daß er sich einen Augenblick lang fragt, ob sie alle so sind wie diese, so selbstsicher, so unbekümmert über den Eindruck, den sie machen, oder ob Hélène eine Ausnahme ist, eine Art Original, wie es so viele in diesem Viertel gibt. Er lächelte über seine eigene Unsicherheit.

»Warum lachen Sie«, fragt sie. »Hab ich etwas Komisches gesagt?«
René schüttelt den Kopf. Er kann ihr schließlich nicht die Wahrheit sagen. Sie sieht ihn aufmerksam an. Ihre Augen verweilen kurz auf der Ausbuchtung seiner Tasche, in der die Pistole steckt, dann sieht sie wieder zu seinem Gesicht auf. Es steht eine leise Frage in ihrem Blick. Girier sagt sich, daß sie erraten haben muß, daß er bewaffnet ist. Er ist einen Augenblick lang besorgt. Aber auch das scheint ihr wohl selbstverständlich zu sein. Das Schweigen zwischen ihnen dauert an.
Hélène steht nahe an der Tür, eine Hand halb erhoben, als wolle sie sie auf die Klinke legen, ihr Körper ist ihm aber noch immer zugewandt. Ihr Knoten ist aufgegangen. Ein paar Strähnen ihres langen, blonden Haars sind auf ihre Schultern herabgefallen. Girier möchte die junge Frau zurückhalten, mit ihr sprechen, sie so vieles fragen. Ein unsinniges, ganz übertriebenes Gefühl der Panik hat ihn ergriffen.
Wenn sie die Tür hinter sich schließt, denkt er, ist alles im Eimer. Sie wird im ganzen Viertel herumerzählen, daß sie mich gesehen hat. Sie muß bis morgen früh hier bleiben. Ob sie will oder nicht. Doch statt zu versuchen, sie zum Hierbleiben zu bewegen, hört er sich banal zu ihr sagen: »Mir hat Gino auch sein Zimmer für die Nacht überlassen.« Gleichzeitig verflucht er sich. Er ist jetzt überzeugt, daß sie gehen wird.
Als Hélène sich ihm wieder nähert, ist er ganz überrascht.
»Also hab ich Sie geweckt?« fragt sie. »Das tut mir leid.«
Sie zieht eine drollige kleine Grimasse und fährt dann unerwartet fort, als antworte sie auf eine Frage:
»Wissen Sie, Gino ist ein Kumpel. Es ist nichts Ernstes zwischen uns.«
Sie hat es offenbar nicht mehr so eilig mit dem Weggehen, sie läuft in dem Zimmer auf und ab, sieht sich das Mobiliar an, hebt einen Socken auf, den sie auf einen Stuhl legt, und geht langsam wieder zum Fenster zurück.
»Das ist wirklich prima hier«, fügt sie, zu Girier gewandt, hinzu. »Man findet immer jemanden, der einem aus der Klemme hilft. Und niemand stellt lästige Fragen.«
Einen kurzen Augenblick lang ist Girier beunruhigt. Spielt sie auf ihn an oder spricht sie nur für sich selbst? Sie wendet ihm den Rükken zu, ihre etwas heisere Stimme erfüllt das Zimmer mit einer Art Ruhe. Er fragt sich, ob das, was sie eben gesagt hat, nicht eine versteckte Art, ihn zu beruhigen ist, ihm Sicherheit zu geben, die Angst zu nehmen, die sie wohl unter seiner gespielten Gelassenheit spürt.

Hélène ist wieder zu ihm getreten. Er spürt auf seiner Haut die Wärme ihres Atems. Sie steht aufrecht, die Arme leicht vom Körper abgewinkelt. Das Verlangen nach ihr überfällt ihn mit der Heftigkeit, mit der ein Fluß ins Meer einmündet. Er beugt sich nieder, um sie zu betrachten. Ihr langsamer, regelmäßiger Atem hebt ihre Brust. Seine Aufmerksamkeit konzentriert sich auf die Entdeckung des für ihn noch unbekannten Gesichts, das ihm zugewandt ist, und in dem jede kleine Unvollkommenheit ihre Schönheit noch steigert, als hätten diese Zeichen des Alters, statt sie häßlich zu machen, im Gegenteil zu einer Art melancholischer Vollendung geführt.
Sie sagt etwas, er antwortet, aber jedes seiner Worte scheint ihm zu einer Welt zu gehören, die nicht dieselbe ist wie die, in der sie im Augenblick leben. Plötzlich geschieht ein Wunder, Hélène hat zum ersten Mal »du« zu ihm gesagt.
Girier hat den Eindruck, dank dieses »du« in die Zukunft geworfen zu werden. Sie haben soeben mit schwindelnder Schnelligkeit einen Teil ihres Lebens gelebt.
»Komm«, sagt er.
Und dann lösen sich die Entfernungen auf. Die Wände des Zimmers werden immer enger, umschließen sie, drängen sie dicht aneinander.

Hélène ist danach eingeschlafen. Girier spürt ihren Körper, der sich an den seinen drängt, hört ihren regelmäßigen Atem. Er wagt nicht, sich zu bewegen, aus Furcht, sie zu wecken. Draußen ist der Straßenlärm verstummt. Es ist vier Uhr. Der Gedanke, daß das Ding, das er in der Schweiz drehen will, es ihm erlauben soll, endlich ein anderes Leben zu beginnen, beschäftigt ihn unaufhörlich. Er wird noch heute mit Louis darüber reden.

28

Um fünf Uhr morgens sitzt Oberinspektor Poirier mit grauem Gesicht, weil er so schlecht geschlafen hat, vor seinem Schreibtisch und bläst den Rauch seiner Zigarette an die Decke. Er weiß, daß der Erfolg seiner Ermittlungen vor allem von der Routinearbeit abhängt, die er von der Pike auf gelernt hat. Er weiß, daß das Herumwühlen in den Archiven das erste Glied einer Kette sein kann, die sich immer enger um den Schuldigen schließt, und zwar dank der lückenlosen Kenntnis seines beruflichen und privaten Lebens, seines Charakters, seiner Angewohnheiten, seiner Bezie-

hungen. Und deshalb ist Poirier schon zu so früher Stunde, mit der Methodik und der Hartnäckigkeit, die ihm die Erfolge seiner Laufbahn eingebracht haben und über die so mancher junge Polizist spöttisch lächelt, aufgebrochen, um den diensthabenden Inspektor in den Archiven aufzustöbern, und mit der dicken Akte Girier unter dem Arm hat er sich in sein Büro begeben. Als um sieben Uhr Mazard und Joliot bei ihrem Chef erscheinen, ein bißchen verlegen darüber, daß sie an einem so außergewöhnlichen Tag so spät kommen, bemerken sie gleich beim ersten Blick, daß Poirier die Akte mit seiner gewohnten Sorgfältigkeit durchgeackert hat. Sein Schreibtisch ist von Notizblättern übersät, und sein Keramikaschenbecher quillt von Zigarettenkippen über.
Poirier steht auf, geht an das Fenster, durch das ein trüber Tag hereinfällt, und dreht sich dann auf dem Absatz um.
»Ich hab nicht viel Interessantes entdecken können«, sagt er. »Girier ist zu schlau, um sich mit Marinette oder Robillard in Verbindung zu setzen. Und außerdem weiß jeder seit der Verhaftung von Buisson, daß Robillard ein Spitzel von Borniche geworden ist. Am besten wir fangen in der Santé an. Während ich Giriers Zelle durchsuche, soll Mazard die Adressen von allen Personen notieren, die ihm Briefe, Päckchen oder Geld geschickt haben. Joliot soll sich inzwischen das Besucherverzeichnis vornehmen. Wenn einer von uns vor dem anderen fertig ist, kann er ja noch versuchen, mit den Aufsehern zu sprechen, aber vorsichtig, denn es könnte ja sein, daß einer von ihnen in der Sache mit drinsteckt. Verstanden?«
»Einverstanden«, antworten Mazard und Joliot wie aus einem Munde.
»Also, auf geht's!«
Fünf Minuten später verläßt der Citroën den Quai des Orfèvres, überquert die Brücke von Saint-Michel und fährt durch das morgendlich trübe Paris in Richtung des Santé-Gefängnisses.

Es ist noch dunkel, als Girier das Royalty verläßt. Über den feuchtglänzenden Dächern ziehen Regenwolken, die der Winterwind vor sich herjagt. Es ist sechs Uhr. Die Rue Saint-Benoît ist leer. Das Schweigen wird nur unterbrochen von dem Klappern der Mülleimer, die die Leute von der Müllabfuhr über den Bürgersteig des Boulevard Saint-Germain rollen.
Girier hat trotz seiner Müdigkeit kaum geschlafen. Er hat sich auf seinem Bett hin- und hergeworfen. Allzuviele Gedanken schwirren ihm durch den Kopf. Hélène hat nur verschlafen gebrummt, als er aufstand und die Nachttischlampe anknipste, dann hat sie sich

wieder in ihre Decken gewickelt. Sie hat nicht einmal gesehen, wie er das Zimmer verließ. Gestern wußte er noch nichts von ihr. Heute morgen kennt er ihren Namen und ihre Adresse. Ihr Personalausweis sah aus der Tasche ihrer Jeanshose heraus. Er hat ihn sich kurz angesehen, dann hat er ihn wieder in die Tasche gesteckt. Zumindest weiß er jetzt, daß seine flüchtige Geliebte, Hèléne de Labassagne, geboren am 15. August 1929 in Moissac, in Neuilly in der Rue des Dames-Augustines 65 wohnt. Er war ziemlich überrascht: »Eine Adlige! Was für eine Art, jeden Abend mit anderen Typen ins Bett zu gehen.«
Einen Augenblick dachte er an seine eigene Tochter, die er seit langem nicht mehr gesehen hat und die er sobald auch nicht wiedersehen wird. Sie ist zehn. Und sie ist blond wie Hélène. Wer weiß, ob sie nicht in ein paar Jahren, sich selbst überlassen, auch die Rue Saint-Benoît und das Royalty frequentiert und von Liebhaber zu Liebhaber wandert? Girier fühlt sein Gewissen schlagen.
Vor dem Hotel zögert er, welche Richtung er einschlagen soll. Wie Gino es ihm versprochen hatte, lag unter seiner Tür ein Brief mit einer kurzen Zeile: »Beichte um acht Uhr – Saint Jacques de La Villette-Kirche«. Für den Nichteingeweihten ergibt das keinen rechten Sinn, für René bedeutet es den diskreten Ort, den Louis für ihr erstes Treffen ausgewählt hat. Der alte Antiquitätenhändler liebt solche Rendez-vous in der Kirche. Es ist dort dunkel, ruhig, geheimnisvoll, und obendrein sind sie reich an Kunstwerken. Kein Polizist, nicht einmal ein besonders schlauer, käme auf die Idee, daß Gangster sich in Kirchen treffen könnten. Das entspricht ganz Monsieur Louis' vorsichtiger Art. Girier kennt den Ort. Er muß durch ganz Paris durch, aber er hat ja zwei Stunden Zeit, um hinzukommen.
Er geht die Rue Saint-Benoît bis zur Rue Jacob hinunter, biegt links ein, läuft durch die Rue Bonaparte und kommt dann ans Seine-Ufer. Der Wind ist kalt. Sein verletzter Finger tut ihm weh. Er hat seinen Gang geändert, und diese neue Art, vorwärts zu gehen, mit eingezogenen Schultern und gebeugtem Rücken, ohne sich zu beeilen, trägt mehr noch als eine Verkleidung dazu bei, ihn unkenntlich zu machen.
Er denkt an Hélène. Er bedauert diese Nacht im Royalty nicht, trotz des Risikos. Da der Tag seines Ausbruchs nicht feststand, brauchte er schließlich einen Ort, bei dem er sicher sein konnte, Gino zu jeder Tages- und Nachtzeit zu treffen. Er konnte nicht zu Louis gehen, ja, sich nicht einmal mit ihm in Verbindung setzen. Der Alte ist darin unerbittlich. Er fürchtet stets, man könne ihn belauschen oder

etwas beobachten.
Girier bewahrt an diese Nacht mit Hélène eine beglückende Erinnerung. Er sagt sich, daß ihn auch jede andere begehrenswerte Frau nach diesen Monaten der Enthaltsamkeit befriedigt hätte, aber Hélène hat ihn, mehr als er zugeben möchte, verführt. Das beunruhigt ihn. Er hat selten eine so offene, freizügige Frau getroffen. Sicher wird sie, wenn sie erwacht, überrascht sein, allein zu sein, doch dann wird sie ihre Jeans anziehen und mit ihrem grazilen Gang ihre Langeweile ins Flore oder ins Deux-Magots tragen und darauf warten, daß sich eine neue Gelegenheit bietet. Schade! Er würde sie gerne wiedersehen.
Girier überquert die Brücke des Carrousel, dann wandert er durch die Tuilerien. Kommt zum Palais-Royal. Die Avenue de l'Opéra ist noch hell beleuchtet durch die Straßenlaternen. Er geht in die Metro hinunter. In dem Zug in Richtung Porte de la Villette sitzt er allein in seinem Erster-Klasse-Abteil und sieht die Stationen an sich vorüberziehen. An der Opéra setzt sich ein Paar neben ihn. Der Mann liest den »Parisien libéré«, die Frau einen Kriminalroman. Girier wirft einen Blick auf die Zeitung. Unter der riesigen Schlagzeile »Spazierstock-René bricht aus dem Gefängniswagen aus«, ist sein Foto abgebildet, er wendet den Kopf. Die Fensterscheibe wirft sein verzerrtes Bild zurück. Er beginnt, die Reklame-Plakate zu zählen, die an den grauen Tunnelwänden angeschlagen sind: »Dubo... Dubon... Dubonnet...« In der Metrostation Riquet steigt er aus; die frische Luft schlägt ihm entgegen. Er friert wieder. Das Viertel von La Villette ist verlassen und kalt. Girier geht am Quai der Oise entlang und bleibt vor der Saint-Jacques-et-Saint-Christophe-Kirche stehen. Die Kirchturmuhr zeigt 7.30 Uhr. Er ist zu früh da. Er geht durch das Portal hindurch, taucht den Finger in das Weihwasserbecken, genießt dieses ganz besondere Schweigen, die Schönheit der Kirchenfenster, den Geruch nach Weihrauch und Wachs, all diese Dinge, die sich unauslöschlich in ihm einprägen und die er nie vergißt. Er geht durch das Seitenschiff, kommt am Hochaltar vorbei und findet schließlich den Beichtstuhl. Nicht weit von ihm entfernt kniet er nieder. Er wartet, den Blick auf die zitternde Flamme im Chor gerichtet, das Licht des Lebens, das nie verlöschen darf. Um acht Uhr erscheint Louis mit einem großen Gebetbuch in der Hand. Ein spöttisches Lächeln spielt um seine Lippen. Er kniet neben Girier nieder und flüstert, ohne den Kopf zu wenden:
»Was hältst du von diesem Treffpunkt?«
Jedesmal, wenn sie sich wiedertreffen, ganz gleich, wie die Umstän-

de sind oder wieviel Zeit inzwischen vergangen ist, verhält Louis sich, als hätten sie sich erst am Abend zuvor getrennt.
»Nicht schlecht«, brummt Girier. »Wenn mein Versteck genauso diskret ist, mach ich mir keine Sorgen.«
Louis zieht aus seiner Tasche zwei Schlüssel, die an einem Ring hängen, und schiebt sie über den Betschemel.
»Da«, murmelt er. »Die Adresse ist Rue Surcouf 49, Erdgeschoß rechts. In dem Haus gibt es keine Concierge. Die Wohnung gehört einem Freund, Brézin, der für zwei Jahre in Gabun ist. Ein hoher Beamter. Er ist über jeden Zweifel erhaben. Er ist dein Onkel. Der Hausbesitzer weiß Bescheid. Wenn du nicht allzu oft auf die Straße läufst, kann dir nichts passieren. In der Küche findest du alles, was du brauchst. Die Speisekammer ist gefüllt und du hast auch ein Radio, aber kein Telefon, das ist sicherer.«
Girier lächelt leicht. Louis fährt flüsternd fort:
»Gino wird dir alles bringen, was du brauchst, und spielt auch den Verbindungsmann. Du brauchst dir keine Sorgen zu machen.«
»Ausgezeichnet«, sagt Girier. »Und was gibt es Neues aus der Schweiz?«
»Nichts!«
»Wieso nichts? Wir arbeiten doch jetzt schon seit über einem Jahr an diesem Plan!«
Der alte Mann grinst über seinem Gebetbuch.
»Du hast dich nicht geändert«, brummt er. »Du mußt immer gleich im voraus etwas Positives in der Hand haben, Tatsachen, Einzelheiten, alles was dazu gehört! Was mich bei dieser Sache in der Schweiz ganz besonders interessiert, ist ihre Originalität. Die Phantasie. Sonst hätte ich mich gar nicht darum gekümmert.«
Girier wendet für einen kurzen Augenblick den Kopf. Der Alte spinnt.
»Seit Monaten beschäftige ich mich mit diesem Job«, stößt er hinter zusammengepreßten Lippen hervor. »Im Knast habe ich ja an nichts anderes denken können, und ich habe meine Haut riskiert in der Hoffnung, den glänzendsten Coup meines Lebens zu landen und gleichzeitig auch den letzten.«
»Nach Deauville«, murmelt Louis.
Girier runzelt die Stirn.
»Wieso Deauville? Glaubst du vielleicht, daß ich in Deauville mit dabei war?«
Louis bekreuzigt sich.
»Das erzählen sich jedenfalls die Leute! Selbst die Zeitungen behaupten das. Und in der Unterwelt geht das Gerücht, du habest

den Schmuck vergraben und wolltest ihn nicht aus dem Versteck holen, bevor du nicht aus dem Knast seiest.«

»Und meine Kumpel«, sagt Girier, und sein Blick wird hart. »Glaubst du vielleicht, ich hätte sie verhungern lassen?«

Der alte Antiquitätenhändler schüttelt verneinend sein kahles Haupt. Schweigend geht ein Priester durch das Kirchenschiff. Monsieur Louis und Spazierstock-René beugen den Kopf und versenken sich mit gefalteten Händen andächtig in ein Gebet. Giriers Lippen bewegen sich kaum.

»Hat sich nichts geändert, seit ich im Knast war?«

»Nein. Du kannst ganz beruhigt sein: alles geht von Tag zu Tag schlechter. Die Inflationsrate steigt zusehends, der Franc sinkt, und die Spekulationsgeschäfte blühen. An der Börse laufen immer ein paar mehr oder weniger offizielle Makler herum. Und sie machen noch immer ihr Geschäft damit, daß sie sich von ihren Kunden Hunderte von Millionen geben lassen, um sie heimlich in die Schweiz zu schmuggeln.«

Giriers Gesicht wird heiterer.

»Hervorragend. Hast du meine Tips erhalten?«

»Ja. Gino und Lisa haben zwei oder drei nicht ganz einwandfreie Börsenmakler beobachtet. Wir konnten feststellen, wer für sie das Geld schmuggelt. Ein armer, völlig ungefährlicher Typ, der an der Porte Dorée wohnt, Albert Bagard.«

Girier will gerade anerkennend pfeifen, als er sich noch rechtzeitig daran erinnert, daß er sich in einer Kirche befindet. Monsieur Louis scheint immer noch in einem tiefen Gebet versunken zu sein, er stützt das Gesicht in seine Hände. Er murmelt:

»Ungefähr alle zwei Tage verläßt Bagard seine Wohnung um 20.30 Uhr, besucht noch rasch seine Geliebte in der Rue de la Roquette und begibt sich anschließend zur Gare de Lyon, wo er den Zug um 23.46 Uhr nimmt.«

Girier spitzt die Ohren:

»Sag mal, könnten wir uns den nicht schon schnappen, wenn er von seiner Puppe kommt?«

Louis hebt den Kopf.

»Die Jugend ist immer so ungestüm! Das Warten, mein Junge, ist das Salz des Lebens. Nein, das hätte gar keine Zweck. Bagard bekommt das Geld erst am Bahnhof ausgehändigt. Er geht auf den Bahnsteig, setzt sich in ein Abteil erster Klasse, und erst kurz vor Abfahrt des Zuges übergeben ihm die Makler die mit Geldscheinen vollgestopften Koffer oder Einkaufstaschen. Es sind zwei oder drei, so daß ich fast annehme, daß Bagard für verschiedene Kunden

arbeitet und von jedem Vermittlungsprovision einkassiert.«
Monsieur Louis hat plötzlich die Stimme gesenkt, als eine alte Frau sich unweit von ihnen auf den Betschemel kniet. Von hinten gesehen scheinen die beiden Männer in die Betrachtung des Heiligen Joseph versunken, der über ihnen seine Marmorhand segnend ausstreckt. Nach einem kurzen Zögern fragt Girier:
»Wo fährt dein Typ hin?«
»Nach Annecy. Gino ist ihm gefolgt. Der Zug kommt dort um 6.37 Uhr an. Bagard verläßt eiligst den Bahnhof, überquert den Platz und trifft in der Avenue d'Aléry seinen Schmuggelkollegen, der auf ihn in einem Wagen mit ausgeschalteten Scheinwerfern wartet. Wenn er Bagard kommen sieht, blinkt er zweimal auf und Bagard lüftet seinen Hut. Er steigt in den Wagen ein, bleibt dort drei oder vier Minuten sitzen, dann begibt er sich in das Bahnhofsrestaurant und frühstückt dort, während der Wagen wieder davonfährt. Er fährt mit dem Zug um 7.28 Uhr nach Paris zurück und ist um 13.30 Uhr mit leeren Koffern wieder da. Die Übergabe findet also im Wagen des anderen Typen statt.«
Girier brummt zufrieden.
»Das habt ihr gut gemacht«, sagt er. »Der Coup ist wirklich kinderleicht. Ich halte mich eine Weile in der Gegend von Annecy auf. Sobald Bagard in den Zug eingestiegen ist, rufst du mich an. Am nächsten Morgen verstecke ich mich hinter dem Bahnhof, folge dem Schmuggler, schneide ihm dann auf der Straße den Weg ab, und damit wäre die Sache geritzt. Ja, wir könnten sogar den Trick mit dem falschen Polizisten spielen. Hast du nicht immer noch bei dir zu Hause den alten offiziellen Ausweis, den ich 1945 in der Normandie benutzt habe? Das wäre wirklich lustig.«
Louis lächelt vor sich hin. In Gedanken sieht er bereits die Szene, die sich auf der Straße nach Genf abspielen würde, inmitten einsamer Felder, wenn Girier den Wagen des Schmugglers zum Anhalten gezwungen hätte. Er stellt sich vor, wie Girier sich gelassen und entspannt dem Wagen nähert.
»Na, Monsieur, haben wir uns jetzt auf Geldschmuggel verlegt?«
»Aber nein, Herr Inspektor, wie kommen Sie darauf?«
»Was nein? Und das Paket, das der Typ aus Paris Ihnen gerade hinter dem Bahnhof übergeben hat? Ist da vielleicht Schokolade drin? Wo ist denn das Paket?«
»Ich verstehe nicht, Herr Inspektor.«
»Aha, der Herr versteht nicht? Ich soll mich wohl noch ein bißchen klarer ausdrücken? Vielleicht mit ein paar Schlägen mit dem Gummiknüppel? Und anschließend werden wir dann Ihr Auto beschlag-

nahmen, um es gründlich auseinanderzunehmen.«
Girier weckt den Antiquitätenhändler aus seinen Gedanken.
»Wir müssen uns schleunigst ein paar Einzelheiten über den Schmuggler beschaffen. Gino soll nach Annecy fahren und mir das Kennzeichen seines Wagens verschaffen. Damit kann ich seinen Namen und seine Adresse herausfinden. Alles übrige übernehme ich.«
»Willst du das Ding zusammen mit Gino drehen?«
Diese plötzliche Frage des Antiquitätenhändlers überrascht Girier. Er zögert. Gino macht ihm Sorgen. Würde der junge Mann auch nicht die Nerven verlieren? Was würde er tun, wenn es Ärger gibt? Für ihn ist die Antwort ziemlich klar: er würde auf jeden Fall seinen Revolver benutzen. Dem Alten ist das natürlich egal. Nachdem er schon so lange den Deus ex Machina gespielt hat, ist ihm die Realität verhältnismäßig fremd geworden. Menschen aus Fleisch und Blut sind für ihn nichts anderes mehr als Figuren, die er auf dem Schachbrett seiner Phantasie nach Belieben setzt. Girier weicht aus:
»Mach dir mal keine Sorgen! In zwei Wochen sind wir alle stinkreich. Bei diesem Coup können leicht fünfhundert oder achthundert Scheinchen für uns rausspringen. Vielleicht eine Milliarde...«
Louis erwidert nichts. Auf seinem kahlen, geneigten Kopf spiegelt sich das spärliche Licht, das aus dem Fenster des Seitenschiffs fällt.
»René«, flüstert er plötzlich, »wann wirst du endlich begreifen, daß das Geld gar keine Rolle spielt? Was mir an deinem Coup gefällt, ist die Risikolosigkeit. Die Makler werden keine Anzeige erstatten. Sie werden nicht riskieren, daß man ihnen eine gesalzene Gefängnisstrafe aufbrummt und Geldstrafen, die mindestens dreimal so hoch sind wie die geschmuggelten Geldbeträge. Der Schmuggler selbst wird natürlich auch den Mund halten. Und seine Kunden werden ihm nie glauben, daß er mitten auf der Landstraße überfallen wurde. Sie werden denken, daß er sie hereingelegt hat. Das ist das Schöne an der ganzen Sache: eine Milliarde löst sich in Luft auf, als hätte sie nie existiert.«
Monsieur Louis sieht auf seine Uhr.
»Geh du als erster«, sagt er. »Sei vorsichtig und warte auf meine Nachricht. Gino wird das Nötige in Annecy tun. Ich werde dir Bescheid sagen, sobald es an der Börse gut genug für die Sache aussieht.«
Girier steht auf. Er geht durch das Mittelschiff, steht schon unter dem Portal. Da versteckt er sich in einer plötzlichen Eingebung hinter einer Säule. Nach ein paar Minuten erscheint auch Louis im

Mittelgang. Er geht langsam, den großen, kahlen Kopf leicht nach hinten geneigt, um ja nicht einen Zentimeter seiner Körpergröße zu verschenken; er hält seinen Hut vor den Bauch. Als er an das Weihwasserbecken kommt, taucht er fast die ganze Hand hinein, dreht sich zum Altar um und bekreuzigt sich mit weitausholender Geste, das Weihwasser spritzt auf die Betschemel mit Strohgeflecht, auf denen vereinzelt ein paar alte, schwarz gekleidete Frauen flüsternd mit den Köpfen wackeln.

29

Gegen Mittag hält der Wagen von Oberinspektor Poirier vor dem Quai des Orfèvres.

Während er den respektvollen Gruß der Wachtposten erwidert, die vor der Nummer 36 auf und ab gehen, wird Poirier plötzlich klar, daß er mit einem Mal ein wichtiger Mann geworden ist, dessen Name heute abend zusammen mit Giriers in aller Munde sein wird. Er zuckt die Achseln, tritt durch das Portal, wendet sich im Hof nach links und geht auf die Treppe zu, die zur Kripo führt und die er schon so oft im Verlauf seiner langen Karriere hinauf- und hinabgestiegen ist, manchmal allein, manchmal zusammen mit Kollegen, die es schon längst nicht mehr gibt, immer zusammen mit Strafgefangenen, die er zum Verhör brachte. Er öffnet die Tür. Ein Schwarm von Journalisten, die am Fuß der Treppe auf ihn warteten, stürzt sich auf ihn, bildet einen Kreis um ihn, stößt ihn, zieht ihn. Blendende Blitzlichter flammen auf. Poirier versucht, sich loszumachen, benutzt seine Ellenbogen, brummt. Fragen hageln auf ihn nieder:

»Herr Oberinspektor, was haben die Ermittlungen in der Santé ergeben?«

Poirier schweigt einen Augenblick. Sein Blick wandert über die versammelten Journalisten. Er zieht gemächlich den Hut ab, kratzt sich den Kopf. Dann streckt er, um seine Unwissenheit zu bekunden, das Kinn vor:

»Das werde ich Ihnen heute abend sagen können, wenn ich erst einmal die ganzen Papiere durchgegangen bin.« Er klopft auf seine Aktenmappe. »Da ist eine ganze Menge Lesematerial drin.«

Sein Lächeln erstarrt auf den Rollei-Filmen. Poirier durchbricht den Kreis, geht, immer noch von den Journalisten begleitet, die Treppe hinauf, öffnet die Tür zu seinem Büro.

»Kommen Sie heute nachmittag um vier wieder«, ruft er. »Bis dahin habe ich vielleicht etwas Neues.«

In seinem Büro legt er zunächst die Aktentasche auf den Tisch, hängt dann seinen Gabardine-Mantel an den Garderobenständer und zieht seinen Tabaksbeutel hervor. Mit gekonnter Geste dreht er sich eine Zigarette. Anschließend klebt er das Papier mit der Zunge zusammen, zündet ein Streichholz an. Nachdenklich sieht er dem aufsteigenden blauen Rauch nach.
Poirier geht zu seinem Schreibtisch. Aus der Aktenmappe nimmt er ein Paket Briefe, zusammen mit einem weißen Umschlag, den er vorsichtig öffnet. Er nimmt etwas braunes Pulver heraus, prüft es mit den Fingern, dann betrachtet er es noch einmal aufmerksam, schließt den Umschlag wieder und legt ihn in ein Schubfach. Die enge Handschrift der ersten Briefe macht ihm ein wenig Mühe; er runzelt die Stirn. Mit Rotstift unterstreicht er ein paar Stellen und hält verblüfft bei der Erwähnung eines Vornamens inne. Mazard kommt ins Zimmer herein:
»Was Neues?« fragt er, indem er um den Schreibtisch seines Chefs herumgeht.
Poirier deutet auf die verstreuten Papiere.
»Ich glaube ja. Ein Mädchen namens Gennie hat ihm regelmäßig geschrieben. Offenbar aus guter Familie, nach dem, was ich sehe, sie ist Angestellte bei einer Luftfahrtgesellschaft. Mir scheint, die hat's ganz schön erwischt.«
Mazard zieht aus seiner Tasche ein ebenfalls eng beschriebenes Papier, das er entfaltet.
»Die hab ich auch«, sagt er. »Ich hab schon eine ganze Menge über sie herausbekommen. Ihre Adresse hab ich auch, sie wohnt in der Rue Poulet. Was die Spazierstock-René an Päckchen und Postanweisungen geschickt hat! Es ist kaum zu fassen. Ihr ganzer Monatsverdienst muß dabei draufgegangen sein!«
Poirier zieht an seiner Zigarette:
»Kümmern Sie sich noch heute abend um sie. Und dann werden wir sehen, was uns Joliot noch bringt.«
Poirier findet, daß die Sache nicht so schlecht aussieht. Er sieht sie sogar ziemlich optimistisch. Gennie scheint eine interessante Spur zu sein. Früher oder später kann sie ihn zu Girier führen. Wenn man überlegt, was sie ihm für Liebesbriefe geschrieben hat! Das alte Sprichwort von den geschwätzigen Frauen kommt ihm in den Sinn. Und für ihn ist diese Frau im Augenblick Gennie.
Einen Augenblick lang denkt er darüber nach, daß Spazierstock-René vielleicht absichtlich die Briefe hat herumliegen lassen, um sie auf eine falsche Fährte zu locken. Aber die vielen Päckchen und Postanweisungen? Nein, da kann er ganz ruhig sein. Mazard wird

dem Mädchen auf den Fersen bleiben, Joliot soll inzwischen in die Rue la Boétie in die Fernmeldeabteilung gehen, um ihre Gespräche zu überwachen.
Irgendwann muß Girier schließlich auftauchen. Und dann wird er ihm ins Netz gehen.

Jetzt taucht auch Joliot im Büro auf, mit geröteten Wangen, sein weißes, sonst so gepflegtes Haar wild zerzaust. Er macht den Gürtel seines Regenmantels auf und steckt die beiden Enden in seine Tasche. Dann legt er los:
»Also Sie können sich gar nicht vorstellen, was Girier für eifrige Anwälte hatte«, ruft er ganz aufgeregt. »Ich hab noch nie erlebt, daß ein einziger Gangster so viele Anwälte beschäftigt.«
Poirier sieht ihn nachdenklich an. Er schiebt seine Zigarette von einem Mundwinkel zum anderen.
»Ja«, fährt Joliot fort. »In einem einzigen Jahr hab ich 187 Besuche registriert. Ich hab von dem vielen Schreiben schon einen Krampf in der Hand. 15 mal hat ihn seine Frau Marinette besucht, 9 mal seine Cousine Lisa Bouvard, die in der Rue Danton 34 wohnt, ungefähr 30 mal seine beiden Anwälte, Touati und Berthon, und alle übrigen Male, jetzt halten Sie sich fest, ist sein anderer Anwalt, Grador, bei ihm erschienen. Er allein hat Girier über 130mal besucht. Und in der letzten Zeit kam er sogar fünfmal in der Woche. Komisch, nicht wahr?«
Poirier überlegt einen Augenblick, während Mazards und Joliots Blicke auf ihn gerichtet sind. Dann meint er nachdenklich:
»Giriers Prozeß stand unmittelbar bevor, es ist eigentlich normal, daß sein Anwalt ihn dann öfter besucht. Aber so oft scheint mir nun auch übertrieben zu sein. Wann war denn der letzte Besuch?«
»Vor 5 Tagen.«
»Und vorher, wie oft hat er ihn da gesehn?«
»Jeden Tag, manchmal sogar zweimal am Tag.«
Poirier schüttelt den Kopf und murmelt:
»Ja, das ist wirklich merkwürdig. Wir sollten uns auch darum kümmern. Aber was noch merkwürdiger ist, ich habe in der Akte Girier keine einzige Cousine gefunden, die Lisa Bouvard hieße. Zwar war das der Mädchenname seiner Mutter, aber ich habe nirgends etwas davon gelesen, daß eine Cousine in Paris wohnt. Reichen Sie mir doch einmal das Einwohnerverzeichnis rüber, mit dem alphabetischen Straßenverzeichnis.«
Mazard geht zum Bücherregal und kommt mit dem dicken Band zurück, in dem er kurz blättert. Er bleibt vor Poiriers Schreibtisch

stehen und schaut dann überrascht aus dem Buch auf:
»Sie haben recht, Herr Oberinspektor, das Mädchen hat uns einen Streich gespielt, eine Nummer 34 gibt es in der Rue Danton gar nicht, sie hat nämlich nur 10 Nummern!«
Poirier zieht wieder seinen Tabaksbeutel hervor, nimmt aus einem winzigen Pappheftchen ein Zigarettenpapier, faltet es leicht, drückt den Tabak mit seinen Mittelfingern zusammen und benetzt die Zigarette dann mit seiner Zunge. Ein paar Tabakkrümel sind auf den Schreibtisch gefallen. Bedächtig sammelt Poirier sie mit seiner breiten, gekrümmten Hand ein und schüttet dann den Tabakrest in seinen Beutel zurück. Die Fährte Lisa Bouvard scheint in eine Sackgasse geführt zu haben. Na schön. Es bleibt ihm immer noch Gennie und vielleicht Grador.

Rechtsanwalt Grador sitzt hinter seinem Schreibtisch und verzehrt ein Rosinenbrötchen, das er soeben auf dem Rückweg vom Justizpalast gekauft hat. Er sammelt mit seinem Zeigefinger, den er mit der Zunge befeuchtet hat, die Krümel ein und ißt sie auch noch auf. Alle Zeitungen berichten groß und breit auf der ersten Seite über Giriers Ausbruch. Rechtsanwalt Grador überlegt und zögert: soll er nun heute abend nach Biarritz fahren oder nicht? Mit der linken Hand greift er nach der letzten Ausgabe vom »France-Soir« und liest aufmerksam den Bericht. Der Artikel schildert die neuesten Ermittlungen. Oberinspektor Poirier soll in der Zelle Giriers wesentliches Beweismaterial gefunden haben. Fieberhaft sucht Rechtsanwalt Grador, welche Beweise es wohl für seine Beihilfe geben könnte, er findet keinen Anhaltspunkt und atmet auf. Dennoch wiegt er sich nicht in Illusionen. Die Polizei wird vermuten, daß er Girier geholfen hat. Aber was riskiert er als Anwalt dabei? Bloße Vermutungen genügen nicht. Er ist schließlich kein einfacher Bürger, den man mir nichts dir nichts einem harten Verhör unterwerfen könnte. Seine Robe schützt ihn. Allerdings ist er auch mit ihr nicht gegen ein Beschatten der Polizei gefeit.
Ein Beschatten! Was er da soeben erkannt hat, verschlägt Rechtsanwalt Grador zunächst einmal den Atem. Darauf spekuliert also Girier! Er weiß, daß der Anwalt auf jeden Fall verdächtig ist. Und indem er ihn nach Biarritz schickt, hofft er, die Aufmerksamkeit der Polizisten auf ihn zu lenken. Das ist der einzige Zweck dieser Reise. Rechtsanwalt Grador verzieht das Gesicht, wirft einen angewiderten Blick auf die Zeitungen, die auf seinem Teppich verstreut sind. Er begreift nicht mehr, wie er so naiv sein konnte, um einen Augenblick an diesen Roman zu glauben. Girier hat nie die Absicht

gehabt, nach Spanien zu fahren. Er hat sich über ihn lustig gemacht. Und den Schmuck von Deauville hat er als Köder benutzt.
Kalte Wut erfüllt Rechtsanwalt Grador. Wie einen Hampelmann haben sie ihn tanzen lassen. Er hat alles aufs Spiel gesetzt – und wozu? Der kalte Schweiß bricht ihm bei dem Gedanken aus, was ihm hätte passieren können, wenn man den »Stöpsel« bei ihm gefunden hätte. Er überlegt noch einmal genau all seine Schritte, seit er sich um Girier kümmert. Aber er wird sich an ihm rächen. Seit diese rundliche Prostituierte bei ihm aufgetaucht ist, spürt er, daß er ein Glied der Kette in den Händen hält, die ihn zu dem flüchtigen Gangster führen kann. Einen Augenblick lang überlegt er sogar, ob er nicht der Polizei durch einen anonymen Telefonanruf einen Tip bezüglich dieser kleinen Nutte, ihres Bruders Gino und des Royalty geben soll. Aber er widersteht sogleich der Versuchung: Girier allein kann ihm etwas anhaben, und da ist es nicht ratsam, ihn wieder hinter Gitter zu schicken. Nein, seine Rache muß noch warten; und außerdem will er die Hoffnung nicht aufgeben, daß er doch noch eines Tages an den Schmuck kommen kann. Da hat er eine blendende Idee. Mit Hilfe dieses Ginos kann er die Verfolgung aufnehmen. Sein Entschluß ist gefaßt. Er wird nicht nach Biarritz fahren. Sobald die Polizei sich erst einmal ein bißchen beruhigt hat, wird er sich um Gino kümmern.
Rechtsanwalt Grador reibt sich die Nase, gähnt. Er fragt sich noch einmal, wie er überhaupt in eine so offenkundige Falle tappen konnte. Er steht auf, streckt sich, überlegt sich, ob er die Zeitungen aufheben und ordentlich auf den Schreibtisch legen soll. Dann aber fängt er an, auf ihnen herumzutrampeln, als könne er allein dadurch alles lösen. Als er das Papier unter seinen Schuhen knistern hört, spürt er ein Gefühl höchster Befriedigung.
Nein, die Polizei hat keinerlei Beweise gegen ihn!

Um 8 Uhr abends wird Gennie von ihrer Kollegin vom Nachtdienst abgelöst und verläßt ihren Arbeitsplatz. Sie kämmt sich vor dem Spiegel, betont mit dem Lippenstift ihre vollen, ein wenig strengen Lippen und verläßt das Verwaltungsgebäude der Luftfahrtgesellschaft, bei der sie seit Giriers Verhaftung als Telefonistin arbeitet. Sie tritt in das Dunkel hinaus. Mazard betrachtet sie anerkennend und glättet sich instinktiv den Bart, bevor er ihr folgt. Sie begibt sich zur nächsten Metrostation. Gennie reicht dem Kontrolleur ihre Fahrkarte. Diskret zeigt Mazard seinen Polizeiausweis vor.
Sie fährt bis zur Haltestelle Strasbourg-Saint-Denis, wo sie beide Seite an Seite an der Tür stehen. Gennie wirft dem Unbekannten,

der anfängt zu husten und eine Zeitung aus seiner Tasche nimmt, einen kühlen Blick zu. Sie läuft den Bahnsteig entlang in Richtung der Linie Porte de Clignancourt und setzt sich dann auf eine Bank. Mazard bleibt stehen, gegenüber dem Halt der Ersteklassewagen und versteckt das Gesicht hinter seiner Zeitung. Der Zug fährt auf den Bahnsteig ein. Gennie geht mit ihrem grazilen, stolzen Gang auf einen der Zweiteklassewagen zu. Sie läßt erst ein paar Leute vor sich einsteigen. Plötzlich besinnt sie sich, wie von einem impulsiven Einfall getrieben, und läßt den Zug weiterfahren. Mit raschen Schritten begibt sie sich in den Tunnel, der zu den anderen Linien führt. Genau wie sie es vorhergesehen hat, folgt ihr der Bärtige. Kein Zweifel, dieser komische kleine Mann hat es auf mich abgesehen, denkt sie. Sie hört seine Schritte hinter sich. Dann läuft sie langsamer. An einer Biegung des Tunnels dreht sie sich plötzlich um. Mazard ist überrascht. Er zögert kurz und geht dann würdevoll weiter. »Ich hab mich also nicht getäuscht«, sagt sich Gennie mit klopfendem Herzen, während der Inspektor seinerseits vor sich hinmurmelt: »Das Aas ist mißtrauisch. Sie hat bestimmt ein Rendez-vous mit Girier. Das ist wirklich nicht der Augenblick, um sie aus den Augen zu verlieren.« Mazard wartet ein paar Sekunden, dann dreht er sich um. Auf dem Bahnsteig setzt sich soeben der Zug in Bewegung. Hinter dem Fenster des letzten Waggons steht Gennie und betrachtet ihn aufmerksam. »Die Hexe hat mich abgehängt!« gesteht sich Mazard. »Poirier wird nicht gerade glücklich sein. Am besten, ich sage ihm gar nichts.«
Gennie steigt in Château-Rouge aus. Sie setzt sich auf eine Bank und wartet vorsichtshalber erst einmal, bis der Strom der Reisenden sich etwas verlaufen hat. Sie verläßt den Bahnsteig als letzte. Sie steigt die Stufen hoch und kauft den »France-Soir« am Kiosk vor der Apotheke. Dann geht sie die Rue Poulet hinauf.
»Keine Post für mich, Madame Duteil?«
Die Concierge ruft ihr aus dem Pförtnerhäuschen zu:
»Nein, Mademoiselle Gennie.«
Bedrückt geht Gennie die Treppe zu ihrem Appartement hoch. Giriers Schweigen beunruhigt sie. Nicht einmal ein Anruf! Wenn René sich bis morgen nicht bei ihr gemeldet hat, wird sie zu Rechtsanwalt Grador gehen. Er muß doch irgend etwas wissen. Gennie ißt zu Abend, räumt ein bißchen auf und geht dann zu Bett, aber sie schläft schlecht. Ob sie noch lange warten muß? Wann wird er zu ihr kommen? Sie hat solche Sehnsucht, ihn wiederzusehen, über sein Schicksal beruhigt zu sein. Bei Morgengrauen steht sie auf, geht ans Fenster und schiebt den Vorhang beiseite. 30 Meter

von ihrem Haus entfernt steht ein Peugeot-Kombi geparkt, mit ausgeschalteten Scheinwerfern. Gennie erkennt im Inneren des Wagens dunkle Schatten. »Hoffentlich ist Girier vorsichtig«, denkt sie und schiebt den Vorhang wieder zusammen. »So sehr es mich schmerzt, aber im Grunde hat er doch recht, die Stunde unseres Wiedersehens ist noch nicht gekommen.« Dann begibt sie sich eiligst unter die Dusche.

30

24. November 1950. Als Oberinspektor Poirier an diesem sonnigen Mittag in sein Büro zurückkehrt, steckt in seiner Tasche der Bericht des chemisch-biologischen Laboratoriums der Polizei, das in den Räumen des polizeilichen Erkennungsdienstes untergebracht ist. Das rote Pulver, das man in Giriers Zelle gefunden hat, stammt von einer Rubiazol-Tablette, die der Häftling wahrscheinlich versehentlich zertreten hat. Der Chemiker war sich völlig sicher. Es handele sich um ein Sulfonamid, das zur Behandlung von Infektionskrankheiten benutzt wird. In höherer Dosis eingenommen, bewirkt es erhöhte Temperatur und Erbrechen.
Poirier hat sofort begriffen. Girier hat seinen Ausbruch mit gefährlicher Sorgfalt vorbereitet. Er hat eine genügende Menge Tabletten geschluckt, dadurch den diensthabenden Arzt getäuscht und sich die Überführung in das Krankenhaus von Fresnes erschwindelt. Spazierstock-René hat dann diesen unverhofften Ausflug dazu benutzt, den Boden des Gefängniswagens durchzusägen und zu verschwinden. Ein beachtliches Abenteuer, und Poirier lächelt bei diesem Gedanken ein klein bißchen bewundernd vor sich hin. Dieses Lächeln überrascht Mazard, der schon seit zwanzig Minuten vor dem leeren Schreibtisch auf ihn wartet. Poirier setzt sich mit befriedigter Miene in seinen Sessel. Er nimmt den Bericht aus der Tasche, glättet das Papier mit dem Handrücken und legt es dann zu den anderen Papieren in den Aktendeckel, auf dem in Großbuchstaben geschrieben steht: Affäre Girier, dann sieht er zu Mazard auf:
»Also«, fragt er, »gibts was Neues?«
Mazard schüttelt verneinend den Kopf:
»Nichts. Gennie hat von Spazierstock-René keinerlei Nachricht erhalten. Keinen Brief, keinen Anruf. Weder bei sich zu Hause noch im Büro. Anfangs schien sie sehr mißtrauisch zu sein, aber das war wohl nur so ein Eindruck.«
Mazard hütet sich, von seinem Pech am ersten Abend zu berichten.

Aber am nächsten und den darauf folgenden Tagen, als er sich mal als Handwerker, mal als Maler verkleidet hat, mit Handwerkskasten oder Farbeimer, war ihm so etwas nicht mehr passiert. Gennie hatte ihn nicht ein einziges Mal bemerkt. Mazard, geradezu ein Experte auf dem Gebiet des Beschattens, war über seinen Reinfall am ersten Abend kaum hinweggekommen. Er hatte deswegen die ganze Nacht kein Auge zugetan.

»Ist das alles?« fragt Poirier.

»Nein. Diese sagenhafte Lisa Bouvard existiert nicht. Ich bin zum Untersuchungsrichter gegangen. Er erinnert sich nicht, wann und wieso er eine Besuchserlaubnis ausgestellt hätte, sei es ihr persönlich oder auf Ersuchen von Giriers Anwalt. Jedenfalls sind Name und Adresse des Mädchens, die sie im Gefängnis angegeben hat, falsch. Sie läuft also mit gefälschten Ausweisen herum. Deshalb dürfte ihre Identität schwer festzustellen sein.«

»Natürlich«, erwidert Poirier plötzlich etwas gereizt. »Ich hab begriffen; und weiter?«

Mazard sieht ihn erstaunt an.

»Wieso weiter? Das ist alles.«

»Und Grador?«

»Grador? Da weiß ich nicht Bescheid. Joliot kümmert sich um ihn.«

»Ich weiß«, unterbricht ihn Poirier. »Ich meinte ja auch nur, ob Gennie sich mit Grador in Verbindung gesetzt hat oder vielleicht umgekehrt?«

Mazard runzelt die Stirn. Sein Blick wird einen Augenblick nachdenklich.

»Ein einziges Mal. Gestern abend. Sie ist zu ihm gegangen, aber sie ist nicht lange geblieben. Knapp zehn Minuten.«

Für Poirier ist dieser Besuch nicht von besonderer Wichtigkeit; aber er ist dennoch bezeichnend. Er beweist nämlich, daß Gennie und Grador in irgendeiner Beziehung stehen. Aus welchem anderen Grund sollte Giriers Geliebte den Anwalt besuchen, als mit ihm von Spazierstock-René zu sprechen?

»Was für ein Typ Frau ist sie?« fragt Poirier. »Hart im Nehmen? Kann man sie zum Sprechen bringen?«

Mazard zuckt die Schultern.

»Ich weiß nicht. Ein ziemlich hochnäsiges Frauenzimmer, aber ich glaube, wenn sie überhaupt etwas weiß, dann wird sie es nicht lange für sich behalten. Obwohl, bei den Frauen kann man nie wissen. Wenn sie sich in einen Typ vergafft haben! Zum Beispiel einmal...«

Poirier hört ihm nicht mehr zu. Er hat all die routinemäßigen

Ermittlungen angestellt, die im Verlauf einer Untersuchung erst einmal notwendig sind: Er ist in das Gefängnis gegangen, hat die Register durchgeforstet, die Aufseher und ein paar Strafgefangene befragt, eine Großfahndung nach Girier und Moinon eingeleitet, alle Krankenhäuser und Hotels unter die Lupe genommen. Er hat nichts außer acht gelassen, und doch ist das Resultat bisher negativ gewesen. Er ist wie gewohnt methodisch vorgegangen, hat seine Figuren auf dem Schachbrett aufgestellt, hat alles getan, was eine gründliche Polizeiuntersuchung erfordert. Ob es ihm nun etwas einbringt oder nicht, zumindest hat er ein ruhiges Gewissen. So einfach wird man wohl dem »intellektuellen Gangster« nicht auf die Spur kommen!

Mazard hat sein Büro verlassen. Mit halb geschlossenen Augen, die von dem aufsteigendem Rauch seiner im Mundwinkel hängenden Zigarette leicht brennen, entwirft Poirier seinen Schlachtplan.

Gennie ist für ihn die Zeugin Nummer 1. Ihre Briefe beweisen es. Er wird sich zunächst einmal um sie kümmern. Er hat sie bisher noch nicht offiziell verhört, weil er hoffte, daß das Beschatten etwas einbringen und ihn zu Girier bringen würde. Nun, da hatte er Pech gehabt. Nun muß er so vorgehen, wie das Gesetz es ihm vorschreibt. Niemand würde sonst die Lücke in den Ermittlungen begreifen. Morgen bei Morgengrauen wird er bei der jungen Frau auftauchen und eine Haussuchung vornehmen. Er hat das Recht dazu, weil der Richter ihm eine Generalvollmacht gegeben hat, in der er ihn ermächtigt, »alle Ermittlungshandlungen vorzunehmen, die zur Erforschung der Wahrheit notwendig und geeignet erscheinen.«

Aber wird man sie je erfahren, diese Wahrheit? Wird sie ihm je dazu verhelfen, dem oder den Komplizen einen Namen zu geben, dem, der Girier das Sägeblatt gegeben hat, ihm die Rubiazol-Tabletten verschafft hat? Ein Aufseher? Ein Häftling? Ein Anwalt? Grador? Grador, das ist keine schlechte Fährte! Was Joliot über ihn in den Archiven ausgegraben hat, war immerhin beachtlich. Es ist ein alter Grundsatz des Hauses, über jeden eine Karteikarte anzulegen, der – ob nun eng oder weniger eng – je in eine Strafsache verwickelt war. Aus dem Zeugen von damals kann stets der Schuldige von morgen werden.

Als Joliot aus den Akten der Sitte erfahren hatte, daß der Anwalt eine besondere Vorliebe für »Zuckerbrot und Peitsche« hatte, war der junge Inspektor einigermaßen verblüfft gewesen. Als er obendrein feststellte, daß er in den widerlichsten Etablissements von Paris verkehrte, und seine Klienten ausnahmslos aus Kriminellen und Nutten bestanden, zog er den naheliegenden Schluß, daß

Grador ein recht elastisches Gewissen besitzen müßte und Girier ihn wohl aus gutem Grunde gewählt hatte. Und Poirier fand es immerhin bemerkenswert, daß der Gefängnisdirektor der Santé ihn darauf hingewiesen hatte, daß Rechtsanwalt Grador von seinen Aufsehern diskret im Auge behalten werde, weil er eine nicht unbeträchtliche Anzahl von Kriminellen eifrigst im Sprechzimmer besuchte.

Der Oberinspektor hatte sofort Joliot damit beauftragt, den Anwalt zu beschatten. Aber es war nichts dabei herausgekommen. Grador blieb wie ein alter Uhu in seinen vier Wänden hocken und ging erst bei Einbruch der Dunkelheit aus, um langsamen Schritts einmal um den Häuserblock zu gehen.

Man müßte ihn eigentlich verhören, denkt Poirier. Aber wie kann man einen Anwalt zum Sprechen bringen? Wie kann man an ihn herankommen, ohne zu riskieren, sich den flammenden Protest der Rechtsanwaltskammer, der Staatsanwaltschaft und sogar des Justizministeriums zuzuziehen? Sein Stuhl könnte dabei arg ins Wackeln geraten. Und in solchen Fällen braucht man nicht damit zu rechnen, daß einen die Verwaltung unterstützt! Im Gegenteil. Beim geringsten Ärger setzt sich die Polizei der Polizei, die allgemeine Überwachungsstelle der Polizeiabteilungen, auch die »rächende Hand« genannt, in Bewegung. Und sie erspart einem nichts. Ja, sie empfindet offenbar auch noch ein besonderes Vergnügen dabei, die Polizisten durch den Fleischwolf zu drehen. Bei ihr gibts kein Pardon. Sämtliche Klagen, ob nun berechtigt oder nicht, werden von ihr aufmerksam registriert.

Poirier wischt sich mit der Hand über die Stirn. Es ist Mittag, er hat aber keine Zeit, nach Hause zum Essen zu gehen. Deshalb wird er sich wohl damit begnügen, wie schon so oft, in der Kantine einen Sandwich zu essen, ein Glas Bier dazu zu trinken und seine Zeitung zu lesen.

Er verläßt sein Büro, geht die Treppe hinunter, die Hände in die Taschen seines Regenmantels vergraben, inmitten der lärmenden Menge von zumeist jüngeren Kollegen. Plötzlich bleibt er stehen, runzelt die Stirn. Macht kehrt, läuft jetzt etwas rascher die Treppe wieder hinauf.

Er hatte seinen Tabaksbeutel auf dem Tisch vergessen. Eine Katastrophe!

Gennie schläft tief, als sie durch heftiges Klopfen an der Tür aufschreckt. Sie öffnet die Augen, hört ein Flüstern auf dem Treppenabsatz und zündet ihre Nachttischlampe an. Es ist 6 Uhr.

Besorgt steigt sie aus dem Bett, zieht einen Morgenrock über, geht barfuß durch das kleine Zimmer bis zur Tür und fragt:
»Wer ist da?«
»Polizei«, erwidert eine Stimme. »Öffnen Sie!«
Mit klopfendem Herzen gehorcht Gennie. Drei Männer stehen auf der Schwelle, zwei kleinere und ein größerer, der einen Hut trägt und offenbar der Chef ist.
»Entschuldigen Sie«, sagt Poirier und weist seinen Polizeiausweis vor. »Sind Sie Mademoiselle Gennie?«
Gennie nickt. Sie ist ziemlich bestürzt über den Besuch dieser drei Polizisten, vor allem, als sie den einen Untersetzteren wiedererkennt. Es ist der bärtige Mann, der sie an jenem Abend in der Metro verfolgt hat.
Wie in einem Traum hört sie den großen, schlanken Inspektor für sie unverständliche Worte sagen, in denen von Haussuchungsbefehl die Rede ist, von Ermittlungen, von Untersuchungen. Sie schließt die Tür wieder. Hoffentlich haben die Nachbarn nichts gemerkt. Oberinspektor Poirier stellt sich vor, bittet sie, der Haussuchung beizuwohnen, zu der er sich leider gezwungen sieht, befiehlt ihr, nicht zu versuchen, irgend etwas zu verbergen, was den Lauf der Gerechtigkeit beeinträchtigen oder hemmen könnte.
»Darf ich mich setzen?« fragt Gennie.
»Aber bitte«, erwidert Poirier höflich.
Doch dann folgt eine klare, aber präzise, unerwartete Frage, unter der sie zusammenzuckt:
»Befinden sich hier irgendwelche Gegenstände, Waffen, Briefe oder Kleider, die Girier gehören?«
Selbstverständlich hat Gennie Briefe von ihm. Sie hat sie sorgfältig aufgehoben, so wie René sicher die ihren in seiner Zelle bewahrt hat, um sie tagtäglich immer wieder zu lesen und dabei an sie denken zu können.
Gennie steht auf, öffnet ein Schubfach und reicht Poirier ein verschnürtes Päckchen, das er öffnet. Kein einziger Brief steckt mehr in einem Umschlag. Poirier blättert den Stoß rasch durch, nimmt dann einen heraus, deutet darauf:
»Und was ist das da?«
Gennie beugt sich über den Brief und betrachtet die Handschrift.
»Das ist ein Brief von René«, stammelt sie. »Warum?«
»Das sehe ich auch«, erwidert Poirier. »Aber wie kommt es denn, daß auf diesem der Gefängnisstempel fehlt?«
Er sieht Gennie vernichtend an. Sie erstarrt vor Angst. Sie hat alle Umschläge vernichtet, die Giriers oder Rechtsanwalt Gradors

Schrift trugen, aber sie hat nicht an den Zensurstempel gedacht. Ihr Hals ist wie zugeschnürt. Poirier fährt fort:
»Und dieser Brief... und der da...«
Voller Angst sieht Gennie, wie er den Kopf schüttelt, um damit zum Ausdruck zu bringen, welche Folgen ihre Unvorsichtigkeit noch für sie haben wird, während das Päckchen Briefe in seiner Aktentasche verschwindet. »Sicher hat er sein Leben lang nichts anderes getan«, denkt Gennie, »als in Briefen herumzuwühlen, dann alles in seine gräßliche Aktentasche zu stopfen, um einen damit hinter Gitter zu bringen.«
Es dauert nicht lange, die kleine Wohnung zu durchsuchen. Nach einer halben Stunde haben die beiden anderen Polizisten unter dem wachsamen Blick Poiriers auch die verstecktesten Winkel unter die Lupe genommen. Selbst die Bücher, diese Bücher, die Gennies einzige Verbindung mit ihrem vergangenen Leben darstellen, werden aus den Regalen genommen und durchgeblättert.
»Haben Sie ein Arzneischränkchen?« fragt Poirier plötzlich.
Gennie empfindet diesem so höflichen, so freundlichen Gegenüber Mißtrauen. Was soll diese Frage? In ihrem Badezimmer hängt über dem Waschbecken ein kleines Schränkchen, in dem sie ein paar unbedeutende Medikamente aufbewahrt.
»Ja«, flüstert sie, »dort.«
Poirier folgt ihr, bleibt vor dem Schrank stehen und öffnet ihn. In seine Augen tritt ein befriedigter Glanz, als er im obersten Fach zwei Röhrchen entdeckt.
»Was ist denn das?« fragt er und nimmt sie heraus.
Gennie nähert sich und sieht auf das Etikett.
»Das ist Rubiazol. Es sind Rubiazol-Tabletten, das sehen Sie doch.«
»Ja, ich sehe«, sagt Poirier und dreht die beiden Röhrchen zwischen seinen Fingern. »Und wozu haben Sie die?«
Er spricht in einem Ton, der eine sofortige Antwort fordert. Gennie zögert. Ihre Gedanken überstürzen sich.
»Die nehme ich, wenn ich krank bin«, flüstert sie ängstlich. »Da ist doch nichts dabei.«
»Natürlich nicht«, lächelt Poirier. »Dazu sind Medikamente ja da. Aber manchmal soll man sie auch dazu benutzen, um sich krank zu machen, verstehen Sie?«
Gennie sieht ihn ganz erstaunt an.
»Das macht nichts«, fährt Poirier fort. »Wir werden das alles klären. Ziehen Sie sich an, Sie kommen mit.«
Auch die beiden Röhrchen verschwinden in seiner Aktenmappe. Gennie ist vor Angst außer sich: »Sie haben nicht das Recht dazu!

Was hab ich denn getan?«
»Das wird man Ihnen schon sagen«, erwidert Poirier, ergreift seine Aktenmappe und setzt den Hut wieder auf. »Hier ist nicht ganz der rechte Ort dazu. Am Quai des Orfèvres werden wir es gemütlicher haben. Ein guter Rat, packen Sie sich auch gleich ein paar Sachen ein.«

Als Gennie das große Arbeitszimmer im zweiten Stock betritt, wird ihr von dem Tabakgeruch fast schlecht. Sie spürt, daß alle Blicke auf sie gerichtet sind, und ist verlegen, vor so viel Männern ungewaschen zu erscheinen, nur hastig gekämmt, ohne Lippenstift, in einem blauen Mantel, den sie eilig übergeworfen hat, und mit ihrem kleinen Koffer in der Hand. Mit gesenktem Haupt durchquert sie das Zimmer und läßt sich gegenüber dem Schreibtisch in einen Stuhl sinken, den Poirier ihr angeboten hat. Poirier zieht seinen Regenmantel aus, gibt ihn Mazard, der ihn aufhängt, legt seinen Hut auf einen anderen Stuhl, öffnet dann behutsam seine Aktenmappe und nimmt die Briefe und die beiden Tablettenröhrchen heraus. Seine Langsamkeit macht Gennie nervös.
»So, jetzt werde ich Ihnen mal etwas zeigen«, sagt er zu ihr gewandt. Er öffnet ein Röhrchen, nimmt eine Tablette heraus und legt sie auf seinen Schreibtisch. Gennie betrachtet ihn fasziniert. Poirier zieht seinen rechten Schuh aus und zerdrückt dann die Tablette mit dem Absatz. Dann zieht er seinen Schuh wieder an. Er nimmt aus seinem Schubfach einen Briefumschlag, streut etwas rotes Pulver auf ein weißes Stück Papier und hält dann das Blatt dicht neben die zerdrückte Tablette. Er lächelt und sieht Gennie dabei unverwandt an:
»Das hier also ist eine Rubiazol-Tablette«, erklärt er. »Tja, und diese Tabletten, die ich bei Ihnen gefunden habe, habe ich ebenfalls zertreten in Giriers Zelle entdeckt.«
Er übertreibt absichtlich die Wichtigkeit dieser Tatsache und beobachtet dabei scharf Gennies Gesicht. Die strengen und stolzen Züge der jungen Frau wirken jetzt wie eingefallen. Poirier fährt fort:
»Also, erklären Sie mir, warum Sie dieses Mittel in Ihrem Schränkchen hatten. Und wozu haben Sie es gebraucht?«
Gennie schluckt heftig. Sie erinnert sich daran, daß sie für einen Freund von Girier drei Röhrchen Rubiazol gekauft hat, weil dieser, wie Rechtsanwalt Grador behauptete, Angina hatte. Sie hatte sie dem Rechtsanwalt gebracht, doch dieser hatte dann nur ein einziges Röhrchen gewollt. »Für den Augenblick reicht das vollkommen«, hatte er gesagt. Gennie hatte die beiden anderen Röhrchen ganz

automatisch in ihren Schrank gelegt und später nicht mehr daran gedacht. Sie begreift gar nicht, wie die Tabletten in Giriers Zelle kommen konnten, es sei denn, daß Grador sie damals belogen hat.
»Also?« fragt Poirier eindringlich.
Gennie ist völlig verzweifelt. Wenn sie die Wahrheit sagt, beschuldigt sie Grador, der ihr oft einen Gefallen getan hat, natürlich nicht umsonst, und dem sie es immerhin verdankt, daß sie diese wunderbaren Briefe mit René tauschen konnte. Wenn sie schweigt, gewinnt sie zumindest einen Aufschub. Man kann nicht jemanden verhaften, nur weil er in seinem Badezimmer ein paar Tabletten aufbewahrt. Es dürfte ihr nicht schwerfallen, zu beweisen, daß sie nie in das Gefängnis der Santé gegangen ist, weil sie gar keine Besuchserlaubnis hatte, und daß sie sich deshalb mit Girier gar nicht in Verbindung setzen konnte.
»Na, schön«, seufzt Poirier, der begriffen hat, daß Gennie nichts sagen wird, »das ist ja auch nicht weiter wichtig. Ich stelle nur fest, daß Sie gelogen haben, denn es fehlt keine einzige Tablette in diesem Röhrchen. Sie haben also das Rubiazol nie für sich gebraucht. Nun, wenden wir uns ernsthafteren Dingen zu. Wer hat Ihnen diese Briefe übergeben, die nicht durch die Zensur gegangen sind?«
In dem Dienstwagen, der sie zum Quai des Orfèvres brachte und in dem sie zwischen zwei Polizisten saß, hat Gennie ständig über diese Frage nachgedacht und vergebens eine Antwort darauf gesucht. Wie würde sie sich rechtfertigen können? Es gab für sie nur zwei Möglichkeiten: entweder schwieg sie ein für allemal auf alle Fragen, oder sie wäre gezwungen, Rechtsanwalt Grador in die Sache hineinzuziehen. Sie hatte dieses Problem immer noch nicht gelöst, als sie den Innenhof des Polizeigebäudes betrat.
Väterlich beugt Poirier sich zu ihr herab, er hält ein handbeschriebenes Blatt in der Hand.
»Nun, jetzt werde ich Ihnen wieder etwas zeigen«, lächelt er. »Sie werden mich noch für einen Zauberkünstler halten. Ich nehme hier ganz zufällig einen Brief heraus, diesen hier z. B., der das Datum vom 26. Juli 1950 trägt. Ich suche, ob dieses Datum mit einem Datum auf meiner Liste übereinstimmt, denn jeder Brief, der das Gefängnis verläßt, wird sorgfältig registriert. Ich finde aber dieses Datum nicht. Der Brief muß also auf ganz wundersame Weise das Gefängnis verlassen haben. So, jetzt nehme ich diesen hier, mit dem Datum vom 15. Januar 1950. Und dieses Datum finde ich auch nicht. Die logische Folgerung ist doch ganz klar: jemand hat heimlich diese Briefe aus dem Gefängnis geschmuggelt und sie Ihnen entweder

persönlich übergeben oder geschickt. In beiden Fällen haben Sie sich strafbar gemacht.«
Gennie erwidert nichts. Ihre Welt stürzt ein. Ihre Liebe, diese langen Monate des Wartens, diese Briefe, die sie mit solcher Leidenschaft immer und immer wieder las, all dies endet nun so: in den Händen dieses Polizisten wird alles zu einem Folterinstrument. René hätte das doch wissen müssen! Er kennt doch die Polizei und ihre Methoden. Ein gräßlicher Zweifel setzt sich plötzlich in ihrem Herzen fest. Girier hat ihr aus seiner Zelle geschrieben, doch seit seinem Ausbruch hat sie nicht das geringste Lebenszeichen von ihm erhalten. Ist er wirklich nur ihretwegen geflohen? Heimtückisch fährt Poirier fort:
»Wo wohnen denn Ihre Eltern? Vielleicht haben sie von Girier auch Post bekommen? Und wer sagt uns, ob sich nicht der schöne René bei ihnen versteckt hält? Am besten, wir fahren jetzt erst einmal mit Ihnen zusammen zu Ihren Eltern.«
Gennie ist außer sich. Wenn die Polizei ihre Eltern verhören will, die auf dem Land leben, in einem kleinen Ort in der Bourgogne, wo ihr Vater stellvertretender Bürgermeister ist, gibt das einen Skandal. Poirier merkt, daß Gennie immer verzweifelter wird. Er spürt bereits, wie ihre Willenskraft nachläßt. Jetzt wendet sich Mazard an sie, streicht sich den Schnurrbart glatt und gibt ihr den Gnadenstoß:
»Und Ihr Besuch bei Rechtsanwalt Grador vorgestern abend, nun, was hatte das denn zu bedeuten? Halten Sie uns vielleicht für Hampelmänner?«
Gennie hat sich wie betäubt umgedreht. Mazards Blick verheißt nichts Gutes. Sie ist ganz durcheinander von den auf sie niederprasselnden Fragen, ihre Gedanken verwirren sich. Diese Geschichte mit dem Rubiazol, die Briefe, ihre Eltern, das Gefängnis, die möglichen Nachforschungen bei ihrem Arbeitgeber, all diese Gedanken kreisen in ihrem Kopf wie ein Karussell, das sich schnell und schneller dreht. Sie ist nicht die Frau, die solch präzisen, solch überlegten Fragen lange standhalten kann. Sie hat für Girier schon so viele Opfer gebracht; aber plötzlich erkennt sie, daß sie am Ende ist. Um ihrer Liebe willen hat sie mit ihrer Familie und ihrer ganzen Umgebung gebrochen. Um seinetwillen hat sie die Stellung als Telefonistin angenommen und ist in dieses miese kleine Appartement gezogen. Ja, sie liebt einen Verbrecher. Sie hätte ihn gern wieder auf den rechten Weg zurückgeführt, aber um ihrer Familie, um ihrer Freunde, um ihrer selbst willen will sie nicht, kann sie nicht ins Gefängnis gehen. Sie will nicht wie eine Verbrecherin ihren Namen und ihr Foto auf der ersten Seite in den Zeitungen

sehen. Sie wird schwach; ja, sie wird reden und sie redet:
»Sie haben recht«, flüstert sie, »Rechtsanwalt Grador hat mir die Briefe übergeben. Ich wußte nicht, daß das so schlimm ist. Die Rubiazol-Tabletten hat er von mir bekommen, das ist auch wahr, aber ich schwöre Ihnen, sie waren nicht dazu bestimmt, René zur Flucht zu verhelfen.«
»Ich weiß, mein Kind«, sagte Poirier und legt ihr die Hand auf die Schulter. »Sie haben recht daran getan, uns die Wahrheit zu sagen. Erstens erleichtert das, und zweitens ersparen Sie sich eine Menge Ärger dadurch. Kommen Sie, wir werden das schriftlich aufsetzen.«
Eine halbe Stunde später unterschreibt Gennie schluchzend ihr Geständnis im Büro von Polizeioffizier Bouvier, dem Sekretär des Abteilungschefs Pinault.
»Nun, das ist noch nicht alles«, sagte Oberinspektor Poirier zu Mazard im Hinausgehen. »Jetzt müssen wir uns an Grador heranmachen. Dieser listige Fuchs hat bestimmt so eine kleine Idee in bezug auf Spazierstock-Renés Versteck. Aber mit ihm zu verhandeln wird keine leichte Sache sein.«

31

Die Verhaftung von Rechtsanwalt Grador hat die Meute von Journalisten auf den Plan gerufen. Auf den Titelseiten der Zeitungen hat seine Fotografie die von Girier abgelöst, und ganze Spalten sind der Laufbahn des Anwalts gewidmet. Die Schlagzeilen sind äußerst eindrucksvoll. Der »Parisien libéré« verkündet, daß »der Verteidiger von René Girier als Verbindungsmann zwischen einem Mithäftling von René Girier und seiner Familie fungierte«. In »Le Matin« informiert Robert Cario seine Leser, daß drei Psychiater, Gouriou, Génil-Perrin und Cenac, von dem Untersuchungsrichter beauftragt sind, ein psychiatrisches Gutachten über den Anwalt zu erstellen.
Oberinspektor Poirier ist melancholisch. Von den Fotografen belagert, unter dem Hagel der Fragen der Journalisten mußte er immer wieder erklären, wie und warum Rechtsanwalt Grador verhaftet wurde. Jetzt sind die Blitzlichter erloschen, die Reporter haben sich verzogen, und der große Arbeitsraum der Inspektoren ist wieder friedlich und ruhig wie früher. Mazard steckt seinen Schnurrbart durch die halb geöffnete Tür.
»Kommen Sie mit in unser Stammlokal, Herr Oberinspektor?«
Poirier hat keinen Hunger. Er hat aber auch keine Lust, allein im

Büro zu bleiben oder wie sonst bei einer schwierigen Untersuchung vor einem Sandwich und einem Glas Bier in der Kantine zu sitzen. Mit Mazard ins Restaurant zu gehen, ist zumindest eine Abwechslung. Man ißt in ihrem Stammlokal zwar nicht wie in der Coupole, aber auch nicht schlecht und vor allem nicht so teuer. Poirier nimmt seinen Tabaksbeutel und steckt ihn in die Tasche seines Regenmantels.

Während er inmitten des Lärms im Lokal, in dem Gläser und Teller klirren, vor einem kleinen Tisch sitzt, denkt Poirier nach. Er hatte zwei Spuren, um an Girier heranzukommen: Gennie und Grador. Jetzt ist alles aus. Die beiden Fährten sind für ihn nutzlos. Poirier hatte gehofft, daß Giriers Geliebte auf freiem Fuß gelassen würde. Die junge Frau hatte sogar in ihrer Verzweiflung über das klägliche Ende ihres großen Liebestraumes akzeptiert, ihn zu unterstützen, aber der Untersuchungsrichter Chapar, ein beharrlicher und dynamischer Südfranzose, hatte sich leider unerbittlich gezeigt. Sich strikt nach dem Buchstaben des Gesetzes richtend, hatte er Poiriers Einwände vom Tisch gewischt und beschlossen, Artikel 248 über das Verbot unkontrollierter Korrespondenz mit einem Häftling anzuwenden. Bleich, mit aufgelösten Zügen, war Gennie nach La Roquette gebracht worden, während ihre schönen Schultern von heftigem Schluchzen geschüttelt wurden.

Und was Rechtsanwalt Grador betrifft, so war sein Schicksal im Verlauf einer Konferenz beim Staatsanwalt besiegelt worden, in Gegenwart der Untersuchungsrichter Chapar und Jacquinot, den stellvertretenden Staatsanwälten Barc und Canonne und eines Mitglieds der Disziplinarabteilung bei der Rechtsanwaltkammer, der von dem Vorsitzenden Toulouse bestimmt worden war.

Poirier hatte vorgeschlagen – und darin war er von Kommissar Pinault, dem Chef der Kriminalabteilung, unterstützt worden – den Anwalt lediglich verschärft zu überwachen. Doch der Staatsanwalt war unerbittlich gewesen. Er selbst hatte sich würdig und ernst in die Wohnung Rechtsanwalts Gradors zu einer Haussuchung begeben. Als man bei ihm ein Metallsägeblatt fand und, in einigen Akten, die er gerade bearbeitete, Briefe von Häftlingen, die der Anwalt auf ihre Bitten nach draußen geschmuggelt hatte, wurde sofort der Haftbefehl ausgestellt. Während Rechtsanwalt Grador ein Wiedersehen mit seinen Klienten in der Santé feierte, mußte Oberinspektor Poirier sich verzweifelt eingestehen, daß damit die letzte Spur, die ihn zu Girier führen konnte, für immer verbaut war.

Poirier hat keinen Hunger. Er stochert in seinen Pommes frites und

trinkt melancholisch sein Glas Rotwein. Seine ganzen Ermittlungen sind praktisch für die Katz gewesen. Er muß wieder völlig von neuem anfangen.
»Woran denken Sie?« fragt Mazard mit vollem Mund. Portier wischt sich über die Stirn.
»An nichts«, murmelt er. »Oder vielmehr doch. An Girier und an all die Gangster, die frei herumlaufen, stehlen und morden. Wenn die Richter und die Staatsanwälte mehr Verständnis für uns hätten, wäre die Situation ganz anders. Es gäbe weniger Überfälle und weniger Morde. Wir zerbrechen uns den Kopf, rennen hinter den Gangstern her, verlieren dabei den Appetit und finden kaum mehr Schlaf. Wir vernachlässigen unsere Familie, unsere Kinder, die ohne uns groß werden. Ob es regnet oder schneit, wir sind auf der Straße, ob Tag, ob Nacht, stundenlang, wochenlang, monatelang, und beobachten und beschatten diese Typen! Und für wen, wozu, was ist das Resultat? Wenn ein echter Professioneller verhaftet wird, packt man ihn in Watte und findet mildernde Umstände für ihn. Er wird entlassen und fängt wieder an. Und wir fangen ebenfalls wieder an, ihm hinterherzulaufen, verlieren wieder unseren Appetit und unseren Schlaf. Aber wenn ein wehrloser Erstlingstäter mal etwas ausfrißt, dann fallen alle über ihn her, man kritisiert unsere Methoden, die Anwälte machen uns bei der Untersuchung oder im Prozeß das Leben schwer und die Leute bringen uns keine Sympathien entgegen. Sehen Sie, mein Lieber, es widert mich alles so an, ich habe nur den einen Wunsch, so schnell wie möglich in den Ruhestand zu treten und den lieben langen Tag in Bonneval fischen zu gehen.«
Mazard sieht ihn erstaunt an:
»Sie sind ziemlich melancholisch heute, Herr Oberinspektor.«
»Vielleicht«, seufzt Poirier. »Denn sehen Sie, Mazard, im Grunde genommen können wir die Affäre Girier jetzt abschreiben, trotz der ganzen Arbeit, die wir uns gemacht haben, und trotz der ganzen Arbeit, die uns noch bleibt, – denn jetzt werden wir versuchen müssen, Dekkers alte Zellengenossen ausfindig zu machen, um von ihnen die Geschichte mit den Rubiazol-Tabletten zu erfahren, die Grador ihnen verschafft hat. Sie werden sehen, Mazard, ich werde Recht behalten. Ich will Ihnen auch noch eines sagen. Wenn mir jetzt jemand einen Tip in der Sache Girier gibt, ist mir das völlig schnuppe!«
Inspektor Stievenard ist gerade an ihren Tisch getreten.
»Na, Monsieur Poirier, wie geht's? Schön, daß ich Sie treffe, ich wollte Sie sowieso besuchen.«

»So«, erwidert Poirier und blickt müde vor sich hin.
»Sagen Sie, kennen Sie den kleinen Bertel von der Sitte?«
Poirier denkt nach, dann erinnert er sich plötzlich an das Gesicht des weißhaarigen Inspektors:
»Ja, warum? Geht er in den Ruhestand?«
»Noch nicht«, erwidert Stievenard. »In drei Monaten erst. Wir werden seinen Abschied gebührend feiern. Aber etwas anderes: Er hat einen Spitzel, der in Saint-Germain-des-Prés verkehrt. Und wissen Sie, was man sich da erzählt?«
»Nein«, sagt Poirier und steckt ein Stück Brot in den Mund.
»Daß sich Girier am Abend nach seinem Ausbruch dort herumtrieb. Es sieht so aus, als hätte ein Barkeeper ihn gesehen.«
Poirier hört auf zu kauen. Plötzlich ist sein Blick wieder lebendig geworden. Er legt seine Serviette hin.
»Sagen Sie, machen Sie Witze oder soll das ernst sein?«
»Tja, mich hat's ja auch überrascht, aber bei Spazierstock-René kann man nie wissen.«
Poirier steht auf. Er überlegt sich bereits, wie er so rasch wie möglich Bertel erwischen kann.
»Wo gehen Sie hin?« fragt Mazard.
»Ins Büro. Wir sehen uns dort. Bis gleich.«
Als er das Lokal verlassen hat, fängt Mazard enorm an zu lachen:
»Girier in Saint-Germain-des-Prés!« ruft er. »Spazierstock-René bei den Existentialisten! Das wäre eigentlich genau das Richtige für Borniche!«

Schach...

32

Auf dem Boulevard des Capucines verlangsamt ein dunkelblaues Kabriolet mit rotem Lederdach die Fahrt, bleibt vor dem Hotel de Paris stehen und versucht, zwischen zwei am Bordstein geparkten Wagen noch einen Platz zu finden. Verbissen versucht Martine, den Wagen in die Lücke einzuparken, unter den amüsierten Blicken der stehengebliebenen Passanten, rücksichtslos schiebt sie den einen Wagen, der sie stört, mit der Stoßstange nach vorn. Endlich ist sie zufrieden, sie stellt den Motor ab, öffnet die Wagentür und bietet den Vorübergehenden den erquickenden Anblick von zwei langen, seidenbestrumpften Beinen.
Ohne Hast geht Martine die Rue Caumartin hinauf. Sie tritt in das Lux-Hotel ein. Ein paar Augenblicke später bringt sie der Lift in die vierte Etage, gegenüber dem Zimmer 29, in das sie eintritt. Sie schiebt den Riegel vor, wirft ihre Handtasche auf das Bett, zieht ihr Kostüm aus Shantungseide aus und wirft sich in ihre Arbeitskleidung, ein langes, eng anliegendes Futteralkleid aus Seide, schwarz-rot gemustert, mit einem langen Reißverschluß. Geschickt bringt sie ihre Frisur in Ordnung. Der Wandspiegel zeigt ihr, daß ihr Make-up vollkommen ist, Martine lächelt. Sie weiß, daß sie bald einen Tag Urlaub hat, den sie mit Charlot auf dem Land verbringen wird. Im Augenblick ist er noch in Cannes in seiner Villa ganz in der Nähe des Besitzes der Begum. Er beabsichtigt, sich demnächst ein Schwimmbad bauen zu lassen. Ihre Verbindungen mit Charlot sind wieder enger geworden. Er ist sehr zufrieden. Er hat es ihr des öfteren mit einem lobenden Wort zu verstehen gegeben und sie außerdem belohnt, indem er ihr die Aufsicht über die fünf Mädchen anvertraut hat, die für ihn in der Gegend von la Madeleine arbeiten. Er hat Martine beauftragt, sie im Auge zu behalten, und ihnen vor allem jeden Abend ihren Verdienst abzunehmen, in einem Café in der Rue Volney, wo sie vor indiskreten Blicken geschützt sind. Martine ist unerbittlich, wenns ums Zahlen geht. In zwei, drei Jahren vielleicht will Charlot ein Hotel an der Côte d'Azur kaufen. Das ist beschlossene Sache. Dieser Plan beflügelt sie. Sie denkt unaufhörlich daran. Sie wird sich von nichts und niemandem davon abbringen lassen. Manchmal droht eine unbestimmte Sehnsucht ihren Entschluß ins Wanken zu bringen. Das Lachen eines Kindes,

ein verliebtes Paar, eine Sympathie für jemanden rühren sie, aber ihre Schwäche ist nicht von Dauer. Das Bild des blendend weißen Hotels in einer Landschaft wie auf einem Touristenplakat verscheucht ihre Melancholie. Im Grunde genommen ist sie glücklich. Sie weiß, was sie will und, was noch seltener ist, sie besitzt die Mittel, ihren Ehrgeiz zu befriedigen.

Martine zieht einen Pelzmantel über, schließt ihren Schrank ab und verläßt das Zimmer. Die Besitzerin des Stundenhotels schenkt ihr, als sie hinausgeht, ein geschäftliches Lächeln. An der Ecke der Rue de Sèze und der Rue Godot-de-Mauroy gesellt Martine sich zu ihren Gefährtinnen, die bereits bei der Arbeit sind.

»Tag, Martine«, ruft ihr eine von ihnen zu. »Wärst du fünf Minuten früher da gewesen, hätte dich die Sitte in die Arme geschlossen.«

»Ist das wahr?« Martine denkt besorgt an ihre Angestellten. »Eine große Razzia?«

»Nein. Und weißt du, es ist komisch, aber ich habe den Eindruck, daß sie gar nicht unseretwegen kamen. Sie haben nur drei sozusagen im Vorübergehen geschnappt.«

Martine runzelt die Stirn.

»Wen?«

»Josiane, Doris und eine Neue, die ich noch nicht kenne.«

»Josiane?« Martine ist echt überrascht. »Und Doris, Vossels Frau?«

»Ja, aber weißt du, ihretwegen mach ich mir wirklich keine Sorgen. Ihr Lude wird sie bald den Fängen der Kripo entrissen haben, nachdem er schon so lange bei ihnen den Kanarienvogel spielt.«

Martine unterdrückt eine leise Gereiztheit. Es geht das Gerücht, daß Vossel bei Spazierstock-Renés Verhaftung seine Hand mit im Spiel hatte. Sie haßt es, an diese Geschichte erinnert zu werden. Trotzdem fragt sie weiter:

»War das Geschäft gut?«

»Wo denkst du hin! Diese verdammten Bullen haben uns alles gründlich verdorben. Mein Typ wird wieder mal fluchen, aber ich kann die Polypen ja nicht um eine eidesstattliche Versicherung bitten.«

Die Mädchen lachen.

»Wollen wir uns auf die Socken machen?« fragt Martine.

»Einverstanden!«

Sie trennen sich. Eine hinter der anderen gehen sie lässig die Straße hinunter, stellen sich in Pose, scheinen an der Ecke zu zögern und drehen dann wieder um. Sie kennen genau ihre 300 m Revier auf dem Bürgersteig. Jeder Zentimeter weckt in jeder einzelnen von

ihnen so viel Erinnerungen!
Gewissenhaft widmet Martine sich ihren Pflichten.

Es ist spät. Martine ist müde. Ihr Schritt wird immer langsamer. Und das nicht nur, um die Kunden zu locken; heute hätte sie eigentlich Lust, früher aufzuhören. Wenn es nicht in der Rue Volney die Razzia gegeben hätte, würde sie jetzt nach Hause gehen, in ihre luxuriöse Sechs-Zimmer-Wohnung in der Rue de la Faisanderie mit den Stilmöbeln und den wertvollen Bildern. Aber sie hat schließlich eine gewisse Verantwortung. Sie muß mit gutem Beispiel vorangehen. Ein Schritt hinter ihr, der sich dem ihren anpaßt, verändert sofort ihren Gang. Martine streckt die Schultern, läuft noch ein paar Schritte mit professionell wiegenden Hüften, bleibt dann vor einem Schaufenster stehen. Sie erkennt im Fenster die Silhouette des Mannes, der jetzt hinter ihr steht. Sie dreht sich um und lächelt:
»Nanu, ein Polyp. Haben Sie hier in der Gegend zu tun?«
Der Mann erwidert ihr Lächeln. Er scheint gut gelaunt zu sein.
»Man kann Ihnen auch nichts verbergen«, sagt er und nickt mit dem Kopf.
Martine freut sich. Ihre Müdigkeit ist wie weggeblasen. Sie weiß nicht warum, aber dieser Bulle gefällt ihr. Sie findet, daß er gar nicht wie ein richtiger Polizist wirkt. Sie hat ihn bereits ein paar Mal beobachtet, als er auf ein schlankes, langbeiniges, blondes Mädchen vor Lancel auf dem Opernplatz wartete, und sie hat ihn später gut gelaunt und lachend mit demselben Mädchen bei Henri Spacagna, dem Besitzer des Club des Capucines wiedergesehen. Er wirkt so anders als seine Kollegen, in seinem zu eng geschnittenen Anzug, mit seinem offenen Blick und seinem gutmütigen Gesicht. Martine hat ein ausgesprochenes Faible für ihn, wie ihre Gefährtinnen behaupten. Und sie hat ihn auch nicht vergessen: ein Bulle von der Sûreté, so was kann ganz nützlich sein. Und eines Tages, genauer gesagt, am Nachmittag nach Spazierstock-Renés Ausbruch, hat er sie sogar besucht. Es ist erstaunlich, wie sich in Paris selbst die verschiedensten Wege einmal kreuzen.
»Nun, gehen wir hinauf?«
Martine sieht ihn schockiert an.
»Ins Hotel?«
»Warum nicht? Dort haben wirs doch am bequemsten.«
Instinktiv beschleunigt Martine ihren Schritt, als handele es sich um einen normalen Kunden, dem man auf keinen Fall die Zeit lassen darf, es sich noch einmal zu überlegen. Der Inspektor folgt ihr, die

Hände in den Taschen. Er geht aufrecht, sehr gezielt und ohne den Kopf zu bewegen. Martine sagt sich, daß er etwas verträumt wirkt. Sie findet, daß er sich absolut nicht seriös verhält, ja, sie überrascht sich sogar bei dem Gedanken, daß er damit seiner Karriere schaden könnte. Sie bleibt vor dem Hotel »Zum roten Klatschmohn« stehen, einem diskreten Stundenhotel in der Rue de l'Arcade.
»Wie poetisch!« ruft der Inspektor, den der Name des Hotels amüsiert.
»Nicht wahr?«
Der Inspektor folgt Martine, die leichtfüßig die Stufen hinaufgeht, den Körper etwas nach vorn geneigt. Er atmet den leichten Parfümgeruch ein, den sie verbreitet. Martine spürt den Blick des Mannes auf ihren Hüften. Ohne sich umzudrehen überquert sie den ersten Treppenabsatz, dann den zweiten.
Das Zimmer ist warm, in roten Farben gehalten, mit einem riesigen Bett in der Mitte und gedämpftem Licht. Eine halbgeöffnete Tür führt ins Badezimmer, mit blitzenden Kacheln und Spiegeln. Der Polizist setzt sich auf das Bett.
»Es freut mich, daß wir uns wiedersehen«, sagt Martine und ist ein bißchen verlegen.
Jetzt, da sie beide in diesem Zimmer eingeschlossen sind, wie Schauspieler auf einer Bühne, auf der man nur eine einzige Szene spielen kann, fragt sie sich, ob er wirklich deswegen gekommen ist.
»Es ist hübsch hier«, erwidert der Polizist und sieht sich im Zimmer um. »Wenn ich könnte, würde ich öfter hierher kommen. Das Dumme ist nur, daß ich so viel zu tun habe ...«
Er hat eine sanfte Stimme, die ausgesprochen verführerisch wirkt; Martine verspürt einen leichten, erwartungsvollen Schauder. Sie sieht ihn an und denkt, daß sein Anzug immer noch genauso altmodisch ist, und daß er das allzu kurz geschnittene Haar eigentlich wachsen lassen sollte. Sie hat den Eindruck, als ob sie fast gegen ihren Willen in einen Strudel gezogen wird, dem sie nicht widerstehen kann.
»Soll ich mich ausziehen?«
»Das wäre doch sehr viel hübscher.«
Martines Augen blitzen. Ihre Hand zieht langsam den Reißverschluß an ihrem Kleid herunter.

Ich sehe gern einer Frau zu, die sich auszieht. Die Art, wie sie das tut, verrät mehr über ihren Charakter als alles, was sie einem erzählt. Martine spielt mit ihrem Körper auf eine unbewußt erotische Art, die ich ausgesprochen reizend finde. Als sie ihren etwas mageren Oberkörper enthüllt, tut sie das mit den erschrockenen Bewegungen eines jungen Mädchens. Und wie sie jetzt ihren Büstenhalter aufhakt, mit auf dem Rücken verschränkten Händen, könnte man sie für eine Schülerin aus dem Mädchenpensionat halten. Dann finden ihre Hände wieder die Kraft und die Gelassenheit einer voll erblühten Frau, als sie das Kleid über ihre Hüften streift. Die Gespaltenheit ihrer Natur enthüllt sich in dieser Art, sich anzubieten. Sie vereint in sich zwei ganz verschiedene Frauen. Schamhaft, fröhlich und naiv, wenn sie für jemanden Sympathie hat und sonst bitter und zynisch. Im Augenblick gefalle ich ihr. Simone Tirard hatte es mir ja gesagt. Sie möchte gern, daß ich sie schön finde und sie streichle. In meiner Eigenschaft als Polizist nimmt sie mich ganz und gar nicht ernst. Ich soll für sie eher eine Art Partner sein. Mit mir möchte sie ihr »Geschäft« vergessen, selbst wenn sie sich zehn Minuten später daran erinnert und wie eine Hyäne schreit, wenn eines der Mädchen versucht, sie um ein paar Scheine zu betrügen.

»Ich nehme an, daß Spazierstock-René bald bei Ihnen auftauchen wird.«
Martine erstarrt. Sie wird bleich.
»Sind Sie nur deshalb gekommen ... ?«
»Um Ihnen das zu sagen? Ja. Ich finde, Sie sollten wissen, daß der gute Poirier auf dem Trockenen sitzt. Gradors Verhaftung hat ihm die letzte Fährte abgeschnitten.«
Sie zieht ganz automatisch ihren Büstenhalter wieder an.
»Aber das ist doch kein Grund sich wieder anzuziehen.«
Martine wirft mir einen mißtrauischen Blick zu. Sie ist nicht dumm. Um ihr das zu sagen, ist dieser Bulle also zu ihr gekommen. Selbst wenn das nicht der einzige Grund war. Aber was bezweckt er damit? Ihr Herz schlägt schneller. René ist es also geglückt, die Polizei bis jetzt an der Nase herumzuführen. Das ist wirklich beachtlich. Wenn er jetzt in dieses Zimmer träte, würde sie ihm um den Hals fallen. Doch dann steigt ihr plötzlich das Blut in den Kopf. Eine Erinnerung, die sie am liebsten vergessen möchte, bedrückt sie. Es war ihre Schuld, daß jenes glückliche, fast vollkommene Abenteuer mit Girier mit Verrat und Verhaftung endete. Er ist ihr bestimmt böse deswegen. Und dem Normannen erst recht. Martine nimmt sich zusammen, sie verdrängt ihre Gewissensbisse. Schließlich konnte sie ja nicht anders handeln. Charlot hätte sie sonst für den Rest ihres Lebens verstümmelt. Sie hatte zu wählen: Girier oder sich selbst. Was sie dabei nur wundert, ist die Erkenntnis, daß sie noch an René

hängt und gleichzeitig genau weiß, daß sie ihn wieder verraten würde, um sich selbst zu schützen.
Besorgt blickt sie auf ihren Begleiter, der immer noch wie ein Raubvogel auf dem Bettrand sitzt.
»Wird René wieder einsteigen?« fragt sie nachdenklich.
»Bestimmt! Der bereitet mit Sicherheit einen neuen Coup vor. Das ist genau seine Art. Als er damals aus Pont l'Evêque ausbrach, hat er prompt das Ding am Boulevard Jourdan und in Deauville gedreht.«
Martine bemerkt, daß ein Hauch von Bewunderung in der Stimme des Polypen mitschwingt. Seine Züge sind härter als die von Girier, ausgeprägter, aber Martine findet, daß er ihm gleicht. Nicht so sehr eine äußerliche Ähnlichkeit, sondern eine viel subtilere, beunruhigendere, als ob sie beide von dem gleichen Feuer beseelt wären. Martine fragt – und jetzt spürt sie, wie sie zittert:
»Was wird er machen?«
Der Inspektor zuckt die Schultern und wirft ihr einen scharfen Blick zu:
»Nun, er wird zunächst einmal seine Rechnungen begleichen. Er glaubt, daß Sie ihn an Morin verpfiffen haben!«
Ich sehe, wie ihr Körper sich verkrampft. Der Zauber ist gebrochen. Ich bin wieder zu einem Bullen geworden.
»Er muß verrückt sein!« ruft sie.
Ich kann ein leises Lächeln nicht unterdrücken. Die Frauen sind wirklich erstaunlich. Sie verpfeifen einen Typ und wundern sich dann, daß er ihnen deswegen böse ist. Und dabei lieben sie ihn auch noch. Denn im Grunde genommen hat Martine ein Faible für Girier. Und was besonders komisch ist, wahrscheinlich wird sie in weniger als fünf Minuten bereit sein, mir alles zu erzählen, was sie über die Sache weiß. Aber das ist nur ein scheinbarer Gegensatz. Sie wirft uns beide in denselben Topf. Wir sind keine ernsthaften Leute. Was für sie ernst ist, ist ihr Leben mit Charlot, das Geld, das sie zurücklegen, das Ziel, das sie sich gesetzt haben. Girier stellt für diese Zukunft eine Gefahr dar. Solange er sich auf freiem Fuß befindet, riskiert der Normanne einiges. Und dann kann sie ihre Pläne, die Sicherheit und das Geld auf immer vergessen. Ich spüre, daß sie verzweifelt überlegt, einen Plan schmiedet, der mir die Möglichkeit gäbe, Girier zu schnappen, ohne daß sie oder Charlot damit etwas zu tun hätten.
»Warum sind sie extra gekommen, um mir das zu sagen?« fragt sie.
Ich setze eine Beschützermiene auf:
»Damit Sie vorsichtig sind. Ich will nicht, daß Ihnen irgend etwas passiert.«

»Ist das wahr?«
»Ja.«
»Und was soll ich jetzt tun?«
»Ich werde ihn schon finden«, sage ich beruhigend.
Sie läßt ein kleines, kehliges Lachen ertönen, das sie rasch unterdrückt, dann richtet sich sich im Bett auf. Sie sieht mich forschend an. Sie schüttelt den Kopf.
»Unsinn«, erwidert sie, »der ist gerissen. Glauben Sie, Sie könnten da Erfolg haben, wo Ihre Kollegen bereits gescheitert sind? Sie würden ihn überall suchen, aber nicht da, wo er ist.«
Sie dreht den Kopf zum Fenster, zieht das Laken etwas höher, seufzt tief und wendet sich dann wieder mir zu. Auf ihren weit auseinanderstehenden Brüsten mit den kaum geschwungenen Kurven sind die dunklen Warzen sichtbar.
»In Saint-Germain-des-Prés«, fügt sie flüsternd hinzu. »Dorthin hat er mich das erste Mal mitgenommen. Das weiß niemand. Nicht einmal Charlot. Ich habe es nie jemandem gesagt. René behauptet, daß das das einzige Viertel von Paris ist, in dem es weder Bullen noch Spitzel gibt. Er hat sich bestimmt dort versteckt.«
Martine setzt sich auf das Bett, wühlt in ihrer Tasche, zieht ein Päckchen Philip Morris heraus und legt sich dann wieder hin.
»Wie wär's, wenn Sie mir darüber etwas erzählen?« sage ich nach einer Weile. »Und mit den nötigen Details ...«
»Was für Details?«
»Ich weiß nicht... Ganz einfach, wo Sie hingegangen sind, die Restaurants, die Bars..., die Leute, die er dort kennt, verstehen Sie?« Martine überlegt. Sie sieht plötzlich sehr verständig aus, beinahe alt und weise.
»In diesem Viertel«, sagt sie, »kennt jeder jeden. Dieses Künstlervolk ist schon komisch... Die Welt der Bohème... Niemand fragt Sie da groß nach Ihren eigenen Dingen, verstehen Sie? Aber sie reden unaufhörlich davon, was sie gerade machen wollen.«
»Was zum Beispiel?«
»Filme, Romane, Reisen...«
»Und die Mädchen?«
»In Pulli und Bluejeans. Ohne Hemmungen. Und ziemlich offenherzig.«
Ich spüre die Mißbilligung in ihrer Stimme.
»Man weiß nie, mit wem sie gerade zusammen sind. Die duzen alle und küssen jeden auf den Mund.«
»Und Girier?«
»Der fühlt sich überall zu Hause. Wissen Sie, was das ist, der

Lettrismus oder sowas Ähnliches?«
»Nein.«
»Stellen Sie sich vor, er hat darüber eine ganze Nacht mit irgend welchen Typen diskutiert! Und ich hab zugehört.«
»Was für Typen?«
Martine lacht schallend.
»Dichter, mein Lieber! Keine Gangster...«
»Aber ein paar sind doch bestimmt dabei?«
»Nein... Oder sie haben sich verkleidet.«
Ich spüre ein gewisses Zögern in ihrer Stimme. Sie erinnert sich vage an irgend etwas.
»Denken Sie an jemand Bestimmtes?«
»Es gab da einen Typen, den ich schon hier gesehen habe.«
»Ach?«
»Kennen Sie die Dicke?«
»Nein.«
»Das ist eine Unabhängige... So ein Aas! Ihr Revier ist das Viertel von der Madeleine. Ich habe sie eines Tages beobachtet, wie sie mit einem Kerl sprach, den Girier dort auch getroffen hat.«
»Vielleicht ein Kunde von ihr?«
»Nein. Sowas würde ich sofort sehen. Und außerdem ist die Dicke auch nicht mehr die allerjüngste.«
»Ihr Zuhälter?«
»Auch nicht. Nein, das ist nicht ihre Art. Die arbeitet auf eigene Rechnung. Charlot und seine Freunde von der Sitte denken zwar, daß es ihr Lude ist, aber ich glaube das nicht. Ich bin überzeugt, daß sie eine Unabhängige ist.«
»Also?«
»Also nichts, oder vielmehr doch. Denn dieser kleine Playboy treibt sich auch im Village herum.«
»Was für ein Village?«
Martine betrachtet mich erstaunt.
»So nennen die Eingeweihten doch das Quartier Latin.«
Ich bin beschämt über meine Unwissenheit. Girier hat recht, wir interessieren uns nicht genügend für Saint-Germain-des-Prés. Das ist offenbar ein Viertel, das en vogue ist. Man fängt bereits schon an, in den Zeitungen darüber zu reden. Es wird wirklich Zeit, daß ich mir das mal ansehe.
»Und wie heißt dieser Kumpel von René?«
»Wissen Sie, ich und die Namen! Jedenfalls ist er ein verflixt gut aussehender Typ.«
Sie richtet sich auf und setzt sich hin. Das Laken fällt von ihr ab. Sie

runzelt die Stirn.
»Was ist denn los?«
»Seine Augen. Er hat riesige graue Augen. Wie die Dicke... Es könnte gut sein, daß er einfach ein Verwandter von ihr ist.«
Ich denke angestrengt nach. Dieser Verwandte von der Dicken ist Renés Kumpel. Das ist wirklich komisch! Während Poirier hinter Giriers Frau herläuft oder seinen früheren Geliebten, habe ich jetzt endlich den Eindruck, daß ich auf eine interessante Fährte gestoßen bin. Ich bin Martine unendlich dankbar.
Sie ist gerade dabei, aufzustehen.
»Sie brauchen nicht zu denken, daß ich mich langweile...«, sagt sie.
Ich blicke ihr aufmerksam in ihre blauen Augen, die von seidigen, geschwungenen Wimpern umrahmt sind. Sie sind kalt und hart. Mit einer Bewegung wendet sie den Kopf ab. Wir haben uns nichts mehr zu sagen.

33

Mit meiner Dienstmarke in der Hand überschreite ich die Schwelle zum Polizeikommissariat des 9. Arrondissements. Der Wachtposten draußen erwidert müde meinen Gruß, seine Nase ist rot vor Kälte. Ich durchquere das große Dienstzimmer, in dem gleichgültige Polizeibeamte herumstehen, deren Mäntel und Dienstmützen nebeneinander auf den Garderobenhaken mit einigen Waffengurten hängen. Zwei Verkehrspolizisten sitzen erschöpft auf einer Bank und sind in Comics vertieft. Andere spielen Karten rund um einen massiven Eichentisch, dessen Holz im Laufe der Zeit fast schwarz geworden ist. In einer Ecke des Saales singt ein Wasserkessel auf dem Ofen.
»Die Sitte? Erste Tür rechts. Dort hinten!«
Der Hauptwachtmeister begleitet seine Worte mit einer Bewegung des Kinns, die auf eine Tür in dem schmutzigen Flur deutet. Ich stehe vor einer verstaubten Glastür und klopfe an. Drei Köpfe blicken mich gleichzeitig fragend an.
»Ist das hier die Sitte?«
»Ja.«
»Borniche, von der Sûreté.«
Ich schließe die Tür hinter mir. Die Ärmlichkeit des Zimmers beeindruckt mich. Ein vergittertes Fenster, das das Tageslicht nur schwach durchläßt, trennt dieses Büro von dem Innenhof der Stadtverwaltung im 9. Arrondissement. Das Mobiliar ist eher

spärlich: zwei Tische, drei Stühle, ein etwas altersschwacher Aktenschrank, das alles in hellem, lackiertem Holz. Ein verbogener, mit Fliegendreck verschmutzter Draht hält eine elektrische Birne, die nur ein schwaches Licht gibt. An der Wand sind mit Reißzwecken die Fahndungsblätter der besonders gefährlichen Kriminellen befestigt sowie ein paar Dienstanweisungen. Giriers Foto fesselt sofort meine Aufmerksamkeit. Es kommt mir so vor, als ob sein Blick mich starr fixiere, und ich habe den unangenehmen Eindruck, daß er sich über mich lustig macht.

»Suchen Sie nach der Dirne«, hatte mir der Dicke oft genug in den kläglichen Anfängen meiner Polizeikarriere wiederholt. Jetzt befolge ich seinen Rat.

Wäre ich kein Polizist, würde ich mit den wenigen Details, die mir Martine geliefert hat, niemals weiterkommen. Aber Gott sei Dank bin ich ein Polizist. Und ein Polizist hat auf diesem Gebiet eine ganz hübsche Phantasie und vor allem ein paar Mittel, die ihm zur Verfügung stehen.

Da jene Verwandte von Giriers Kumpel in der Nähe von la Madeleine auf den Strich geht, habe ich mir gedacht, daß sie bestimmt bei der Sitte, deren Revier sich auf die Arrondissements rund um die Oper erstrecken, also das 1., 2., 8. und 9., keine Unbekannte ist. Ich habe erst einmal mit dem 9. begonnen. Das ist das Arrondissement, in dem das Geschäft der Damen besonders blüht. Man braucht nur einmal in der Rue Vignon, Rue de Sèze, Rue Godot-de-Mauroy oder auf dem Boulevard des Capucines herumzuspazieren, um das zu merken. Das ist gar kein Viertel mehr, das ist eine bunte, mit nackten Kurven gepolsterte Bienenwabe, in der mit Mühe und Not die Sitte und die »Zivilen« zirkulieren.

Die »Zivilen«, das ist der Spitzname der Gesetzeshüter in Zivil, die man aufgrund ihres charakteristischen runden Hutes und ihres langen Regenmantels auf hundert Meter gegen den Wind riecht. Sie gehören zur städtischen Polizei und dürfen nur in den Grenzen ihres Arrondissements tätig werden. Sie dürfen nicht einmal den Boulevard überqueren und in den benachbarten Bezirk einbrechen. Das ist lächerlich, aber so ist es nun einmal. Ihre Aufgabe ist nicht leicht. Wenn sie nicht mit der nötigen Schnelligkeit handeln, dann flüchten sich ihre Opfer in die benachbarten Arrondissements, in denen sie sie nicht mehr verfolgen können. Es geht ihnen ebenso wie den Polizisten der Polizeipräfektur, die nicht die Seine überqueren können, um einen Verbrecher in Saint-Cloud zu verfolgen, weil für dieses Gebiet einzig und allein die Sûreté Nationale zuständig ist.

Von Zeit zu Zeit gibt es zwischen den »Zivilen« und den Inspektoren

der »Sitte« ein paar kleine Reibereien. Die »Zivilen« verfolgen die Prostituierten, wenn ihnen ihre Ausweise nicht ganz astrein erscheinen. Sie stellen dann oft umfangreiche Ermittlungen an und verlangen von ihren Konkurrenten von der Sitte eine Rechtfertigung dafür, daß man den Dirnen ohne ersichtlichen Grund einen Ausweis gegeben hat; die Tatsache, daß die Mädchen ihrerseits manchmal recht gesprächig sind, interessiert sie nicht besonders. Manchmal muß der Streit sogar vom Präfekten selbst geschlichtet werden.
Da die »Zivilen« sich für die Aktivitäten der Prostituierten interessieren, habe ich mir gedacht, daß sie sicher eine Kartei besitzen, die vielleicht nicht ebenso vollständig ist wie bei der »Sitte«, aber vielleicht doch genügend Hinweise enthielte. Und deshalb habe ich auch ängstlich und ungeduldig an die Tür dieses ärmlichen Polizeikommissariats geklopft, das sich in einem Bezirk befindet, in dem das »Geschäft« geradezu blüht.

»Sie sagten: dick, nicht mehr allzu jung und große graue Augen?«
Einer der »Zivilen« vermag mir bereits nach fünf Sekunden den Namen der Frau zu sagen, die ich suche, sie heißt Gabrielle Bergonza, Gaby genannt, ihr Spitzname: »die Dicke«, und nach weiteren dreißig Sekunden zieht er bereits ihre Karte aus dem Aktenschrank und hält sie mir unter die Nase. Leider ist keine Fotografie darauf. Aber ich stelle zumindest das Datum ihrer Geburt fest, den 14. April 1912 in Marseille, die Namen ihrer Eltern, Luigi und Simone Valentin, und ihre Adresse, Avenue des Ternes 124, nicht weit vom Bois de Boulogne. Auf der Rückseite der Karte sind die Daten der Razzien mit Kugelschreiber verzeichnet. Sie nehmen fast die ganze Seite ein. Der »Zivile« erklärt mir:
»Die da ist eine Unabhängige. Wir kennen keinen Zuhälter von ihr. Sie wurde dreimal eingelocht.«
Ich kombiniere rasch: Die Dicke ist also dreimal in der Haftanstalt gewesen. Wenn sie keinen Zuhälter hat, dann müßte sich doch der Verwandte, den Martine beobachtet hat, um sie gekümmert haben, während sie saß. Wenn ich ihre Gefängnisakte ein bißchen studiere, müßte ich normalerweise seinen Namen und seine Adresse erfahren. Ihn danach zu identifizieren, dürfte nicht schwer sein.
Die zentrale Gefängnisabteilung, die hinter dem Justizpalast im Hof des Uhrenturms liegt, ist nun meine nächste Hoffnung. Ich habe zwei Möglichkeiten, um mich zu erkundigen: entweder laufe ich jetzt gleich hin, oder ich telefoniere noch von hier aus über den Dienstapparat, über den ich alle Polizeiabteilungen erreichen kann.

Und da das sehr viel rascher geht, entscheide ich mich für letzteres. Als ich das Kommissariat schließlich verlasse, erfüllt mich freudige Hoffnung. Ich habe erfahren, daß Gaby Bergonza zweimal von einem gewissen Charles Valentin, wohnhaft im Hotel Royalty, Rue Saint-Benoît, Besuch erhalten hat.
Valentin, Bergonza? Damit steht es fest, daß die beiden verwandt sind, und die Adresse ist noch vielversprechender. Die Rue Saint-Benoît liegt nämlich im Herzen von Saint-Germain-des-Prés, wo, nach Meinung von Martine, Girier sich möglicherweise versteckt hält. Einen kurzen Augenblick überlege ich mir hocherfreut, wie Poirier und Morin ihre Spitzel auf alle Kriminellen ansetzen, die sie kennen, und im Montmartre und Montparnasse das Unterste zu oberst kehren. Sie werden nie an das »Village« denken. Ich bin plötzlich äußerst optimistisch.

34

In Poiriers Büro ist Gino, bleich und ungekämmt, seit zwei Stunden dem Kreuzfeuer von Fragen ausgesetzt. Man hat ihm seine Handschellen abgenommen. Wie könnte er wohl auch zu fliehen versuchen, inmitten all dieser Inspektoren mit bösem Blick, die ihm ihre Fragen ins Gesicht schleudern und sich über seine Antworten lustig machen? Er hat sie wieder und wieder gezählt. Es sind fünf, einige von ihnen stehen, die anderen sitzen rittlings auf einem Stuhl. Der eine, der wohl der Chef von ihnen ist, mit kräftigen Händen und niedriger Stirn, sitzt mit seinem dicken Hintern auf dem Rand eines Tisches. Ein Polizist steht wachsam mit der Waffe in der Hand an der Tür und beobachtet das Verhör.
Die Angst und das Warten sind schlimmer als das böse Ende. Sobald Gino begriffen hatte, was man von ihm wollte, hatte er seine Selbstsicherheit wiedergewonnen. Man wirft ihm vor, er kenne Girier und habe ihm zu seiner Flucht verholfen. Er leugnet. Poirier hat alles versucht, um ihn zu einem Geständnis zu bringen. Er praktiziert seine eigene Art von Verhör. Einmal behandelt er Gino wie mit Samthandschuhen, lächelt ihn freundlich an; dann wieder hält er ihm gereizt und wütend den Artikel 61 des Strafgesetzbuches drohend vor Augen, der jedem, der einem Verbrecher hilft, sich der Fahndung der Polizei zu entziehen, eine Strafe von einem Monat bis zu drei Jahren Gefängnis androht. Gino bleibt hart. Er weiß, daß es keinen Beweis gegen ihn gibt. Auch dieses Verhör muß einmal enden. Hauptsache, er behält die Nerven.

Dennoch ist er besorgt. Wenn er daran denkt, was er riskiert, wird ihm ganz schlecht. Natürlich sagt er sich beruhigend, daß Poirier von seiner Vergangenheit und seiner Verurteilung in Marseille in Abwesenheit zu fünf Jahren Gefängnis nichts weiß; aber ihm ist klar, daß sein wirklicher Name und seine Fingerabdrücke irgendwo beim polizeilichen Erkennungsdienst registriert sind und jederzeit auftauchen können, und dann ist er geliefert.
Gino betrachtet müde den Inhalt seiner Taschen, der auf dem Schreibtisch ausgebreitet ist. Ganz gedankenlos legt Poirier die Gegenstände immer wieder in einer Reihe auf den Tisch. Gino wird ganz nervös davon. Seine goldene Armbanduhr, sein goldenes Feuerzeug, die Wagenschlüssel, die krokodillederne Brieftasche, der Clip aus Platin, Gabys letztes Geschenk, der fünf Scheine von je 10 000 Francs zusammenhält, das hellblaue seidene Taschentuch mit seinen gestickten Initialen tauchen in Poiriers Hand wieder und wieder auf, wie bei einem Zauberkünstler. Poirier wartet auf Ginos Erklärungen über Girier. Er zieht an seiner Zigarette mit einem saugenden, regelmäßigen Geräusch seiner Lippen, das an Ginos Nerven zerrt.
»Nun, mein Freund, so kommen wir doch nicht weiter!«
Gino zuckt müde die Schultern.
»Ich kenne ihn nicht, Herr Inspektor, ich schwör's Ihnen. Ich kann Ihnen nichts weiter sagen.«
»Na schön!«
Poiriers Hände beginnen erneut mit den Dingen auf dem Tisch zu spielen, sie in einer Reihe aufzustellen, sie wieder anders hinzulegen, sie wie Bauern in einem Schachspiel hin und her zu bewegen. Am liebsten würde er die Gesellschaft von diesem jungen Strolch, dessen herausfordernd hübsche Züge ihm mißfallen, für eine Weile befreien, aber er braucht ihn, um Giriers Spur zu finden. Im Augenblick ist nur eines wichtig, Gino muß sprechen, er muß ausspucken, was er weiß. Es ist nur eine Frage der Geduld. Poirier hat im Verlauf seiner Karriere eine ganze Reihe von Gaunern wie Gino kennengelernt, die noch weit härter und weit gefährlicher waren als er. Auch sie haben ein paar Stunden oder ein paar Tage den Verhören standgehalten und am Ende doch alles ausgespuckt, was sie wußten. Bei Gino wird es nicht anders sein. Er wird Giriers Versteck schon noch verraten.
Poirier nimmt jetzt wieder seinen väterlichen Ton an.
»Sag mal, willst du uns wirklich nicht helfen? Dabei ist es doch gar nicht so schwer, die Wahrheit zu sagen.«
Gino schüttelt mehrmals den Kopf.

»Ich habe Ihnen die Wahrheit gesagt, Herr Inspektor«, seufzt er. »Ich kenne diesen Girier nicht. Und wenn Sie mich totschlagen, das würde nichts daran ändern.«
»Es ist doch gar nicht die Rede davon, dich totzuschlagen«, erwidert Poirier sanft. »Aber warum erzählst du uns solchen Unsinn? Am Abend nach seinem Ausbruch war Spazierstock-René mit dir zusammen. Das steht einwandfrei fest. Wir haben uns erkundigt. Du willst das nicht zugeben, schön, das ist dein gutes Recht. Aber behaupte nur ja nicht nachher, daß ich nicht alles versucht hätte, um dir eine Brücke zu bauen.«
Gino zuckt zusammen. Er sieht Poirier halb verblüfft, halb bewundernd an. Instinktiv fährt er sich mit der Zunge über die Lippen, und dieses Detail entgeht nicht den aufmerksamen Augen des Inspektors, der jetzt fortfährt:
»Ich weiß eine ganze Menge über dich, mein Junge. Ich habe bisher noch nicht davon geredet, aber wenn du keine Vernunft annehmen willst, werde ich wohl gezwungen sein, auch das zur Sprache zu bringen.«
Gino hat nicht ein Wort von dem verloren, was Poirier gesagt hat. Was wird dieser große, freundliche Inspektor, den nichts aus der Ruhe bringt, ihm jetzt servieren? Er weiß nicht warum, aber plötzlich fühlt er, daß das dicke Ende noch kommt. Er zieht die Schultern unwillkürlich ein. Rings um ihn fangen die Inspektoren an zu lächeln.
»Siehst du«, sagt Poirier jetzt leicht ironisch, »vorhin hast du behauptet, daß es in deinen Kreisen nicht üblich ist, mit Verbrechern wie Girier zu verkehren. Aber ist es denn in deinen Kreisen üblich, als Zuhälter zu fungieren?«
Er greift nach dem gestickten Taschentuch, hält es einen Augenblick hoch, läßt es dann angewidert wieder auf den Schreibtisch fallen und fügt hinzu:
»All das stinkt, mein Sohn, es stinkt zum Himmel! Eine Frage, nur eine kleine Frage ganz nebenbei. Sagt der Name Gaby dir etwas? Oder ›die Dicke‹, falls dir das lieber ist? Eigentlich müßte dir doch der Name etwas sagen, denn sie bringt dir schließlich ihre Einnahmen nach Haus.«
Der Posten an der Tür bricht über die Worte seines Chefs in ein schallendes Gelächter aus. Er zwinkert einem seiner Kollegen zu, dessen Gesicht sich gleichfalls erheitert. Gino ist leichenblaß geworden. Also kennt Poirier Gaby. Er hat sich wahrscheinlich bei der Sitte informiert, wo sie natürlich registriert ist. Er kennt also ihren Namen, ihre Geburtsdaten und ihre Adresse. Und infolgedessen

auch die seinen. Er braucht nur ein kurzes Telefongespräch mit der Stadtverwaltung von Marseille zu führen, um festzustellen, daß Ginos Papiere gefälscht sind. Und dann ist er geliefert. Gino überlegt fieberhaft. Wer hat ihn verraten? Die Dicke wohnt in der Avenue des Ternes, er im Royalty und sie treffen sich nur äußerst selten. Die »Zivilen« haben sie ein paar Mal mitgenommen, aber es war dabei nie die Rede von einem Zuhälter. Und doch sind die Fakten eindeutig; Charles Valentin ist bei der Sitte als Zuhälter der Dirne Bergonza bekannt. So ist das also.
Trotz seines festen Entschlusses, nichts zu sagen, kann Gino es nicht unterdrücken, empört zu erwidern:
»Ich verstehe nicht, was Sie eigentlich sagen wollen. Ich bin nie in meinem Leben Zuhälter gewesen. Wenn Sie so etwas glauben, ist das eine Beleidigung!«
Einer der Inspektoren geht jetzt drohend mit erhobenen Händen auf ihn zu.
»Und wovon lebst du, willst du uns das mal verraten?« ruft er wütend. »Vielleicht von Lottogewinnen? Oder von barmherzigen Spenden? Ich will dir jetzt mal was sagen. Wenn du so weiter machst, werde ich demnächst mal etwas aktiv werden. Und das dauert wirklich nicht mehr lange. Nur schade um dein Heringsgesicht!«
Er hält seine Riesenfaust unter Ginos Kinn, der vor Angst die Augen schließt, dann beschließt er seine Rede, indem er einmal kurz die Faust gegen seine Handfläche schlägt. Gino zuckt zusammen. Poirier beschwichtigt seinen Mitarbeiter mit einer Handbewegung.
»Du hast ja keine Ahnung, was man alles entdeckt, wenn man sich für das Privatleben der Leute interessiert«, sagt er bedeutungsvoll, »ich hätte nie gedacht, daß du den Zuhälter spielst. Wieviel bringt ein solches Geschäft wohl im Monat ein?«
Gino zuckt die Schultern. Er versucht, seine Verwirrung zu verbergen. Poirier kann sagen, was er will, das Wichtigste ist, daß er nie erfährt, daß Gaby seine Schwester ist, daß er wie sie Bergonza heißt.
Poirier nützt jetzt seinen Vorteil aus:
»Wenn ich wollte, könnte die Sache für dich ganz schön unangenehm werden. Das gehört zwar nicht zu meinem Ressort, aber ich finde es trotzdem verlockend. Und deshalb, mein Junge, ist es wirklich besser, du bist vernünftig. Und so rasch wie möglich. Meine Geduld hat schließlich auch Grenzen.«
Er hat bemerkt, daß Gino geradezu von Angst geschüttelt wurde, als er den Namen Gaby erwähnte. Er denkt einen Augenblick über diese Tatsache nach. Dann schlägt er, methodisch wie er ist, seinen

Arbeitskalender auf, notiert, daß darüber in den Archiven der Sûreté Nationale nachgeforscht werden soll, schlägt den Kalender wieder zu.
»Also?« fragt er. »Ja oder nein?«
Gino betrachtet ihn verständnislos. Er runzelt die Stirn. Er wartet auf eine weitere Erklärung, die nicht kommt. Der Polizist sieht ihn leicht ironisch an. Die Situation wird immer unerträglicher.
»Übrigens«, fährt Poirier fort, »ist das noch nicht alles.«
Instinktiv zieht Gino wieder seine Schultern ein.
»Es gibt da noch Albert.«
Gino betrachtet ihn verständnislos. Er runzelt die Stirn. Albert? Dieser Name sagt ihm nichts. In seiner Angst stellt er sich vor, daß er irgend etwas mit seiner Verurteilung in Marseille zu tun haben könnte.
»Du willst doch nicht behaupten, daß du Albert nicht kennst?« sagt Poirier. »Der Barkeeper vom Royalty! Nun, jedenfalls kennt er dich und sogar sehr gut. Du schuldest ihm, warte mal, ich habe das doch irgendwo notiert: 64 337 Francs.«
»Donnerwetter!« ruft Mazard, völlig verblüfft über eine so hohe Summe.
Ginos Erleichterung ist offensichtlich. Vor Albert braucht er keine Angst zu haben. Er kann ihm nicht gefährlich werden. Albert ist sein Freund.

»Du unterschätzt die Barkeeper«, hält Poirier ihm vor. »Sie haben ein gutes Gedächtnis für Gesichter, weißt du? Und außerdem sind sie ausgesprochen hilfsbereit, vor allem bei uns. Es bleibt ihnen ja auch nichts anderes übrig. Und Albert hat dich mit Girier gesehen. Er hat sein Foto am nächsten Tag in der Zeitung wiederkannt. Was sagst du nun?«
»Das kommt davon, wenn man mit berühmten Leuten verkehrt«, spöttelt Hillard, der gerade in das Zimmer getreten ist.
Poirier steht auf, geht um seinen Schreibtisch herum, stellt sich vor Gino auf und betrachtet ihn aufmerksam.
»Girier bricht um 6 Uhr aus dem Gefängniswagen aus«, fährt er fort. »Zwei Stunden später ist er mit dir im Royalty zusammen. Danach seid ihr beide verschwunden. Eine Stunde später tauchst du allein wieder auf. Zum Glück gibt es Albert und die Kellnerin. Sie haben sich sein Gesicht eingeprägt. Sonst säßen wir ganz schön in der Patsche.«
Gino beißt sich auf die Lippen. Alberts Verrat stimmt ihn geradezu

mordlustig, statt ihn zu entmutigen.
»Stellen Sie sie mir gegenüber«, schreit er. »Dann werden Sie ja sehen, ob sie noch bei ihrer Geschichte bleiben.«
»Wenn du willst«, erwidert Poirier gelassen. »Sie sind beide da. Machen wir doch mit Albert den Anfang.«
Er winkt seinen Kollegen. Ein Inspektor öffnet die Tür. Gino sieht Alberts Gesicht mit den Eichhörnchenzähnen vor sich. Er hat bisher den Barkeeper immer nur in weißer Jacke und schwarzer Krawatte gesehen. Heute trägt er eine Fliege und einen perlgrauen Anzug. Sein glänzendes Haar ist leicht gewellt. Gino hat den Eindruck, daß er sich mit Eau de Cologne geradezu überschüttet hat. Als sich die Tür geöffnet hatte, saß Albert auf einem Stuhl; er hat sich zu Gino halb umgedreht und sieht ihn fassungslos und zugleich vorwurfsvoll an.
Der Anblick Alberts läßt mit einem Mal Ginos Zorn zusammenfallen. Er sucht nach einem Stuhl. Seine Beine tragen ihn nicht mehr. Seine Schläfen brennen. Der riesige Kleiderschrank mit den Boxerhänden kommt erneut auf ihn zu:
»Weißt du, daß du anfängst, uns ernsthaft wütend zu machen?« brummt er.
Gino betrachtet die riesigen, mit kleinen roten Härchen bedeckten Fäuste und krümmt den Rücken.
»Ich kenne Girier nicht!« sagt er. »Ich weiß gar nichts.«
Er schreit den Koloß förmlich an. Poirier wendet sich erneut an ihn.
»Schön. Ich will nicht weiter in dich dringen. Jetzt werden wir uns an die Schreibmaschine setzen und ein hübsches Protokoll aufnehmen. Wir werden uns schon um dich kümmern. Glaub mir, diesen Winter wirst du wohl kaum frieren!«
Hillard mischt sich jetzt ebenfalls ein.
»Ich habe fast den Eindruck, du weißt gar nicht, was dich erwartet«, sagt er. »Dir werden nämlich mehrere Straftaten vorgeworfen. Erst einmal die Zuhälterei. Du kennst ja den Tarif: von sechs Monaten bis zu drei Jahren.«
»Und woher haben Sie die Beweise«, brummt Gino. »Ich kenne das Gesetz. Man muß mir beweisen, daß ich einer Dirne, die der gewerbsmäßigen Unzucht nachgeht, Beihilfe leiste oder sie beschütze. Das ist bei mir nicht der Fall.«
»Oder wenn man sich von einer Dirne unterhalten läßt«, wirft Hillard ein. »Das ist das Gesetz vom 13. August 1946. Du kennst das wohl noch nicht so genau. Und außerdem, ob du nun willst oder nicht, die Anklage wegen Begünstigung ist nicht zu erschüttern.«
Gino hört ihm gar nicht zu. Was er vor sich sieht, ist das Gefängnis.

Und das fürchtet er am meisten. Er steht vor dem Abgrund.
Wenn Poirier will, kann er ihn noch heute abend festnehmen, ihn zum polizeilichen Erkennungsdienst führen, um dort die notwendigen Registrierungen vorzunehmen: eine Fotografie von vorn und im Profil, seine Maße und die Fingerabdrücke. Wie sie es damals in Marseille gemacht haben. Dann wird man eine hübsche Karteikarte ausfüllen, auf den Namen Charles Valentin, geboren am 13. Mai 1926, Vater unbekannt, Mutter Simone Valentin. Aber was dann vor allem auf ihn zukommt, ist noch eine gesalzene Strafe wegen Urkundenfälschung, die zu den fünf Jahren, zu denen er in Marseille verurteilt wurde, hinzukommt, wenn erst einmal der polizeiliche Erkennungsdienst die Fingerabdrücke vergleicht und feststellt, daß Valentin und Bergonza ein und derselbe sind.
Gino schließt die Augen. Er versucht abzuschätzen, wie lange er wohl im Gefängnis bleiben muß. Sicher wird er keine mildernden Umstände bekommen, denn seine Vergangenheit und die Tatsache, daß er keinem Beruf nachgeht, sprechen nicht zu seinen Gunsten. Und die Richter haben für Zuhälter nicht viel übrig.
Poirier spürt, daß Gino kapitulieren wird. Da er ein guter Psychologe ist, hat er bemerkt, daß fast immer die Züge eines Mannes in dem Augenblick, in dem er gestehen wird, einen fast träumerischen Ausdruck annehmen.

»Was verlangen Sie von mir?« fragt Gino mit tonloser Stimme.
»Daß du uns verrätst, wo sich Girier versteckt hält, dafür ersparen wir dir den Rest.«
Gino glaubt, nicht recht verstanden zu haben. Poirier hat nichts von seiner Verurteilung von Marseille gesagt. Also weiß er doch nichts davon! Ein unbändiges Glück steigt in ihm auf. Aber es gelingt ihm, sich zu beherrschen. Sie werden ihn wieder laufen lassen. Er wagt sich nicht zu rühren, nicht einmal ein Wort des Einverständnisses zu sagen, aus Furcht, daß sie vielleicht noch ihre Meinung ändern. Sein Blick schweift zur Tür. Poirier unterdrückt ein leises Lächeln der Befriedigung.
»Ich höre«, sagt er. »Und sei vorsichtig, daß du uns nicht einen Bären aufbindest. Dann wird dir nämlich nichts geschenkt werden!«
Gino atmet auf. Er hat die Chance, noch einmal davonzukommen. Wie alle geschickten Lügner weiß er, daß er Wahrheit und Lüge richtig dosieren muß. Auf dem Gebiet kennt er sich aus. Und er redet.
Er erzählt, wie er Girier in Saint-Germain-des-Prés kennengelernt

hat. Er beschreibt Girier, doch nur halb. Sie sind Freunde geworden, aber er sah ihn nur selten, wenn er mal in die Gegend kam. Spazierstock-René behauptete, er sei ein Vertreter. Im leichtlebigen Village tauchen die Leute auf und verschwinden ebenso rasch, ohne Erklärungen abzugeben. Er nannte sich Garcin. Unter diesem Namen hat Gino ihn kennengelernt. Erst als Girier im vergangenen Jahr verhaftet wurde, hat er gemerkt, wer er in Wirklichkeit war. Als Girier dann an jenem Abend im Royalty auftauchte, hatte er ihn schon fast vergessen. Das ist alles.

Poirier hat Gino zugehört, ohne sich zu rühren. Der erste Teil der Erzählung hat ihn offenbar interessiert. Aber dem zweiten steht er etwas skeptisch gegenüber. Aus welchem Grund wäre ein so vorsichtiger Mann wie Girier am Abend seines Ausbruchs zu einem nur flüchtigen Bekannten gekommen, in eine Bar der Rive Gauche, wo er von ganz Paris hätte gesehen werden können. Dafür gibt es nur eine Erklärung: dieser sogenannte Kumpel ist ein Komplize, der ihn sofort in ein sicheres Versteck geführt hat.

Gino hat inzwischen Zeit gehabt nachzudenken, sein Lügengespinst noch zu vervollkommnen. Girier war nicht mißtrauisch ihm gegenüber, er erklärte, er sei gekommen, um sich von ihm Geld zu borgen und seinen Wagen auszuleihen. Gino wohnt im Hotel. Er wußte, daß er ihn dort bestimmt finden würde. Aber sein M. G. war gerade in Reparatur, und er hatte nur wenig Geld bei sich. Da war Girier wieder gegangen, nicht ohne ihm zu sagen, daß er sich eines Tages mit ihm in Verbindung setzen würde.

Die Inspektoren betrachten sich verblüfft. Wenn Gino die Wahrheit sagt, dann ist mit dieser Spur nicht viel zu machen. Girier wird bestimmt nicht wieder auftauchen. Wenn er lügt, dann ist er schlauer, als er aussieht.

Poirier betrachtet den jungen Mann eindringlich, seine Züge, die Energie nur vortäuschen, seine großen Augen, die so offen scheinen. Er ist überzeugt, daß er lügt. Dieser Gauner weiß mehr über Giriers Pläne, als er zugibt. Er muß eine Möglichkeit haben, sich mit Spazierstock-René in Verbindung zu setzen. Wenn er ihn jetzt verhaftet, dann würde das nur dazu führen, auch diese neue Fährte zu verschütten. Girier würde davon erfahren und alle Brücken abbrechen. Poirier wirft Hillard einen fragenden Blick zu, dieser nickt: er hat die gleiche Meinung.

»Wenn ich dich recht verstehe«, sagt Poirier, »dann weißt du gar nichts.«

Seine Stimme klingt neutral, weder ironisch noch drohend. Gino

merkt, daß er sich selbst die Handschellen angelegt hat, indem er seine Rolle so unbedeutend wie möglich darstellte. Er versucht jetzt, das wieder gut zu machen:
»Ich bin sicher, daß er wieder zu mir kommen wird«, behauptet er.
»Warum?«
»Weil er einen Wagen mit grüner Versicherungskarte braucht, um über die Grenze zu kommen. Er hat mir das selbst gesagt. Er kann zwar einen Wagen stehlen, aber nicht den Versicherungsschein, der dazu gehört.«
Poirier reißt die Augen auf.
»Und du sollst ihm den besorgen?«
Gino nickt.
»Ja.«
»Und wann, glaubst du, setzt er sich mit dir in Verbindung?«
»Ich weiß nicht«, erwidert Gino. »Heute, morgen oder in einer Woche. Aber eines ist sicher, er wird wieder auf mich zukommen.«
Poirier schweigt einen Augenblick.
»Schön«, sagt er plötzlich. »Ich gebe dir eine Chance. Nimm deine Sachen, du bist frei. Eine Hand wäscht die andere. Sobald Girier sich mit dir in Verbindung setzt, sagst du mir Bescheid. Hast du meine Telefonnummer?«
»Nein«, sagt Gino und packt mit zitternden Händen seine Sachen, so wie sie sind, in seine Tasche.
Poirier kritzelt etwas auf eine Karte, hält sie Gino hin, der sie einsteckt. Sein Gesicht hat wieder etwas Farbe bekommen.
»Ich will aber nur mit Ihnen verhandeln«, fordert er, »damit ich nicht hereingelegt werde.«
»Aber ja«, sagt Poirier. »Du rufst diese Nummer an. Ganz gleich, zu welcher Tages- oder Nachtzeit.«
Gino ist viel zu aufgeregt, um zu antworten. Er hat Angst, daß ihn die Freude verrät, die seine Züge förmlich verändert. Er geht auf die Tür zu. Alle Blicke folgen ihm. In dem Augenblick, in dem er den Griff herunterdrückt, nagelt Poiriers Stimme ihn an der Schwelle fest.
»Nicht dort hinaus, mein Lieber, dort gehts ins Loch!«
Gino dreht sich leichenblaß um. Das ist wieder einer von Poiriers Witzen. Er spielt mit ihm, wie die Katze mit einem Wollknäuel. Wird er ihn denn nie gehen lassen?
»Vergiß nicht, was ich dir gesagt habe!« ruft Poirier ihm zu. »Wenn du mich an der Nase herumführst, kannst du sicher sein, daß du mir nicht entgehst!«

Gino verläßt das Büro mit Riesenschritten. Poirier dreht sich zu Joliot um.
»Wo ist Mazard?«
»Er nimmt gerade die Zeugenaussage des Barkeepers auf.«
»Gut. Er soll sich auch darum kümmern, daß das Royalty auf die Abhörliste gesetzt wird. Ich will alle Gespräche mit Gino haben. Und Sie, Joliot, Sie gehen jetzt schleunigst in die Rue des Saussaies und forschen in den Archiven der Sûreté nach. Ich bin sicher, daß Valentin irgend etwas zu verbergen hat. Man hätte sich vorher darum kümmern müssen. Könnte es nicht sein, daß ein Haftbefehl gegen ihn besteht oder er irgendwo in einer anderen Stadt bereits verurteilt wurde?«
Hillard geht gut gelaunt auf seinen Kollegen zu.
»Wir haben ihn schließlich doch gekriegt«, sagt er. »Jetzt kann Girier uns eigentlich nicht mehr entkommen. Sehen Sie, meine Herren, man muß immer mit Sanftheit arbeiten. Immer mit Sanftheit. Das ist die beste Methode. Unsere Position ist jetzt gar nicht so schlecht. In acht Tagen feiern wir Giriers Verhaftung mit Champagner. Kommst du mit, Poirier?«
Poirier antwortet nicht. Irgend etwas sagt ihm, daß Girier noch nicht im Käfig ist.

35

Ich habe immer eine Schwäche für Zauberkünstler gehabt. Ihre Tricks faszinieren mich. Sie zeigen einem einen Zylinder, beweisen einem, daß er leer ist, indem sie ihn ein paar Mal umdrehen, und dann schwingen sie einen Zauberstab und ziehen Schals, Fähnchen und als Krönung des ganzen ein vor Angst zitterndes weißes Kaninchen heraus. Inspektor Louis Roblin ist ebenfalls ein Zauberkünstler. Er ist der Zauberer der Archive der Sûreté Nationale.
In seinem Revier im 6. Stock der Rue des Saussaies thront er inmitten riesiger Register, in denen alles über die gesamte Bevölkerung Frankreichs steht, seien es nun Verbrecher oder ehrbare Leute, und zieht aus seinen Karteikästen lauter Dinge, auf die man gar nicht gefaßt ist. Bis auch bei uns das Computerzeitalter angebrochen ist, regiert er über Millionen von Karteikarten, die alphabetisch und phonetisch geordnet in ihren Kästen darauf warten, daß ein aktueller Anlaß sie aus ihrer Lethargie herausreißt.
Die Unschuldigen werden hier in der Zentralkartei einfach aufgrund eines Antrages auf Ausstellung eines Passes oder eines

Personalausweises registriert. Dies ist das Feld der sozusagen potentiell Schuldigen, denen die Polizei in weiser Voraussicht um ein paar Längen überlegen sein möchte. Die Daten, die sie betreffen, sind in den Verwaltungsakten, D. A. genannt, enthalten. Die Kriminellen figurieren mit ihrer Biographie, ihren Fotos, ihren Fingerabdrücken, ihren Vorstrafen und ihren Gefängnisaufenthalten in den Individualakten – D. I. –, während ihre Straftaten die D. C. – oder Kriminalakten – füllen.

Ich halte Roblin meine beiden Aktenanforderungskarten hin, die eine ist auf den Namen Gabrielle Bergonza, die andere auf den von Charles Valentin ausgefüllt; er sieht sie sich einen Augenblick an, dann verschwindet er in seinem Gewölbe, wobei er die Füße ein wenig nachzieht.

Ich mag Roblin sehr. Er ist groß, mager, höflich und sehr genau. Er ist 17 Jahre älter als ich. Das bedeutet, daß er den Betrieb hier von Grund auf kennt, mit all seinen Intrigen, Ränken, Geheimnissen und Fallen. Bei ihm bin ich sicher, daß er die gewünschte Überprüfung sehr sorgfältig vornehmen wird und daß ich alles über das Leben der Bergonzas und der Valentins erfahren werde.

Als Roblin wieder auftaucht, ein Dutzend Akten unter dem Arm, laufe ich ihm aufgeregt entgegen.

»Also?«

»Ich hab dir nicht alles gebracht«, sagt er. »Valentins gibt es nämlich wie Sand am Meer. Ich habe ganze Schränke voll von ihnen. Sie heißen mit Vornamen Victor, Ernest und Hyacinthe, aber, und jetzt halt dich fest, Borniche, kein einziger Charles. Dafür hab ich aber etwas anderes, was dich vielleicht interessiert: einen Luigi Bergonza, dessen Frau eine Valentin war. Sie scheinen die Eltern von Gabrielle zu sein, deren Daten du mir auf deiner Karte gegeben hast. Nun, wir werden sehen.«

Roblin legt seine Akten auf einem der Tische ab. Er öffnet die erste Akte.

»Siehst du, was hab ich dir gesagt?« fährt er fort und zieht Gabrielle Bergonzas Karteikarte hervor. »Sie ist am 14. April 1912 in Marseille geboren, ihre Eltern waren Luigi Bergonza und Simone Valentin. Kannst du mir folgen?«

»Natürlich.«

»Schön. Hier habe ich jetzt die Akte des Vaters, Luigi Bergonza. Er ist in Neapel am 24. Oktober 1890 geboren. 1932 hat er in Marseille als Hafenarbeiter gearbeitet. 1938 ist er an den Folgen eines Arbeitsunfalls gestorben. Und jetzt die Rubrik Ehe. Er lebte mit einer gewissen Simone Valentin, geboren am 7. Juni 1894 in Aix-en-Pro-

vence, in einem eheähnlichen Verhältnis zusammen. Kannst du mir immer noch folgen?«
Ich nicke, Roblin fährt fort:
»Und jetzt zu den Kindern. Hier stehen zwei Kinder aufgeführt: Gabrielle und Charles. Das ist ziemlich eindeutig.«
Ich frage:
»Und was weiter?«
Roblin lächelt leicht.
»Ganz einfach, mein lieber Borniche, ich habe hier noch eine Akte über den Unfall! Als Luigi im Krankenhaus von den Polizisten befragt wurde, hat er noch einmal bestätigt, ›ich habe zwei Kinder, Gabrielle und Charles, die ich bei ihrer Geburt anerkannt habe. Ihre Mutter ist 1926 bei der Geburt von Charles gestorben.‹ Und deshalb habe ich mir gleich diese Akte von Charles Bergonza gegriffen, der Gabys Bruder ist. Ich weiß nicht, ob du noch immer mitkommst?«
»Aber natürlich«, erwidere ich gereizt. »Nun beeil dich mal. Worauf willst du denn hinaus?«
Roblin nimmt einen Zug aus seiner Zigarette, bläst den Rauch an die Decke und antwortet erst nach einer kleinen Pause.
»Wärst du hier an meiner Stelle, hättest du genau so gehandelt. Du hättest die Akten von Charles Bergonza herausgesucht und zwar seine D. I. und seine D. C. Und dann hättest du festgestellt, daß er ein Krimineller ist!«
Er öffnet die Kriminalakte, zieht einen roten Bogen heraus, eine Fotografie und eine offizielle Urteilsausfertigung des Amtsgerichts von Marseille. Er hält sie mir unter die Nase, und ich stelle fest, daß Charles Bergonza, geboren am 24. Mai 1926 in Marseille, Vater Luigi Bergonza, Mutter Simone Valentin, aufgrund eines rechtskräftigen Urteils gesucht wird, das ihn wegen Diebstahls zu fünf Jahren Gefängnis verurteilte. Dieses rote Blatt ist ein Durchschlag des Haftbefehls. Die beigefügte Fotografie ähnelt der seiner Schwester, die in ihren Akten liegt. Sie haben beide die gleichen großen Augen. Ich erinnere mich wieder an Martines Worte.
»Riesige graue Augen. Vielleicht ist er ein Verwandter von ihr.«
Plötzlich ist alles klar. Charles Valentin ist der Bruder der Dicken. Er hat sich falsche Papiere besorgt, um der Verhaftung zu entgehen. Er hat den Namen seiner Mutter angenommen und als Charles Valentin hat er auch seine Schwester im Gefängnis besucht, und unter diesem Namen lebt er in Saint-Germain-des-Prés. »Im Village«, meinte ja bereits Martine, »riskiert er nichts.«
»Sei so lieb und gib mir sämtliche Akten von Charles und Gaby mit«, sage ich zu Roblin.

Das ist vielleicht nicht sehr fair von mir, aber mein Entschluß steht fest, diese Akten nehme ich lieber mit in mein Büro. Man kann nie wissen. Wenn vielleicht jemand von der Konkurrenz dieselbe Idee hätte, könnte Charles Bergonza, wenn man ihm das Messer an die Kehle setzt, vielleicht sehr gesprächig werden. Roblins Akten enthalten genügend Material, um Druck auf ihn auszuüben und auf diese Weise an Girier heranzukommen. Ich werde sie also wie meinen Augapfel hüten.

Als ich dem Dicken von den Resultaten meines Besuches im Archiv berichte, lauscht er meinen Erklärungen mit unverhohlener Befriedigung.

»Im Grunde genommen«, sagt er, »kommen Sie am Ende doch auf die Prinzipien zurück, die ich Ihnen schon immer eingehämmert habe. Die Archive und die Spitzel, das ist das einzig Wichtige. Sehen Sie, ich habe doch recht gehabt, Sie nach La Roquette zu schicken. Sonst wären wir genauso schlau wie vorher.«

»Das stimmt«, sage ich mit der gebührenden Demut. »Simone Tirard hat mich zu Martine gebracht, Martine zu Gaby und Gaby zu Valentin. Es ist wirklich wie bei einem Wollknäuel. Wenn man einmal das richtige Ende gefunden hat, braucht man nur noch daran zu ziehen.«

»Vorausgesetzt, man zerreißt den Faden nicht«, erläutert der Dicke. »Wenn ich Sie recht verstehe, dann wissen Sie, wo dieser Valentin steckt? Am besten, Sie gehen jetzt gleich los, holen ihn her und reden ihm ein bißchen ins Gewissen. Aber wie kommen Sie eigentlich darauf, daß er Giriers Freund ist und weiß, wo er sich versteckt hält?«

Seine unverblümte Frage bringt mich etwas aus der Fassung.

»Martine hat mir das gesagt, Chef.«

Er zuckt die Schultern.

»Martine? Glauben Sie, daß Ihre Martine gegen ihn aussagen wird? Daß sie auch nur damit einverstanden sein wird, Valentin gegenübergestellt zu werden? Glauben Sie an den Weihnachtsmann? In ihren Kreisen verpfeift man sich, aber danach hält man zusammen wie Pech und Schwefel. Da müssen Sie sich schon etwas anderes ausdenken.«

Der Dicke hat recht. Er spricht aus Erfahrung. Ich habe nicht allzu viel, um Valentin dazu zu bringen, sich kooperativ zu zeigen. Martine muß ich da ganz herauslassen. Nein, ich muß den Bruder der Dicken mit äußerster Vorsicht behandeln, damit er mir nicht durch die Lappen geht. Wenn er ein Professioneller ist, ist das Spiel

schon jetzt aus. Das kleine Urteil von Marseille und die neue Anklage wegen Urkundenfälschung werden ihn nicht im geringsten beeindrucken. Ich werde geschickt vorgehen müssen.
»Woran denken Sie?« fragt der Dicke.
»An Charles Valentin. D. h. an Charles Bergonza. Wenn er Giriers Freund ist, ist er bestimmt nicht allzu zart besaitet. Aber wir müssen ihn einfach dazu bringen, daß er mit uns zusammenarbeitet, das ist für uns das Wichtigste!«
»Ich werde dabei sein, Borniche«, beruhigt mich der Dicke mit einem strahlenden Lächeln. »Nehmen Sie Hidoine mit und holen Sie ihn her.«
»Hidoine?«
»Ja. Von heute ab soll er wieder mit Ihnen zusammenarbeiten. Sie mögen Hidoine doch ganz gern?«
»Natürlich, Chef.«
»Na schön, dann holen Sie diesen Bergonza-Valentin her, lassen ihn erst einmal eine Nacht lang schmoren, damit er Zeit hat nachzudenken, und Sie schauen nachher noch bei Victor herein, damit wir uns einen ordentlichen Pastis genehmigen können.«
Der Dicke strahlt wie noch nie, als ich sein Büro verlasse. Ich bin sicher, daß er sich bereits ausmalt, wie er den hohen Herren der Sûreté die Mitteilung von Spazierstock-Renés Verhaftung macht.

Um 11 Uhr morgens ist die Rue Saint-Benoît noch ziemlich ruhig. Nach dem, was ich in den Zeitungen über Saint-Germain-des-Prés gelesen habe, war ich darauf gefaßt, eine Art Byzanz vorzufinden. In Wirklichkeit sind die Straßen hier so friedlich und schmutzig wie in einer kleinen Provinzstadt. Das Village schläft. In dem grauen winterlichen Licht sieht das Hotel Royalty nicht besonders luxuriös aus. Die Bar, die links von dem dunklen Flur liegt, an dessen Ende ein tonnenförmiger Empfangstisch steht, ist geschlossen. Vor der Glastür hängen zwei dichte Vorhänge. Ein Schild besagt: Wir öffnen um 21 Uhr.
Ich werfe Hidoine einen kurzen Blick zu. Der Boulevard von Saint-Germain ist der richtige Hintergrund für seine Junker-Allüren; er hat seinen rostbraunen Arbeitsanzug ausgezogen, ihn in unserem Büro an den Kleiderständer gehängt und eine Tweedjacke angezogen, Reitstiefel und Kordhosen, mit denen er jeden Morgen in der Rue des Saussaies auftaucht, um unterwegs in der Metro seine Eroberungen zu machen. Wir haben den Dienstwagen, mit Crocbois, unserem Chauffeur, in der Nähe des Flore stehengelassen. Jetzt sehen wir uns das Royalty in der Rue Saint-Benoît an.

Hidoine und ich sind etwa gleichaltrig. Vielleicht ist er ein kleines bißchen jünger. Er hat früher in der Kavallerie gedient und ist während der Besatzungszeit zur Polizei gekommen, nachdem die glorreiche Armee von den Deutschen nach dem Waffenstillstand aufgelöst wurde. Er ist groß, mager, hat feingeschnittene Züge, lebhafte, fröhliche Augen und geht immer etwas gebückt. Als wir uns kennenlernten, war mir aufgefallen, daß er besonders weiße Zähne hatte, und als ich ihn einmal fragte, wie er es fertigbringe, sie so strahlend weiß zu halten, hatte er mit einer blitzschnellen Bewegung seiner Zunge sein Gebiß aus dem Mund schnellen lassen. Ich war ziemlich angewidert gewesen, und seitdem läßt er jedesmal, wenn er mich wütend machen will, mit geschickten Zungenbewegungen seine zweiten Zähne sehen.
Die Affäre mit dem Schmuck der Begum hatte uns getrennt. Der Dicke hatte ihn in eine andere Abteilung versetzt, aber nach Buissons Verhaftung war Hidoine wieder in die Kriminalabteilung, und zwar ins Dezernat für Trickdiebstähle, zurückgekehrt. Ganze Tage lang verbrachte er in der Menge, in den Autobussen, in der Metro oder den großen Kaufhäusern. Sein aufmerksames Auge hat rasch gelernt, die »Zieher« von denen zu unterscheiden, die auf Tuchfühlung arbeiten, die sich ihrer Hände bedienen, um zwar einer weniger einträglichen, dafür aber sehr viel angenehmeren Beschäftigung nachzugehen. Der »Zieher« operiert wie ein Zauberkünstler mit seiner Handfläche, die er mit seinen Fingern versteckt, während sich der auf Tuchfühlung Arbeitende an die Frauen heranmacht, mit ausgestreckter Handfläche, um nicht einen Zoll Boden zu verlieren.
Indem der Dicke unseren »Pfeil«, so nennt man bei der Polizei eine Mannschaft von zwei Inspektoren, wieder herstellte, hatte er uns beiden einen Gefallen getan. Die »Abteilung Raubüberfall« der Sûreté Nationale fand zu ihrer alten Aktivität zurück...
In Crocbois' Wagen hatte ich Hidoine kurz erzählt, worum es ging. Ich hatte ihm die Grundzüge der Affäre, die er bereits aus den Zeitungen kannte, wieder ins Gedächtnis gerufen und ihm erklärt, weshalb es für uns so wichtig war, Charles Bergonzas alias Valentin habhaft zu werden. Hidoine hatte mich ausreden lassen; schließlich unterbrach er das Schweigen und fragte:
»Ist diese Martine eine hübsche Puppe? Wie bist du an sie herangekommen?«
Instinktiv heftete Crocbois seinen Blick auf den Rückspiegel. Er fuhr sich mit der Hand durch seine gewellten Haare und drückte noch ein bißchen mehr aufs Gas.

»Das kommt auf den Geschmack an«, erwiderte ich, »im Augenblick versuchen wir bloß, uns einen gut aussehenden Playboy zu schnappen.«
Diese Perspektive veranlaßte den ehemaligen Kavalleristen, mit einem kannibalischen Lächeln sein blendend weißes Gebiß aus dem Mund schnellen zu lassen.
Es ist niemand am Hotelempfang. Der dunkle Treppenaufgang und der bis auf den Faden abgewetzte rote Teppich beweisen eindeutig, daß dieses Etablissement nicht gerade zur Luxuskategorie gehört. Der Pendel einer Uhr unterbricht rhythmisch das Schweigen in diesem Palast für Ausgeflippte. Im ersten Stock klopfe ich gegen eine Scheibe, hinter der ich eine uralte Telefonanlage erblicke. Mit zerzaustem Haar taucht im Rahmen des kleinen Fensterchens ein zwitterartiges Wesen auf.
»Was wünschen Sie?«
Die Stimme ist krächzend. Der Anblick meiner Polizeimarke verwandelt jedoch die traurige Maske in ein verschlagenes Lächeln.
»Ich hätte Sie gern gesprochen. Nur eine Sekunde.«
»Ich komme.«
Der Vorhang wird zurückgezogen. Die Tür öffnet sich, und es erscheint eine Frau ohne Alter mit langem, wirrem Haar, eckigem Gesicht und Hängebusen. Sie trägt Jeans und eine Hemdbluse. Als ich gegen die Scheibe klopfte, hatte sie wohl geschlafen. Ich trete in das Zimmer ein, gefolgt von Hidoine. Ohne Umschweife frage ich:
»Wohnt bei Ihnen ein gewisser Charles Valentin?«
Sie reißt verblüfft die Augen auf.
»Gino? Ja, d. h. er war da, Sie haben ihn doch gestern mitgenommen!«
Jetzt bin ich ziemlich fassunglos.
»Wieso mitgenommen?«
»Ja, aber natürlich. Sagen Sie, sind Sie auch wirklich ein Bulle? Sie scheinen ja nicht sehr auf dem laufenden zu sein...«
Hidoine, der auch ganz schön verblüfft ist, kommt mir zu Hilfe:
»Ich bitte Sie, Madame, machen Sie keine Witze. Wer hat ihn mitgenommen?«
Sie hebt die Arme.
»Woher soll ich denn das wissen? Ich dachte schon, Sie wären das gewesen. Gestern abend gegen 6 Uhr sind sie zu viert in mein Büro gekommen. Gino war gerade nach Hause gekommen. Er plauderte ein bißchen mit mir. Ich hatte nicht einmal die Zeit, mich umzudrehen, da saß er schon bei ihnen im Wagen.«
Ich bin völlig niedergeschlagen. Das hat uns gerade noch gefehlt,

daß sie Charles Valentin verhaftet haben. Ich stelle eine geradezu lächerliche Frage:
»Wie waren sie angezogen?«
»Ganz einfach, sie trugen Regenmäntel. Und Hüte auf dem Kopf. Einer von ihnen sah aus, als sei mit ihm nicht gut Kirschen essen. Er hatte etwas von einem alten Boxer. Wenn ich mich nicht irre, so haben sie gesagt: Kripo. Das ist alles.«
Die Frau verzieht unterwürfig das Gesicht. Meine Gedanken drehen sich nur um zwei Dinge: Charles Bergonza alias Charles Valentin scheint sich auch Gino zu nennen, und die Kripo hat ihn gestern geschnappt. Die Kripo, d. h. Poirier, der Bulldozer, der sich ebenfalls um die Affäre Girier kümmert. Der Dicke wird begeistert sein. Im Geiste höre ich ihn bereits fluchen. Die Frau betrachtet mich ohne Bösartigkeit, als ob sie diese Geschichte komisch fände.
»Also, ich muß schon sagen, ich begreife gar nichts«, sagt sie. »Gestern wird Gino verhaftet. Heute morgen läßt man ihn wieder laufen. Ich habe ihn gesehen, wie er in sein Zimmer hoch ging. Zehn Minuten später kam er mit einem Koffer wieder herunter, und jetzt wollen Sie ihn wieder holen. Großer Gott, was hat er denn getan?«
»Ach, wissen Sie, gar nichts«, erwidere ich, ohne über meine Worte nachzudenken.
»Was heißt gar nichts?« ruft sie. »Was wollen Sie denn dann von ihm?«
Das ist wahr, aber ich kann die Concierge ja schlecht einweihen. Das ist jetzt wirklich nicht der Augenblick, noch mehr Ärger zu schaffen.
»Haben Sie zufällig Ihr Gästebuch zur Hand?«
Sie bekommt fast den Schluckauf.
»Aber selbstverständlich! Was glauben Sie denn, was für ein Hotel wir sind?«
Ich erwidere nichts. Im Gästebuch steht schwarz auf weiß, daß Charles Valentin seit zwei Jahren das Zimmer Nummer 27 im 2. Stock zum Hof hinaus bewohnt. Sein Geburtsdatum stimmt exakt mit dem überein, das in den Archiven bei dem Namen Bergonza verzeichnet ist.
»Schön«, erwidere ich und reiche ihr die Hand. »Ich werde Sie morgen früh noch einmal anrufen.«
»Einverstanden. Aber dann werde ich nicht am Apparat sein. Morgen ist mein Ruhetag. Ich bin hier nur der Tagesportier. Nachts sitzt die Besitzerin selbst am Empfang.«
Der Tagesportier! Ich schaue ihn mir noch einmal genauer an. Kein Wunder, daß ich seine Brust so inexistent fand.

Auf der Rückfahrt zur Rue des Saussaies lasse ich im Auto meiner Enttäuschung freien Lauf. Daß sich die Kripo jetzt eingemischt hat, verdirbt uns ganz schön das Spiel. Ich hatte eine gute Spur und Poirier – denn ein anderer kann es gar nicht sein – ist mir zuvorgekommen. Was hat Gino ihm versprochen, daß er ihn wieder laufen ließ? Was hat er Gino zur Belohnung angeboten? Weiß er, wer er in Wirklichkeit ist? Hat er ihm damit gedroht, daß er das Urteil von Marseille wieder ausgraben wird? Normalerweise ist Poirier nicht gerade großzügig. Wenn Gino draußen ist, so kann das nur bedeuten, daß er ihm Girier auf einem Silbertablett bringen soll. Ich muß auf jeden Fall an diesen Gino herankommen.

Das Klügste wäre gewesen, sich vor dem Royalty häuslich niederzulassen und zu warten, bis er wieder zurückkommt. Aber im Moment verspüre ich das Bedürfnis zu handeln. Ich habe irgendwo das Gefühl, daß Poirier da etwas angekurbelt hat, und jederzeit die Bombe hochgehen kann. Das ist nicht der rechte Augenblick, um die Hände in den Schoß zu legen.

»Wie wär's, wenn wir seinem Schwesterchen einen Besuch abstatteten?« schlägt Hidoine vor. »Vielleicht könnte sie uns einen Tip geben?«

Hidoine hat recht. Aber wir können ja nicht beides gleichzeitig tun, einmal vor dem Hotel warten und außerdem in die Avenue des Ternes fahren, um die Dicke auszufragen. Bei der Kripo haben sie eine ganze Menge Inspektoren. Sie verfügen über die nötigen Mittel, die es ihnen gestatten, gleichzeitig jemanden zu beschatten, einen anderen zu verhören und noch irgendwo auf der Lauer zu liegen. Die können jedem Hinweis nachgehen, Spuren verfolgen, Verdächtige beschatten. Aber wir, das Dezernat Raubüberfall in der Sûreté Nationale, d. h. Hidoine und ich, wir sind gezwungen, uns zu entscheiden.

»Schön, gehen wir«, erwidere ich. »Aber vorher muß ich noch rasch dem Chef Bescheid sagen.«

»Wie du willst«, sagt Hidoine. »Aber bleib nicht eine Ewigkeit. Ich glaube, es eilt.«

Als ich dem Dicken von unserem Besuch im Royalty berichte, verändert sich sein Gesicht zusehends. Zunächst wird es rosa, bis es sich scharlachrot färbt und schließlich violett wird. Es ist nicht schwer zu erraten, was der Grund für seinen Zorn ist. Wir strampeln ein paar Längen hinter der Kripo her und können Girier eigentlich bereits verloren geben.

Mit gekrümmten Rücken stehe ich da und warte auf die gewöhnliche Schimpfkanonade. Doch plötzlich fällt der göttliche Zorn wie

ein geplatzter Luftballon in sich zusammen. Vieuchêne wird wieder ruhig.
»Borniche«, erklärt er mir mit gelassener Stimme, »wir müssen diesen Gino so rasch wie möglich finden. Er hält nämlich die Fäden in der Hand und nicht Poirier. Wir werden mit ihm einen Tauschhandel abschließen: wenn er uns Girier bringt, erlassen wir ihm seine Strafe. Und außerdem bekommt er von uns eine Prämie, was die Kripo ihm nie versprechen könnte. Ich werde darüber mit dem Chef sprechen. Haben Sie verstanden, Borniche? Ich muß Gino und Girier so rasch wie möglich haben. Davon hängt auch Ihre Ernennung zum Oberinspektor ab. Einverstanden?«
»Einverstanden, Chef.«
Zwanzig Minuten später hält unser Wagen vor der Avenue des Ternes 124.

36

Als er den Quai des Orfèvres verließ, wuchs Ginos Wut mit jedem seiner Schritte. Die Stunden, die er soeben erlebt hatte, kleben ihm sozusagen auf der Haut. Er möchte sich am liebsten waschen und sich von diesem besonderen Geruch befreien, der im Polizeigebäude herrschte. Er überquert die Seine und ein paar Augenblicke später biegt er in die Rue Saint-Benoît ein. Er geht in sein Zimmer hinauf. Wütend stopft er ein paar Sachen in seinen Koffer, ruft dem Portier zu, dem er auf der Schwelle des Hotels begegnet:
»Wenn man nach mir fragt, ich bin für ein paar Tage bei meiner Mutter.«
Auf der Straße schnuppert er kurz, vergewissert sich, daß ihm Poiriers Männer nicht gefolgt sind, daß kein verdächtiges Auto in der Gegend geparkt ist und läuft dann mit raschem Schritt den Boulevard Saint-Germain bis zur Rue du Bac hinunter.
»Porte des Ternes.«
Brummend ruft er dem Taxichauffeur die Adresse zu, und zwanzig Minuten später setzt dieser ihn an der Ecke des Boulevards ab. Er zahlt, sieht sich erneut aufmerksam um, wartet, bis das Taxi verschwunden ist und betritt dann das Haus, in dem seine Schwester wohnt. Sein Plan steht fest. Er stand bereits fest, bevor die Polizei über ihn herfiel. Er muß verschwinden, er muß aus Paris raus. Die Affäre von Annecy scheint sich zu realisieren. Dank Girier wird er in ein paar Tagen Millionär sein. Aber bis dahin muß er es noch fertigbringen, daß die Dicke ihm 200 000 oder 300 000 Francs

leiht; dann wird er in der Rue Surcouf in Spazierstock-Renés Versteck untertauchen. Lisa kann ihnen das Nötigste bringen. Poirier hat ihn einen Zuhälter genannt. Als ob seine Idiotin von Schwester nicht geradezu prädestiniert wäre, um von einem Mann ausgenommen zu werden! Gino fragt sich, ob in diesem besonderen Fall die Anschuldigung wegen Zuhälterei überhaupt aufrecht erhalten werden könnte. Poirier wollte, daß er ihm Girier verpfeift. Der Vogel macht sich auch Illusionen! Das ist für ihn keine Frage der Loyalität, aber hinter Spazierstock-René steht Monsieur Louis und außerdem die paar runden Millionen der Börsenmakler, die nur darauf warten, daß man sie einsackt.
Diese Idee beflügelt Gino. Er läuft jetzt rascher. Er vergißt seine Furcht, die Panik, die sich seiner bemächtigt hatte, als man ihn abholte, die Angst, man könne erfahren, wer er ist, und ihn für ein paar Jahre ins Gefängnis stecken. Er vergißt, daß er noch vor einer Stunde bereit war, alles zu verraten, und daß es eigentlich ein Wunder ist, daß die Sache so abgelaufen ist. Er sieht sich bereits wieder in einer eindrucksvollen Rolle und hält die Polizisten für dumm und völlig verblödet.
Im Augenblick braucht Girier keine Angst vor ihm zu haben. Sobald er ganz sicher ist, daß kein Bulle ihm folgt, wird er ihn aufsuchen. Dann wird er erst einmal alle Brücken hinter sich abbrechen, und die Bullen können sehen, wie sie ihn wiederfinden!

Gaby empfängt ihren Bruder wie den verlorenen Sohn. Seit der Verhaftung des Rechtsanwalts Grador lebt sie in ständiger Furcht vor einer Katastrophe. Ihr Besuch bei dem Anwalt hat irgendwie eine Ahnung von drohendem Unheil in ihr wachgerufen. Die Schlagzeilen und die Berichte in den Zeitungen haben sie dann aufgeklärt. Sie hat begriffen, daß Gino in den Ausbruch des Gangsters mitverwickelt ist. Sie ist darüber völlig verzweifelt. Die Opfer und Mühen so langer Jahre sind erneut in Frage gestellt. Wenn die Polizei bei ihren Ermittlungen auf Gino stößt, wird sie ihn sofort verhaften. Weshalb mußte er sich denn bloß mit unehrlichen Anwälten und Gangstern einlassen? Gab sie ihm denn nicht alles, was er brauchte, Geld, Freiheit und Zärtlichkeit? Sie versteht ihn einfach nicht. Ihr ganzes Leben lang hat sie dafür gekämpft, daß Gino mit den schmutzigen Realitäten des Lebens nicht in Berührung kommt, und er ist einfach hingegangen und hat dies alles in Frage gestellt, noch dazu wegen einer Ausbruchsgeschichte, mit der er nicht das Geringste zu tun hat.
Mit verschlossenen Zügen beobachtet Gino seine Schwester. Sie

reizt ihn mit ihrer verzweifelten Miene, ihren dummen Fragen und ihrer überschwenglichen Zärtlichkeit. Alles reizt ihn in diesem lächerlichen Appartement, das nach Lavendel und Sauberkeit riecht. Er empfindet fast ein Vergnügen daran, ihrem Portemonnaie einen empfindlichen Schlag zu versetzen:
»Ich muß abhauen, ich brauche dringend Moos.«
Die Dicke betrachtet ihn überrascht:
»Was soll das heißen, abhauen? Warum?«
»Weil mich die Bullen erpressen«, brummt er. »Wenn ich nicht abhaue, buchten sie mich ein.«
Gaby wagt nicht, ihn zu verstehen.
»Haben sie dich wegen Marseille angerufen?«
Gino tippt sich mit dem Zeigefinger an die Stirn.
»Angerufen? Sag mal, bist du verrückt? Glaubst du, daß die Bullen die Typen auch noch anrufen, um sie von ihrem Besuch zu informieren? Sie haben mich abgeholt, schlicht und ergreifend! Und es war nur ein Glück, daß sie mich nicht durch die Mangel gedreht haben, sonst säße ich jetzt ganz schön in der Tinte. Für mich gibt's nur einen Ausweg: ich muß abhauen, und deshalb brauche ich auch die Kohlen...«
Die Dicke setzt sich auf einen Stuhl ihm gegenüber. Sie hat das gräßliche Gefühl, gegen eine Mauer zu rennen. Wenn das, was Gino sagt, wahr ist, warum hat ihn dann die Polizei nicht verhaftet? Der Gedanke, daß er sie belügt, taucht einen Augenblick in ihren verwirrten Überlegungen auf. Gleich, als er zur Tür hereinkam, hat sie geahnt, daß so etwas kommen würde.
»Was wollen sie denn genau von dir?« fragt sie ängstlich. »Wieso können sie dich erpressen?«
Gino schüttelt ungeduldig den Kopf.
»Weil sie die ganze Geschichte kennen, ganz einfach! Sie wissen alles. Wenn ich ihnen nicht sage, was sie von mir erfahren möchten, wandere ich in den Knast. Das alte Spiel: eine Hand wäscht die andere.«
Er seufzt tief auf. Gaby läßt nicht locker.
»Und was wollen sie wissen?«
Er erwidert gereizt:
»Das, mein Kleines, ist meine Sache. Männergeschichten, verstehst du?«
Sie fragt weiter:
»Schön. Aber wenn du es ihnen sagst, lassen sie dich dann nachher in Ruhe?«
Er sieht sie ironisch an.

»Hast du schon mal gesehen, daß ein Bulle sein Wort hielt?«
Die Dicke zögert. Sie weiß, daß Gino in diesem Punkt nicht ganz unrecht hat. Aber sie dringt noch weiter in ihn.
»Sag mir wenigstens, was sie wissen wollen! Was hast du getan? Wie sind sie überhaupt auf dich gekommen?«
Jetzt verliert er die Geduld.
»Was ich getan habe? Ich werd's dir sagen. Ich habe eine Schwester, die eine Hure ist, das habe ich getan! Dir habe ich den ganzen Schlamassel zu verdanken.«
»Mir?«
»Ja, genau dir! Das ist das erste, was sie mir auf den Kopf zugesagt haben, als sie in der Bar vom Royalty aufgetaucht sind. Du kannst dir denken, wie ich dastand. Ich wagte niemandem mehr ins Gesicht zu sehen. Um uns herum standen lauter berühmte Künstler. Vermutlich ein reizendes Schauspiel! Durch dich sind sie überhaupt erst auf mich gekommen! Sonst hätte ich doch nie Ärger mit ihnen bekommen. Du hast mir da wirklich was Schönes eingebrockt!«
Die Dicke hört ihm erstaunt zu. Das also denkt er von ihr. Sie sieht ihr Leben wie mit einem Zeitraffer vor sich. Sie hat das Gefühl, als habe er ihr einen Dolch ins Herz gestoßen. Es ist das erste Mal, daß er es gewagt hat, ein Urteil über sie zu fällen. Er ist egoistisch, verlogen, geldgierig, aber nie war er so zynisch gewesen. Er wirft ihr vor, was sie für ihn getan hat! Ihre Züge drücken eine solche Qual aus, daß Gino vorübergehend Gewissensbisse empfindet.
»Und außerdem, was geht es dich an, was sie von mir wollen?« sagt er. »Ich brauche Geld, um die Kurve zu kratzen. Mehr brauchst du nicht zu wissen. Wenn sie erst einmal meine Spur verloren haben, melde ich mich wieder bei dir. Dann kannst du ja zu mir kommen. In Genf hat ein Mädchen wie du alle Chancen.«
Gaby kämmt ihr Haar.
»Damit brauchst du gar nicht erst zu rechnen«, ruft sie. »Ich habe dir mein Leben geopfert. Aber jetzt reicht es mir. Du brauchst Geld, immer nur Geld. Je mehr ich dir gebe, desto gieriger wirst du. Daß ich mir die Absätze und die Gesundheit bei der Arbeit ruiniere, das ist dir völlig egal. Du hast dich selber reingeritten mit deinem Gauner von Anwalt, und jetzt willst du mir auch noch Vorwürfe machen!«
Gino betrachtet sie verblüfft.
»Was weißt du von diesem Anwalt? Wer hat dir etwas über ihn erzählt?«
Da fällt ihm ein, daß er sie ja zu dem Anwalt geschickt hatte, um einen Brief hinzubringen. Gino fragt besorgt.

»Hast du den Alten gesehen?«
Sie nickt.
»Natürlich. Die Polizei hat ihn gerade verhaftet. Du kannst dir denken, daß ich alles über ihn in den Zeitungen gelesen habe. Er hat Spazierstock-René bei seinem Ausbruch geholfen. Und jetzt kommst du wie zufällig vorbei, hast Ärger und mußt von einem Tag auf den anderen verschwinden. Hör zu, Gino, wenn du irgend etwas über die Sache weißt, mußt du es sagen. Du hast vielleicht jetzt eine Chance, deine Geschichte von Marseille ein für allemal regeln zu können.«
Sie fängt einen bösen Blick ihres Bruders auf und hält inne. Gino betrachtet sie voller Abscheu:
»Bravo«, schreit er. »Du würdest mich in den Knast werfen lassen, nur um ein paar Kohlen zu sparen! Na schön, behalt doch deinen Zaster. Und auch deine weisen Ratschläge. Sie nutzen mir nämlich nichts. Ich werde schon allein fertig werden.«
Er bückt sich, um seinen Koffer zu ergreifen. Sie versucht, ihn zurückzuhalten:
»Gino! Du weißt doch, daß ich für dich da bin, wenn du irgend etwas brauchst. Aber warum zum Teufel hast du dich auch in ein solches Wespennest gesetzt?«
Ein lautes Klopfen an der Wohnungstür unterbricht sie.

Die Avenue des Ternes 124 ist ein gutbürgerliches Haus aus der Zeit um 1880 zwischen dem Boulevard Gouvion-Saint-Cyr und Neuilly. Die Fassade ist gerade neu verputzt worden, und auf dem Bürgersteig sind noch die Spuren von Kalk zu sehen. Auf den Balkonen stehen Blumenkästen. Von der Concierge, die uns nicht gerade freundlich betrachtet, erfahren wir, daß Gabrielle Bergonza ein Appartement im 4. Stock links bewohnt.
»Gibt es noch einen Dienstbotenaufgang?«
»Nein.«
Bei Notausgängen bin ich immer mißtrauisch. Eines Tages, als ich zusammen mit dem Dicken eine Verhaftung in der Rue des Plantes vornehmen wollte, wären wir beinahe übel hereingefallen. Frédo, der Juwelier, den wir zur Verbüßung einer Zuchthausstrafe abholen wollten, bewohnte ein Künstleratelier im 7. Stock. Zuversichtlich hatten wir an seiner Tür geläutet. Enttäuscht stellten wir fest, daß er nicht da war und stiegen die sieben Etagen wieder hinunter, um unten völlig überraschend unserem Flüchtling gegenüberzustehen, der, einen Regenmantel über dem Arm, gerade gelassen durch die Tür des Dienstbotenaufgangs trat. Ein Wunder ...

Seitdem bin ich auf der Hut.
Der rote Teppich auf dem Treppenaufgang schluckt unsere Schritte. Ich nehme vier Stufen auf einmal, Hidoine folgt mir auf dem Fuß. Durch eine Tür im 4. Stock dringen aufgeregte Stimmen. Ich halte das Ohr an die Tür. Der Name Gino wird gerade laut gerufen. Da weiß ich Bescheid: Charles Bergonza ist da. Er hat wohl gerade Streit mit seiner Schwester. Ich gebe Hidoine ein Zeichen, und während ich an die Tür klopfe, drücke ich gleichzeitig die Klinke herunter. Ich bin etwas überrascht, daß die Tür nicht verschlossen ist. Im nächsten Augenblick stehe ich in einem luxuriös möblierten Salon einem Paar gegenüber, das über mein Eindringen offensichtlich überrascht ist. Gino, der neben einem niedrigen Tischchen in Hemdsärmeln sitzt, ist völlig erstarrt. Seine Schwester, die in ihrem roten Morgenrock trotz ihrer hochhackigen Pantöffelchen rundlich und klein wirkt, sitzt mit über den Knien verschränkten Händen reglos da.
»Charles Valentin?«
Der Mann nickt. In seinen großen grauen Augen spiegelt sich die Überraschung und gleichzeitig die Furcht. Hidoine hat die Tür hinter sich geschlossen und lehnt sich jetzt dagegen. Unter seiner halb geöffneten Jacke wird der Griff seiner Pistole sichtbar.
»Was wollen Sie?«
Gino stellt diese Frage mit tonloser Stimme. Sein Adamsapfel bewegt sich krampfhaft auf und ab; für mich ein Zeichen, daß er ziemlich unruhig ist. Er ähnelt dem alten Foto aus dem Jahre 1945, das ich von ihm habe, obwohl seine Züge härter und männlicher geworden sind. Er ist ein gut aussehender Bursche mit breiten Schultern und wuchtigem Oberkörper.
»Polizei, mein Freund. Wir müssen dir ein paar Fragen stellen. Wir nehmen dich gleich mit.«
Er steht mit plötzlich resignierter Miene auf, zieht seine Jacke an. Die Dicke sucht zu vermitteln.
»Herr Inspektor, ich schwöre Ihnen, er hat nichts getan! Er ist bloß ein Freund. Er ist nur auf Besuch hier.«
»Sicher«, erwidere ich, »er war sogar dabei zu verreisen. Sein Koffer ist bereits gepackt. Soll's vielleicht nach Marseille gehen?«
Gino senkt einen Augenblick den Kopf, dann blickt er auf und sieht mich fragend an. Er versucht krampfhaft zu schlucken.
»Gehören Sie nicht zu Poiriers Mannschaft?« stottert er kaum hörbar.
Ich heuchle Überraschung.
»Poirier, wer ist denn das?«

»Ein Inspektor von der Kripo. Ich dachte, Sie arbeiteten mit ihm zusammen.«

»Nein«, erwidere ich, »ich habe mit der Kripo nichts zu tun.«

Dann wende ich mich an die Dicke.

»Madame, ziehen Sie sich bitte an, wir müssen Sie auch mitnehmen.«

Eine Weile herrscht Schweigen. Hidoine hat sich mit einem Streichholz die Philip Morris angezündet, die ich ihm im Wagen gegeben habe. Der Duft nach blondem Tabak steigt in die Luft. Gino geht auf mich zu, wie um mir ein Geheimnis anzuvertrauen.

»Ich versteh das alles nicht«, murmelt er. »Eben noch hat man mich wieder auf freien Fuß gesetzt, und jetzt kommen Sie, um mich wieder zu holen. Es muß sich da um einen Irrtum handeln. Können Sie nicht kurz Inspektor Poirier anrufen?«

Ich sehe ihm fest in die Augen.

»Warum? Bist du ein Spitzel?«

Gino scheint etwas verlegen zu sein. Er betrachtet meine Frage als eine Beleidigung. Er sucht in seiner Tasche und nimmt eine Karte heraus, die er mir hinhält.

»Das ist seine Handschrift«, fügt er hinzu, »er hat mir seine Telefonnummer gegeben. Sie können ihn anrufen.«

Die Dicke zieht sich in ihrem Zimmer an. Im Spiegel kann ich sehen, wie sie in Slip und schwarzem Büstenhalter dasteht. Sie zieht gerade ein rotes Kleid mit langem Reißverschluß an. Rot steht ihrem etwas dunklen Teint wirklich ausgezeichnet. Gino wartet auf eine Antwort. Das ist der geeignete Augenblick, ihm einen ersten Schlag zu versetzen. Ich will den Eindruck in ihm erwecken, als ob ich ein bornierter Polizist sei, der nichts anderes im Kopf hat als seine Arbeit. So wie ich Poirier kenne, hat er mit ihm das große Spiel Drohungen und Versprechen gespielt. Er muß unbedingt glauben, daß wir, Hidoine und ich, lediglich Automaten sind, die eine bereits vorprogrammierte Aufgabe erfüllen.

»Die Kripo kann tun und lassen, was sie will!« erkläre ich ihm. »Wir sind von der Sûreté Nationale. Das hat nichts miteinander zu tun.«

Gino weicht erschrocken zurück. Ich stelle fest, daß seine Züge ihre Festigkeit verlieren, sobald er Angst hat.

»Ja, ich verstehe, die Sûreté... Aber ich komme doch gerade... Rufen Sie doch an, wenn Sie mir nicht glauben!«

Er reicht mir erneut die Karte hin, als handele es sich dabei um einen Wunderausweis, der ihm die Freiheit garantiert. Hidoine lacht laut heraus.

»Der Typ ist ja dumm wie Bohnenstroh!«

Zutiefst getroffen dreht Gino sich um. Er sieht Hidoine voller Verachtung an. Dann überkommt ihn die Wut. In seinen Augen ist die Polizei eine einheitliche Organisation, und der hat er gerade mit Erfolg die Stirn geboten. Der Gedanke, es könnte sich hier um ein vielköpfiges Ungeheuer handeln, bringt ihn völlig aus der Fassung:
»Ich begreife das nicht«, wiederholt er. »Vor knapp zwei Stunden hat man mich wieder nach Hause geschickt, und jetzt kommen Sie und holen mich! Sie müssen sich schließlich untereinander einigen.«
»Mach dir darüber keine Sorgen«, erwidere ich, »wir haben nichts anderes zu tun, als dich von einem Urteil in Kenntnis zu setzen und dich festzunehmen, deshalb sind wir hier. Übrigens sind wir mehr oder weniger zufällig hier, nicht wahr, Hidoine? Wir wußten, daß Valentin nicht dein richtiger Name ist, sondern daß du in Wirklichkeit Bergonza heißt. Wir haben eine Bergonza bei der Sitte in den Akten entdeckt, und da haben wir uns gesagt, daß sie uns vielleicht weiterhelfen könnte. Wir dachten gar nicht, daß wir dich hier finden würden. Vielleicht weiß Poirier aber nicht, daß Valentin und Bergonza ein und derselbe sind!«
Gino ist jetzt ziemlich verzweifelt. Ich lese in seinen Zügen die Hilflosigkeit. Er fragt mich nicht einmal, wie wir ihn überhaupt identifiziert haben. Und ich füge hinzu, als ob diese Worte ihm alles erklären könnten:
»Weißt du, bei uns ist das alles Routine. Wir geben den Typen die Urteile bekannt, expedieren sie in den Knast, und dann fangen wir wieder von vorne an.«
Ich warte auf eine Reaktion, die aber nicht kommt. Gino scheint tief getroffen zu sein. Wenn ich geschickt genug bin, werde ich rasch erfahren, welchen Handel er mit Poirier geschlossen hat, und dann meine Folgerungen daraus schließen.
»Also«, ruft Hidoine, »gehen wir?«
Gino ist wieder etwas selbstsicherer geworden. Er weiß, daß er mir etwas anzubieten hat, und ich lese förmlich seine Gedanken. Ich warte. Er denkt, daß er sich meinem Zugriff ebenso leicht entziehen kann, wie er Poiriers Krallen entkommen ist. Die Dicke steht da und sieht Hidoine mit vor Angst aufgerissenen Augen an:
»Was für ein Urteil?« fragt sie. »Das ist doch schon längst verjährt. Gino hat nichts getan.«
Über Hidoines Zügen gleitet ein ironisches Lächeln:
»Ach nein, meine Liebe«, witzelt er. »Können Sie uns das nachher noch einmal sagen, damit wir noch ein bißchen Spaß daran haben?«
Er sucht jetzt in Ginos Taschen herum und findet seinen falschen

Personalausweis. »Na, wann ist denn dein Geburtstag?« fährt er fort. »Vielleicht könnte dein Gefängnisdirektor dir an diesem Tag seinen Glückwunsch übermitteln.«
Gino zuckt die Schultern. Er zieht seine Krawatte aus seiner Tasche, bindet sie sich vor dem Spiegel im Salon um und fragt uns über die Schulter hinweg:
»Wo gehen wir hin?«
»In die Rue des Saussaies.«
Ich sehe im Spiegel, wie sich die Verblüffung in seinen Zügen malt.
»Warum in die Rue des Saussaies? Gehen wir nicht zum Quai des Orfèvres zurück?«
Ich beginne die Geduld zu verlieren.
»Ich habe dir doch schon einmal gesagt, daß wir mit denen nichts zu tun haben.«
»Ach. Und sind Sie sicher, daß Sie nicht wegen Girier herkommen?«
Die Frage ist ironisch. Ich war darauf gefaßt, daß er sie mir stellt, aber nicht so rasch. Ich tue so, als wäre ich völlig erstaunt.
»Was hat denn Girier mit deinem Urteil in Marseille zu tun?«
»Nichts«, sagt er. »Ich habe das nur so hingesagt. Vielleicht sind Sie auch an ihm interessiert?«
Ich antworte absichtlich nicht und lasse ihn ein bißchen schmoren. Er bindet immer noch seine Krawatte vor dem Spiegel. Hidoine, der von Natur aus pessimistisch ist, schaltet sich ein:
»Wir können ja in fünf Jahren noch einmal miteinander über Girier sprechen! Falls er immer noch auf freiem Fuß ist, wenn du aus dem Knast rauskommst... Fünf Jahre, das ist gar nicht so lange, weißt du?«
Gino wendet sich um, wie ein Raubtier vor dem Sprung.
»Glauben Sie vielleicht, Sie könnten mich fünf Jahre hinter Gitter stecken?«
»Ja, denkst du vielleicht, ich will sie für dich absitzen?« empört Hidoine sich. »Und außerdem, uns ist das alles ganz egal. Wir wissen nicht einmal, warum man sie dir aufgebrummt hat.«
Die Dicke ist fertig. Sie sieht in ihrem grauen Mantel und den Schuhen mit niedrigen Absätzen richtig respektabel aus. Sie könnte eine brave Ehefrau aus dem Viertel hier sein, die gerade zum Einkaufen geht. Hidoine holt ein paar Handschellen hervor. Das Klicken hallt im Zimmer laut wider. Gaby wird bleich. Sie blickt ihren Bruder in panischer Angst an.
»Bitte, nein, keine Handschellen!«
Ginos Stimme zittert vor Empörung. Sein ganzer Mut ist offenbar

dahin. Ich stehe seinen schwankenden Gefühlen etwas fassungslos gegenüber. Noch vor einem Augenblick glich er einem Rugbyspieler, den kein Angriff erschüttern kann. Jetzt dringt der Angstschweiß ihm aus allen Poren. Ich mag diese Männer nicht, bei denen man nicht weiß, wie man sie fassen soll, weil sie ständig von einem Extrem in das andere wechseln. In Wirklichkeit zählen für sie nur ihre Launen und das, was ihnen gerade durch den Kopf geht. Ihre Welt ist nur von Schatten bevölkert. Sie sind zu allem fähig, weil sie nicht ermessen, welche Folgen ihre Taten für andere haben, sondern sie lediglich in bezug auf sich selbst und in der unmittelbaren Gegenwart sehen. In ganz extremen Fällen werden sie zu Mördern: die anderen existieren nicht für sie. Die Art, wie Gino sich seiner Schwester gegenüber verhält, ist bezeichnend. Nicht einen Augenblick lang hat er sich darum gekümmert zu erfahren, wieso wir sie auch mitnehmen.
»Was soll denn das?« sagt Hidoine und geht auf ihn zu. »Hast du vielleicht Angst, daß diese hübschen Armbänder dir nicht stehen?«
Gino versucht zurückzuweichen.
»Bitte, tun Sie mir den Gefallen! Ich schwöre Ihnen, daß ich nicht davonlaufen werde.«
Hidoine wirft ihm einen ironischen Blick zu.
»Nun streck mal brav die Hände aus«, sagt er. »Handschellen bringen Glück.«
Mit einem Klicken schließt sich das Eisen um Ginos Handgelenke. Mit gesenktem Kopf geht er vor mir die Treppe hinunter. Hidoine und die Dicke folgen uns schweigend. Die Concierge steht an der Tür des Pförtnerhäuschens. Verblüfft betrachtet sie unseren etwas eigenartigen Zug. Sie wechselt einen kurzen Blick mit der Dicken. Und alle beide drücken damit aus, was sie über die Männer denken, über die Gesellschaft, über die Gesetze, über diese ganze bedrückende Welt, die nichts mit der Weisheit der Frauen zu tun hat.

37

Als wir den Aufzug verlassen, schlägt uns im Flur ein Geruch nach Bohnerwachs entgegen. Ganz automatisch greift der Wachtposten mit seiner Hand an die Mütze. Sein müder Blick schweift zwischen unserer etwas ungewöhnlichen Gruppe und dem Pornoheft, das er heimlich hinter dem Tisch auf seinem Knie liegen hat, hin und her. Ich deute auf ein etwas altertümliches Kanapee, das in der Halle steht, und sage zu der Dicken:

»Warten Sie bitte hier. Man wird Sie dann rufen.«
Dann bitte ich den Polizisten:
»Ich vertraue Ihnen diese Dame an. Und sagen Sie bitte unten Bescheid, daß ich für heute nacht zwei Gäste habe.«
In meinem Büro nimmt Hidoine Gino die Handschellen ab. Seine Handgelenke haben sich von dem Druck ganz gerötet. Hidoine zieht ihm einen Stuhl heran, in den Gino sich fallen läßt. Während er sich im Zimmer umsieht, streicht er sich mit der Zunge ständig über die Lippen. Er scheint unruhig zu sein. Statt jeder Einleitung frage ich ihn wie beiläufig:
»Wie findest du's hier bei uns? Gefällt's dir besser als bei der Kripo?«
Ich warte die Antwort nicht ab. Aus meinem Schreibtisch nehme ich die beiden Akten Bergonza. Dabei richte ich es so ein, daß Ginos Blick auf die seine fällt, auf der in Großbuchstaben sein Name steht. Ich bemerke, daß er leicht zu zittern beginnt. Wenn er bisher noch den leisesten Zweifel hatte, so ist ihm dieser nun auch genommen. Ich nehme aus der Akte die Ausfertigung des Urteils, von dem ich ihn offiziell in Kenntnis setzen muß, lege es schön sichtbar auf meinen Schreibtisch, damit er sieht, worum es sich handelt, und spanne in meine Schreibmaschine ein Protokollformular mit Durchschlag ein. Dann beginne ich mit zwei Fingern – die Polizisten waren nie sehr begabt im Maschinenschreiben – zu tippen. Gino auf seinem Stuhl wird unruhig. Ich spüre, wie er immer nervöser wird, während ich gelassen und scheinbar konzentriert weiter tippe. Je mehr Zeit vergeht, desto ängstlicher sieht er, wie seine Chancen, dem Gefängnis zu entgehen, scheinbar immer geringer werden. Er überlegt verzweifelt. Das Schreibmaschinengehämmer treibt ihn mehr und mehr in die Enge.
»Sagen Sie, liegt Ihnen soviel daran, mich in den Knast zu schikken?« fragt er vorwurfsvoll.
Ich verspüre, daß der große Augenblick bald gekommen ist. Mit gespielter Gleichgültigkeit sehe ich einen Augenblick von der Maschine auf:
»Ich? Nein!«
Und damit fahre ich fort zu tippen. Hidoine hat den »Figaro« vor sich ausgebreitet und dreht geräuschvoll die Seiten um, nachdem er sie überflogen hat. Er fragt mich:
»Sag mal, lassen wir die Journalisten jetzt oder erst später kommen?«
»Nachher«, erwidere ich, ohne in meiner Arbeit inne zu halten. »Wenn ich das hier fertig geschrieben habe.«

Gino hustet. Er zieht aus seiner Tasche ein hellblaues Seidentaschentuch, mit dem er sich über die Lippen wischt.
»Herr Inspektor?«
Ich betrachte ihn. Seine Nasenflügel sind fast durchsichtig. Er ist bleich. Ich frage mich, wie so ein Riesenkoloß sich so schnell unterkriegen läßt.
»Ja?«
»Wir könnten uns doch vielleicht einigen?«
Ich wende mich einen Augenblick von meiner Schreibmaschine ab.
»Was soll das heißen, sich einigen?«
»Na ja! Wenn Sie mir einen Gefallen tun, kann ich Ihnen vielleicht auch einen tun!«
Ich tue so, als bekäme ich bei diesem Gedanken den Schluckauf. Ich schiebe die Schreibmaschine etwas beiseite und lehne mich dann bequem in meinen Sessel zurück.
»Ich verstehe immer noch nicht. Du wanderst für fünf Jahre in den Knast, und ich muß lediglich ein entsprechendes Protokoll aufsetzen. Ich bin sogar noch ausgesprochen freundlich. Ich könnte dir nämlich außerdem eine Anklage wegen Urkundenfälschung verpassen. Aber das erspare ich dir sogar.«
Er nickt. Er sieht mich unverwandt an, aber er sagt nichts weiter. Ich schweige ebenfalls eine Weile, bevor ich fortfahre:
»Übrigens ist mir ganz und gar unklar, was du uns für einen Gefallen tun willst.«
Er sieht mir jetzt in die Augen:
»Girier«, sagt er schließlich.
»Spazierstock-René?« Ich zucke mit den Schultern. »Mein Lieber, der interessiert mich nicht.«
Er traut seinen Ohren nicht.
»Wie bitte? Girier interessiert Sie nicht?«
Ich gebe mir Mühe, so unbeeindruckt auszusehen wie möglich.
»Nein. Es ist nicht mein Job, ihn zu finden. Das ist die Sache der Kripo. Sie hat mit dem Fall zu tun.«
Gino betrachtet mich aufmerksam. Er sitzt jetzt reglos da, den Körper leicht nach vorn geneigt und sieht zu mir auf. Ich sehe ihm an, daß er völlig am Ende seines Lateins ist. Girier ist sein Haupttrumpf, aber wenn ich bei der Partie nicht mitspielen will, nützt er ihm gar nichts. Dieser Gedanke wirft ihn völlig um.
»Das ist doch nicht zu fassen«, stottert er. »Lieber werfen Sie mich ins Loch, während die ganze Polizei auf den Beinen ist, um nach Girier zu fahnden.«
Ich drehe mich wieder zum Schreibtisch um.

»Du glaubst doch wohl nicht im Ernst, daß die Polizei gleich ihre Arbeit einstellt, weil Girier ausgebrochen ist. Wo kämen wir denn da hin, wenn wir jedesmal unsere laufenden Akten beiseite legen würden, nur weil ein Knastbruder die Fliege macht.«
»Aber, nun denken Sie doch mal nach!« versucht Gino mich zu überzeugen. »Wenn Sie einen Mann wie Girier fangen würden! Das wäre doch ein ungeheurer Erfolg! Die Kripo jedenfalls ist ziemlich scharf darauf!«
»Wieso? Hast du mit ihnen einen Handel geschlossen?«
Er zuckt zusammen:
»Einen Handel? Sie haben mich schlicht und ergreifend erpreßt!«
Ich lächle.
»Hör auf! Bist du nicht auch gerade dabei, mich zu erpressen?«
»Das ist nicht dasselbe, Herr Inspektor. Ich biete Ihnen lediglich ein paar Tips. Wenn Sie daraufhin Girier schnappen, könnten Sie zum Dank vielleicht mein Urteil vergessen. Eine Hand wäscht die andere.«
»Da müßten deine Tips aber verdammt gut sein. Was hat denn ein Typ wie du überhaupt mit Girier zu tun? Du kennst ihn wahrscheinlich nicht einmal!«
Gino setzt ein wissendes Lächeln auf.
»Nun, immerhin ist er nach seinem Ausbruch sofort zu mir gekommen!«
Hidoine hilft mir, diese Neuigkeit erst einmal zu verdauen. Er läßt ein bewunderndes Pfeifen ertönen.
»Ach nein! Und dann seid ihr ins Maxim gegangen, um dieses Ereignis mit Champagner zu begießen. Sag mal, hältst du uns vielleicht für Armleuchter?«
Gino zuckt die Schultern.
»Fragen Sie doch den Barkeeper vom Royalty, wenn Sie mir nicht glauben. Übrigens ist der ein Spitzel!«
Die Einzelheiten des Bildes fügen sich jetzt zusammen. Ich weiß, wieso Poirier auf Gino gekommen ist.
»Nun, nehmen wir einmal an«, sage ich, »daß du uns davon überzeugen kannst – was dir schwerfallen dürfte –, daß ein so vorsichtiger Mann wie Girier am Abend seines Ausbruchs in Saint-Germain-des-Prés spazieren gegangen ist. Das bedeutet aber noch lange nicht, daß du weißt, wo er sich versteckt hält. Ein guter Rat: ich hab's gar nicht gern, wenn man mich für dumm verkauft.«
Gino schüttelt den Kopf.
»Ich hab nie gesagt, daß ich sein Versteck kenne! Er muß sich nur irgendwann mit mir in Verbindung setzen. Das ist alles.«

Erstaunt rufe ich aus:
»Ach nein! Und das hast du Poirier versprochen? Weiter nichts? Mein Kollege hat wirklich recht: Du mußt uns alle für Armleuchter halten.«
Ich wende mich wieder meiner Schreibmaschine zu.
»Jetzt werden wir erst einmal das Protokoll fertig schreiben, und dann können wir ja morgen weitersehen.«
Ich wende mich an Hidoine:
»Schreib mir doch rasch einmal einen Einlieferungsschein für unten aus.«
Gino hat sich aufgerichtet. Seine Augen flattern ängstlich von einer Wand zur anderen, als suche er dort einen Ausweg.
»Also glauben Sie mir nicht?«
Seine Stimme klingt immer schriller.
»Nein! Wenn du uns etwas Handfestes zu bieten hast, okay. Aber glaub nicht, daß ich mich auf irgend eine Fata Morgana einlasse. Entweder lieferst du mir Girier sofort, oder du besteigst den Zug nach Marseille nach einem kleinen Zwischenaufenthalt in der Haftanstalt der Santé. Hast du begriffen?«
Gino sieht mich unverwandt an. Er versucht zu ergründen, ob ich nur bluffe.
»So einfach geht das aber nicht«, sagt er. »Ich brauche Zeit dazu.«
»Keine Sorge«, beruhigt ihn Hidoine. »Die wirst du haben! Fünf Jahre ist doch eine ganze Menge Zeit um nachzudenken.«
Ginos Blick ist immer noch fragend auf mich geheftet. Als er realisiert, daß er in der Falle sitzt, bricht er zusammen. Die Ausflüchte, die Lügen haben keinen Kurs mehr.
»Und wer sagt mir, daß Sie mich nicht doch noch einlochen, selbst wenn ich Ihnen sein Versteck liefere?«
Hidoine brummt unwillig. Dieses Mißtrauen widert ihn an. Es ist immer das gleiche: je mieser und gerissener ein Gauner ist, desto mehr schreit er nach Garantien und jeder Menge Sicherheit. Ich sage Gino zum Abschied:
»Das, mein Lieber, ist ein anderes Problem. Dieses Risiko mußt du eingehen. Was ich dir versichern kann, ist lediglich, daß du mich nicht mit Windeiern abspeisen kannst. Also überleg dir rasch etwas Vernünftiges, und dann können wir darüber diskutieren. Du hast jetzt eine ganze Nacht zur Verfügung um nachzudenken.«

38

Poirier sitzt bequem zurückgelehnt in seinem Sessel, streckt die langen Beine aus und beginnt zu denken. Wann wird Gino wieder etwas von sich hören lassen? Er hat versprochen, jeden Morgen einen Bericht zu geben. Und er hat hinzugefügt, wenn er einmal verhindert sei – und das wäre ein sehr gutes Zeichen –, würde die Dicke für ihn anrufen. Wie lange wird er noch warten müssen?
Dabei fängt der Tag eigentlich ganz gut an. Auf das Grau der vorangegangenen Tage ist ein fast frühlingshafter Sonnenschein gefolgt, der sich jetzt auf den Türmen von Notre-Dame widerspiegelt. Friedlich fließt die Seine an den Quais vorbei. Poirier hat keinen Blick für die Landschaft. Mit einem ständigen geräuschvollen Saugen der Lippen, das die Stille in seinem Zimmer unterbricht, zieht er nervös an seiner Zigarette. Was macht Mazard? Er müßte schon seit einer halben Stunde hier sein. Poirier überlegt angestrengt, was für eine Entschuldigung sein Kollege für die Verspätung haben könnte, aber er erinnert sich nicht, ihm irgend einen Auftrag erteilt zu haben. Er hat offenbar verschlafen, das ist alles.
Poirier sieht auf seine Uhr. In zehn Minuten wird er sich in Hillards Büro begeben, zum täglichen Bericht. Was soll er ihm sagen? Nichts, denn die Ermittlungen gehen kaum voran, und Girier bleibt unauffindbar. Hillard weiß, daß ein derart wichtiger Fall sich nicht von heute auf morgen löst, aber wie steht's mit dem Chef? Was wird er zu Ginos Schweigen sagen, er, der sich darum reißt, den Abteilungsleiter fast stündlich von dem Verlauf der Untersuchung zu unterrichten? Poirier klettert im Geist die hierarchische Stufenleiter empor. Er stellt sich vor, wie der Abteilungsleiter reglos vor dem Schreibtisch des Polizeipräfekten sitzt und zum Zeichen seiner Ohnmacht die Arme ausbreitet, dann, wie der Polizeipräsident dem Innenminister begreiflich zu machen sucht, wie schwierig die Ermittlungen sind, und schließlich, wie der Minister den sensationslüsternen Journalisten die bereits gewohnte negative Erklärung abgibt: Nichts Neues. Poirier bläst ein paar Rauchwolken gegen die Decke, und in Gedanken verfolgt er jetzt den Weg zurück. Der Minister verabschiedet seinen Besucher: »Mein teurer Präsident«, sagt er und schüttelt ihm die Hand, »ich bitte Sie, beeilen Sie sich, meine politischen Gegner ...«
Poirier zuckt die Schultern. Wieso sollte Spazierstock-Renés Ausbruch auch nur den geringsten Einfluß auf die Stabilität der Regierung haben? Diese Politiker sind sich alle gleich. In Gedanken schleicht er sich in das Arbeitszimmer des Polizeipräsidenten,

gerade als der Abteilungsleiter, den er dringend um eine Unterredung gebeten hat, hineinkommt.
»Wer kümmert sich um den Fall Girier, teurer Freund?«
»Poirier, Herr Präsident.«
»Aha, Poirier!« Der Polizeipräsident kritzelt den Namen in sein Notizbuch. »Ein zuverlässiger Mitarbeiter?«
Poirier vergißt sogar, an seiner Zigarette zu ziehen. Er lauert auf die Antwort seines Chefs. Endlich wird er erfahren, was man von ihm hält.
»Ja, ein zuverlässiger Mitarbeiter, Herr Präsident. Ein wenig altmodisch vielleicht, aber er erzielt gute Resultate. Im Augenblick ist er noch zweiter Oberinspektor. Aber er ist zur Beförderung vorgeschlagen.«
Poirier atmet auf. Der Direktor ist wirklich ein feiner Kerl. Aber bei der Antwort des Polizeipräsidenten breitet sich ein gequältes Grinsen auf seinen Zügen aus:
»Die Beförderung will ich gern befürworten, aber er soll sich mit Giriers Verhaftung beeilen. Der Minister wird allmählich ungeduldig.«
Poirier zieht erneut nervös an seiner Zigarette. Als ob er bloß auf einen Knopf zu drücken brauchte, um Spazierstock-René aus seinem Versteck zu locken. Er sieht den blauen Rauchwolken nach und verfolgt in Gedanken ein Gespräch seines Kommissars:
»Poirier arbeitet Tag und Nacht an diesem Fall, Herr Abteilungsleiter. Hillard hat ihn mit der Untersuchung betraut. Er führt sie ausgezeichnet. Er erwartet jeden Augenblick eine sensationelle Nachricht. Sie erinnern sich vielleicht an diesen Gino, von dem ich Ihnen erzählte ...«
Poirier ist gerade an diesem Punkt seiner Überlegungen angelangt, als die Tür heftig aufgerissen wird. Mazard kommt aufgeregt hereingelaufen und bleibt vor dem Schreibtisch seines Kollegen stehen:
»Gino ist verschwunden!«
Poirier weiß nicht, was für eine geheimnisvolle Macht ihn plötzlich aus seinem Sessel hochreißt, so daß er sich eine Sekunde später auf der anderen Seite des Schreibtisches wiederfindet, wo er vor Mazard stehen bleibt, der jetzt völlig außer Atem weitererzählt:
»Er hat sich in Luft aufgelöst, mein Lieber. Ich bin noch im Royalty vorbeigegangen. Die alte Hexe hat gesehen, wie er abhaute. Sein Zimmer ist völlig leer bis auf einen abgewetzten Koffer. Und eine unbezahlte Rechnung von fast 100 000 hat er hinterlassen.«
Poirier hört ihm nicht mehr zu. Seine linke Hand streichelt nervös

in seiner Tasche seinen glücksbringenden Tabaksbeutel. Mit der rechten wischt er sich über die Stirn. Seine Beine versagen ihm den Dienst. Er bekommt kaum noch Luft. Gino ist verschwunden. Er spürt die drohende Katastrophe. Wie soll er nur seinem Chef diese Hiobsbotschaft überbringen? Er bleibt stehen, hilflos in seiner Wut, unfähig, auch nur einen Schritt zu tun.
»Und die Dicke?« stottert er.
Mazard hebt die Arme zum Zeichen seiner Unwissenheit.
»Die ist auch verschwunden. Und was das Allerdümmste ist, kurz nach unserem Besuch müssen noch zwei liebe Kollegen im Royalty und in der Avenue des Ternes aufgetaucht sein. Aber man weiß nicht, wer es war.«
»Wie kommt denn das?« fragt Poirier erstaunt.
»Ganz einfach. Dieses komische Zwitterwesen, das den Tagdienst versieht, erinnert sich lediglich an ein gelbes Abzeichen. Wahrscheinlich war es die Sûreté, denn unsere sind silbern.«
»Oder es sah nur so im Licht aus«, meint Poirier mit einem hoffnungsvollen Leuchten im Blick.
Mazard zuckt die Schultern.
»Vielleicht. Trotzdem ist das Ganze ein ziemlicher Mist.«
Poirier hat sich wieder gefaßt; er überlegt sich bereits die nächsten Schritte:
»Entweder hat man ihn verhaftet«, sagt er, »oder er hat das Hotel gewechselt. Stell sofort Nachforschungen an in allen Gefängnissen und allen Hotels. Wir müssen diesen Gino wiederfinden, verstehst du?«
Er setzt sich an seinen Schreibtisch. Mazard begibt sich an das Telefon. Nach einigen Gesprächen wendet er sich wieder zu Poirier:
»Nichts«, sagt er lakonisch.
»Niemand hat etwas von ihm gehört. Von der Dicken ebenso wenig. Wenn sie sich ein neues Hotel gesucht haben, werden sie ja nicht so blöd sein und ihre richtigen Namen auf die Meldezettel schreiben. Andererseits würde es mich auch wundern, wenn man Valentin verhaftet hätte, denn ich habe doch in den Archiven der Sûreté nachgeforscht. Es gab dort keine Akte über ihn.«
Poirier antwortet nicht. Er steht auf und geht zum Telefon. Mazard sieht, wie er aus seiner Brieftasche ein Stück Papier herausnimmt, eine Nummer wählt und dann einen Augenblick wartet. Offenbar meldet sich der Teilnehmer, denn er hört jetzt, wie Poirier fragt:
»Ist dort das Royalty? Hier ist die Kripo. Sagen Sie, wer hat das letzte Mal nach Gino gefragt? Haben sie keine Karte dagelassen, keinen Namen, keine Telefonnummer?«

Poirier legt den Hörer auf. Langsam geht er an Mazard vorbei, mit besorgt gerunzelter Stirn. Er läßt sich in seinen Sessel fallen. Es folgt ein langes Schweigen, das Mazard nicht zu unterbrechen wagt. »Sehen Sie«, sagt er endlich. »Ich fürchte wirklich, daß die Sûreté das letzte Mal im Royalty aufgetaucht ist. Sie hat offenbar Gino denselben Handel vorgeschlagen wie wir. Und ihm noch dazu eine Prämie versprochen. Und im Augenblick hält sie ihn und sein Schwesterchen in einem sicheren Versteck.« Er seufzt tief auf. »Und all das, weil sie bei der Sûreté über Mittel verfügen, an die wir bei der Kripo nicht einmal zu denken wagen. Passen Sie auf, es wird uns in diesem Fall genauso gehen wie mit Buisson!«
Er lehnt sich in seinem Sessel zurück und beginnt wieder zu überlegen. Ist es seine Schuld, wenn die Sûreté Nationale über eine Geheimkasse verfügt, mit der sie die Spitzel locken können? Weshalb verfügt denn der Polizeipräsident, der ebenso wie der Direktor der Sûreté unmittelbar dem Innenministerium unterstellt ist, nicht ebenfalls über einen geheimen Fond? Poirier schüttelt den Kopf. Wenn diesmal der Chef ihm wieder Vorwürfe macht, dann wird er ihm jedenfalls die gehörige Antwort geben.
Fast erleichtert nimmt er die Zigarette aus dem Mund und drückt sie mehrmals im Aschenbecher aus. Dann steht er ohne ein weiteres Wort zu sagen auf und begibt sich mit seinem etwas watschelnden Gang in Hillards Büro zum täglichen Bericht.

39

In der Zelle des Gebäudes der Sûreté, in die man ihn geführt hat, schleichen die Stunden qualvoll dahin. Gino sitzt auf dem Rand seiner Pritsche und wälzt immer die gleichen Gedanken. Es kann nicht mehr die Rede davon sein, nach irgend welchen Ausflüchten zu suchen. Seine Pläne sind ins Wasser gefallen. Diese neuen Inspektoren sind keine Männer, die man mit Versprechen abspeisen kann. Es handelt sich nicht mehr darum, Zeit zu gewinnen. Die Drohung, die auf ihm lastete, ist jetzt unmittelbar und gegenwärtig. Er weiß, was er riskiert. Die Wahl ist klar. Entweder Girier oder er. Und dennoch bringt er es nicht fertig sich zu entscheiden. Dieses Zögern, das er selbst nicht begreift, erstaunt und erschreckt ihn. Es ist ihm klar geworden, daß dieses Dilemma, in dem er steckt, und das er in seiner Überheblichkeit für ein Kinderspiel hielt, in Wirklichkeit ausweglos ist. Der Knast oder Girier. Girier oder der Knast. Er muß irgendeinen Weg finden. Die Inspektoren befriedigen und

rechtzeitig Spazierstock-René retten.
Er steht auf, geht zu der vergitterten Tür, legt seine Hände um die Gitterstäbe. Seine Hose fällt ihm bis auf die Hüften runter. Er zieht sie zähneknirschend wieder hoch. Sie haben ihm seinen Gürtel weggenommen, seine Krawatte und seine Schnürsenkel. Dumpfer Zorn steigt in ihm hoch. Die Vulgarität und die Familiarität der Polizisten sind ihm unerträglich. Voll Abscheu spuckt er auf den Boden. Ein kurzbeiniger, rundlicher Wärter geht im Flur auf und ab.
»Wie spät ist es?« fragt Gino erbittert.
Der Wärter knüpft langsam seine Jacke auf, zieht eine lange Kette hervor, an deren Ende eine riesige Uhr hängt, betrachtet sie zweimal und verstaut sie dann wieder sorgfältig.
»Es ist acht Uhr.«
Diese Zeremonie verleiht ihm jedesmal das erhebende Gefühl, das Universum zu kontrollieren.
»Darf ich nicht rauchen?«
Der Wärter bekommt fast den Schluckauf. Diese absurde Frage trifft ihn wie ein Insektenstich. Es ist um seine Ruhe geschehen.
»Was denn noch?« brummt er. Dann nähert er sich mißtrauisch dem Gitter. »Und außerdem, wie willst du denn überhaupt rauchen können? Man hat dir doch bei der Durchsuchung alle Zigaretten weggenommen.«
»Ich weiß«, erwidert Gino, »aber Sie können mir doch eine geben.«
Der Wärter reißt verwundert die Augen auf.
»Na klar. Ich werde mir meinen Urlaub streichen lassen nur wegen einer Zigarette!«
Gino dreht ihm den Rücken zu. Dieses kleine Spiel langweilt ihn. Der Mann ist zu dumm.
Er geht zu seiner Pritsche zurück und legt sich hin. Die Hände hinter dem Nacken verschränkt, verfolgt er das Herablaufen eines Wassertropfens, der aus den geschwärzten Mauersteinen dringt.
»Wenn der Tropfen auf den weißen Stein neben dem Bett fällt, bin ich gerettet«, denkt er. »Wenn er daneben fällt ... « Er hält den Atem an. Der Tropfen trifft auf eine Unregelmäßigkeit im Mauerwerk, gleitet um sie herum, hinterläßt eine glänzende Spur, wird größer, länger und fällt dann schließlich herab. Gino springt auf. Im Knien sucht er nach dem nassen Fleck, vergebens.
Die Stimme des Wärters bannt ihn auf der Stelle.
»Was hast du denn da auf der Erde zu suchen, auf allen vieren?«
Gino wendet den Kopf.
»Nichts. Ich suche einen Wassertropfen.«

Der andere wirft ihm einen erschrockenen Blick zu.
»Einen Wassertropfen? Bist du verrückt geworden? Sag mal, machst du dich über mich lustig? Na warte, ich werde dir deine Wassertropfen schon noch zeigen!«
Gino steht auf. Er will sich nicht streiten. Er legt sich wieder auf die Pritsche und wartet schweigend darauf, daß sich ein anderer Wassertropfen bildet.
Da bildet sich ebenso wie ein Wassertropfen, genauso langsam und genauso geheimnisvoll, ein Plan in seinem Hirn. Es ist zunächst nur eine verworrene Spur von Worten ohne Verbindung miteinander, doch langsam bildet sich eine Ordnung heraus, sie wachsen zu einem glänzenden Tropfen, der am Rand des Bewußtseins wie ein Wassertropfen zitternd hängen bleibt, der aber bald von seinem eigenen Gewicht herabgezogen wird und an die Oberfläche dringt.
Gino springt zu Boden. Die Lüge hat Gestalt angenommen. Sie steht vollkommen vor ihm, mit allen Details, die unwiderlegbar sind.

Er zuckt zusammen, als er das Geräusch des zurückschnappenden Riegels hört, das Brummen des Wärters, das von einer Frauenstimme übertönt wird. Gino versucht sich auf die Zehen zu stellen und sich dann mit den Händen an den Gitterstäben festzuhalten, um einen Blick auf seine Schwester zu werfen, aber schon ist die Gestalt in der Zelle gegenüber verschwunden.
Der Wärter läuft immer noch auf dem Flur auf und ab. Gino horcht auf das Geräusch seiner Schritte. Er hört, wie es schwächer wird, dann wieder lauter. Die genagelten Schuhe dröhnen auf dem Zementfußboden mit einer Monotonie, die ihn zur Verzweiflung treibt. Plötzlich bemerkt er einen Wechsel im Rhythmus der Schritte; das Geräusch wird immer leiser, verstummt. Der Wärter ist fortgegangen.
Gino preßt sich gegen die Gitterstäbe.
»Dicke?« flüstert er.
Hinter der vergitterten Tür gegenüber wird der Kopf seiner Schwester sichtbar.
»Ja?«
Seine Stimme zittert vor Erregung. Fast atemlos fragt er weiter:
»Wie ist es bei dir gelaufen?«
»Oh, Gino, es ist alles schrecklich! Sie haben mich die ganze Nacht lang verhört. Was hast du bloß getan? Sie wollen dich ins Gefängnis stecken.«
Gino lacht verächtlich auf.
»Das erzählen sie dir nur. Mach dir keine Sorgen!«

Die Dicke seufzt und runzelt die Stirn. Sie versucht, das Halbdunkel der Zelle zu durchdringen.
»Sie sagen, daß du Girier bei seinem Ausbruch geholfen hast. Ist das wahr? Hast du das getan?«
Gino zuckt die Schultern. Die anklagende Stimme seiner Schwester widert ihn an.
»Aber nein! Das war etwas ganz anderes!« ruft er. »Deshalb bin ich doch gar nicht hier.«
»Du, sie haben mir aber gesagt, daß du die gleiche Strafe wie Girier riskierst!«
»Das ist doch Unsinn!«
»Doch, Gino, ich schwör's dir! Sie haben mir sogar den Paragraphen im Gesetzbuch gezeigt. Dort steht es schwarz auf weiß.«
Sie versucht, ihn zu überzeugen. Dieser Gedanke gibt Gino wieder neuen Mut. Wenn die Bullen seine Schwester eingesetzt haben, damit sie ihn überreden soll, so bedeutet das, daß sie ihn brauchen. Seine Lage ist gar nicht so schlecht, wie er dachte...
Sie fährt fort:
»Aber Gino, wenn ich an deiner Stelle wäre, und wenn ich wüßte, wo Girier ist, dann würde ich es ihnen sagen.«
»Ja glaubst du denn, sie würden mich nicht trotzdem nachher reinlegen?«
»Nein, Gino. Nicht, wenn du ihnen hilfst. Ich glaube, sie spielen fair.«
»Verdammt, sie haben dir den Kopf verdreht. Und du bist naiv genug, um zu glauben, was sie dir sagen.«
Die Dicke beißt sich auf die Lippen. Sie weiß, daß Gino sich nicht leicht überzeugen läßt, aber sie ist entschlossen, ihn gegen seinen Willen zu retten.
»Gino, sie haben mir versprochen, sie würden es so einrichten, daß der Fall von Marseille unter den Tisch fällt, wenn du vernünftig bist.«
»Nun spinn doch nicht! Ich bin schließlich kein Spitzel.«
»Das hat damit nichts zu tun, willst du vielleicht lieber fünf Jahre im Knast absitzen, nur um einen Typen zu schützen, den du selbst kaum kennst? Ein Verbrecher, der der erste wäre, der dich auch fallen ließe?«
»Er ist mein Freund.«
Diese Antwort verblüfft sie.
»Dein Freund?«
»Ja, genau, mein Freund.«
»Und du, zählst du überhaupt nicht? Was soll aus dir werden? Bist

du dir darüber klar, was dich erwartet? Wenn du sie zu Girier führst, lassen sie dich bestimmt wieder laufen. Wir könnten ins Ausland gehen... Ich werde dir helfen. Ich bin schließlich nicht ganz arm.«
Er lächelt ironisch.
»Ach nein! Plötzlich willst du mir helfen!«
»Sei nicht ungerecht, Gino. Du weißt, daß ich alles für dich tun würde. Aber wie soll ich dir helfen, wenn du selbst dir nicht die geringste Mühe gibst. Du hast keine Wahl. Du mußt dich entscheiden. Im Augenblick sind sie geneigt, dir einen Gefallen zu tun, du mußt das nützen, solange du kannst.«
Gino gibt sich halb zufrieden. Vielleicht hat die Dicke recht. Er fragt weiter:
»Glaubst du denn, daß sie ihr Versprechen halten werden?«
Sie denkt nach, bevor sie antwortet. Sie hat Angst, ihn in etwas zu locken, dessen Ausgang ungewiß ist.
»Du riskierst nichts!« seufzt sie schließlich. »Du hast nämlich gar keine andere Wahl. Wenn du ihnen nicht sagst, was du weißt, wanderst du in den Knast. Deine einzige Chance ist, mit ihnen einen Handel abzuschließen.«
Gino antwortet nicht. Er sagt sich, daß die Dicke nur einen kleinen Teil der Wahrheit kennt, daß sie genauso denkt wie die Bullen, wenn auch aus anderen Gründen. Er überlegt sich, daß er die Gelegenheit nützen sollte, seinen Plan sozusagen auf die Probe zu stellen. Wenn Gaby so reagiert, wie er hofft, dann werden sich auch die Bullen überzeugen lassen.
»So einfach ist das nicht, wie du glaubst«, sagt er. »Ich weiß ja nicht, wo Girier sich versteckt hat. Er hat natürlich seine Vorsichtsmaßregeln getroffen!«
»Ja, was können wir denn da überhaupt tun?«
Ihre Stimme klingt verzweifelt. Gino schweigt einen Augenblick, damit ihre Unruhe noch stärker wird.
»Es gibt nur einen Weg«, sagt er. »Ich kann mich mit einem Mittelsmann in Verbindung setzen und durch ihn mit Girier ein Treffen vereinbaren.«
»Wer ist das?«
»Jemand, den ich im Village kennengelernt habe.«
»Aha. Und wie kannst du ihn erreichen?«
»Ich kann ihn anrufen.«
Die Dicke wägt das Für und Wider ab. Dann meint sie:
»Und wenn Girier mißtrauisch wird, wenn er nicht kommt?«
»Er wird nicht mißtrauisch werden. Der Mittelsmann kennt sein Versteck auch nicht. Er weiß nur, wie ich mich mit ihm in Verbin-

dung setzen kann. Girier besitzt einen Briefkasten; es sind alte Leute, brave, ehrbare Bürger. Er hat keinerlei Grund, mißtrauisch zu werden.«

»Und dann?«

»Und dann! Mein Gott, bist du schwer von Begriff! Wenn er dann zu dem Rendezvous kommt, können sich ihn die Bullen schnappen. Er wird glauben, daß man ihn beschattet hat. Jedenfalls ist das ein Risiko, das er einzugehen gezwungen ist.«

»Warum, wenn er so vorsichtig ist?«

»Weil er mich aus einem ganz bestimmten Grund braucht, den die Bullen bisher nicht kennen. Weil er nicht wissen kann, daß diese Schweine mich erpressen. Er weiß nicht, daß ich noch eine Strafe abzusitzen habe.«

Es herrscht einen Augenblick Stille, dann erwidert die Dicke:

»Aber von wo willst du telefonieren? Wenn du von der Polizei aus anrufst, werden sie die Nummer feststellen, und dann brauchen sie deine Hilfe nicht mehr.«

»Die wird ihnen nicht weiterhelfen. Der Mittelsmann kennt nur den Briefkasten. Alles, was er tun kann, ist, meine Bitte um ein Rendezvous weiterzuleiten. Wenn Girier zurückruft, entscheidet er selbst, ob er kommen will oder nicht. So läuft das Ganze. Verstehst du?«

Gaby scheint voller Bewunderung zu sein, aber ein leiser Zweifel bleibt noch:

»Na schön, so weit, so gut. Aber ich finde, daß man den Bullen auf keinen Fall irgendeinen Anhaltspunkt liefern sollte, damit sie nicht nachher die Spur allein verfolgen.«

Gino tut so, als denke er lange nach.

»Ganz einfach«, sagt er. »Ich werde dem Inspektor sagen, er soll mich begleiten und dann in irgendeine Kneipe mit mir gehen. Ganz egal, welche. Von dort werde ich telefonieren. Was hältst du davon?«

»Das ist eine gute Idee«, erwidert die Dicke, jetzt völlig überzeugt. »Auf diese Weise behältst du die Trümpfe in der Hand. Sie können dich nicht überlisten.«

Eine Tür im Keller quietscht in den Angeln. Die Schritte des Wärters nähern sich. Gino legt sich wieder auf seine Pritsche. Die Dicke verschwindet in einer Ecke ihrer Zelle. Als der Aufseher an ihren Gitterstäben vorbeikommt, tut Gino so, als schliefe er, den Kopf zur Wand gedreht. Der Aufseher kann nicht den Ausdruck des Triumphes sehen, der sich auf seinen Zügen malt.

In dem Zimmer im Erdgeschoß, genau über dem Keller, in dem ich zusammen mit Hidoine sitze, dreht sich Durand, unser Kollege vom telefonischen Überwachungsdienst, gerade zu uns um.
»Sag mal, kann ich jetzt abschalten?«
Ich nicke zustimmend. Auf dem Rückweg in mein Büro bin ich völlig aufgeregt. Triumphierend wiederhole ich immer wieder: ich hab eine Spur! Wenn Ginos Plan funktioniert, ist der ganze Fall gelöst. Der Dicke wird zufrieden sein.
Ich bewundere Giriers Vorsichtsmaßregeln: die Widerstandskämpfer haben früher mit der gleichen Methode gearbeitet: ein Versteck, das niemand kannte, ein Briefkasten – normalerweise bei Leuten, die die Bedeutung der Nachrichten, die sie empfingen und weiterleiteten, gar nicht kannten –, eine Reihe von Mittelsmännern, die im Grunde genommen völlig außerhalb standen.
Wenn es Gino gelingt, Girier aus seinem Versteck zu locken, kann ich noch heute abend Spazierstock-René die Handschellen anlegen. Ich wage es kaum zu glauben!

40

Als der letzte Gast den Speisesaal verlassen hat, wird es still im Restaurant Cambacérès, an der Ecke der Place des Saussaies. Hidoine gießt sich noch ein Glas Beaujolais ein. Es ist 3 Uhr nachmittags. Um uns herum stehen noch ein paar nicht abgeräumte Tische, an denen kein Gast mehr sitzt. Ein Sonnenstrahl fällt auf die zusammengeknüllten Servietten und die zerdrückten Tischdecken. An der Kasse sitzt die Besitzerin und macht die Abrechnung.
Ich frage Hidoine:
»Wie läuft das in der Rue d'Anjou?«
»Alles in Ordnung. Man hat mir gesagt, daß es nicht länger als fünf Minuten dauert, um den Apparat anzuzapfen.«
Ich weiß nicht, ob mein Plan klappen wird. Ich habe ganz rasch auf meiner Schreibmaschine einen Antrag für den Chef der zentralen Telefonüberwachungsstelle in der Rue d'Anjou geschrieben, damit die Gespräche aus dem Restaurant Cambacérès abgehört werden können. Hidoine hat das Formular hingetragen. Gott sei Dank ist die Rue d'Anjou nur ein paar Schritte von der Sûreté entfernt. Um die Gespräche eines Anschlusses abzuhören, muß man nicht unbedingt erfolgreich ein Studium an der Technischen Hochschule absolviert haben. Es reicht, wenn man sich ruhig in eine Ecke setzt, ein paar Kopfhörer über den Ohren, und den Gesprächen lauscht,

die einem dank eines komplizierten Systems von Abzweigdrähten direkt von der Anschlußstelle des Telefoninhabers übermittelt werden. Ich muß die Legende leider Lügen strafen. Kein Klicken, kein anormales Geräusch im Hörer warnt dabei den Teilnehmer. Es ist eine untadelige, fehlerlose, ausgezeichnete Arbeit, die leider von dem technischen Personal der Post nicht gebührend gewürdigt wird. Dafür mißfallen wir Polizisten den »Telefonistinnen« im telefonischen Überwachungsdienst ganz und gar nicht.

Sobald bei einem Teilnehmer die Wählscheibe gedreht wird, wird jedes einzelne Klicken wie auf einem Fernschreiber in der zentralen Telefonüberwachungsstelle auf einem Bogen Papier registriert. Diese Codezeichen, die den Zeichen des Morsealphabets entsprechen, können dann in die entsprechenden Zahlen umgesetzt werden, was verhältnismäßig einfach ist. Daraus ergibt sich die Nummer des gewählten Anschlusses.

Ein einfallsreicher Ingenieur, Girard, hat inzwischen einen Apparat entwickelt, der aufgrund der empfangenen Impulse direkt die Nummer des gewählten Anschlusses überträgt. Diese Erfindung spart uns das Übertragen der Chiffre-Zeichen. Vorhin ist mir diese Möglichkeit eingefallen. Wenn Gino auf meinen Plan reinfällt, werde ich sofort erfahren, welche Nummer er vom Cambacérès angerufen hat. Das Wichtigste ist jetzt, ihn dazu zu bringen, daß er von hier aus anruft. Ich kann nur hoffen, daß mir das durch die Hilfe seiner Schwester gelingt.

»Gehst du jetzt und holst Gaby?«

Hidoine leert sein Glas, wischt sich den Mund ab, legt seine Serviette hin und steht auf. Seine unerschütterliche Ruhe macht mich nervös. Fünf Minuten später taucht er wieder auf, gefolgt von der Dicken. Das nächtliche Verhör hat ihre Züge gezeichnet. Ihr schlecht geschminktes Gesicht wirkt grau und aufgedunsen. Unter ihren großen grauen Augen liegen schwarze Ringe.

»Sie sehen müde aus«, sage ich voller Fürsorge. »Ein Kaffee und ein Cognac werden Ihnen gut tun. Möchten Sie eine Zigarette?«

Ich reiche ihr mein Päckchen Philip Morris. Ihr Gesicht belebt sich etwas und sie erwidert:

»Und da sagt man, die Polizisten seien nicht höflich. Das ist wirklich ein Irrtum. Nein danke, ich rauche nicht. Aber wenn Sie es erlauben, nehme ich mir eine für Gino.«

Ich errate an ihrem etwas erzwungenen Lächeln, daß sie sicher nicht zögern würde, sich mir an den Hals zu schmeißen, wenn sie sicher wäre, damit ihren Bruder zu retten. Diese geradezu ausschließliche Leidenschaft wundert mich etwas. Offenbar ist nicht nur Giriers

Leben ein versiegeltes Buch. Die Dicke scheint trotz ihrer Erfahrung, sowohl des Lebens als auch der Männer, alles, was Gino betrifft, schützend vor jedem Zweifel und jeder Kritik zu bewahren. Sie erinnert mich an das, was mir einmal eine Prostituierte über ihren Zuhälter verraten hat:

»Alle Männer sind Schweine, außer meinem. Deshalb liebe ich ihn auch. Wenn ich merken würde, daß er so ist wie die anderen, würde ich ihn verlassen.« Für die Dicke ist Gino die Verkörperung der Reinheit... Ich frage sie:

»Also, haben Sie mit ihm gesprochen?«

»Ja«, erwidert sie. »Aber es ist nicht so einfach! Glauben Sie, daß Sie etwas für ihn tun könnten?«

Ich nicke beruhigend.

»Wenn er vernünftig ist, ja. Obgleich die Rolle, die er in der Girier-Sache gespielt hat, nicht gerade zu seinen Gunsten spricht.«

»Und wenn er Sie zu Girier führte, würden Sie ihm dann helfen?«

Ich ziehe eine zweifelnde Grimasse.

»Wissen Sie, daran glaube ich nicht so recht. Ich habe seit gestern abend nachgedacht. Ich fürchte, daß Ihr Bruder versuchen wird, mich bei der erstbesten Gelegenheit reinzulegen, wie er es bei meinen Kollegen von der Kripo gemacht hat. Der Unterschied ist nur, daß ich ein Urteil zu vollstrecken habe. Ich kann es mir nicht leisten, auch nur das geringste Risiko einzugehen.«

Noch während ich zu ihr spreche, stelle ich fest, wie wahr meine Worte sind. Im Eifer des Gefechts hatte ich gar nicht daran gedacht. Ich habe die Maschinerie der Justiz in Bewegung gesetzt. Entweder expediere ich Gino hinter Gitter, und damit ist der Moral Genüge getan, oder ich lasse ihn frei herumspazieren. Wenn er zurückkommt, gut, dann ist alles okay. Aber wenn er mir einen Streich spielt, kann das Ganze böse enden. Ich höre bereits in Gedanken, wie der Dicke zu mir sagt: »Ich hatte Sie ja gewarnt, Borniche. Sie spielen allzusehr mit dem Feuer. Was Ihnen fehlt, mein Lieber, das ist die nötige Reife. Mit Ihrer Kindergartenmentalität haben Sie uns alles vermasselt.« Hidoine beobachtet mich schweigend. Er möchte jetzt bestimmt nicht in meiner Haut stecken.

»Mach keine Dummheiten«, rät er mir, »und nimm dich vor diesem Typ in acht. Er ist gefährlicher als eine Klapperschlange. Wenn er sich seitwärts in die Büsche schlägt, hast du den größten Ärger am Hals.«

Die Dicke betrachtet mich ebenfalls forschend. Sie hat begriffen, daß ich jetzt vor einer Entscheidung stehe, und daß Ginos Schicksal davon abhängt.

»Er wird Sie nicht reinlegen, das schwöre ich Ihnen«, versichert sie. »Gino hat seine Fehler, aber er ist nicht dumm. Er wird nicht fünf Jahre seines Lebens dafür opfern, um Girier zu retten. Er ist noch jung. Er hat sein ganzes Leben noch vor sich. Er weiß sehr gut, daß er es im Gefängnis nicht aushalten wird.«
Sie nickt ein paar Mal wie zur Bekräftigung. Sie scheint aufrichtig zu sein.
»Das hat ihn aber nicht daran gehindert, mit Poirier ein falsches Spiel zu treiben«, bemerkt Hidoine.
»Jetzt sind Sie nicht ganz gerecht«, seufzt die Dicke. »Sie sind ja wie der Blitz über ihn hergefallen.«
Nun mische ich mich ein.
»Ja, gerade als er dabei war, seine Koffer zu packen.«
»Das ist nicht wahr!« ruft sie. »Er hat ja keinen Pfennig. Er war nur gekommen, um mich um Geld zu bitten ... Sehen Sie, ich bin ganz aufrichtig zu Ihnen. Gino ist ein Kind. Er ist nicht fähig, auf sich selbst gestellt zu leben. Wo sollte er denn hingehen? Glauben Sie vielleicht, daß Girier sich um ihn kümmern würde? Gino ist kein Verbrecher. Er läuft nicht mit einem Revolver in der Tasche herum. Er überfällt keine Geldtransporte. Er möchte gern zum Film.«
Hidoine reagiert auf diese Bemerkung mit einem ungeheuren Heiterkeitsausbruch.
»Ach nein, deshalb will er wohl bei uns auch Stummfilmrollen spielen?«
Die Dicke wirft ihm einen vorwurfsvollen Blick zu.
»Sie lachen darüber«, sagt sie, »aber er hatte immerhin schon ein paar kleine Rollen ...«
»Nicht zu fassen«, erwidert Hidoine. »Was hat er dann mit Girier zu schaffen?«
Diese Frage verwirrt die Dicke offensichtlich.
»Es war nicht recht von ihm, daß er ihm geholfen hat, aber Girier ist schließlich auch eine Persönlichkeit. Man würde ihn nie für einen Verbrecher halten. In allen Zeitungen kann man das lesen. Gino hat sich in ihm getäuscht, das ist alles.«
Ich bemerke:
»Wenn Gino so hilfsbereit ist, wie Sie behaupten, dann braucht er uns doch nur Giriers Versteck zu verraten.«
Sie sieht mir fest in die Augen.
»Ich bin davon überzeugt, daß er nicht weiß, wo Girier sich versteckt hält. Aber wenn Sie ihm vertrauen, könnte er sich mit ihm in Verbindung setzen.«
Sie sieht mich immer noch an. Trotzdem fühle ich mich noch nicht

ganz überzeugt. Ich bleibe auf der Hut.
»Wenn ich Vertrauen zu ihm hätte, wäre die Sache ziemlich einfach. Ich würde ihn auf freien Fuß lassen, die Sache von Marseille endgültig unter den Tisch fallen lassen und vielleicht sogar an eine kleine Prämie denken.«
»Eine Prämie?«
Sie sieht mich erwartungsvoll an.
»Wie hoch sind denn solche Prämien?«
»Ich weiß nicht. Ich müßte vorher mit meinem Chef darüber sprechen. So etwa eine Million.«
»Eine Million! Sind Sie sicher?«
Ich nicke bejahend. Vor Überraschung hört die Dicke auf, mit ihrem Löffel in ihrem Kaffee herumzurühren.
»Eine Million, wenn er Ihnen dabei hilft, Spazierstock-René zu verhaften, und Sie vergessen außerdem alles andere?«
»Ja, das wäre möglich.«
Sie richtet sich auf.
»Holen Sie ihn her!« ruft sie. »Ich werde jetzt mit Gino reden. Und das wird bestimmt nicht lange dauern.«
Ich zwinkere Hidoine zu, er steht auf. Er gibt mir stillschweigend, aber äußerst deutlich seine Mißbilligung zu verstehen. Ich bin so gespannt wie ein Pokerspieler, der gerade den größten Bluff seines Lebens riskiert.

Ein paar Minuten später erscheint Gino in dem leeren Restaurant. Sein Kinn ist von Bartstoppeln übersät. Der Kragen und die Manschetten seines Hemdes sind schmutzig. Seine Jacke ist zerdrückt. Er wirft seiner Schwester einen überraschten Blick zu.
»Setz dich«, befiehlt sie. »Ich muß mit dir reden. Willst du dir eine Million verdienen? Und das sofort?«
Gino ist sprachlos. Sein Blick wandert von dem Gesicht der Dicken hin zu Hidoine und zu mir. Ich sehe ihn aufmerksam an.
»Eine Million, hast du verstanden?« wiederholt die Dicke. »Und du brauchst dir wegen der anderen Sache keine Sorgen mehr zu machen. Was willst du denn mehr?«
Gino läßt sich auf einen Stuhl fallen.
»Ich verstehe nicht«, stottert er.
Ich versuche, es ihm zu erklären:
»Das ist ganz einfach. Ich schlage dir einen Handel vor: du bringst mich zu Spazierstock-René, und ich lasse dafür das Urteil von Marseille verschwinden. Außerdem bekommst du eine Prämie in Höhe von einer Million. Das ist mein Vorschlag. Wenn er dich

interessiert, okay. Wenn er dich nicht interessiert, wanderst du noch heute abend in die Haftanstalt der Santé.«
Gino errötet leicht und kratzt sich die Nase. Ich habe schon bemerkt, daß das ein Tick von ihm ist, wenn er nachdenkt. Er hat manikürte Fingernägel. Seine Hand ist lang und kräftig, während die Finger leicht schaufelförmig sind wie bei allen Menschen, die viel Phantasie haben oder verlogen sind.
Er zieht die Schultern ein, und sein Blick nimmt einen leicht träumerischen Ausdruck an.
»Ich akzeptiere«, sagt er schließlich. »Aber wie sollen wir die Sache anfangen? Wenn Girier auch nur ahnt, daß ich ihn verpfiffen habe, werde ich mit Ihrer Million nicht mehr viel anfangen können.«
Die Dicke stößt einen leichten Schrei aus. Ich schenke ihr einen kleinen Cognac ein.
»Laß uns mal deinen Plan hören. Wenn er was wert ist, versuche ich, mir etwas einfallen zu lassen, um dich dabei herauszuhalten.«
Er nickt.
»Ich habe keinen Plan«, erwidert er. »Normalerweise müßte sich Girier mit mir in Verbindung setzen.«
»Wieso?«
»Er braucht einen Wagen mit grüner Versicherungskarte. Ich habe versprochen, ihm eine zu besorgen.«
Ich schüttele den Kopf.
»Darauf lasse ich mich nicht ein. Ich kann nicht zehn Jahre lang warten. Nein, so geht es nicht.«
Er versucht wieder einzulenken.
»Wenn ich Sie zu ihm bringe, was wird dann die Kripo unternehmen?«
»Darum brauchst du dich nicht zu kümmern. Wir gehören immerhin zum Innenministerium. Und das ist ausschlaggebend. Übrigens weiß Poirier von deiner Verurteilung gar nichts.«
Gino versinkt in Gedanken. In seinen Zügen spiegeln sich eine Mischung von Vorsicht und List, von Habgier und Mut wider. Lauter Gegensätze. Ich finde ihn ziemlich widerlich. Aber er ist nun einmal der einzige, der mich zu Girier bringen kann.
Plötzlich fängt er an zu reden. Er wendet sich dabei bald an mich, bald an Hidoine, dessen Zweifel er wohl bemerkt hat, erzählt, was wir bereits heute morgen durch das Mikrophon gehört haben, berichtet von einem Mittelsmann, einem Briefkasten und erwähnt noch ein paar Einzelheiten bezüglich der Regelmäßigkeit der Kontakte, was eine lange Wartezeit auszuschließen scheint.
»Hören Sie, was ich vorschlage«, beendet er seine Ausführungen.

»Wir setzen uns in ein Auto und fahren herum. Irgendwann halten wir dann an irgendeinem Café, und ich rufe den Mittelsmann an. Ich sage ihm, daß ich Girier noch heute abend treffen möchte, ich mache einen Treffpunkt aus, der Ihnen paßt, und dann können Sie ihn schnappen.«
Ich nicke zweifelnd.
»Eine tolle Erfindung. Du rufst ganz einfach von meinem Büro aus an. Deine Geschichte ist schon kompliziert genug!«
Gino bleibt unerschütterlich.
»Wenn ich sein Versteck kennen würde, könnte ich Sie gleich hinbringen. Aber Girier ist mißtrauisch. Ich bin nicht einmal sicher, ob er überhaupt kommt.«
Entweder ist er wirklich gerissen, oder er ist aufrichtig. Ich würde weder das eine noch das andere wetten.
»Wo willst du dich mit ihm treffen?«
»Wo Sie wollen. Aber nicht an irgendeinem abgeschlossenen Ort. Girier muß sich vergewissern können, daß mir keiner folgt. Wie wär's mit dem Champ-de-Mars zum Beispiel?«
»Gesetzt den Fall, er kommt zu dem Treffpunkt... Was dann?«
»Sie warten am besten in einem Café in der Nähe. Eine halbe Stunde später komme ich dann dort vorbei, und Sie können ihm die Handschellen anlegen.«
Dieser Plan hat immerhin ein Gutes: daß er so improvisiert ist. Nie würde ein Verbrecher, der vorhat, sich abzusetzen, sich etwas derart Simples einfallen lassen.
»Und wenn er nicht mit dir gehen will?« erkundigt Hidoine sich scheinheilig, als ob das wirklich das einzige wäre, das ihn bei diesem Vorschlag stören würde.
Ginos Züge werden wieder verschlossen.
»Ich tue, was ich kann. Wenn Sie eine bessere Idee haben, um so besser! Ich nehme dabei das ganze Risiko auf mich. Ich verrate einen Freund und wandere für fünf Jahre in den Knast, wenn die Sache nicht klappt!«
»Du könntest dich ja auch seitwärts in die Büsche schlagen, sobald ich dich wieder auf freien Fuß setze.«
»Das stimmt, aber wo soll ich denn hingehen, ohne Geld, ohne Papiere und ohne Versteck? Und mit einer Meute Bullen auf dem Hals? Mit der Kripo und Ihnen auf den Fersen käme ich weiß Gott nicht weit. Außerdem kann ja auch die Dicke bei Ihnen bleiben, wenn Sie wollen. Sie riskieren also nichts. Höchstens, daß Girier nicht erscheint: das ist alles. Sie sehen, ich vertraue Ihnen, jetzt sind Sie an der Reihe.«

Er hat dieselben Argumente gebraucht wie seine Schwester. Ohne Geld ist er verloren. Und das glaube ich ihm sogar.
Und nun ist der Augenblick gekommen um zu handeln. Ich frage ihn wie beiläufig:
»Paß mal auf, warum willst du nicht von hier aus telefonieren? Dort ist eine Zelle, es kann dich also niemand hören.«
Mein Blick wandert wie abwesend durch den Saal. Ich habe jetzt alles auf eine Karte gesetzt. Entweder er beißt an oder nicht.
»Komm«, sage ich und stehe auf. »Komm mit zur Kasse.«
Ich kaufe eine Telefonmünze. Vor der Zelle bleibt Gino etwas nervös stehen.
»Okay, einverstanden, aber unter einer Bedingung. Sie lassen mich allein. Der Mittelsmann hat nichts damit zu tun. Ich will nicht, daß er Scherereien bekommt.«
Er zuckt die Schultern, öffnet die Tür und schließt sie wieder hinter sich. Ich entferne mich ein paar Schritte von der Zelle, wobei ich mich absichtlich so stelle, daß er mich im Auge behalten kann. Das beruhigt ihn. Nach kurzem Zögern wählt er die Nummer. Ich sehe, wie er auf den Sprechknopf drückt; er wendet dem Restaurant jetzt den Rücken zu. Ich nähere mich ein paar Schritte. Aber alles, was ich mitbekomme, ist ein leises Murmeln. Es kommt mir vor, als ob Gino mit einer Frau spräche, weil seine Stimme so anders, sehr viel sanfter klingt. Er hängt bereits wieder auf und dreht sich um. Als er die Tür öffnet, stehe ich wieder an meinem Platz, ein paar Schritte entfernt. Er betrachtet mich mißtrauisch.
Das Gespräch war sehr kurz gewesen. Es tut mir jetzt leid, daß ich nicht veranlaßt habe, daß es ebenfalls abgehört wird. Dann hätte ich wenigstens gewußt, was er gesagt hat. Aber was hätte ich im Grunde genommen davon gehabt, wenn die Frau – ich bin jetzt völlig überzeugt davon, daß es eine Frau war – nur eine vermittelnde Rolle spielt. Jedenfalls werde ich nachher die Nummer erfahren. Das ist immerhin etwas.
»Nun?«
Gino steht immer noch da, ohne sich zu rühren. Er betrachtet mich einen Augenblick besorgt und sagt dann:
»Ich habe die Nachricht übermitteln lassen. Und zwar, daß ich Spazierstock-René heute abend an der Ecke der Rue Saint-Dominique und der Avenue Bosquet treffen will.«
Sein Blick weicht mir aus. Ich habe das Gefühl, daß er lügt, doch gleich darauf verscheuche ich diesen Gedanken wieder. Er hat schließlich kein Interesse mich reinzulegen. Er schüttelt ein paar Mal den Kopf.

»Es ist schon eine komische Sache, die ich da für Sie mache«, murmelt er. »Nie hätte ich mir träumen lassen, daß ich eines Tages genauso wie Albert...«
Er ist offenbar niedergeschlagen. Und er wirkt so überzeugend, daß ich Gewissensbisse bekomme. Dann fällt mir aber wieder ein, daß die Dicke mir gesagt hat, daß er gerne zum Film möchte. Genau das ist es, was mich an ihm stört. Dieser kleine Gauner spielt eine Rolle. Und jetzt liegt es an mir, die Kamera richtig zu führen.

41

Als wir uns wieder auf den Weg ins Büro machen, ist es fast vier Uhr nachmittags. Der Kellner und die Wirtin des Cambacérès haben uns bereits wiederholt besorgte Blicke zugeworfen. Ich lasse Gino und die Dicke in der Obhut Hidoines zurück und laufe rasch in die Rue d'Anjou. Der Chef des Abhördienstes übergibt mir ein kleines rechteckiges Stück Papier, das von einer langen Rolle abgerissen ist. Darauf steht in Druckbuchstaben:

Anfang: 15 Uhr 47 Minuten 14 Sekunden.
Ende: 15 Uhr 47 Minuten 41 Sekunden.
Anrufender Teilnehmer: Anjou 29-47.
Gewählte Nummer: Roule 34-86.

Das Gespräch hat nur 27 Sekunden gedauert. Das ist alles. Die erste Nummer ist die des Cambacérès. Die kenne ich inzwischen schließlich auswendig. Um die zweite zu erfahren, brauche ich nur eine Etage höher zu gehen. Die Abteilung der Telefonauskünfte des Stadt- und Landbezirks von Paris liegt direkt über der zentralen Telefonüberwachung. Eine etwas säuerliche Angestellte in blauem Dienstkittel, etwa 50 Jahre alt, mit strengem Knoten und einem kleinen Damenbart über den Lippen, stürzt sich auf mich wie ein Hahn, der seine Hühnerschar beschützen möchte. Die Hühner haben alle Kopfhörer über den Ohren und sitzen vor sich drehenden Zylindern. Das Büro ist riesig. Das Stimmengewirr ist ohrenbetäubend, weil hier ununterbrochen Fragen beantwortet werden, Auskünfte gegeben werden.
Während mir von allen Seiten liebevoll zugezwinkert wird, folge ich der sauertöpfischen Alten bis zur Abteilung Neuilly. Auch dort dreht sich ständig ein Zylinder. Ich stelle fest, daß die Teilnehmer nach der Reihenfolge ihrer Telefonnummer auf schmalen Karton-

rollen verzeichnet sind, die Namen und Adresse angeben. Mein Schutzengel sieht sich um.
»Rote Liste«, sagt sie mir. »Eine Geheimnummer.«
Ich sehe sie sprachlos an. Sie fügt hinzu:
»Es sei denn, Sie stellen einen offiziellen Antrag.«
Ich brauche diese Auskunft allzudringend, um jetzt nervös zu werden.
»Die habe ich bereits dem Chef der Abhörabteilung übergeben«, erwidere ich. »Er hat mir soeben geraten, hier heraufzukommen. Sie können ihn ja anrufen.«
»Ach so!«
Als ich mich eilig in mein Büro zurückbegebe, weiß ich, daß der Teilnehmer Roule 34-86 eine Frau Gueudé ist, die in Neuilly, Rue des Dames-Augustines 65, wohnt.
Aber bisher weiß ich noch nicht, ob diese Frau auch nur die geringste Beziehung zu Spazierstock-René hat.

»Monsieur möchte sich gern rasieren und umziehen!« schleudert mir Hidoine bitterböse entgegen, als ich mein Zimmer betrete. »Als hätten wir nicht schon genug Scherereien!«
Ich werfe Gino einen fragenden Blick zu.
»Wenn Sie nicht wollen, mir kann's egal sein«, sagt er. »Ich meine nur, daß René sofort wittern wird, woher ich komme, wenn er mich so schmutzig und unrasiert sieht. Aber Sie haben natürlich zu bestimmen.«
Ich muß zugeben, daß er recht hat. Ein Mann auf der Flucht ist allem und allen gegenüber mißtrauisch. Vor allem Girier! Wenn sich Gino so mit ihm trifft, können wir die Sache drangeben. Ich befehle:
»Crocbois wird deine Schwester zu sich nach Hause fahren. Sie soll dir alles einpacken, was du brauchst. Und das Rasieren ist nicht weiter schwierig, genau gegenüber der Rue des Saussaies ist ein guter Friseur. Hidoine wird dich hinbegleiten. Wenn du Glück hast, kannst du dort sogar ein paar Polizeigrößen treffen. Die gehen dort ein und aus.«
»Und was noch?« protestiert Hidoine. »Soll ich ihn anschließend auch noch ins Bordell führen?«
Wütend holt er ein paar Handschellen. Gnädig befiehlt er Gino:
»Na los, mach schon. Der Friseur muß seine Hände frei haben. Aber nicht du.«
Gino wirft mir einen verzweifelten Blick zu. Ich versuche zu vermitteln.
»Moment mal, am besten, du bist nicht so mißtrauisch ihm gegen-

über«, sage ich. »Und bleibt nicht allzu lange.«
Hidoine wirft Gino einen vernichtenden Blick zu. Besorgt frage ich mich, ob seine Haltung nicht unsere Chancen zu guter Letzt vereiteln wird. Er läßt hochmütig den Blick über mich wandern, dann erklärt er resigniert:
»Na schön.«
Er legt die Handschellen in sein Schubfach zurück, das er geräuschvoll schließt, und fügt dann, zu Gino gewandt, hinzu:
»Wenn du versuchst abzuhauen, wird das ein Festessen für mich werden. Hast du den da gesehen?«
Er schlägt seine Jacke etwas zurück und streichelt liebevoll über den Kolben seiner Pistole, die in seinem Gürtel steckt. Gino zuckt die Schultern. Als die beiden weg sind, atme ich auf. Der Augenblick ist gekommen, um den Dicken in unser Spiel einzuweihen.

Als ich ihm von den Ereignissen berichte, scheint Vieuchêne äußerst interessiert. Ich berichte ihm, wie ich dank der Auskünfte von Martine und Roblin die Spur verfolgt habe. Er lacht befriedigt, als er erfährt, daß ich Gino Poirier sozusagen entrissen habe. Und er strahlt geradezu, als ich darauf zu sprechen komme, wie ich Gino und seine Schwester mühsam »vorbereitet habe«. Er bezeugt mir seinen Beifall mit wiederholten:
»Sehr schön! Bravo! Ausgezeichnet!« Dann unterbricht er mich:
»Wirklich hervorragende Arbeit, Borniche. Sie sind ein äußerst einfallsreicher Polizist. Ihre Idee, die Telefonnummer festzustellen, ist genial, obwohl sie Ihnen nicht viel nützen wird, weil Gino uns ja direkt zu Girier führt. Ich komme mit Ihnen. Wann brechen wir auf?«
Ich räuspere mich leicht.
»Ich fürchte, ich habe mich falsch ausgedrückt, Chef. Gino führt uns nicht direkt zu Giriers Versteck. Er hat mit dieser Frau telefoniert, die sich ihrerseits mit Spazierstock-René in Verbindung setzen wird, um das Treffen mit ihm auszumachen. Gino will allein zu diesem Rendezvous gehen und dann mit Girier an den Ort zurückkommen, wo wir uns versteckt halten. Dann können wir ihn sozusagen im Vorübergehen schnappen.«
Die Züge des Dicken verraten seine Enttäuschung.
»Nun mal langsam«, sagt er. »Sie gehen also mit Gino zur Place de l'Ecole Militaire. Gino begibt sich von dort aus zu dem vereinbarten Treffpunkt. Dann kommt er mit Girier zusammen wieder zurück. Ist das so richtig?«
»Ja, so ist es, Chef.«

»Gut. Aber warum gehen Sie dann nicht mit Gino direkt zu dem Treffpunkt?«

»Er hat Angst, das könnte uns die Tour vermasseln. Er sagt, daß Girier sofort abhauen würde, wenn er nicht allein kommt. Stellen Sie sich mal vor, daß Spazierstock-René vorher erst einmal das Gelände sondiert, ohne daß wir das merken. Dann wäre alles umsonst.«

Der Dicke überlegt einen Augenblick. Dann steht er von seinem Schreibtisch auf und beginnt, im Zimmer auf und ab zu gehen. Mit gesenktem Kopf überlasse ich ihn seinen Gedanken. Plötzlich bleibt er dicht vor mir stehen und heftet seinen Blick auf mich:

»Ihr Plan ist völlig lächerlich, Borniche! Jedenfalls will ich nichts damit zu tun haben.«

Ich bin völlig sprachlos.

»Wieso das, Chef?«

»Weil immerhin die Möglichkeit besteht, daß Gino Ihnen einen Bären aufgebunden hat, und dann sehen Sie ihn nie wieder!«

»Aber Chef...«

»Da gibt es kein Aber, Borniche. Sie sind im Begriff, den Hampelmann zu spielen, ich kann Ihnen nur eines sagen, ich hätte Sie für einfallsreicher gehalten!«

Er geht zu seinem Schreibtisch zurück, die Hände in den Taschen vergraben, läuft einmal um seinen Sessel herum, dann kommt er wieder zu mir zurück.

»Sagen Sie«, fügt er hinzu. »Wie konnten Sie überhaupt auf die Idee kommen, daß ich bei einer solchen Sache mitmachen würde! Können Sie sich vorstellen, daß ich mit einem, der durch rechtskräftiges Urteil zu fünf Jahren verurteilt ist, einfach so hier herausspaziere und ihn dann ohne Garantie frei herumlaufen lasse...«

»Erinnern Sie sich an Mathieu Robillard, Chef! Im Fall Buisson haben wir ihm sogar in Ihrem Namen eine Pistole, ein Versteck und einen Wagen besorgt...«

Er wischt diesen Einwand mit einer weitausholenden Geste beiseite.

»Das war etwas ganz anderes. Ich habe dabei ja auch meine Beförderung aufs Spiel gesetzt. Die Sache ging gut aus, um so besser. Aber man kann nicht zweimal auf ein Wunder hoffen.«

Ich versuche, ihn zu überreden:

»Ich sehe aber keine andere Möglichkeit, Chef. Ich habe alles sorgfältig überlegt.«

»Und Hidoine, was hält er von unserem Plan? Natürlich dasselbe. Er findet ihn wahrscheinlich ebenso genial. Aber ich kann Ihnen nur eines sagen, Borniche, ich bin nicht einverstanden, und zwar ganz

und gar nicht. Entweder wird uns dieser Gino direkt zu Girier führen, und zwar ohne Umwege, oder er wandert in den Knast. Und zwar ebenfalls ohne Umwege. Solchen Typen darf man nichts schenken. Vor allem nicht einem Zuhälter, der bereit wäre, Ihnen seine Großmutter zu verkaufen.«
»Aber Chef, wir haben doch nun mal diese Chance!«
Der Dicke betrachtet mich verwundert:
»Und wenn er nun doch abhaut? Und wenn Poirier ihn verhaftet? Was wird ihm Gino dann wohl erzählen? Daß ich ihn entführt habe und, statt ihn dann wenigstens für fünf Jahre einzulochen, wieder auf freien Fuß gesetzt habe. Wie stehe ich dann da? Sagen Sie, Borniche, sind Sie noch zu retten?«
Er geht erneut um seinen Sessel herum, legt seine Brille auf den Schreibtisch, schlägt mit der Faust auf seine Schreibtischunterlage. Sein Gesicht ist hochrot.
»Wenn Sie soviel Vertrauen zu Ihrem Gino haben, dann bitte«, ruft er erregt. »Aber ich warne Sie, Sie gehen auf Ihr eigenes Risiko. Ich werde nicht den kleinsten Finger rühren, um Sie zu decken.«
Er wendet mir einen Augenblick den Rücken zu, dann dreht er sich wieder um und fragt:
»Für wann ist dieses Treffen geplant?«
»Für 10 Uhr abends, Chef.«
»Na schön. Ich werde noch im Büro warten. Ich war eigentlich zum Abendessen eingeladen, aber es ist mir lieber, wenn Sie mich hier anrufen. Ich möchte gern erfahren, wie die Sache ausgegangen ist.«
»Und wenn ich Girier verhafte, Chef?«
»Dann, mein lieber Borniche, rufen Sie mich sofort an. Dann werde ich gleich zur Stelle sein.«

42

Es ist 21.15 Uhr, als wir die Rue des Saussaies verlassen. Unser Abendessen – ein Sandwich und ein Glas Bier – das wir an einer Ecke des Schreibtisches gemeinsam eingenommen hatten, war ziemlich öde verlaufen. Hidoine sagte kein einziges Wort, die Dicke war nervös. Und in mir hallten noch die Worte meines Dicken warnend nach. Ich beobachte Gino. Die Antwort auf meine Angst liegt dort in den Zügen dieses Gesichts begraben, das mir inzwischen vertrauter geworden ist und dennoch ein Geheimnis bewahrt. Gino erzählt mir gerade, wie er Girier kennengelernt hat. Ab und zu spricht er von ihm geradezu mit Bewunderung. Das beunruhigt mich ebenfalls.

Die Dicke macht mir auch Sorgen. Je näher die Stunde des Rendezvous rückt, desto düsterer und schweigsamer wird sie. Sie hat Angst um Gino, und ich fühle, daß sie sogar bereit wäre, auf die Million zu verzichten und auf seine Straflosigkeit. Der Gedanke, daß Girier ihrem Bruder auch nur ein Haar krümmen könnte, frißt an ihr.
Wir steigen an der Place de l'Ecole Militaire aus und Crocbois fährt weiter, um irgendwo in der Nähe zu parken. Von dem Tisch aus, an dem wir in dem Café an der Ecke der Avenue Bosquet sitzen, müßten wir Gino und Girier bereits von weitem sehen. Und dann könnten wir handeln. Wir wollen uns zu beiden Seiten der Avenue postieren, ich am Rand der Fahrbahn hinter den parkenden Autos versteckt, Hidoine in einem Hauseingang. Spazierstock-René kann uns auf diese Weise kaum entgehen.
Der Vorteil von Ginos Plan besteht darin, daß es dabei kein Blutvergießen geben wird. Nicht etwa, daß ich Angst hätte, aber ich will nicht miterleben, wie Girier sich in einen Mörder verwandelt. Er ist bewaffnet, und man darf ihm nicht die Zeit dazu lassen, als erster zu ziehen. Ich werde mich von hinten auf ihn stürzen, genauso wie ich Emile Buisson überwältigt habe, und ihn festhalten, während Hidoine ihm die Handschellen anlegen soll. Unsere Taktik ist nicht schlecht. Sie hat sich bereits bei mehreren Festnahmen bewährt.

Gino verläßt uns. Instinktiv schaue ich auf meine Uhr. Es ist 21.45 Uhr. Er hat uns gebeten, eine halbe Stunde zu warten. Wir sehen ihm nach, wie er in der Avenue Bosquet verschwindet. Von jetzt an ist er allein. Meine Laufbahn als Polizist hängt von ihm ab.
10 Minuten später verlassen wir – entsprechend unserem Plan – die Dicke, nachdem wir ihr geraten haben, ja auf unsere Rückkehr zu warten. Von weitem soll Crocbois ein Auge auf sie haben. Ich habe sie an einen Tisch nicht weit von der Kasse gesetzt und ihr einen Pfefferminztee bestellt. Bezahlt habe ich auch schon. Ich handele wie ein Automat.
Hidoine hat bereits das ideale Versteck gefunden: eine Toreinfahrt, die so tief ist wie ein Kirchenchor. Ich verschwinde zwischen zwei parkenden Wagen und warte. Die Avenue ist völlig leer. Etwas weiter entfernt verlassen gerade ein paar Leute den Metroausgang, offenbar bestrebt, eiligst nach Hause zu kommen. Ich habe nicht einmal die Möglichkeit, mir eine Zigarette anzuzünden.

Gino läuft in Richtung der Rue Saint-Dominique. Sobald er sich außer Sicht fühlt, beschleunigt er den Schritt. Er biegt plötzlich in die Rue du Champ-de-Mars ein und fängt jetzt fast an zu rennen. Er braucht nur drei Minuten, um die Rue de Grenelle zu erreichen, und noch weitere fünf Minuten, um die Rue de la Comète entlang zu gehen, um von dort in die Rue Saint-Dominique einzubiegen. Er dreht sich öfters um. Dennoch hat er keine Angst. An der Ecke der Rue Surcouff bleibt er stehen und tut so, als müsse er sich einen Schnürsenkel zubinden; dabei beobachtet er die Straße. Aus einem Restaurant kommen ein paar Leute, die sich laut unterhalten. Das Gelächter einer Frau hallt durch die Nacht. Wagentüren schlagen zu.

Einen Augenblick lang ist Gino versucht umzukehren. Er sagt sich, es wäre besser, wenn er doch die Adresse verraten, sich dieser allzu schweren Last entledigen und dann abhauen würde. Dieser Wunsch ist so stark, daß er jede andere Überlegung ausschaltet. Haß steigt in ihm auf. Alles verwirrt sich. Girier, Monsieur Louis, die Bullen, diese Welt, die ihn verfolgt und ihn zwingt zu handeln. Doch bald überwindet er die Versuchung. Er bemüht sich, wieder Herr seiner Gedanken zu werden. Sein Herz klopft wieder normal. Vor einem Haus bleibt er stehen. Die nur angelehnte Tür öffnet sich unter seinem Druck.

Gino geht hinein und preßt sich sofort gegen die Wand. Er lauert auf ein verdächtiges Geräusch, einen halblauten Schritt auf dem Bürgersteig oder ein leise vorüberfahrendes Auto im Dunkeln. Nichts. Er läutet auf die vereinbarte Weise. Dann klopft er mit dem Zeigefinger ein paar Mal in bestimmten Abständen gegen die Tür. Darauf öffnet sich diese halb, noch von einer Kette festgehalten.

»Ich bins.«

Girier löst die Kette. Er tritt beiseite, um Gino eintreten zu lassen. Mit dem Fuß schiebt er die Tür wieder zu. Das Klappern des Schlosses hallt laut durch die Stille.

Gino betrachtet Girier.

»Alles in Ordnung?«

»Nein. Du mußt abhauen, René. Seit gestern habe ich die Bullen auf dem Hals.«

Girier macht einen Sprung zur Seite. Seine Hand greift sofort zur Waffe, die in seinem Gürtel steckt. Sein Blick wandert von der Tür zu Ginos Gesicht, der beruhigend den Kopf schüttelt.

»Hab keine Angst«, sagt er. »Ich hab sie abgeschüttelt. Wenn sie mir noch gefolgt wären, hätten sie zusammen mit mir das Haus betreten.«

Girier beruhigt sich wieder. Seine Muskeln entspannen sich. Er durchquert das Zimmer und geht zum Fenster, dessen schwere

Läden geschlossen sind, zögert einen Augenblick und geht dann zu Gino zurück.

»Was ist passiert?« fragt er mit kalter Stimme. »Wie sind sie auf dich gekommen?«

»Ein dummer Zufall«, erwidert Gino. »Der Barkeeper vom Royalty hat geplaudert. Er hat uns an dem Abend deines Ausbruchs zusammen gesehen. Und er ist ein Spitzel. Du hättest nicht in die Bar kommen sollen.«

»Haben sie dich mitgenommen?«

Gino nickt.

»Poirier von der Kripo. Heute morgen hat er mich wieder laufen lassen. Seine Leute beschatten mich, aber sie sind nicht schlau genug!«

Girier lächelt ein wenig bitter.

»Und er hat dir seine Telefonnummer gegeben, nicht wahr?«

»Das kannst du dir denken. Aber da er nichts gegen mich in Händen hat, kann ich ruhig frühstücken.«

Girier wirft ihm einen mißtrauischen Blick zu.

»Bist du sicher?«

Gino zuckt die Schultern. Girier braucht schließlich nicht alles zu wissen. Selbst Louis hat davon keine Ahnung.

»Natürlich«, erwidert er. »Aber wenns darum geht, dich zu schnappen, sind die Bullen zu allem fähig. Schau dir Grador an, und der ist obendrein noch ein Anwalt. Mich wollten sie als Zuhälter meiner Schwester erpressen.«

Girier denkt immer noch nach.

»Was hast du ihnen erzählt?«

»Alles mögliche. Sie können mir ja nichts beweisen. Und was dich betrifft, da bin ich hart geblieben. Ich habe behauptet, daß der Barkeeper dich einfach verwechselt hat. Das Ganze hat Stunden gedauert. Aber ich habe mich nicht weich machen lassen.«

Girier schüttelt den Kopf. Gino verheimlicht ihm irgend etwas. Er ahnt es.

»Hast du Louis etwas davon gesagt?« fragte er.

Gino schüttelt den Kopf.

»Nein. Das habe ich auch nicht vor. Nicht bevor wir das Ding in Annecy gedreht haben. Du kennst den Alten. Wenn er auch nur den geringsten Zweifel hegt, ist er fähig, sich in Luft aufzulösen. Ich muß mich in ungefähr 14 Tagen mit ihm in Verbindung setzen, wegen der letzten Einzelheiten. Die Sache hängt jetzt allein von ihm ab.«

»Wann soll es steigen?«

»Nächsten Monat.«
»Glaubst du denn, du könntest bis dahin die Bullen an der Nase herumführen?«
Gino zuckt die Schultern. Giriers Mißtrauen ist normal. Er war darauf gefaßt gewesen.
»Ich werde tun, was ich kann. Mach dir keine Sorgen. Und du?«
»Ich werde sehen. Wenn du mich erreichen willst, sag Louis Bescheid.«
Gino nickt. Dann schüttelt er die Hand, die Girier ihm entgegenstreckt und geht zur Tür. Er lauscht einen Augenblick, dann öffnet er sie und verschwindet. Girier geht in das Schlafzimmer, packt seine Sachen in eine Ledertasche, wirft noch einen Blick in die Küche, geht dann in das Wohnzimmer zurück und löscht das Licht. In dem schwach erleuchteten Flur geht Spazierstock-René auf eine Glastür zu, die auf einen kleinen Hof führt. Eine Mauer begrenzt ihn zu dem benachbarten Grundstück hin. Er stellt seine Tasche ab, überquert den Hof und rollt einen Mülleimer aus einer Ecke. Er dreht ihn um, dann greift er nach seiner Tasche und steigt zuerst auf den Mülleimer und von dort auf die Mauer. Er springt hinunter und landet in dem Garten, der hinter dem Nachbarhaus liegt; er durchquert ihn, bis er zu einer Gittertür kommt, öffnet sie, gelangt in einen anderen Hof, und von dort aus erreicht er durch einen überdachten Durchgang den Boulevard de la Tour-Maubourg. Über den Pont des Invalides erreicht er das andere Seine-Ufer.
An der Station Franklin Roosevelt nimmt er die Metro.

Als ich von meinem Versteck aus Gino bereits von weitem erkenne, wie er mit raschen Schritten in meine Richtung läuft, bemächtigt sich meiner ein Gefühl der Panik. Ich rufe mich rasch wieder zur Vernunft und versuche, meiner Bestürzung Herr zu werden. Gino ist zurückgekommen, das ist die Hauptsache. Aber er ist allein. Mein Traum entschwindet mit der Geschwindigkeit eines Meteors. Girier höchst wahrscheinlich auch.
Der Dicke frohlockte, weil wir Poirier Hörner aufgesetzt haben. Er wird sich freuen, wenn er erfährt, daß wir neuerdings auch welche tragen.

...und matt

43

Der Postbeamte mir gegenüber trägt einen dunklen Anzug mit Nadelstreifen und im Knopfloch das rot-grüne Band einer Kriegsauszeichnung. Er ist etwa so groß wie ich, 1,75 m, scheint knapp über die 50 zu sein, und sein schon graumeliertes, kurz geschnittenes Haar verleiht ihm ein militärisches Aussehen. Ich könnte mir denken, daß er wie Hidoine zu der Vereinigung der ehemaligen Unteroffiziere der Reserve gehört. Zwei tiefe Falten haben sich zu beiden Seiten der Nasenflügel gegraben; er trägt eine leichte, randlose Brille. Mit der Hand deutet er auf den hypermodernen Besuchersessel.

»Inspektor Borniche«, stelle ich mich vor, indem ich ihm meinen offiziellen Polizeiausweis vorzeige, der die Unterschrift von Achille Peretti, dem ehemaligen Direktor der Sûreté trägt, der inzwischen Bürgermeister von Neuilly geworden ist. »Ich brauche Ihre Hilfe in einem sehr wichtigen Fall.«

Um über die Hürden der Verwaltung hinwegzukommen, muß man Höflichkeit, List und Schmeichelei genau zu dosieren verstehen. Der Beamte wirft sich stolz in die Brust. Dann lehnt er sich gemütlich in seinem Sessel zurück und fragt mich, die beiden Hände fast feierlich ineinander verschränkt:

»Womit kann ich Ihnen behilflich sein?«

Aus dem Ton seiner Stimme ist die vorsichtige Zurückhaltung des Beamten zu hören, der plötzlich mit einem Problem konfrontiert wird, das möglicherweise eine verantwortliche Entscheidung fordert.

»Ja, Herr Oberinspektor«, sage ich. Ich habe mich entschlossen, ihm diesen Titel angedeihen zu lassen, da ich weiß, daß in jedem Beamten der Drang nach Höherem schlummert. »Sie haben bestimmt von dem Gangster René Girier gehört, der vergangenen November aus einem Gefängniswagen ausgebrochen ist? Es ist mir gelungen, seine Spur bis nach Neuilly zu verfolgen.«

Der Postbeamte zuckt instinktiv zusammen, als erwarte er, jeden Augenblick Girier in seinem Büro auftauchen zu sehen, mit einer Maschinenpistole unter dem Arm. Er sieht mich überrascht an und hört mir dann mit wachsender Besorgnis zu. Ich fahre fort:

»Ich weiß nicht, ob er sich noch in Neuilly aufhält, oder ob er sich

inzwischen woanders versteckt hält. Aber ich habe erfahren« – ich erzähle ihm das mit ruhiger Überzeugung –, »daß er immer noch Beziehungen mit Personen aufrecht hält, deren Namen im Verlauf der Ermittlungen aufgetaucht sind. Und diese Leute wohnen hier in Neuilly.«
Der Postbeamte nickt. Er legt die Hände auf den Tisch. Einen Augenblick lang schweigt er. Dann erwidert er:
»Ich verstehe«, meint er erleichtert. »Aber für die Telefonabteilung bin ich nicht zuständig. Da müssen Sie sich an meinen Kollegen wenden. Ich kümmere mich hier lediglich um die Postbeförderung.«
Ich lächele ihn freundlich an.
»Ich weiß, Herr Oberinspektor. Gerade deshalb bitte ich Sie ja um Ihre Hilfe. Ich möchte gern, daß die Post dieser Personen, von denen ich eben sprach, überwacht wird.«
Er runzelt die Stirn.
»Ja, glauben Sie denn, daß der Mann so dumm ist, daß er Briefe schreibt?«
»Man kann nie wissen. Ich habe eine Probe seiner Handschrift in meiner Aktentasche.«
Der Beamte macht eine abwehrende Geste.
»Es ist unmöglich, die abgehende Post zu überwachen«, erklärt er mir, »das müssen Sie verstehen. Die Briefe können in jeden x-beliebigen Briefkasten in Neuilly oder anderswo eingeworfen werden. Aber die Post, die hier für Ihre Leute ankommt, auf der ihr Name und ihre Adresse steht, die kann ich für Sie festhalten. Aber es ist verboten, die Post zu öffnen. Wenn Sie sie aufgrund eines richterlichen Ersuchens beschlagnahmen müssen, dann brauche ich ein offizielles Schreiben. Und ich kann mir nicht vorstellen, daß die Umschläge allein Ihnen irgendwie weiterhelfen können.«
Ich gebe mich noch nicht geschlagen.
»Dann wüßte ich wenigstens, woher sie kommen, aufgrund des Poststempels.«
Er zuckt die Schultern.
»Na und? Ich glaube kaum, daß eine entwertete Briefmarke Ihnen irgendeinen brauchbaren Anhaltspunkt liefern kann. Ein Brief kann genauso gut in Paris oder in einer anderen großen Stadt aufgegeben werden.«
Es wird mir jetzt klar, daß meine Aufgabe keinesfalls leicht ist. Meine einzige Chance ist, daß die Gueudés Post aus der Provinz bekommen. Am besten aus irgendeinem kleinen Dorf. Das würde mir die Sache erleichtern. Aber würde Girier überhaupt schreiben?

Ich bin hartnäckig. Das war schon oft mein Glück, wenn es auch manchmal meine Gesprächspartner verärgert. Ich gehe jetzt das Problem von einer anderen Seite an.
»Nehmen wir einmal an, Herr Oberinspektor, daß jene bestimmten Personen Girier Postanweisungen oder eingeschriebene Sendungen dorthin schicken, wo er sich im Augenblick versteckt hält. Das müßte man doch verfolgen können?«
Er nickt bestätigend mit dem Kopf.
»Ja. Wir registrieren alle eingeschriebenen Sendungen, wobei sowohl die Namen der Absender als auch die der Empfänger festgehalten werden. Wir bewahren die Unterlagen drei Jahre lang auf. Wenn eine solche Sendung in Neuilly aufgegeben wurde, können Sie das leicht durch Nachforschungen in unseren Archiven feststellen.«
Er verstummt einen Augenblick und fügt dann hinzu:
»Allerdings nur unter der Bedingung, daß ich durch ein offizielles Ersuchen gedeckt bin. Sonst würde ich mich der Verletzung des Postgeheimnisses schuldig machen. Das kann mich meine Stellung kosten und mir obendrein ein Strafverfahren einbringen.«
»Machen Sie sich deswegen keine Sorgen«, erwidere ich. »Ich habe gleich eines mitgebracht.«
Ich nehme aus meiner Brieftasche ein Schreiben, das ich ihm überreiche. Halblaut beginnt der Postbeamte zu lesen: »Der Unterzeichnete, Borniche, Inspektor der Sûreté Nationale, bittet und ersucht den Herrn Oberinspektor des Postamtes von Neuilly, dem oben genannten Unterzeichneten unverzüglich ... «
Er wirft mir über seine Brillengläser hinweg einen mißtrauischen Blick zu.
»Ist das der übliche Text?«
Ich nicke überzeugend und richte dann meine Aufmerksamkeit auf einen halb geöffneten Panzerschrank, der mit gebündelten Geldscheinen gefüllt ist. Der Postbeamte fährt fort:
»... unverzüglich die Namen und Adressen der Empfänger mitzuteilen, die auf Briefen, Einschreibesendungen oder Telegrammen verzeichnet sind, die von einer gewissen Gueudé, Christine, und ihrer Tochter, de Labassagne, Hélène, wohnhaft in Neuilly (Seine), Rue des Dames-Augustines 65, zum Versand gekommen sind oder in Zukunft versendet werden. Zur Bestätigung: Dienstsiegel und Unterschrift.«
Der Postbeamte hält das Schreiben noch einen Augenblick in Händen.
»Ausgezeichnet«, sagt er, »dieses Ersuchen entbindet mich von der

Schweigepflicht. Trotzdem bin ich skeptisch. Man kann schließlich Päckchen oder Einschreibebriefe auch an irgendeinem anderen Postamt aufgeben.«

Ich zucke leicht mit den Schultern, während ich mein Päckchen Philip Morris aus der Tasche ziehe.

»Lassen Sie's mich versuchen, Herr Oberinspektor, vielleicht habe ich Glück. Ich gebe zu, viel Chancen habe ich nicht, aber ein ordentlicher Polizist darf auch nicht das geringste Detail außer acht lassen. Mein Chef wiederholt mir das immer wieder. Er sagt, daß das den Einfallsreichtum eines guten Polizisten ausmacht.«

Ich blase den Rauch meiner Zigarette gegen das Foto des Präsidenten der Republik, Vincent Auriol, das in einem Holzrahmen an der Wand hängt. Der Postbeamte drückt auf einen Knopf. Ein Angestellter erscheint und verbeugt sich respektvoll.

»Durieu, begleiten Sie bitte den Herrn Inspektor in den großen Arbeitsraum und holen Sie die Register der Einschreibesendungen aus dem Monat Januar. Sie wissen doch, wo Sie sie finden?«

Dann wendet er sich wieder an mich und fügt hinzu:

»Pro Tag haben wir mindestens zwei- bis dreihundert. Das bedeutet, daß Sie mehr als zweitausend Eintragungen durchsehen müssen. Viel Glück, Herr Inspektor, und lassen Sie sich's nicht verdrießen.«

Er schüttelt mir die Hand.

Ich folge dem Postangestellten in dem grauen Arbeitskittel und mache mich an die Arbeit.

Als ich am späten Vormittag wieder in meinem Büro auftauche, hebt Hidoine kaum den Kopf. Er fragt:

»Na, was hast du mit deinen idiotischen Nachforschungen denn ausgerichtet?«

»Wart's ab, dir werden noch die Augen übergehen!«

Ich ziehe meinen Regenmantel aus, während Hidoine sich gegen das Fenster lehnt, die Hände in seinen Taschen vergraben, und mich ironisch ansieht.

»So, so.«

»Komm«, erwidere ich. »Wir gehen gleich zum Dicken. Ich habe keine Lust, zweimal mein Sprüchlein aufzusagen.«

Der Dicke empfängt unsere Abordnung mißtrauisch. Er ist wohl der Ansicht, daß wir gekommen sind, um von ihm einen Vorschuß auf unsere Spesen zu erbitten. Und deshalb nimmt er auch sofort eine abwehrende Haltung ein.

»Sie kommen mir wirklich ungelegen«, ruft er. »Ich habe gerade

enorm viel zu tun. Was wollen Sie denn überhaupt?«
Ich nehme aus meiner Brieftasche zwei Paketeinlieferungsscheine, die ich ihm auf meiner flachen Hand hinhalte. Er beugt sich herab, betrachtet sie aufmerksam, schiebt seine Hornbrille in die Stirn.
»Was soll denn das bedeuten?«
Ich genieße meinen Sieg bereits im voraus.
»Das ist die Adresse von Giriers Versteck, Chef. Und zwar in Creue, im Departement Meuse.«
»Ach nein?«
Er betrachtet mich skeptisch, nimmt die beiden Scheine, dreht und wendet sie hin und her und legt sie dann auf den Schreibtisch. Er öffnet eine Schublade, nimmt einen Chewing-gum heraus, den er geräuschvoll auswickelt. Seit einem Monat hat er beschlossen, nicht mehr zu rauchen, und das macht ihn ziemlich nervös.
»Nun erklären Sie's mir doch! Sie stehen da und lächeln dämlich vor sich hin. Was soll das heißen, Creue? Woher wissen Sie, daß Girier dort ist?«
»Das ist so sicher wie das Amen in der Kirche, Chef!«
»Na, na, nun versündige dich mal nicht«, witzelt Hidoine.
Ich beachte ihn gar nicht weiter.
»Sehen Sie«, sage ich. »Am 13. Januar um 9.30 Uhr ist von einer gewissen Frau Gueudé aus Neuilly ein Paket mit Kleidern an einen gewissen André Gueudé in Creue geschickt worden. Am 17. um 14 Uhr ist auf dem Postamt ein zweites Paket von derselben Absenderin aufgegeben worden.«
»Na und«, brummt der Dicke. »Haben Sie denn noch nie ein Paket an einen Verwandten geschickt?«
Ich habe beschlossen, meine Weisheit wohl dosiert zum besten zu geben:
»Doch, Chef. Aber wenn man erst weiß, wer diese Frau Gueudé ist, wird die Sache klarer. Das ist nämlich dieselbe Frau, mit der Gino aus dem Restaurant Cambacérès telefoniert hat.«
»Nicht übel, nicht übel«, räumt der Dicke ein.
Ich fahre fort:
»Als Spazierstock-René zu jenem Treffen mit Gino nicht erschienen ist, habe ich mich in Neuilly etwas umgehört. Bei der Stadtverwaltung habe ich erfahren, daß Madame Gueudé eine Tochter aus erster Ehe hat, eine gewisse Hélène de Labassagne, die die Concierge übrigens nicht ausstehen kann.«
»Zur Sache, zur Sache«, unterbrach mich der Dicke ungeduldig und Chewing-gum kauend. »Und ersparen Sie mir Ihr Concierge-Geschwätz!«

Ich fahre fort, entschlossen, ihn ruhig einmal zappeln zu lassen:
»Marlyse hat Hélènes Mutter unter irgendeinem dummen Vorwand angerufen, und wissen Sie, wo man sie ständig erreichen kann?« Ich mache eine kleine Pause, um den Effekt noch zu verstärken: »Im Royalty, in der Rue Saint-Benoît. Was sagen Sie nun?«
»Was beweist das schon?« brummt der Dicke. »Das hat doch mit Girier nichts zu tun.«
»Nein, Chef, mit Gino aber um so mehr. Marlyse und ich haben nämlich einen kleinen Ausflug ins Royalty gemacht. Dort habe ich mich ein bißchen mit dem Nachtportier unterhalten und dadurch erfahren, daß Gino und Hélène von Zeit zu Zeit ihre Nächte gemeinsam verbrachten. Ist das nicht sonderbar?«
»Was findest du denn daran sonderbar?« grinst Hidoine und zuckt die Schultern.
Ich wende mich jetzt an ihn:
»Jetzt gehen wir noch einmal alles der Reihe nach durch, ja? Bei dem Gespräch zwischen Gino und der Dicken ganz am Anfang in ihrer Zelle war doch die Rede von einem Mittelsmann, nicht wahr?«
Hidoine nickt zustimmend.
»Als dann Gino in die Telefonzelle im Cambacérès ging, zögerte er doch einen Augenblick, bevor er seine Nummer wählte, oder?«
»Das stimmt«, erwidert Hidoine.
»Und diese Nummer, die wir jetzt kennen, ist die von Hélène. Und deshalb lügt er auch, wenn er uns erzählt, daß der Mittelsmann Girier nicht kennt. Spazierstock-René verkehrte nämlich häufig in Saint-Germain-des-Prés, und Hélène scheint sich dort ebenfalls zu amüsieren. Sie müssen sich dort getroffen haben. Deshalb hat Gino wohl auch Hélène aus dem Cambacérès angerufen.«
»Es kann auch genauso gut sein, daß er die erstbeste Nummer angerufen hat, die ihm gerade einfiel«, bemerkt Hidoine, dessen Sympathie kaum gestiegen ist. »Und das war natürlich die von seiner Puppe.«
Der Dicke schließt die Akte, in die er gerade vertieft war, als wir bei ihm einbrachen, und schiebt sie nachdenklich beiseite.
»Und was schließen Sie aus all dem, Borniche?« fragt er.
»Daß der Mittelsmann zwischen Gino und Girier Hélène ist. Sie hat ihm sein Versteck besorgt.«
»Das ist nicht besonders überzeugend«, sagt der Dicke und nimmt seinen Chewing-gum aus dem Mund. »Und für mich erklärt das ganz und gar nicht, wieso er in Creue sein soll.«
Er sieht mich mißbilligend an, und ich frage mich nun, ob ich nicht

auf dem falschen Dampfer bin. Aber ich will ihm trotzdem meine Überlegungen darlegen.
»Natürlich sind das alles nur Hypothesen, warum trifft dann Hélènes Mutter – wir müssen natürlich noch beweisen, daß sie die Einlieferungsscheine wirklich selbst ausgeschrieben hat – so viel Vorsichtsmaßregeln, um einem gewissen André Gueudé, den kein Mensch kennt, zwei einfache Pakete zu schicken? Sie wohnt in der Rue des Dames-Augustines 65, d. h. in der Nähe des Boulevard Victor-Hugo, und auf ihrem ersten Einlieferungsschein hat sie als Adresse Boulevard Victor-Hugo 143 angegeben und auf dem zweiten Rue Perronnet 175. Das sind zwei falsche Adressen. Ob Sie's nun zugeben oder nicht, ich finde das etwas verwirrend.«
Der Dicke antwortet nicht. So wie ich ihn kenne, denkt er jetzt in einer Geschwindigkeit von 300 Umdrehungen pro Sekunde nach. Nach einer Weile fragt er mich plötzlich:
»Sagen Sie, glauben Sie wirklich, daß Girier dort ist?«
Ich schiebe mein Kinn vor.
»Ich weiß nicht. Aber ich finde, man sollte der Sache einmal nachgehen.«
»Hat das Abhören des Anschlusses in Neuilly irgendeinen Anhaltspunkt ergeben?«
»Nichts, Chef.«
Der Dicke schraubt seinen Füllfederhalter zu, nimmt einen Chewing-gum aus der Schublade, steht auf, stellt sich ans Fenster und betrachtet mit im Rücken verschränkten Händen einen Augenblick den Hof unten, dann dreht er sich wieder um:
»Wo ist Crocbois?«
»In der Garage«, erwidert Hidoine. »Jedenfalls war er noch vor ein paar Minuten dort.«
»Sagen Sie ihm, er soll volltanken, wir fahren.«
Ich betrachte den Dicken verblüfft.
»Was soll das heißen, wir fahren?«
»Ja. Wir haben keinen Augenblick mehr zu verlieren. Sie sind davon überzeugt, daß Girier sich in Creue aufhält. Da ist es am besten, wir gehen dieser Geschichte sofort auf den Grund. Ich unterschreibe noch rasch die Post, sage dem Chef Bescheid, und dann fahren wir.«
Ich bin sprachlos.
»Aber Chef«, sage ich, »wissen Sie denn, wie spät es ist? Es ist viertel nach zwölf. Ehe wir in Creue sind, ist es Mitternacht. Um diese Zeit können wir überhaupt nichts ausrichten.«
Er stellt sich vor mich hin und betrachtet mich aufmerksam.
»Wann würden Sie denn fahren?«

»Morgen früh. Dann wären wir gegen Mittag dort. Dann könnten wir ihm wenigstens noch bei Tageslicht unseren Besuch abstatten.«
Der Dicke schüttelt heftig den Kopf.
»Natürlich! Damit wir wieder mal zu spät kommen! Kommt gar nicht in Frage, Borniche! Sagen Sie Crocbois Bescheid, besorgen Sie uns Dienstwaffen, und warten Sie auf mich in Ihrem Büro.«
Das ist ein Befehl, und dagegen läßt sich nichts machen.

44

Der Dicke ist wie verwandelt. Innerhalb von ein paar Minuten ist der Fall Girier zu dem seinen geworden. Dieser Tag wird für ihn der Schicksalstag sein. Er ist blendender Laune, als wir die Rue des Saussaies verlassen.
Crocbois' schwarzer Dienstwagen biegt an der Porte de Pantin in die Route Nationale 3 ein. Er hält eine stetige Geschwindigkeit von 110. Die Scheiben sind dicht beschlagen, außer der Heckscheibe, wo die Heizspirale das Glas mit einem feinen Netz durchsichtiger Linien überzieht.
Crocbois freut sich. Dieser Ausflug in eine ihm wohlbekannte Gegend ist für ihn eine willkommene Abwechslung. 280 km über Land zu fahren ist ja auch weiß Gott amüsanter als die ewigen, langweiligen Fahrten durch die Pariser Straßen. Am Ende dieser Fahrt kann er auch noch einer atemberaubenden Verhaftung beiwohnen. Die Gegenwart des Dicken in seinem Wagen bietet ihm die Garantie dafür. Denn Kommissar Vieuchêne ist nicht der Typ dazu, für nichts und wieder nichts spazieren zu fahren. Wenn er an dieser Fahrt teilnimmt, bedeutet das, daß der Fall so gut wie erledigt ist.
Innerlich dankt Crocbois dem Himmel, daß er ihn für diese Fahrt ausersehen hat. Er war gerade in der Garage, als ich anrief. Nachdem er den Wagen vollgetankt hat, hat er eiligst aus seinem Schrank einen gefütterten Anorak, eine dicke braune Wintermütze und ein Paar schwere Stiefel geholt, die er sich zu weiß Gott welcher Gelegenheit angeschafft hat. Aber für diese Fahrt sind diese Dinge unentbehrlich. Er weiß ja schließlich, wie das Wetter in Lothringen ist.
Als ihm der Mechaniker scherzhaft zuruft: »Geht denn die Fahrt an den Nordpol?«, zuckt er nur überlegen die Schultern. Der andere wird noch große Augen machen, wenn er am nächsten Morgen in den Zeitungen seinen, Crocbois' Namen, lesen wird. Und die Prämie! Die ist ihm jetzt so gut wie sicher. Endlich wird Madame

Crocbois sich das Paar Lederstiefel kaufen können, von dem sie schon seit zwei Wintern träumt.
Die Kilometersteine fliegen an uns vorbei. Die mächtige Gestalt des Dicken, der sich in einen dunkelblauen Wintermantel gehüllt hat, verdeckt mir völlig die Sicht auf die Straße. Ich bin wütend. Diese überstürzte Abfahrt mißfällt mir ganz und gar. Hidoine starrt nachdenklich auf die Spitze seiner neuen Stiefel, über die von Zeit zu Zeit der Lauf einer Maschinenpistole rollt.
Kurz hinter Claye-Souilly wendet der Dicke sich an uns:
»Es ist 1.25 Uhr, liebe Freunde! Wie wär's, wenn wir in Meaux zu Mittag essen würden?«
Jetzt sind wir schon seine Freunde geworden! Ich tue so, als hätte ich nichts gehört. Und nun wird er sogar witzig:
»Aber Borniche, wer wird denn so schlechter Laune sein. Bestimmt hatten Sie heute abend ein galantes Rendezvous, weil Sie absolut nicht wegfahren wollten.«
Ich zucke die Schultern.
»Natürlich nicht. Ich finde es nur nicht besonders gescheit, des Nachts in einer Gegend, die wir nicht kennen, anzufangen, nach Girier zu suchen.«
»Wär's Ihnen vielleicht lieber, daß ihn die Kripo uns vor der Nase wegschnappt?« erwidert der Dicke ironisch. »Aber daran sind Sie ja wohl schon gewöhnt...«

Nach einem leichten Gefälle zeichnen sich die Umrisse der Kathedrale von Saint-Pierre vor uns ab. Hinter einer Eisenbahnunterführung biegt der Wagen ab und erreicht bald darauf den Rathausplatz.
»Kennen Sie in Meaux ein Restaurant?« fragt der Dicke. »Gut, aber nicht zu teuer?«
Hidoine schlägt ironisch vor:
»Gleich hinter dem Polizeikommissariat, ›Zum schönen Hasen‹. Es gehört der Frau eines Kollegen. Vielleicht inspiriert uns das.«
Durch schlecht gepflasterte Straßen setzt der Citroën sich in Richtung Stadtmitte in Bewegung. Im Hasenbraten steckt noch etwas Blei. Aber das Essen ist nicht teuer. Um 3 Uhr setzt Crocbois sich wieder ans Steuer.
»Soll ich über Montmirail fahren?« fragt er, die Wangen leicht gerötet durch die für ihn ungewohnte Menge Wein.
»Fahr, wie du willst«, brummt Hidoine im Halbschlaf. »Uns ist das völlig egal!«
Nach drei Stunden Fahrt erblicken wir plötzlich hinter einer Kurve im Licht der Scheinwerfer ein Ortsschild.

»Creue!« ruft der Dicke. »Wir sind da!«
Ich strecke meine steif gewordenen Beine aus. Dann schlage ich vor: »Wir sollten rasch durch den Ort und erst einmal weiterfahren. Es ist wirklich nicht klug, wenn wir uns hier sehen lassen.«
»Warum?« fragt der Dicke erstaunt.
»Creue ist ein winziger Ort, Chef. Wenn das Postamt noch offen ist, kann man uns vielleicht etwas über diesen Gueudé verraten. Aber mir wäre es lieber, wenn wir bis morgen früh warteten.«
»Kommt nicht in Frage!« entscheidet der Dicke. »Wir sind hergekommen, um die Sache zu erledigen, und dann tun wir's auch!«
Ich versuche ein letztes Mal, ihn zur Vernunft zu bringen:
»Mitten in der Nacht? Das ist wirklich unvorsichtig!«
»Und warum? Sobald wir die Adresse haben, fahren wir hin. Und es ginge doch mit dem Teufel zu, wenn wir es zu viert nicht fertigbrächten, Girier in seinem Haus zu überwältigen!«
Ich zucke die Schultern.
»Wie Sie wollen, aber mir wär es wirklich lieber gewesen, wenn wir gewartet hätten, bis es hell ist.«
Der Dicke ist brummig. Unser Wagen setzt sich wieder in Bewegung, fährt an ein paar verschlafenen Häusern vorbei und hält dann in der Hauptstraße vor dem Postamt, in dem noch Licht ist.
Der Dicke wickelt einen Kaugummi aus und steckt ihn in den Mund.
»Machen Sie Ihre Sache gut, Borniche«, sagt er zu mir. »Versuchen Sie, keine Namen zu sagen. Niemand muß erfahren, daß wir hier sind.«
Ich steige aus und im Dunkeln gehe ich auf das riesige Fenster zu, das von kräftigen Gitterstäben geschützt wird. Ich will gerade ans Fenster klopfen, als mir etwas Besseres einfällt. Vielleicht ist der Diensteingang nicht zugeschlossen. Ich beglückwünsche mich zu meiner Idee. Denn mit ein paar raschen Schritten stehe ich mitten im Postraum vor einem dickbäuchigen Beamten, einer strickenden Ehefrau und einem einarmigen Briefträger, der gerade dabei ist, mit seinem gesunden Arm einen Postsack zu versiegeln. Die drei haben sich noch nicht von ihrer Überraschung erholt, als auch der Dicke auf dem Plan erscheint.
Der Briefträger fährt gelassen fort, mit seinem einen Arm Schnur, Siegellack und einen Kupferstempel zu handhaben. Der Postbeamte scheint an seinem Stuhl festgewachsen zu sein und stottert jetzt:
»Was wollen Sie hier?«
Ich zeige meine Polizeimarke vor.
»Polizei, Herr Inspektor. Entschuldigen Sie, aber die Tür war offen ...«

Der Anblick meiner Dienstmarke beruhigt ihn. Er steht auf und geht auf mich zu, eine Zeitung unter seinen linken Arm geklemmt. Er ist klein, vierschrötig, hat braunes Haar, einen Mittelscheitel und spricht mit dem Akzent dieser Gegend.
»Womit kann ich Ihnen behilflich sein?« fragt er.
»Wir suchen die Adresse von Herrn Gueudé. Kennen Sie sie?«
»Tut mir leid. Ich habe keine Ahnung.«
Ich suche die beiden Paketeinlieferungsscheine aus Neuilly hervor.
»Er wohnt hier. Am 13. und 17. dieses Monats sind ihm per Einschreiben zwei Pakete geschickt worden.«
Der Postbeamte wirft einen Blick auf die beiden Einlieferungsscheine. Er schüttelt den Kopf.
»Ich sehe. André Gueudé – Creue? Das stimmt schon. Aber ich kenne ihn nicht.«
Er wendet sich an seine Frau:
»Weißt du, wer das ist?«
»Nein«, erwidert die Frau, während ihr Blick uns nacheinander forschend betrachtet. »Vielleicht, daß Fernand etwas weiß.«
Sie legt die Nadeln in ihren Schoß. Der Postbeamte will sich gerade umdrehen. Mit einer Bewegung bedeute ich ihm, still zu sein. Dann frage ich ihn:
»Ist das Ihr Briefträger?«
Er nickt.
»Ja, er kennt jeden hier im Dorf. Er ist schon sehr lange hier.«
Mit verschwörerischer Miene frage ich ihn leise:
»Können Sie ihm vertrauen?«
Der Postbeamte sieht mich erstaunt an. Ich fahre fort, wobei ich die Stimme senke:
»Die Sache ist ziemlich...delikat. Wenn auch nur das geringste durchsickert...«
Ich begleite meinen Satz mit einem verständnisinnigen Zwinkern und versichere ihm, einem plötzlichen Einfall folgend:
»...hätte das schwerwiegende Folgen für die Zukunft der Nation.«
Der Dicke, der bisher stumm geblieben ist, pflichtet mir kopfnikkend bei.
»Ich verstehe«, erwidert der Beamte und versucht dabei, seine Neugier niederzukämpfen.
Ich fahre mit meinem Angriff fort, wobei ich mich jetzt an den Dicken wende:
»Herr Kommissar, darf ich den Grund unseres Besuches bekanntgeben?«
»Wenn Sie wollen« erwidert der Dicke. »Unter der Bedingung, daß

völliges Schweigen darüber bewahrt wird.«
»Oh!« ruft der Postbeamte fast beleidigt, »da können Sie ganz beruhigt sein.«
Ich gehe auf ihn zu, halte meinen Mund an sein Ohr und flüstere:
»Spionage!«
Der Postbeamte ist völlig fassungslos.
»Ja. Ein Verdächtiger hält sich bei Gueudé versteckt. Aber es bleibt unter uns, nicht wahr?«
Er nickt mit Verschwörermiene.
»Ich habe verstanden«, murmelt er leise. »Mein Briefträger wird Ihnen die gewünschte Auskunft geben. Er ist ein ehemaliger Soldat, ein Veteran, der sich vor nichts fürchtet.«
Er dreht sich wieder um und ruft jetzt mit lauter Stimme:
»Fernand, kommen Sie bitte her!«
Der Briefträger setzt sich in Bewegung und sieht uns neugierig an:
»Mein Freund«, beginnt der Postbeamte in feierlichem Ton, »ich muß Sie in einer außerordentlich wichtigen Angelegenheit sprechen. Schwören Sie mir, daß Sie mit niemandem darüber reden werden.«
Der Blick des Briefträgers wandert jetzt besorgt von dem Chewinggum kauenden Dicken zu seinem Chef, den er nicht mehr wiedererkennt, und zu mir.
»Versprechen Sie mir das, Fernand?«
»Ich verspreche es«, erwidert der Einarmige mit fester Stimme.
»Nicht einmal mit Ihrer Frau?«
Fernand versichert verwirrt:
»Nein, nicht einmal mit meiner Frau.«
»Schön. Und denken Sie daran, daß Sie von jetzt an ein dienstliches Geheimnis zu bewahren haben. Ich habe diesen Herren«, – er deutet auf uns mit der Hand – »von Ihrer Tapferkeit während des Krieges berichtet. Sie haben ebenfalls Vertrauen zu Ihnen. Kennen Sie einen gewissen Gueudé hier?«
»Ja, Monsieur Georges.«
»Man sagt Herr Inspektor«, berichtigt ihn der andere, dem diese Vertraulichkeit unangenehm ist. »Wo wohnt er?«
»Unten am Hügel, nicht weit von der alten Ziegelei.«
Ich frage:
»Wie ist die Adresse?«
Der Postbeamte hebt bedauernd die Stimme:
»Eine richtige Adresse gibt es dort nicht. Es ist nur ein winziger Flecken. Kaum 30 Häuser.«
Er wendet sich an seinen Mitarbeiter:

»Kennen Sie diesen Gueudé?«
»Nun ja, so ein bißchen. Er kommt aus Paris. Er ist noch nicht lange im Land.«
»Was macht er hier?«
Der Briefträger zuckt mit den Schultern.
»Ich weiß nicht. Er hat mir gesagt, er wolle sich hier erholen.«
»Lebt er allein?«
»Nein, ich glaube, mit einem Vetter zusammen.«
Jetzt wird die Sache interessant. Ich lausche gespannt dem Gespräch..
»Mit einem Vetter?«
Der Briefträger wendet sich an mich.
»Ja, er hat früher in Indochina gekämpft. Er ist groß und schlank. Ich habe ihn gesehen, wie ich das kleine Paket hinbrachte. Nicht das, in dem die Socken waren, das andere ...«
»Mann«, schreit der Postbeamte, »woher wissen Sie, daß in dem Paket Socken waren?«
Der Einarmige schluckt mühsam.
»Das Papier war ein bißchen zerrissen. Ich mußte das wieder in Ordnung bringen. Aber was in dem zweiten war, das weiß ich nicht.«
Jetzt mische ich mich ein:
»Das ist auch nicht weiter wichtig«, sage ich. »Wann haben Sie denn das kleine Paket hingebracht?«
»Vor drei Tagen.«
»Haben Sie den Vetter seitdem wiedergesehen?«
»Heute nachmittag. Ich traf ihn auf der Straße. Er kam aus dem Wald.«
Ich wende mich an den strahlenden Dicken:
»Na, was halten Sie davon, Chef?«
»Daß wir gut daran getan haben herzukommen. Jetzt werden wir uns einmal die Gegend ansehen. Nachher können wir immer noch entscheiden.«
»Um die Zeit können Sie dort überhaupt nichts sehen«, wendet der Postbeamte ein. »Die alte Ziegelei ist am Ende des Dorfes, unten am Hügel. Es ist dort stockdunkel, und das Gelände ist ziemlich unwegsam.«
Der Dicke denkt einen Augenblick nach.
»Könnte Ihr Briefträger uns nicht begleiten? Wir bringen ihn in einer Viertelstunde wieder zurück, er braucht uns nur das Haus zu zeigen.«
Der Briefträger richtet sich in voller Größe auf:

»Aber ich muß ... «
»Da gibt es kein Aber«, unterbricht ihn der Postbeamte. »Begleiten Sie diese Herren!«
Wir gehen wieder zu unserem Auto zurück. Der Briefträger setzt sich hinten neben Hidoine auf den Rücksitz. Crocbois will gerade losfahren, als die Stimme des Postbeamten ertönt:
»Fernand?«
Der Einarmige öffnet die Wagentür.
»Setzen Sie Ihre Dienstmütze ab und nehmen Sie Ihren Umhang, damit man Ihre Uniform nicht sieht. Ich möchte nicht, daß Sie in Dienstkleidung sind, wenn irgend etwas passiert.«
Der Briefträger steigt mühsam wieder aus. Kurz darauf fahren wir endlich los. Hidoine fragt neugierig:
»Gibt's was Neues?«
»Und wie!« erwidert der Dicke und reibt sich befriedigt die Hände. »Borniche hatte recht. Girier ist dort.«
Und ich höre, wie er freudestrahlend flüstert:
»Morgen um 10 Uhr versammele ich die ganze Presse in der Rue des Saussaies. Unsere Herren Kollegen von der Kripo werden vielleicht Augen machen.«
Ich sehe, wie im Dunkel die Augen des heldenmütigen Briefträgers gespannt aufleuchten.

45

Kurz hinter Creue biegt Crocbois von der Landstraße ab und fährt rechts in einen schmalen, regennassen Weg, der sich in Windungen an einem Hügelrücken entlangzieht. Bei jeder Kurve kann ich im Licht der Scheinwerfer am Rand des Weges mächtige Baumstämme erkennen. Als wir oben angelangt sind, tut sich eine kleine, stille Ebene vor uns auf. Der Weg wird jetzt zu einem unbefahrbaren Pfad. Nach ein paar Metern über holpriges Terrain bleibt der Wagen am Rand eines kleinen Wäldchens stehen. Ich steige aus. Ich wende mich vorwurfsvoll an den Briefträger:
»Sagen Sie, wieso haben Sie uns auf diesen gräßlichen Weg gelockt? Wir sind ja gar nicht mehr in Creue!«
Der Briefträger taucht aus dem Dunkel auf. Er deutet mit dem Zeigefinger auf den Wald:
»Das war Absicht. So können wir nämlich von hinten an das Haus herankommen. Es liegt unten am Fuße des Hügels, genau hinter diesem kleinen Wald.«

Der Einarmige führt uns jetzt an. Ich folge dem Dicken, und Hidoine läuft dicht hinter mir. Crocbois beschließt unseren Zug. Schweigend erreichen wir die ersten niedrigen Bäume und Sträucher. Ich fange gerade an, mir den Weg zu bahnen, als Hidoine laut aufseufzt: »Meine neuen Stiefel! Wir hätten eine Taschenlampe mitnehmen sollen.«
Ein metallisches Klicken unterbricht ihn. In der Hand des Dicken blitzt der Lauf einer Pistole auf. Der Briefträger bleibt erschrocken stehen.
»Sie wollen ihn doch nicht etwa erschießen?« schreit er. »Nein, ich gehe wieder zur Post zurück...«
Ich stoße ihn ungerührt vorwärts:
»Kommt nicht in Frage! Gehen Sie weiter.«
Ich werfe dem Dicken einen bitterbösen Blick zu und laufe weiter. Der Briefträger schiebt mit seiner Pelerine die Zweige auseinander. Er rennt jetzt fast. Ich protestiere:
»Nicht so rasch, Briefträger, nicht so rasch! Ich kann Ihnen ja nicht folgen.«
Ich versuche, ihn einzuholen, gleite auf den nassen Blättern aus und lande in irgendwelchen dornigen Sträuchern. Als ich aufstehe und dem anderen nachlaufen will, ist er verschwunden.
»Briefträger?«
Keine Antwort. Ich schlage mich weiter auf gut Glück durch die Büsche. Zweige streifen mir unsanft das Gesicht. Plötzlich sehe ich etwa fünfzig Meter unter mir Lichter.
»Briefträger, wo sind Sie?«
Ich höre hinter mir schwere Schritte. Der Dicke taucht auf, atemlos, die Pistole in der Hand. Er keucht:
»Was ist denn in Sie gefahren? Warum sind Sie denn plötzlich wie ein Verrückter losgelaufen?«
Ich zucke die Schultern und erwidere erbost:
»Sie haben mit Ihrem Spielzeug da« – der Dicke steckt seine Waffe schuldbewußt wieder ein – »dem Briefträger angst gemacht. Ich kann ihn nicht mehr finden.«
»Ich habe rechts von mir Zweige knacken hören«, bestätigt Hidoine. »Vielleicht war er das?«
Crocbois taucht jetzt auf.
»Der Briefträger ist zum Auto gelaufen«, sagt er. »Ich habe gesehen, wie jemand querfeldein davonrannte.«
Wir kehren wieder zurück. Ich gehe auf den Wagen zu.
»Niemand da«, sage ich. »Dieser Idiot muß einen anderen Weg genommen haben.«

Ich werfe noch einen flüchtigen Blick ins Innere des Wagens. Auf dem Rücksitz sitzt der Briefträger in seinen Umhang eingehüllt und bibbert. Ich herrsche ihn an:
»Was machen Sie da? Wir suchen Sie überall.«
Er zieht eine Grimasse wie ein eigensinniges Kind.
»Ich hab auf Sie gewartet«, erwidert er störrisch. »Das mit dem Dienstgeheimnis ist ja schön und gut, aber schließlich dauert auch das nicht ewig. Und außerdem muß ich meine Post noch machen.«
Die Situation ist so absurd, daß ich nur mit Mühe ein Lachen unterdrücken kann. Ich versuche, ihn zu überreden:
»Nun kommen Sie schon. Es dauert ja nicht mehr lange.«
»Nein«, erwidert er. »Gueudes Haus liegt dort unten neben der Ziegelei. Sie werden es auch ohne mich finden.«
Ich werde ungeduldig:
»Dann zeigen Sie es uns wenigstens.«
Der Briefträger legt seinen Umhang ab und steigt resigniert aus dem Wagen. Diesmal bin ich vorsichtig und packe ihn an seiner Jacke. Zum zweiten Mal begeben wir uns in Richtung des Waldes.
Als wir am Rand der Anhöhe angekommen sind, deutet der Einarmige auf eine Gruppe von kleinen Hütten:
»Dort ist es«, murmelt er.
»Wo?« fragt Hidoine. »Ich sehe nichts.«
»Direkt unter Ihnen, rechts von den Ruinen.«
Ich reiße vergeblich die Augen auf.
»Ich sehe auch nichts. Wir müssen noch weiter gehen. Wie kommt man hier herunter?«
Mit seinem gesunden Arm deutet der Briefträger in die pechschwarze Finsternis:
»Da gehts hinunter. Links ist eine Schlucht. Passen Sie auf, der Weg ist ziemlich rutschig ...«
»Also los«, sage ich.
Der Einarmige zittert vor Angst. Ich schüttle ihn.
»Kommen Sie. Wir müssen dieses Haus finden. Danach können Sie sofort weggehen.«
Mein Ton duldet keinen Widerspruch. Der Briefträger gehorcht. Wir beginnen den Abstieg. Ich klettere durch von Sträuchern überwachsene Ruinen, gerate an den Rand einer mit Schlamm gefüllten Schlucht und bleibe etwa 30 Meter entfernt von drei kleinen, aneinandergereihten roten Häusern stehen. Der Briefträger versteckt sich hinter einem Steinhaufen.
»Dort ist es«, flüstert er. »Dort rechts, wo das Licht brennt.«
»Rechts? Ich sehe nur im linken Haus Licht.«

Der Kopf des Briefträgers kommt vorsichtig über dem Steinhaufen zum Vorschein.
»Mir ist das wirklich alles sehr unangenehm«, sagt er. »Wenn man mich hier sieht, wird jeder mich morgen fragen: ›Briefträger, was haben Sie gestern abend hinter diesem Steinhaufen gemacht?‹«
Der Dicke sucht zu vermitteln:
»Wir müssen leise an dem Haus vorbeigehen.«
»Bravo«, sagt Hidoine. »Damit sie uns gleich sehen.«
»Bei der Dunkelheit kann nichts passieren. Am besten wär's natürlich, der Briefträger würde gehen. Er könnte vor Gueudés Tür einen Augenblick stehenbleiben, um es uns zu zeigen, denn von hier aus sehen die drei Häuser alle gleich aus.«
Der Briefträger schüttelt heftig den Kopf. Er ruft:
»Nein, ich gehe nicht. Ich habe die Nase voll von dem Dienstgeheimnis. Ich habe Ihnen gesagt, welches Haus es ist, mehr kann ich nicht tun. Was sollen denn die Leute sagen! Um 8 Uhr abends trägt man keine Briefe mehr aus.«
»Schön, ich gehe«, brummt Hidoine. »Wartet auf mich.«
Er geht los. Ich sehe, wie er einen Augenblick vor den Häusern stehenbleibt und sich umschaut, dann verschwindet er im Dunkel; schließlich taucht er enttäuscht wieder auf.
»Es ist unmöglich, etwas zu erkennen«, sagt er. »Die Hütten sind alle gleich, eine Tür und zwei Fenster. Wir müssen herausbekommen, in welcher dieser Gueudé wohnt.«
»In der rechts, wo noch Licht brennt«, ruft der Briefträger gereizt. »Das ist doch nicht schwer zu begreifen.«
Jetzt werde ich wütend:
»Sie gehen mir allmählich auf die Nerven! Es ist doch weiß Gott kein Kunststück, einem ein Haus zu zeigen!«
Ich wende mich an den Dicken.
»Es wäre wirklich vernünftiger, wir würden bis morgen früh warten. Sonst gibt das am Ende noch einen Riesenreinfall.«
Im Dunkel ertönt jetzt das laute Rauschen eines Radioapparates, gefolgt von Knistern und Pfeifen. Der Briefträger deutet mit den Fingern auf die Häuser:
»Sehen Sie«, sagt er. »Er repariert nämlich auch Radioapparate.«
»Wer?« fragt der Dicke und lauscht angespannt.
»Gueudés Vetter.«
Hidoine stellt den Kragen seines Regenmantels hoch und macht sich wieder auf den Weg. Als er gerade bei den Häusern angelangt ist, öffnet sich plötzlich eine Tür, ein Hund läuft heraus, beschnuppert ihn knurrend. Ein Mann steht mit der Pfeife im Mund im Türrah-

men. Er mustert Hidoine. Wir versuchen, uns hinter den Steinen zu verstecken. Der Kopf des Briefträgers verschwindet fast in einem Sandhaufen. Ich schüttle ihn.
»Wer ist dieser Typ?«
Er wagt vorsichtig aufzublicken, dann sinkt er wieder in sich zusammen.
»Das ist Gueudé, der seinen Hund ausführt.«
»Dann ist alles aus«, sagt der Dicke. »Die Gegenwart eines Fremden an einem so verlassenen Ort wird seine Aufmerksamkeit erregen. Er wird Girier warnen. Was machen wir nun?«
Ich werfe ihm einen vernichtenden Blick zu:
»Jetzt ist gerade Zeit, sich das zu überlegen. Wir hätten eben nicht des Nachts hierherkommen sollen.«
Der Dicke versucht, sich zu rechtfertigen.
»Am Tag wär's genauso gewesen.«
Ich zucke die Schultern, ohne zu antworten. Hidoine taucht auf:
»Pech gehabt«, flüstert er. »Ein Typ ist aus dem Haus herausgekommen und hat mich genau gesehen.«
»Es war Gueudé«, erwidert der Dicke und faßt jetzt rasch seinen Entschluß. »Jetzt müssen wir handeln; ich stelle mich mit Crocbois hinten auf, um Girier jeden Fluchtweg zu versperren, und Sie beide betreten das Haus durch die Vordertür. Jetzt können wir Girier nur noch schnappen, indem wir rasch handeln. Zählen Sie bis 30, und dann los! Es ist unsere einzige Chance.«

Der Dicke hat bereits wieder seine Waffe in der Hand und läuft geduckt mit Crocbois in Richtung der alten Ziegelei. Hidoine und ich gehen auf die Häuser zu. Wieder ertönt das pfeifende und knisternde Geräusch des Radioapparates.
»Das ist wirklich komisch«, bemerkt Hidoine. »Ich habe den Eindruck, als kämen die Geräusche aus dem Haus rechts. Aber der Typ mit seinem Hund ist aus der mittleren Tür getreten. Hat sich der Briefträger vielleicht geirrt?«
Er schlägt mit der Faust gegen den Fensterladen. Ein Hund bellt. Das Geräusch des Radioapparates verstummt jäh.
»Polizei!« schreit Hidoine. »Öffnen Sie!«
Nach einer Weile öffnet sich die Tür, und ein Mann in einer Hausjacke fragt uns gelassen:
»Was gibt's?«
Ohne zu antworten dringen wir in den finsteren Hausflur ein. Der Mann folgt uns erschrocken.
»Wo ist er?« fragt Hidoine.

»Wer?«
»Girier!«
In der Küche angelangt, sieht der Mann uns völlig verständnislos an.
»Girier? Kenne ich nicht.«
Ich frage ihn:
»Sie sind doch Gueudé? André Gueudé?«
»Nein!« erwidert der Mann. »Gueudé wohnt nebenan.«
»Verdammt«, flucht Hidoine und dreht sich auf dem Absatz um, »wir haben uns geirrt.«
Wir klopfen an die nächste Tür. Ein Schlüssel dreht sich im Schloß. Ein Mann erscheint an der Tür und mustert uns mit erzwungener Gelassenheit.
»Gueudé?«
»Ja!«
»Polizei. Wo ist er?«
»Wer?«
»Zum Teufel!« brummt Hidoine. »Fängt das Versteckspiel wieder an. Ihr Vetter Girier!«
Der Mann verliert für einen Augenblick die Fassung, doch er nimmt sich rasch wieder zusammen.
»Ich habe keinen Vetter, der Girier heißt. Sie müssen sich irren...«
Er versucht, uns den Eingang zu versperren. Wütend stoße ich ihn beiseite. Seine Brille fällt zu Boden und zerbricht. Unter dem Vorwand, sie aufheben zu wollen, hält er plötzlich meine Beine fest. Auf einem Tisch steht ein in lauter Einzelteile zerlegter Radioapparat. Ich mache mich los und stürze mich auf die Frau, die gerade aus der Küche kommt.
»Wo ist Ihr Vetter, Madame? Wenn Sie nicht sofort antworten, dann nehmen wir Ihren Mann fest.«
Sie deutet auf eine Tür, die zum Hof hinführt.
»Er ist weg!« stottert sie. »Ich bitte Sie, haben Sie doch Verständnis...«
Ich renne wie ein Verrückter los und lande in einem pechschwarzen Hof. Ich falle gegen einen Gartenzaun und stoße mit der Stirn gegen eine Leiter, die auf einen Speicher führt.
»Rasch, eine Taschenlampe...«
Die Frau hebt bedauernd die Arme.
»Er hat sie mitgenommen«, erwidert sie. »Ich habe nur eine Kerze.«
Ich will gerade wieder in die Küche zurückgehen, als der Dicke – mit der Pistole in der Hand – und Crocbois plötzlich auftauchen.
»Sie brauchen nicht weiter zu suchen«, sagt der Dicke. »Girier ist in

die Wälder geflohen. Haben Sie nicht unsere Schüsse gehört? Wir haben auf ihn geschossen, aber er ist uns entwischt...«
Ich bin völlig am Boden zerstört:
»Sie haben ihn laufen lassen?«
»Es blieb uns ja nichts anderes übrig. Als Sie an die Tür geklopft haben, sahen wir plötzlich an der Hintertür des Hauses das Licht einer Taschenlampe. Wir haben Girier erkannt. In der rechten Hand hielt er seinen Colt. Ich habe auf ihn geschossen. Crocbois ebenfalls. Im gleichen Augenblick hat Spazierstock-René seine Taschenlampe ausgeknipst, so daß wir ihn im Dunkel nicht mehr sehen konnten. Wir hörten nur noch aus dem Wald das Geräusch von heruntergetretenen Zweigen und rasche Schritte. Wir haben noch einmal geschossen. Girier muß in Richtung der Felder entkommen sein.«
»Und wo waren Sie?«
»Auf dem Hügel. Wir konnten nicht näher herankommen.«
Ich bin ziemlich niedergeschlagen. Inzwischen nähern sich auch ein paar Bauern mit Mistgabeln über der Schulter, die offenbar durch die Schüsse geweckt worden sind.
»Ich glaube, es ist besser, wir hauen hier ab«, erwidere ich. »Sonst kann es noch leicht passieren, daß wir eine Schrotkugel aus einer Jagdflinte in den Hintern bekommen.«
Eiligst klettern wir den Hügel wieder hinauf. Enttäuscht versammeln wir uns am Anfang des Waldes. Plötzlich flucht Crocbois:
»Verdammt, mein Auto. Ich habe ja die Schlüssel stecken gelassen!«
Wir laufen in völliger Panik los. Gott sei Dank, der Wagen ist noch da, und auf dem Rücksitz liegt sogar der Umhang des Briefträgers.
Ich schlage vor:
»Wir sollten noch einmal den Wald durchkämmen. Vielleicht ist Girier gar nicht weit gekommen.«
Grimmigen Schrittes verschwinde ich wieder im Wald. Eine halbe Stunde später lasse ich mich erschöpft, schweißbedeckt, mit Beulen und Schrammen übersät und Rissen im Anzug wieder ins Auto fallen.
»Nichts«, sage ich voller Bitterkeit. »Er hat sich in Luft aufgelöst. Wirklich ein voller Erfolg!«
Eine stumme Wut erfüllt mich. Jetzt kann ich wieder ganz von vorn anfangen. Ich bin dem Dicken bitterböse, weil er sich in etwas eingemischt hat, was wir ohne ihn höchstwahrscheinlich geschafft hätten. Crocbois' Frage reißt mich aus meinen Überlegungen:
»Sollten wir jetzt nicht erst einmal was essen?«
Ich unterdrücke gerade noch rechtzeitig eine scharfe Entgegnung.

Er ist wirklich reizend, dieser Crocbois, mit seiner Mütze, seinem Anorak und seinen Stiefeln. Als sei der Fall Girier für ihn nur noch eine blasse Erinnerung.
»Wir müssen noch einmal an der Post vorbeifahren«, erwidere ich. »Der Briefträger hat seinen Umhang vergessen.«
Der Dicke sagt kein Wort. Der Wagen holpert über den schmalen, schlechten Weg, bis wir wieder in die Landstraße einbiegen. Die Stirn gegen die Scheibe gepreßt, suche ich aufmerksam den Straßenrand ab. Plötzlich taucht im Licht der Scheinwerfer die Gestalt eines Mannes auf. Es ist der Briefträger, der, als er das Brummen unseres Motors vernahm, vor Angst die Beine in die Hand nahm. Wir werfen ihm im Vorüberfahren seinen Umhang aus dem Fenster.
Mit ein paar raschen Sprüngen verschwindet der Held im dichten Unterholz neben der Straße.

46

Solange er laufen kann, ohne Atem zu schöpfen, rennt Girier mit gesenktem Kopf drauflos. Querfeldein, über Äcker, Stoppelfelder und Brachland. Er stößt sich die Füße an den harten Erdschollen, stolpert über Ackerfurchen. Er durchquert tiefe Gräben, schlägt sich durch dornige Hecken. Er achtet weder auf die Schmerzen noch auf die blutenden Schrammen. Ohne Rast läuft er weiter. Seine Willensstärke treibt ihn voran. Zehnmal fällt er fast zu Boden. Zehnmal richtet er sich auf und rennt weiter; sein Ziel ist jener Wald, der vor ihm den Horizont begrenzt. Seine Glieder tun ihm weh, es hämmert in seinem Kopf. Kalter Schweiß bricht ihm aus allen Poren. Er hat den Eindruck, als müßten seine Lungen jeden Augenblick zerspringen. Doch trotz aller Schmerzen läuft er weiter, nimmt bei jedem einzelnen Schritt seine ganze Energie zusammen.
Rechts von ihm taucht ein kleiner Wald auf. Er rennt darauf zu, läßt sich auf die Erde fallen. Ein paar Augenblicke ruht er sich aus. Gleichzeitig wandert sein Blick über die Ebene. Sie erscheint ihm riesig. Aber es folgt ihm offenbar niemand. Die Luft ist kalt und klar, die Sterne schimmern. Die Bullen müssen seine Spur verloren haben. Girier atmet mehrmals tief ein und aus. Sein Herzschlag wird wieder normal. Er vermag auch wieder klar zu denken. Er hat noch jetzt die kurz aufeinanderfolgenden Detonationen im Ohr, als die Bullen auf ihn schossen, und das Pfeifen der Kugeln an seinem Kopf vorbei. Die Schweine! Überall hatten sie sich verstreut: vor

ihm, hinter ihm, zu beiden Seiten des Hauses. Mistkerle! Und außerdem dämliche! Er hat nicht zurückgeschossen, um jene Familie zu schonen, die ihn aufgenommen, beherbergt und ihm den Teller gefüllt hat, ohne je eine Frage zu stellen. Er fängt jetzt an zu zittern. Er steht auf und setzt seinen Weg fort. Der Wald ist noch weit entfernt.

Ein noch ziemlich weit entferntes Bellen reißt ihn aus seinen Gedanken. Die Hunde! Er hat nicht an die Polizeihunde gedacht! Die Bullen haben sich inzwischen offenbar Verstärkung geholt und schon nehmen sie die Verfolgung wieder auf. Die Menschenjagd beginnt. Er wird den Wald nie erreichen. Bei jedem neuen Schritt scheint er immer mehr zurückzuweichen.

Girier hebt den Kopf und sieht sich verzweifelt um. Etwa 300 Meter von ihm entfernt erblickt er links eine kleine Hütte. Er versucht, auf sie zuzurennen, aber er versinkt in dem feuchten Ackerboden. Er stolpert, richtet sich wieder auf, bewegt sich fast kriechend weiter. Plötzlich steht er vor einer Böschung. Ein kleiner Fluß versperrt ihm den Weg. Girier zieht seine Schuhe aus, wirft seinen Colt und die Schuhe hinüber ans andere Ufer. Er springt hinunter. Das kalte Wasser geht ihm bis zu den Schultern. Die Kälte verschlägt ihm den Atem. Tropfnaß zieht er sich an der Böschung wieder hinauf. Seine Hände zittern, als sie nach den Schuhen und seinem Colt greifen. Er taumelt bis zu der Hütte.

Ein Schlag mit dem Griff seiner Waffe zerbricht das Vorhängeschloß. Er tritt in die Hütte und schließt die Tür. Er zittert vor Kälte. Hier drin herrscht völlige Finsternis. Da erinnert er sich daran, daß er die Taschenlampe in seine Tasche gesteckt hat. Er drückt auf den Knopf. Der Lichtkegel gleitet an den Wänden entlang. Über einem Haufen Werkzeug hängen an einem Nagel die Kleider eines Straßenarbeiters. Die Hose, die dicke Cordjacke, das Halstuch und sogar die Mütze riechen nach Teer. Girier knipst die Taschenlampe wieder aus. So rasch es ihm seine klammen Finger erlauben, zieht er sich die nassen Kleider vom Leib. Er reibt seinen eiskalten Körper mit einem Sack trocken, dessen Stoff so rauh wie eine Reibe ist, und zieht dann die trockenen Kleider an. Sie passen ihm sogar ganz gut. Jedenfalls ist ihm jetzt weniger kalt. Sein nasses Hemd und seine Hose wickelt er um eine Schaufel, die er auf den Stiel gedreht hat, öffnet vorsichtig die Tür und wirft die eisenbeschwerten Kleider in den Fluß, in dem sie leise gluckernd versinken. Er hat einen Weg entdeckt, auf dem er jetzt hinunterläuft.

Am Himmel ziehen Wolken über die Mondsichel. Es muß ungefähr

10 Uhr sein. Er läuft jetzt weiter. Der Himmel scheint sich mit ihm zu bewegen. Der Mond, die Wolken, der Wald, die gesamte Natur scheint an ihm vorüberzuziehen. Er bleibt keinen Augenblick stehen. Die Straße ist trocken und gerade. Er weiß nicht, wo er ist. Wirre Gedanken ziehen durch seinen Kopf. Er hat keine Papiere, kein Geld, keine Kleider, keinen Unterschlupf. Was soll er machen? Soll er sich mit Louis in Verbindung setzen? Der alte Antiquitätenhändler wird sicher keinem Flüchtigen helfen, dem das Messer an der Kehle sitzt. Wenn er ihn in einem solch erbärmlichen Zustand sieht, wird er sicher schleunigst Paris verlassen. Er wird nach Genf fahren, um dort mit einem anderen das Ding von Annecy zu drehen. Bevor er Louis trifft, muß er erst einmal die Lage klären. Und vor allem herausbekommen, wie die Polizisten ihn bis hierher verfolgen konnten. Seit zwei Wochen lebte er hier. Wenn ihn irgend jemand in Creue oder aus der Nachbarschaft verpfiffen hätte, wäre die Polizei nicht erst in der Nacht gekommen, um ihn zu holen. Der Tip muß also von anderer Seite gekommen sein. Gino? Bestimmt nicht. Obwohl er ihm gegenüber mißtrauisch ist, seit jenem Besuch in der Rue Surcouf. Gino weiß nicht, daß er sich in Creue versteckt hält. Er weiß auch nicht, daß er Hélène kennt. Wie hätte er auch ahnen können, daß er seine erste Nacht als freier Mann mit ihr zusammen im Royalty verbracht hat, und daß er sie wiedergesehen hat, während er sich in der Rue Surcouf versteckt hatte.
Hélène! Jedesmal, wenn er an das junge Mädchen denkt, spürt Girier eine Art beglückendes Erstaunen. Er erinnert sich noch an sein Zögern an jenem Abend in der Rue Surcouf, als er gequält von der noch wachen Erinnerung an ihre gemeinsame Nacht beschlossen hatte, sie wieder zu treffen. Er begreift diesen plötzlichen Einfall nicht, ebensowenig wie er die Launen und Leidenschaften begreift, die ihn sein Leben lang umhergetrieben haben. In gewissen Augenblicken spürt er in sich den Drang zu handeln, und zwar rasch zu handeln, das hat ihn bisher auch immer gerettet.
Er war aus seiner Wohnung geschlichen, in der er unerträgliche Tage verbracht hatte, während der er wie ein Raubtier in seinem Käfig auf und ab gegangen war. Er machte sich selbst Vorwürfe, weil er die Vorsichtsmaßnahmen, die Louis und Gino zu seiner eigenen Sicherheit getroffen hatten, mißachtete, aber er hielt es nicht mehr aus. Die Abgeschlossenheit in dieser kleinen Wohnung war ebenso erstickend wie die im Gefängnis. Er spürte, wie das Leben gegen seine Tür hämmerte. Der Schritt einer Frau, ein Lachen, das Abfahren eines Autos, alles machte ihn nervös. Am vierten Abend hatte er beschlossen, am nächsten Morgen sehr früh Hélène vor

ihrer Wohnung zu erwarten. Er war hingegangen. Dann sah er sie von weitem kommen, in ihrem grazilen Gang, ihren verwaschenen Blue jeans, reizend und begehrenswert, trotz einer für sie zu großen Windjacke.
»Sag mal, kommst du jetzt erst nach Hause?« flüsterte er ihr zu und trat ihr entgegen.
Sie schrie leise auf, dann erkannte sie ihn.
»Girier!«
Die Art, wie sie ihn empfangen hat, ließ ihm das Herz schneller schlagen. Sein Name und sein Foto schmückten die Titelseiten der Zeitungen, aber in der Stimme des jungen Mädchens lag nichts anderes als Überraschung, ein wenig Furcht, Neugier, Freude. Alles, aber kein Vorwurf, keine Mißbilligung, kein Zorn. Sie hatte ihm nur ein Wort erwidert, dasselbe, das er ihr auf dem Treppenabsatz am Abend ihrer ersten Begegnung zugeflüstert hatte:
»Komm.«
Nach seiner Flucht aus der Rue Surcouf hatte die junge Frau genauso spontan reagiert. Als er ihr erklärt hatte, daß er nicht länger in seinem Versteck bleiben konnte, hatte sie ihm sofort vorgeschlagen, er solle erst einmal bei ihrem Onkel in Creue, einem winzigen Dorf, untertauchen. Sie war selbst mit ihm dorthin gefahren, mit dem Zug bis Bar le Duc, in einem Taxi bis zu dem kleinen Haus neben der alten Ziegelei, in dem der Bruder ihrer Mutter wohnte.
Nein, Hélène hat ihn bestimmt nicht absichtlich verraten. Aber sie hat vielleicht mit Gino gesprochen. Er hatte ihr geraten, ihm nie etwas von ihrer Verbindung zu sagen, aber Gino kann sehr schmeichlerisch und heimtückisch sein. Er hat es vielleicht fertig gebracht, ihr ein Geständnis zu entlocken, um die Adresse von Creue zu erfahren.
So muß es gewesen sein. Gino hat Hélène zum Sprechen gebracht. Dann hat ihn die Kripo durch die Mangel gedreht und er hat die Karten auf den Tisch gelegt. Es ist sonderbar, aber René ist Hélène nicht böse. Das Leben hat sie nicht gelehrt, mißtrauisch zu sein. Aber Gino wird ihm dafür zahlen.

Girier ist auf einer kleinen Anhöhe angelangt. Die Erschöpfung macht sich jetzt immer stärker bemerkbar. Er läßt sich ins Gras fallen. Ein Kilometerstein verrät ihm, wo er ist: Verdun, 23 Kilometer. Er könnte bei Morgengrauen dort sein. Es müßte doch mit dem Teufel zugehen, wenn es ihm nicht gelänge, irgendwo einen Wagen zu stehlen. Er zuckt zusammen. Hinter einer Kurve sind zwei Scheinwerfer auf der Straße aufgetaucht.

Girier rollt sich ins Gebüsch. Er wartet, den Finger am Abzug, entschlossen, den Bullen seine Haut so teuer wie möglich zu verkaufen. Das schwere Ächzen des Motors, bevor deutlich hörbar der Gang heruntergeschaltet wird, beruhigt ihn. Ein Lkw. Girier richtet sich auf. In Schrittgeschwindigkeit nähert sich der schwere Laster der Anhöhe. Girier läßt ihn vorüberfahren. Undeutlich sieht er die Silhouette des Fahrers am Steuer. Der Mann ist allein. Girier springt auf und rennt dem Lkw nach, erreicht ihn, noch bevor das Gefälle beginnt, er klammert sich hinten an der Ladeklappe fest, rennt im gleichen Tempo wie der Wagen und zieht sich dann mit eiserner Kraft hoch. Oben fällt er mitten zwischen Gemüsekörbe, Milcheimer und Kisten mit Käse. Er macht es sich zwischen zwei riesigen Käselaiben gemütlich und streckt die Nase zum Verdeck hinaus.
In einer halben Stunde wird er in Verdun sein. Zum ersten Mal an diesem Abend lächelt er.

47

Ich werfe die Tür zu meinem Büro hinter mir zu, lege meinen Regenmantel auf eine Stuhllehne, gähne und gehe ans Fenster. Ohne ihn wirklich wahrzunehmen, sehe ich, wie der Regen gegen die Fensterscheiben schlägt, und zünde mir bereits meine zehnte Philip Morris heute morgen an. Einen Augenblick bleibe ich nachdenklich so stehen. Ich bin hundemüde. Heute nacht habe ich kein Auge zugetan. Wir sind um 3 Uhr morgens erst heimgekommen. Mit meinen völlig verdreckten Schuhen in der Hand habe ich mich tastend in das dunkle Schlafzimmer geschlichen. Trotz meiner Vorsicht ist mir ein Stuhl umgefallen. Marlyse hat losgeschrien:
»Ich hab es satt, mir stehts bis oben hin, mit einem Bullen zusammenzuleben! Woher kommst du denn jetzt schon wieder?«
Ihre Vorwürfe und die Niederlage in dieser Nacht haben mich keinen Schlaf finden lassen. Ich bin wieder aufgestanden, habe Hidoine angerufen, und so sind wir fast noch bei Morgengrauen wieder ins Büro gekommen. Hidoine ist sofort, ohne sich seine Reitstiefel auszuziehen, noch in seinem Sportanzug in die Abhörabteilung hinübergelaufen, wo Tag und Nacht ein Techniker vom Dienst sitzt. Ich erwarte ihn voller Ungeduld... Endlich erscheint er, ein Aufzeichnungsband unter dem Arm.
»Nichts!« ruft er. »Niemand hat angerufen. Weder Girier noch sonst wer. Siehst du, wir hätten lieber Hélènes Haus beschatten

sollen, statt nach Hause zu gehen und uns ins Bett zu legen.«
Ich hatte diese Möglichkeit bereits überdacht und seufze:
»Das hat überhaupt keinen Zweck. Wenn Girier sich mit ihr in Verbindung setzt – und es würde mich wundern, wenn er dazu bei ihr zu Haus aufkreuzt –, wird er das so vorsichtig anstellen, daß wir überhaupt nichts ausrichten können. Wir müssen ihn jetzt erst einmal wieder in Sicherheit wiegen.«
Hidoine zieht seine Stiefel aus und seinen rostbraunen Arbeitsanzug an, dann setzt er sich hinter seinen Schreibtisch und breitet den »Figaro« vor sich aus.
»Ich werde jedenfalls einmal die kleinen Annoncen studieren«, sagt er. »Vielleicht hilft uns das weiter.«
Ungezwungen setze ich mich auf die Kante seines Schreibtisches, wobei ich einen Teil seiner Zeitung verdecke.
»Hör zu, wir haben noch eine Chance: Gino.«
Hidoine wirft mir einen forschenden Blick zu, in dem unverhohlene Ironie liegt.
»Sag mal, bist du noch zu retten? Genügt dir der gestrige Abend noch nicht? Dieser Gauner hat uns an der Ecke Militaire schön über den Löffel balbiert. Und was tust du? Du hätschelst ihn noch obendrein. Der Herr bittet dich, ihn vor der Kripo zu beschützen und du versteckst ihn gutmütig in einem Appartement auf den Champs-Elysées und hörst dir noch interessiert sein Geschwätz an. Ich kann dich wirklich nicht begreifen. Ich an deiner Stelle würde ihn Poirier zurückschicken. Soll der doch auf seine Ammenmärchen hereinfallen!«
»Nein, ich bin fest davon überzeugt«, erwidere ich, »eines schönen Tages wird Gino Girier verpfeifen.«
Hidoine sieht mich zweifelnd an und versucht, mich mit Fremdworten zu kurieren:
»Sag mal, mir scheint, du betreibst jetzt Autosuggestion. Darf man sich erkundigen, großer Inspektor, was dir diese Sicherheit gibt?«
»Er selbst. Sein Charakter, seine Veranlagung. Ich beobachte ihn jetzt seit zwei Wochen. Gino ist ein geborener Lügner. Er lebt in einem Reich von Lügen. Wenn wir ihn aber bei einer Lüge ertappen, wird er zusammenbrechen. Und dann wird er uns unweigerlich Girier ausliefern.«
Hidoine zuckt mit den Schultern. Ich hebe den Telefonhörer ab und wähle eine Nummer.
»Ist dort das Madrigal?«
Hidoine hebt erstaunt den Kopf.
»Verbinden Sie mich bitte mit Zimmer Nummer 13.«

Ein Knacken, dann höre ich die verschlafene Stimme Ginos.
»Gino? Borniche am Apparat. Zieh dich an und komm sofort zu mir ins Büro. Es gibt Neuigkeiten.«
Ich hänge auf. Hidoine lächelt sarkastisch.
»Du hast ihn natürlich geweckt, diesen Schweinehund«, sagt er. »Jedesmal, wenn er sich am Telefon mit ›Hallo‹ meldet, hab ich nicht übel Lust, dem heiligen Antonius zum Dank eine Kerze anzuzünden. Es ist wirklich ein Wunder, daß er überhaupt noch da ist. Es sei denn, daß er vor hat, uns auszunehmen, so wie er seine Schwester ausnimmt! Denn alles in allem führt er ja schließlich ein herrliches Leben. Wir bezahlen die Rechnung dafür.«
Ich drücke meine Zigarette auf einem Unterteller aus Porzellan aus, der bereits ganz schwarz von der Asche ist.
»Hast du wieder was von der Dicken gehört?« frage ich, nur um ihn in seinen ironischen Ausführungen zu unterbrechen.
»Ja. Poiriers Männer beschatten immer noch das Haus in der Avenue des Ternes. Sie geht bereits wieder auf den Strich. Wenigstens eine, die ein Kreuz hinter diese Sache gemacht hat.«
»Hast du keine Angst, daß die Kripo sie sich wieder vorknöpft und sie dann ausspuckt, was sie weiß?«
»Unsinn«, erwidert Hidoine, »das passiert bestimmt nicht. Ihr Gino ist für diese Närrin doch so etwas wie ein Halbgott.«

Als Gino in mein Büro tritt, verraten seine Züge Besorgnis über diese frühmorgendliche Vorladung. Er hat sich allerdings rasiert und trägt eine neue Krawatte. Ich spüre, daß er auf der Hut ist.
»Gino«, sage ich zu ihm, »ich habe Neuigkeiten von Girier.«
Ich nehme eine Münze aus meinem Portemonnaie und werfe sie mit der flachen Hand ein paar Mal in die Luft. Ich biete ihm einen Stuhl an. Hidoine gesellt sich zu uns und setzt sich lässig auf meinen Schreibtisch. Er sieht aus wie eine vom Tageslicht verstörte Eule auf einem Zweig. Er wendet mir den Rücken zu, aber ich kann mir denken, mit welch sarkastischem Ausdruck er Gino betrachtet. Die Atmosphäre ist ziemlich gespannt.
»Wußtest du, daß Girier in Lothringen war?« frage ich.
Er sieht mich verblüfft an.
»In Lothringen? Wieso in Lothringen? Nein, keine Ahnung!«
Er ist echt erstaunt; das beweist, daß er mich nicht anlügt, und ich spüre an der Art, wie Hidoine mit den Schultern zuckt, daß auch er ihm glaubt. Aber ich lasse nicht locker:
»Dabei hat ihn doch eine deiner Freundinnen dort untergebracht.«
Gino reißt erstaunt die Augen auf. Ich fahre fort:

»Ja, mein Lieber, Spazierstock-René hielt sich in Creue versteckt. So einfach ist das.«
»Sagt dir denn das nichts, Creue?« fragt Hidoine hinterhältig. »Und der Name Gueudé? André Gueudé?«
Gino sieht ihn an und schüttelt den Kopf. Er versucht, sich zu erinnern, aber die Namen sind ihm völlig unbekannt. Er antwortet:
»Nein! Ich weiß wirklich nicht.«
Hidoine sagt jetzt in eindringlichem Ton:
»Das wundert mich! Er ist nämlich Hélènes Onkel!«
»Hélène?«
Ginos Stimme klingt jetzt plötzlich ziemlich unsicher.
»Hélène de Labassagne? Das ist unmöglich! Girier kennt sie gar nicht!«
»Glaubst du!« sage ich. »Was hatte er dann bei ihrem Onkel zu suchen?«
Ginos Blick wandert verwundert von Hidoine zu mir.
»Sie müssen sich da irren! Ich kenne Hélène, aber Hélène kennt Girier ganz bestimmt nicht.«
»Mach keine Witze«, erwidert Hidoine. »Wir kommen nämlich gerade von dem Onkel deiner reizenden Hélène! Und wir haben Spazierstock-René dort sozusagen Auge in Auge gegenübergestanden.«
Ich berichte Gino kurz von unserem Ausflug und Giriers Flucht in die Wälder. Als ich meine Geschichte beendet habe, bleibt er stumm und sieht nicht gerade fröhlich drein. Seine Unterlippe zittert bedenklich. Er sieht aus wie ein Kind, das man gerade bei einer Unart ertappt hat.
»Im Grunde genommen«, sagt Hidoine nachdenklich, »hast du geradezu Schwein gehabt! Hätten wir Girier in Creue gefaßt, hätten wir auf deine weiteren Bemühungen verzichten können. Für dich hätte das ein Ticket nach Marseille bedeutet.«
Gino wendet sich an mich.
»Was will er damit sagen?«
Er ist sicher ein guter Schauspieler, aber seine Angst scheint mir aufrichtig zu sein. Ich lasse ihn einen Augenblick schmoren. Schweigend beschäftige ich mich damit, Papiere zu ordnen, ich leere meinen Aschenbecher in den Papierkorb, ich spiele mit dem Telefonhörer.
»Er will damit sagen, daß du mit uns kein offenes Spiel spielst, beziehungsweise daß du uns von Anfang an aufs Kreuz legen wolltest.«
»Aber Herr Borniche!«

»Laß dein dämliches Gerede. Sagt dir vielleicht die Nummer Roule 34–86 auch nichts?«
In Ginos Blick tritt offene Panik. Roule 34–86: das ist Hélènes Telefonnummer. Er hat sie vom Cambacérès aus angerufen. Die Schweine haben also die Gespräche aus dem Restaurant abgehört! Wut steigt ihn ihm auf. Er ist hereingefallen. Warum hat er auch nur diese Nummer gewählt? Ausgesprochen dämlich von ihm! Jede andere Nummer wäre genauso gut gewesen. Gino betrachtet haßerfüllt die Wählscheibe auf dem Telefon, mit der der Bulle gerade spielt, während auf seinem Raubtiergesicht ein Ausdruck geheuchelter Gleichgültigkeit liegt. Die Ziffern und die Buchstaben, schwarz und rot, blitzen auf wie beim Roulette. Warum ist ihm diese Nummer eingefallen? Warum um alles in der Welt hat er die gewählt und nicht eine andere? Das ist nicht einmal Pech, sondern daran ist er selber schuld. Er hat seine Lüge vervollkommnen wollen, diesen erfundenen Mittelsmann sozusagen glaubhafter, wirklicher werden lassen wollen. »Verdammt«, denkt er, »hätte ich nicht diese dämliche Nummer gewählt, wäre alles gut gegangen. Damit hätte ich sie wirklich aufs Kreuz legen können.« Er erstickt fast vor Wut. Er ringt mühsam nach Luft, aber er beherrscht sich. Er darf sich vor allem nichts anmerken lassen. Er muß wieder auf die Füße fallen, rasch einen Ausweg finden. Aber wie? Das Schicksal hat ihn ganz schön am Kragen gepackt. Girier hat ihn auch hereingelegt. Er kennt Hélène und schläft mit ihr. Wahrscheinlich ist er bei ihr untergetaucht, als er aus der Rue Surcouf abhaute. Wo haben sie sich getroffen? Wie? Die Antwort ist einfach: in seinem Zimmer im Royalty, in der Nacht seines Ausbruchs. Die Frauen, denkt er, sind doch alle gleich, alle Schlampen und Dirnen. Und Girier, der ihn jetzt mit seinem blöden Versteckspielen ganz schön reingeritten hat. Was soll er nur machen?

»Siehst du«, sage ich jetzt in bitterbösem Ton, »dein komischer Mittelsmann war schlicht und ergreifend die Freundin von Girier. Und diesmal haben wir nämlich von deinen Märchen die Nase voll! Es ist mir völlig gleich, ob du weißt oder nicht weißt, daß Girier und sie sich kennen. Was für mich zählt, das werde ich dir jetzt mal ganz deutlich sagen. Hör zu: Erstens hast du aus dem Cambacérès Hélène angerufen; zweitens finden wir Girier bei Hélènes Onkel. Für uns reicht das! Und ebenfalls für den Richter. Der logische Schluß ist nämlich der: das heißt bei uns Beihilfe und Personenhehlerei und damit wandert man ganz schnell hinter Gitter. Mit den fünf Jahren, die du sowieso noch abzusitzen hast, wirst du so rasch nicht

mehr rauskommen.«
Gino leckt sich ein paar Mal nervös über die trockenen Lippen. Er murmelt mit fast tonloser Stimme:
»Ich habe Ihnen die Wahrheit gesagt, Herr Borniche. Sie kennen sich nicht, ich begreif das alles nicht.«
Ich gehe drohend auf ihn zu und schreie:
»Ich habe dir bereits gesagt, daß mir das völlig schnurz ist. Ich hab die Nase voll. Ich bring euch alle hinter Gitter, die Dicke, Hélène, Gueudé und dich! Und das ist nur der Anfang! Girier kommt nämlich auch noch dazu. Denn das kannst du mir glauben, ich bekomme Girier. Mit oder ohne deine Hilfe. Und er wird früher da sein, als du glaubst. Vielleicht hast du bereits gemerkt, daß ich auch sonst noch ein paar gute Verbindungen habe und dich nicht unbedingt dazu brauche, um nach Creue zu fahren.«

Gino möchte etwas sagen, aber er bringt kein Wort heraus. Die Kehle ist ihm wie zugeschnürt. Dieses Schwein von einem Bullen: Da sitzt er hinter seinem Schreibtisch mit halbgeschlossenen Augen und tut freundlich. Gino sagt sich voller Verzweiflung, daß er diesem Bullen nicht hätte trauen sollen, mit seinen schwarzen, tiefliegenden Augen, wie zwei Taranteln, die die Nasenflügel nur mühsam voneinander zu trennen vermögen. Dieser Mistkerl! Am liebsten möchte er ihn erwürgen mit seinem heimtückischen Lächeln!
Gino spürt, daß er diesmal verloren hat. »Sich nur nicht widersetzen«, denkt er. »Zeit gewinnen, so tun, als wartete ich nur darauf, bei ihrem Spiel mitzuspielen. Ich werde lügen, so gut ich kann. Lügen, das ist die einzige Möglichkeit. Bis sich mir eine neue Chance bietet, sie reinzulegen.«

»Darf ich etwas sagen, Herr Borniche?«
»Nein.«
Ich schiebe ihm das Telefon zu. Mißtrauisch betrachtet er mich und den Apparat. Ich befehle ihm:
»Roule 34–86. Ruf Hélène an.«

48

Hélène läuft auf ihre Metrostation zu. Es ist schon Nacht. Die Kälte ist noch schneidender geworden. Sie möchte jetzt gern in Saint-Germain-des-Prés sein, in der lärmenden Bar des Royalty, um sich

dort nach den eiskalten und verlassenen Straßen von Neuilly wieder aufzuwärmen.
Plötzlich überholt sie ein Auto in voller Fahrt. Mit quietschenden Reifen bremst es kaum zwei Meter von ihr entfernt. Ein Fremder in sonderbarer Kleidung springt neben ihr auf die Straße. Sie stößt einen Schrei aus, als er auf sie zugeht. Dann erkennt sie die Stimme:
»Hélène!«
Sie bleibt stehen. Aber sie erkennt nicht gleich Girier in diesem heruntergekommenen Individuum und betrachtet ihn verwirrt.
»Steig ein!« sagt er in einem Ton, der keinen Widerspruch duldet.
Sie gehorcht ihm wie ein Automat. Girier sitzt bereits wieder am Steuer und öffnet ihr die Tür.
Sie erstickt fast an dem Geruch nach Teer und Benzin, der im Inneren herrscht. Der Wagen setzt sich in Bewegung. Mit ziemlicher Geschwindigkeit fährt er in Richtung der Porte Champerret und dann den Boulevard de l'Yser hinunter, an dem zu beiden Seiten abbruchreife Lagerhallen stehen; Girier parkt hier den Wagen in einer dunklen Ecke. Hélène bleibt schweigsam. In dem Halbdunkel, das im Wagen herrscht, betrachtet sie aufmerksam Giriers Züge, die von der Schlaflosigkeit gezeichnet sind, die geröteten Augen, das wirre Haar, die Kratzer auf Wange und Stirn. In seinem Blick ist ein fast wilder Ausdruck, der durch die Erschöpfung nur noch bedrohlicher wirkt. Girier stellt den Motor ab.
»Ich danke euch allen, daß ihr mir die Bullen auf den Hals gehetzt habt«, stößt er hinter zusammengebissenen Zähnen hervor.
Sie betrachtet ihn völlig sprachlos. Sie hat noch nicht den Grund für seine veränderte Kleidung erfaßt. Und sie braucht einige Zeit, bevor ihr überhaupt der Sinn seiner Worte aufgeht. Da überfällt sie nackte Angst. Mit Mühe gelingt es ihr, Worte zu finden:
»Ich verstehe nicht. Was machst du überhaupt hier? Wie bist du hergekommen?«
Girier macht eine weitausholende Bewegung.
»Du siehst doch, im Auto!«
Trotz der Ironie in seiner Antwort herrscht eine gewisse Gespanntheit. Er sucht aufmerksam in ihrem feingeschnittenen, von der Kälte leicht geröteten Gesicht nach einem Zeichen der Schuld. Aber alles, was er bemerkt, ist ihre Besorgnis.
»Ich verstehe immer noch nicht«, wiederholt Hélène. »Bist du aus Creue weggefahren?«
Er schreit jetzt fast.
»Ich habs dir doch bereits gesagt! Die Bullen haben mich aufgescheucht. Ich habe eine Nacht und einen Tag in einem Friedhof in der

Nähe von Verdun verbracht und gestern abend ein Auto geklaut.«
Er berichtet ihr von dem Auftauchen der Bullen im Haus, von den Schüssen in der Nacht, seiner wahnwitzigen Flucht über die Felder, der Hütte, in der er seine Kleider gefunden hat, dem Auto, das er gestohlen hat. Je länger er redet, desto deutlicher erkennt er, daß sie keine Ahnung hat. Auf jedes seiner Worte reagiert sie völlig bestürzt. Ja, einmal hat sie sogar eine Hand auf die seine gelegt; diese Geste hat ihm wohlgetan.
»Und Gino?« fragt er.
»Wieso Gino?«
»Hast du ihm wirklich nicht mein Versteck verraten?«
Sie ist wirklich beleidigt:
»Natürlich nicht. Er weiß immer noch nicht, daß wir uns überhaupt kennen. Und er hat keine Ahnung, daß ich Verwandte in Creue habe.«
Ihr aufrichtiger Ton überzeugt ihn. Er schweigt einen Augenblick, dann fährt er fort:
»Aber die Bullen sind doch keine Hellseher, verdammt noch mal! Irgendwer muß mich doch verpfiffen haben! Sie sind geradewegs auf das Haus zugekommen.«
Plötzlich taucht das Bild des Briefträgers in seiner Erinnerung auf. Ein großer, etwas linkischer, einarmiger Typ. Zweimal hat er ihm ein Paket ins Haus gebracht. Gestern ist er ihm auf der Straße, die von Creue nach der alten Ziegelei führt, begegnet. Der Briefträger hatte ihn im Vorübergehen gegrüßt. Als Girier sich aus irgendeinem dunklen Gefühl heraus noch einmal umdrehte, sah er, daß der Einarmige von seinem Fahrrad gestiegen war und ihm reglos mitten auf der Straße nachsah. Das muß es gewesen sein! Der Briefträger hat ihn wiedererkannt und darüber mit den Gendarmen gesprochen, mit denen er oft ein Gläschen trank, im Café am Marktplatz.
Girier streicht sich eine Haarsträhne aus der Stirn. Gino hatte also mit der Sache nichts zu tun. Er freut sich darüber. Auf diese Weise ist seine Zukunft einigermaßen gesichert. Er braucht Gino. Der junge Mann wird ihm jetzt helfen können, ein Versteck und ordentliche Kleider für ihn zu besorgen, sich mit Monsieur Louis in Verbindung zu setzen.
Spazierstock-René ist davon überzeugt, daß das Glück ihn noch nicht verlassen hat.

»Gehst du mit zu mir hinauf?« fragt Hélène. »Du kannst unmöglich so in Paris herumlaufen.«

Er betrachtet sie aufmerksam. Für einen kurzen Augenblick wird wieder der Zweifel in ihm wach.
»Bist du verrückt geworden? Und wenn die Bullen bei dir auftauchen? Dein Onkel wird ihnen alles erzählen. Ich war eben schon mächtig unvorsichtig, nur um dich zu treffen. Ich hab die ganze Zeit vor deinem Haus auf dich gewartet. Als du dann herauskamst, bin ich dir erst einmal langsam nachgefahren, um sicher zu sein, daß dir nicht bereits die Bullen hinterherlaufen. Es wird bestimmt nicht mehr lange dauern und da brechen sie in dein Schlafzimmer ein.«
Der Gedanke, daß sie vielleicht Ärger bekommen könnte, erschüttert die junge Frau nicht im mindesten.
»Na und«, erwidert sie, »was können die mir schon anhaben? Ich erzähle ihnen dasselbe, was ich meiner Familie gesagt habe. Ich habe im Village einen Typen getroffen, der mir gefiel. Zum Beispiel im Deux-Magots. Er brauchte dringend ein bißchen Ruhe. Da hab ich ihn für ein paar Tage aufs Land geschickt.«
Es ist Girier peinlich, daß er sie um ein bißchen Geld bitten muß.
»Kannst du mir nicht 5000 Francs leihen?« fragt er. »Und ein bißchen Kleingeld. Ich kann diesen Wagen nicht länger behalten, denn sie fahnden sicher schon nach dem Kennzeichen.«
Aus der Tasche ihres Anoraks zieht sie ein paar Papiere und zusammengeknüllte Geldscheine. Er wundert sich über ihre Unordnung und Sorglosigkeit. Sie mag keine Handtasche und trägt in einem zusammengeknoteten Schal Lippenstift, Puder und was sie sonst noch so braucht.
»Da, nimm«, sagt sie und reicht ihm ein paar Geldscheine hin. Sie berührt mit ihren Lippen leicht seinen Mund. Plötzlich fragt Girier:
»Siehst du Gino eigentlich oft? So wie früher?«
Hélène zuckt mit den Schultern.
»Ja und nein. Er war für zwei Wochen verschwunden. Er hatte wohl Ärger und ist deshalb für eine Weile aufs Land gezogen. Er hat mich gestern angerufen und bat mich, im Royalty vorbeizugehen, um zu sehen, ob Post für ihn da war. Er hat sich dort nicht mehr sehen lassen.«
Giriers Mißtrauen wird erneut wach. Warum hat Gino Hélène einen Tag nach der Geschichte in Creue angerufen? Der Zufall ist mehr als sonderbar. Vielleicht wollte dieser Mistkerl auf Befehl der Bullen nur hören, ob es etwas Neues gab.
»Wo steckt er?« fragt er mit harter Stimme.
»Er ist untergetaucht, hat er mir gesagt. In einem Appartement auf den Champs-Elysées. Er hat mir seine Telefonnummer gegeben.«

Sie wühlt erneut in den Taschen ihres Anoraks und reicht ihm einen Metrofahrschein, auf dem mit Lippenstift eine Telefonnummer gekritzelt ist. Girier schaltet die Deckenbeleuchtung ein, betrachtet die Zahlen und steckt dann in Gedanken versunken den Fahrschein in seine Jackentasche.
Hélène blickt in sein verschlossenes, nachdenkliches Gesicht. Er ist zu einem Fremden geworden. Alles, was zwischen ihnen war, ist zerstört. Sie sind jetzt nur noch zwei getrennte Individuen; jeder ist mit seinem eigenen Leben beschäftigt. Sie schickt sich an, auszusteigen.
»Weißt du, um deinen Onkel brauchst du dir keine Sorgen zu machen«, erklärt er ihr linkisch. »Ich werde es ihm einmal vergelten.«
Hélène nickt. Girier sieht ihr nach und ist traurig. Als sie sich noch einmal im Dunkel umdreht, bevor sie um eine Ecke biegt, hat er das Gefühl, sie zum letzten Mal zu sehen.
Nicht einen einzigen Augenblick hat die junge Frau danach gefragt, was ihr selbst passieren könnte.

49

Das Hotel Madrigal im Viertel rund um die Etoile ist eher eine bessere Absteige, als ein Hotel für Touristen. Auf einem Marmorschild, das diskret neben der Eingangstür angebracht ist, steht zu lesen, daß hier Zimmer »mit allem Komfort« stundenweise vermietet werden. Man weiß, was das bedeutet.
Die Besitzerin, eine etwa 60jährige Dame, vollbehängt mit altem Schmuck, was ihr eine Art altmodischer Eleganz verleiht, empfängt ihre Gäste hinter einem Empfangstisch, der vom Hoteleingang durch eine Glaswand abgeteilt ist. Ihr Personal – zwei Zimmermädchen in Krankenschwesterntracht und ein alter, halb kranker und stets gebückt gehender Mann – wird von ihr streng geführt.
Seit dem neuen Kuppelei-Gesetz arbeitet Madame Hortense – das ist ihr Vorname – eng mit den einzelnen Polizeiabteilungen zusammen. Zum Dank für ein paar ziemlich widerwärtige, aber wenig brauchbare Informationen darf sie in ihrem Etablissement den Damen von den Champs-Elysées Unterkunft bieten, ohne daß sie die Schließung ihres Hotels riskiert.
Im Madrigal langweilt Gino sich bereits seit zwei Wochen. Im Dachgeschoß bewohnt er ein Zimmer mit Dusche und Telefon, zu einem wirklich konkurrenzlosen Preis. Madame Hortense zeigte

sich verständnisvoll: Sie überwacht für mich ihren Gast, sein Kommen und Gehen und vor allem seine Telefongespräche.
Als ich gemeinsam mit Hidoine vor der Telefonzentrale des Hotels stehe, nimmt die Besitzerin ihren Bericht wieder auf, den sie mir bereits vor zehn Minuten telefonisch durchgegeben hatte.
»Was mich besonders wundert«, sagt sie, »ist, daß Monsieur Gino so nervös und mißtrauisch schien. Sein Gesprächspartner hat ihn um Kleider gebeten. Ich habe den Anfang des Gesprächs nicht mitbekommen, aber ich habe das Gespräch von der Zentrale aus unterbrochen und unseren Anschluß besetzt gehalten, bis Sie kamen. Der Mann muß jeden Augenblick wieder anrufen.«
Sie verschwindet im Eßsaal. Hidoine lehnt sich gegen die Haube einer Nähmaschine. Neben einem Riesenkorb mit Wäsche wartet ein Stapel Laken darauf, daß man ihn bügelt. Einer der Knöpfe auf dem Schaltbrett leuchtet mit einem leisen Klicken auf. Mein Herz beginnt zu klopfen. Bevor ich auch nur eine Bewegung machen konnte, ist die Besitzerin bereits zurück.
»Hotel Madrigal, Empfang«, sagt sie. »Ach, Monsieur Desroches? Ja, ja, das geht in Ordnung, morgen gegen 8 Uhr abends.«
Sie dreht sich um und fügt erklärend hinzu:
»Ein Stammgast sozusagen. Er kommt jede Woche aus Anges, um sich ein bißchen zu amüsieren.«
Ich will sie gerade fragen, wie sie ein so scharfes Gehör haben kann, um das feine Klicken in der Telefonzentrale bis in den Eßsaal zu hören, als ein anderes Lämpchen aufleuchtet. Madame Hortense lauscht einen Augenblick, dann zwinkert sie mir zu, drückt einen kleinen Hebel herunter und flüstert leise:
»Das ist das Gespräch für ihn.«
Sie reicht mir den Hörer. Um mich besser konzentrieren zu können, schließe ich die Augen und halte den Atem an. Ich erkenne Giriers Stimme sofort.
»Vorhin wurden wir unterbrochen, als ich dann wieder anrufen wollte, war die Nummer immer besetzt. Hast du jetzt begriffen? Ich brauche einen Anzug, ein Hemd und eine Krawatte. Und wenns geht, auch ein Paar Schuhe. Hast du verstanden?«
»Ja. Ja.«
»Wir treffen uns um genau 10 Uhr heute abend am Zoo. Ein Typ wird dich holen. Auf diese Weise sehe ich, ob du beschattet wirst. Ciao!«
Damit hat er aufgehört. Ich höre Ginos hastigen Atem am anderen Ende der Leitung, dann ein kurzes Klicken. Die Kontrollampe ist erloschen. Die Wirtin beugt sich über meine Schulter.

»Bravo«, ruft Hidoine bewundernd aus, »du hast dich nicht geirrt. Girier versucht wieder, mit Gino in Verbindung zu treten! Was machen wir nun?«
Er beginnt, mit der Zunge sein Gebiß hin und her zu bewegen, bei ihm ein Zeichen intensiver Tätigkeit.
Ich betrachte Hidoine einen Augenblick, dann treffe ich meine Entscheidung:
»Komm«, erwidere ich, »wir statten Gino einen Besuch ab und erzählen ihm dabei etwas von Marseille.«

Bereits zum dritten Mal fährt Gino mit seinem M. G. rund um den Zoo. Die Straßen sind menschenleer. Inmitten der ihn umgebenden Hecken ragt der Riesenfels im Zoo aus dem Dunkel wie ein modernes Denkmal. Gino fährt langsam. Er hat Angst, Girier gegenüberzutreten, Angst vor der Zukunft, die ihm ebenso undurchdringlich erscheint wie das Unterholz hier im Wald von Vincennes, an dem seine Scheinwerfer vorbeiwischen. Er verspürt den brennenden Wunsch, aufs Gas zu drücken, auf die Autobahn zu fahren, so weit wie möglich zu fliehen. Aber wohin sollte er fliehen? Die Bullen würden ihn genauso unerbittlich verfolgen, wie sie Girier verfolgen, und Girier würde ihn ebenfalls mit Sicherheit aufzuspüren versuchen, um mit ihm auf die Art abzurechnen, wie man mit Spitzeln abrechnet.
Gino sieht eine Reihe schrecklicher Bilder an sich vorüberziehen. Gleichzeitig empfindet er eine Art sehnsüchtiger Reue. Er hätte mit Girier sprechen, ihm die Wahrheit sagen, sich seiner Stärke, seinem Mut unterwerfen sollen; Girier hätte bestimmt eine Lösung gefunden. Jetzt ist es zu spät dazu. In der Rue Surcouf hat er diese Chance verspielt. Nie hat er eine so brennende Sehnsucht nach Freundschaft verspürt. Aber zwischen ihnen beiden stehen zu viele Lügen, seine eigenen und Giriers, zu viel Mißtrauen hat sich zwischen ihnen angehäuft und droht jetzt der Anlaß dazu zu werden, daß der Mann ihn des Verrats beschuldigt, den er bewundert. Ein Gefühl der Übelkeit überwältigt ihn angesichts der Absurdität der Situation. Eine Telefonnummer, eine völlig belanglose Lüge haben es fertiggebracht, alles zu zerstören.
Gino versucht, sich in Giriers Lage zu versetzen. Trotz dieses Telefongesprächs mit Hélène war in seiner Stimme keine Drohung zu spüren gewesen, höchstens ein wenig Nervosität oder Aufregung.
Gino fährt jetzt um den See herum. Bevor er den Carrefour de la Conversation erreicht, springt ein Mann aus dem Gesträuch. Im

Licht seiner Scheinwerfer kann Gino lediglich einen Vagabunden erkennen, der eine Cordhose und -jacke trägt und eine Mütze tief über die Stirn gezogen hat. Als der M. G. etwa auf gleicher Höhe mit ihm ist, bewegt der Mann winkend den Arm. Girier! Gino bremst mit einer Heftigkeit, die weder seine Geschwindigkeit noch die Entfernung rechtfertigen. Er öffnet die Tür. Das erste, was Gino sieht, ist die Mündung einer Pistole, die auf ihn gerichtet ist. Er wirft sich zurück.
»Bist du verrückt?« stottert er. »Was ist denn in dich gefahren?«
Girier sieht sich forschend im Wagen um.
»Du hättest ja auch Begleitung haben können.«
Die Spannung der letzten Stunden hat schon ziemlich an Ginos Nerven gezerrt. Jetzt beugt er sich tief über das Steuer, soweit wie möglich von der Waffe entfernt, die Girier immer noch in der Hand hält. Die Wagentür schlägt zu.
»Fahr rechts«, befiehlt Girier. »Ich sage dir, wie du fahren mußt. Hast du die Sachen?«
Gino nickt und fährt los. Der Wagen gewinnt rasch an Geschwindigkeit, überquert die Kreuzung und biegt dann in die Route de la Plaine ein, die mitten durch den Wald führt.
Gino fragt sich, wo sie hinfahren. Sein Herz schlägt heftig. Nervös wirft er hin und wieder einen kurzen Blick auf Giriers Gesicht und versucht, die Gedanken zu erraten, die sich hinter dieser von Falten durchzogenen Stirn verbergen. Er hat das Gefühl, als führe er zu seinem eigenen Begräbnis. Eine dunkle Ecke, ein Schuß, ein Auto, das im Dunkel weiterfährt, während im Gebüsch eine Leiche liegt. Aber noch hat er Hoffnung, noch klammert er sich an ihr fest.
»Wo fahren wir hin?« fragt er.
Nur mühsam bringt er diese Worte heraus, während die Angst ihm die Kehle zuschnürt.
»Fahr weiter!« erwidert Girier kurz.
Der schmale Weg führt in Windungen durch das Gehölz und endet dann an der Kreuzung der Straße, die am Friedhof von Charenton und der Radrennbahn vorbeiführt.
Girier hat seine Waffe immer noch nicht weggesteckt.
»Halte hier!« befiehlt er.
Aufmerksam blickt er in alle von hier überschaubaren Richtungen, dann steckt er beruhigt seine Pistole in den Gürtel seiner Hose. Er wirkt jetzt entspannt.
»Du hast mir vielleicht eine Angst eingejagt«, sagt Gino. »Ich dachte schon, du würdest mich über den Haufen knallen!«
Girier betrachtet ihn leicht ironisch.

»Warum denn?«
»Was heißt warum denn? Du richtest deine Knarre auf mich und fragst noch warum!«
»Um einen Typ umzulegen, muß man schon einen Grund dazu haben«, erwidert Girier. »Hab ich denn einen deiner Meinung nach? Hast du dir irgend etwas vorzuwerfen?«
Gino versucht gelassen zu antworten:
»Natürlich nicht, aber du hast schon eine komische Art, einen zu empfangen.«
»Wenn dir die Bullen mit einem ganzen Waffenarsenal in den Rücken gefallen wären, würdest du genauso reagieren wie ich«, erwidert Girier sarkastisch. »Du würdest dann auch keine Samthandschuhe mehr anziehen.«
In Ginos Kopf leuchtet jetzt sozusagen eine kleine Warnlampe auf. »Jetzt ist der entscheidende Moment gekommen«, denkt er, »alles hängt davon ab, was du jetzt sagst.« Er versucht zu lächeln: »Als du mir was von Kleidern gesagt hast, war mir schon klar, daß irgend etwas schief gelaufen ist. Was ist passiert? Du siehst aus wie ein Clochard!«
Girier streicht sich über die Stirn, wie um eine böse Erinnerung wegzuwischen.
»Ich hatte ein Versteck mitten auf dem Land. Und stell dir vor, die Bullen haben es fertig gebracht, mich dort aufzustöbern! Ich würde wer weiß was darum geben, wenn ich wüßte, woher sie den Tip haben! Es sei denn, daß es wirklich bloß ein Zufall war und daß mich irgendein Typ aus dem Dorf wiedererkannt hat.«
Er streckt die Beine aus, reckt sich. Gino ist nicht gerade schwächlich gebaut, aber neben diesem Raubtier kommt er sich ziemlich zerbrechlich vor. Er fragt:
»Woher hast du denn meine Telefonnummer gehabt?«
»Von Hélène...«
»Von Hélène? Kennst du denn Hélène?«
»Scheint so!« sagt Girier. »Wieso, ist dir das unangenehm?«
Gino spürt, wie ihm ein Schauder den Rücken herunterläuft. Giriers Ton scheint ihm geheime Anspielungen zu enthalten.
»Du hättest mir ja wenigstens sagen können, daß du sie kennst«, bemerkt er bitter. »Ich wußte nicht einmal, wie ich dich erreichen soll!«
Girier wirft ihm einen ironischen Blick zu.
»Dein Glück! Wenn du nämlich Bescheid gewußt hättest, wärst du sicher der erste gewesen, den ich verdächtigt hätte!«

»Verdammt!« murmelt Gino. »Hast du dich denn bei ihr versteckt?«
Um Giriers Mund spielt immer noch ein spöttisches Lächeln. Er hat nicht die Absicht, Gino gegenüber in Details zu gehen, wenn auch sein Vertrauen fast wieder hergestellt ist.
»Übrigens«, fragt er, »weshalb hast du sie heute angerufen?«
Gino war auf diese Frage gefaßt.
»Weil Hélène schließlich ein Kumpel ist«, erwidert er. »Seit zwei Wochen bin ich untergetaucht. Ich bin erst vor zwei Tagen nach Paris zurückgekehrt.«
»Ach!« sagt Girier. »Du hast dich also auch rar gemacht?«
Gino schüttelt den Kopf:
»Ich war bei einem Freund auf dem Land. Eine nette Abwechslung nach der Kripo.«
»Und Louis?«
»Er muß wohl in Genf sein. Ende des Monats wollte er hinfahren. Ich habe keine Nachricht von ihm.«
Er hat Giriers letzte Zweifel zerstreut.
»Wir könnten uns ja auch auf den Weg dorthin machen«, schlägt Girier vor. »Das Ding in Annecy können wir genauso gut von der Schweiz aus vorbereiten.«
Gino erwidert nichts. Er wägt die Chancen des Erfolges ab. Ein paar Millionen ist eine feine Sache, aber die Sicherheit ebenfalls.
»Hast du Geld?« fragt Girier.
»Jedenfalls kann ich dir welches besorgen, wieviel brauchst du?«
Girier überdenkt die Situation. Sie sind beide aufeinander angewiesen. Jetzt ist der Augenblick gekommen, um einen Entschluß zu treffen.
»Hör zu«, sagt er, »wir hauen in die Schweiz ab. Danach können wir immer noch sehen. Läuft dein Auto?«
»Natürlich. Ich habe sogar einen grünen Versicherungsschein.«
Girier lächelt. Ginos Naivität amüsiert ihn. Er stellt sich wohl vor, daß sie so einfach wie zwei Touristen über die Grenze gehen können, noch dazu mit einem Auto, das möglicherweise auf der Fahndungsliste steht.
»Darum mach dir keine Sorgen«, sagt er. »Wir müssen den Karren in Mulhouse stehenlassen und uns von dort aus über die Grenze lotsen lassen. Ich habe da so meine Verbindungen ...«
»Wann sollen wir denn losfahren?« fragt Gino. Seine Stimme klingt ganz aufgeregt.
»Morgen. Wir fahren am besten nachts über kleinere Landstraßen. Wirst du bis dahin Geld haben?«

»Ja«, sagt Gino.
»Okay! Gib mir den Koffer, damit ich mich umziehen kann.«
Er fährt fort:
»Für heute nacht habe ich ein Versteck. Wenn du willst, können wir uns morgen früh um 9 Uhr an der Metrostation Europe treffen, um noch ein paar Einzelheiten zu besprechen. Paßt dir das?«
Gino nickt. Den Koffer in der Hand steigt Girier aus dem M. G. Gino sieht, wie er sich im Licht der Straßenlaternen umzieht. Er sieht aus wie eine Figur in einem Schattenspiel. Ginos Angst ist verschwunden. Etwas von Giriers Kraft und Entschlossenheit ist auf ihn übergegangen. Mit ihm würde er bis ans Ende der Welt gehen. Er fühlt sich jetzt stark genug, den Bullen gegenüberzutreten, die auf ihn warten...
Als Girier wieder in den Wagen steigt, sieht Gino ihn freundschaftlich an.
»Wo solls hingehen?« fragt er.
Girier hebt kurz die Hand.
»Fahr mich zur Metrostation Denfert-Rochereau.«
In dieser Vorsicht liegt nichts Beleidigendes. Gino weiß, daß Girier ihm sein Versteck nicht aus Mißtrauen verheimlicht. Dieser Gedanke erfüllt ihn mit Stolz.

»Sag mal, glaubst du, er hat ihn umgebracht?«
Ich versuche festzustellen, inwieweit Hidoines Frage echte Besorgnis oder schwarzer Humor ist.
Gino hat uns vor mehr als einer Stunde verlassen, und dies sind die ersten Worte, die ich seit jenem Augenblick von Hidoine höre.
»Girier ist kein Mörder«, sage ich, um mich selbst zu beruhigen. »Und außerdem mußte er jetzt erst wieder in Sicherheit gewiegt werden.«
Hidoine nickt. Er sitzt direkt neben dem Fenster des Café Les Cascades, in dem wir auf Ginos Rückkehr warten.
»Wenn dieses Schwein die Fliege gemacht hat«, fügt er hinzu, »dann kann er sich aber auf was gefaßt machen!«
Hidoine versteht es, mich zu beunruhigen. Lauter gräßliche Möglichkeiten gehen mir durch den Kopf. Einmal sehe ich Ginos Leichnam vor mir, falls Girier die Wahrheit geahnt hat, dann wieder Gino, wie er mit seinem Wagen durch die Nacht fährt, um uns endgültig eine Nase zu drehen. Ja, ich habe eine ganze Menge Visionen, nur nicht die, die Girier in Handschellen zwischen dem strahlenden Inspektor Hidoine und dem noch strahlenderen Inspektor Borniche sieht. Aber wie hätten wir beide allein in der Nacht

auch den Wald von Vincennes durchkämmen sollen?
Die Zeit vergeht, und das Warten zerrt ganz schön an unseren Nerven. Immer wieder sehe ich durch das Fenster, ob Gino nicht endlich kommt. Ich bin schon völlig verzweifelt. Die Zeiger auf der Uhr drehen sich für mich viel zu rasch.
Plötzlich reiße ich die Augen auf. An der Straßenecke taucht ein Mann auf, der hastig auf das Café zuläuft. Hidoine ruft:
»Das ist er!«
Gino schließt die Tür des Cafés hinter sich. Er setzt sich neben mich. Er strahlt.
»Er hat keinen Verdacht gegen mich!«
Hidoine grinst. Er sieht auch ziemlich erleichtert aus. Ich frage Gino:
»Und?«
Gino genießt jetzt seine Rolle:
»Er hat mir alles erzählt. Er ist wütend, weil Sie ihn fast erschossen hätten. Aber er glaubt, daß irgend jemand im Dorf ihn wiedererkannt und verpfiffen hat.«
»Hat er ein Treffen mit dir vereinbart?«
»Ja. Morgen früh um 10, am Bahnhof Saint-Lazare. Wir suchen dann gemeinsam nach einem Unterschlupf für ihn, denn er weiß nicht, wo er hingehen soll.«
»Sobald du weißt, wo er untergetaucht ist, rufst du uns an«, befiehlt Hidoine ihm.
»Einverstanden«, erwidert Gino. »Aber Sie müssen sich auch an die Vereinbarungen halten. Sie lassen die Affäre von Marseille unter den Tisch fallen und zahlen mir die versprochenen Mäuse.«
Ich frage ihn:
»Du weißt nicht, wo er heute abend schläft?«
»Nein. Ich habe ihm vorgeschlagen, ihn mit ins Madrigal zu nehmen, aber das wollte er nicht. Er fand, daß die Champs-Elysées ein zu heißes Pflaster für ihn sind.«
Gino lächelt.
»Komisch!« denke ich. »Spazierstock-René will sich auf den Champs-Elysées nicht sehen lassen, aber er hat keine Angst, am hellichten Tag am Bahnhof Saint-Lazare herumzuspazieren. Ja, das ist wirklich sonderbar!«

50

Es ist genau 11 Uhr abends, als ich in die Rue de Lappe einbiege, in der es von Touristenbussen wimmelt. Es fällt jetzt ein leichter Regen. Ich trete in das Balajo ein.
Über der Tanzfläche schwebt eine flimmernde Kristallkugel, deren Facetten bei jeder Bewegung aufblitzen. Jo Privat spielt auf seinem Akkordeon einen rührseligen Refrain. Einige Paare tanzen.
Unter dem Podium des Orchesters halte ich Ausschau nach der mageren Gestalt von Bébert, dem Marder. Gewöhnlich ist er hier anzutreffen. Wo kann er sich um diese Zeit sonst noch herumtreiben? Bei Frédo in der Rue de Charonne hat man ihn heute abend nicht gesehen. Auch nicht in der Roulotte, einer Bar in der Rue de La Roquette. Bleibt eigentlich nur noch sein Zimmer. Aber das ist wenig wahrscheinlich. Bébert ist nicht der Mann, der mit den Hühnern schlafen geht.
Ich bleibe einen Augenblick am Rand der Tanzfläche stehen und überlege. Ich muß Bébert unbedingt treffen, das ist enorm wichtig. Und wenn ich einfach bei ihm zu Hause auf ihn warten würde?
Ich mache wieder kehrt. Bis auf die Straße hinaus verfolgt mich das rührselige Lied auf dem Akkordeon. Ich gehe durch eine Toreinfahrt, überquere einen schlecht gepflasterten Hof und bleibe am Fuß einer steilen Treppe stehen. Es ist pechschwarze Nacht. Ich zünde mein Feuerzeug an und steige dann die knarrenden, ausgetretenen Stufen hinauf. Auf dem Treppenabsatz stehen Mülleimer herum. Ich kann keine Klingel entdecken. Ich klopfe an die rechte Tür. Ein Kater, den ich wohl bei seinem nächtlichen Mahl gestört habe, springt mir zwischen den Beinen hindurch. Ich klopfe noch einmal etwas kräftiger. Eine kehlige Stimme ruft hinter der Tür:
»Wer ist da?«
Ich stoße einen Seufzer der Erleichterung aus.
»Borniche! Mach auf, Bébert.«
Ein unverständliches Flüstern, dann:
»Borniche... Sind Sie's wirklich, Borniche?«
Ich werde ungeduldig.
»Ja, zum Teufel... beeil dich!«
»Nur einen Augenblick, ich zieh mir rasch die Hose an.«
Ich höre drinnen das Schlurfen von Pantoffeln und das Knarren der Holzdielen, dann öffnet sich die Tür. Bébert erscheint mit nacktem Oberkörper, sein rotes Haar hängt ihm wirr in das knochige Gesicht. Er reckt seinen Pferdekopf.
»Wo brennt's denn?«

Ich mache die Tür hinter mir zu.
»Hör zu, ich brauche dich, und zwar dringend. Bist du allein?«
Bébert enthüllt mit seinem Grinsen seine beiden hervorstehenden Schneidezähne:
»Nein, aber das macht nichts. Ich lag gerade mit einer Polin im Bett, die ich mir auf dem Flohmarkt angelacht habe. Sie versteht kein Wort Französisch.«
Das Zimmer ähnelt seinem Gesicht, es ist genauso lang geschnitten. Ein Plastikvorhang, der über eine Metallschiene läuft, teilt den einzigen Raum in Küche und Schlafzimmer. Über dem gelben Spülstein tropft ein Wasserhahn. In einem Aluminiumkochtopf auf dem schwarzen, verrußten Herd ist noch ein Rest Suppe. In dem schmutzigen, angeschlagenen Geschirr liegen ausgedrückte Zigarettenkippen.
Bébert, der Marder, ist der typische kleine Gangster, der sich in übel beleumundeten Bars der schlechteren Viertel herumtreibt. Sein ellenlanges Vorstrafenregister weist stets nur kleinere Verurteilungen auf, gekoppelt mit Aufenthaltsverboten. Dadurch habe ich ihn in der Hand.
Er schiebt mir einen Schemel zu.
»Einen Schluck Roten?«
Ich schüttele dankend den Kopf.
»Hör zu, du mußt mir einen Gefallen tun«, sage ich.
Die Augen in seinem Pferdegesicht strahlen auf.
»Monsieur Borniche, Sie wissen, Sie können auf mich zählen.«
»Schön. Fahre jetzt sofort ins Hotel Madrigal in der Rue de Chateaubriand. Sieh dir genau die Gegend an. Da hast du ein Foto von einem Typ namens Gino. Du mußt unbedingt morgen früh ab 5 Uhr dort sein und dich Gino, sobald er auftaucht, an die Fersen heften.«
Er verzieht das Gesicht. Seine buschigen Augenbrauen bilden einen geraden Strich.
»Das ist doch ein Bullenjob, den Sie mir da anhängen!«
Ich gehe auf seinen empörten Einwand nicht näher ein.
»Der Typ, den du verfolgen sollst, ist mit Girier verabredet.«
»Was? Mit Spazierstock-René? Das ist eine Wucht!«
»Dir kann dabei nichts passieren. Gino wird dich überhaupt nicht bemerken. Er führt dich geradewegs zu Girier. Ich warte inzwischen auf deinen Telefonanruf. Ich will wissen, wo er untergebracht ist. Wenn die Sache klappt, brauchst du dir um dein Aufenthaltsverbot keine Sorgen mehr zu machen.«
Bébert stößt ein nicht gerade fröhliches Pfeifen aus.
»Klar, wenn ich mir die Radieschen von unten ansehe.«

Ich versuche, ihn etwas aufzuheitern:
»Ich könnte dir sogar ein paar Scheinchen als Prämie verschaffen.«
»Das ist ein Wort«, erwidert der Marder. »Aber bis dahin brauchte ich dringend ein paar Kohlen. Ich bin völlig blank. Es könnte ja sein, daß Ihr Gino irgendwo einkehrt.«
Er greift sofort nach dem Geldschein, den ich ihm reiche, und steckt ihn in seine Tasche.
»Machen Sie sich keine Sorge, Monsieur Borniche«, sagt er, »ich werde mein möglichstes tun. Man nennt mich nicht umsonst in meinen Kreisen den Marder. Der dicke Pierrot, wissen Sie, dieser Dummkopf aus Belleville, hat mich mal scherzhaft so genannt, weil ich meine Nase überall hineinstecke. Und seitdem ist der Spitzname an mir hängengeblieben.«
»Erweis dich seiner würdig! Also, ich warte auf deinen Anruf.«
Bébert schließt die Tür zu seiner Klause hinter mir.

Leise verläßt Girier Leducs Atelier am Boulevard Raspail. Er hat die Nacht in einer Ecke des riesigen Ateliers auf einem Feldbett verbracht. Der Bildhauer läßt stets die Schlüssel im Schloß. Er behauptet nämlich, daß des Abends seine Werke von ihren Sockeln springen, um bis zum frühen Morgen in den Straßen herumzuspazieren. Da er ein bißchen verrückt und immer völlig blau ist, glaubt er es wirklich. Seine Skulpturen bestätigen diesen Glauben, seinen Alkoholismus und seine Verrücktheit. Sie wachsen in alle Richtungen. Seine letzten Werke bestehen nur noch aus langen Gipsfäden, die Spinnenfrauen darstellen sollen. Er hat früher eine Periode der Eigelbfrauen gehabt, dann die der Bauchrednerfrauen. Seine Eigelbe zieren jetzt ein paar Museen für moderne Kunst. Ein Milliardär aus Texas hat sämtliche Bauchrednerfrauen en bloc gekauft. Die Spinnen in ihrem Netz sind jedoch immer noch da.
Leducs Atelier dient seinen Freunden als Nachtquartier. Auch Fremde können sich dort ungeniert ausschlafen.

Girier geht die Rue de Londres hinauf. Er begegnet Angestellten der Versicherungsgesellschaften, der Eisenbahn, die auf dem Weg ins Büro sind. Er ist ein bißchen zu früh dran. An der Place de l'Europe bleibt er eine Weile stehen. Er hat schon immer gerne die Züge beobachtet. Als Kind hatte er davon geträumt, eine elektrische Eisenbahn zu besitzen, mit einem Güterwagen und zwei oder drei normalen Wagen. Das hätte ihm schon genügt.
Er stellt sich auf die eiserne Brücke über den Gleisen, die auf den Bahnhof Saint-Lazare zuführen, und beobachtet die Rangiermanö-

ver. Die Funken aus der Lokomotive werfen hin und wieder einen hellen Schein an die schwarzen Wände des Eisenbahntunnels. Es ist ziemlich kühl. Der Dampf aus den Lokomotiven, die unter der Brücke hindurchfahren, wärmt ihn etwas.
Es ist jetzt 8.45 Uhr. Girier verläßt seinen Aussichtspunkt. Langsam geht er die Stufen zur Metrostation Europe hinunter, läuft den Bahnsteig entlang und bleibt neben der kleinen Eisentreppe stehen, die auf die Gleise hinunterführt, und an der ein Schild »Unbefugten« den Zutritt verbietet. In einer Viertelstunde wird Gino da sein. Girier hat sein Vertrauen und seine Energie wiedergefunden. Wenn er erst einmal die Sache in Annecy hinter sich gebracht hat, wird er seinen Anteil nach Zürich bringen und sich dort ein Nummernkonto eröffnen. Dann wird er nach Deutschland fahren, von dort aus nach Holland gehen und sich in Amsterdam nach Brasilien einschiffen.
Gino ist pünktlich. Girier sieht ihn lächelnd und entspannt auf dem Bahnsteig auftauchen. Der junge Mann wartet, bis der Zug eingefahren ist und fast alle Leute eingestiegen sind, ehe er auf ihn zutritt. Girier weiß die Vorsichtsmaßnahme zu schätzen. Die beiden Männer setzen sich auf eine Bank. Von Zeit zu Zeit übertönt das Geräusch der ein- und ausfahrenden Züge ihr Gespräch.
Gino ist äußerst redselig. Er erklärt ihm, daß alles bereit ist, daß er heute nachmittag noch das Geld bekommt, das ihm jemand schuldet. Nach Ölwechsel, Abschmieren und Auftanken wird auch sein M. G. reisefertig sein, und dann können sie sich gemeinsam auf den Weg in die Schweiz machen.
»Okay«, sagt Girier, »das wärs also! Warte, gib mir noch ein paar Kohlen. Ich muß mir dringend ein paar Sachen kaufen. Wir treffen uns heute nachmittag um 5 Uhr am Opernplatz, in der ersten Etage des Café Le Khédive, neben dem Lancel-Laden.«

Mein Telefon läutet. Ich greife zum Hörer:
»Bébert? Was zum Teufel machst du in der Rue Washington?«
»Ich beschatte Gino. Spazierstock-René ist mir entwischt.«
»Was?«
»Ja. Er hat an der Metrostation Sèvres-Babylone ein Taxi genommen. Es war das einzige weit und breit. Machen Sie sich keine Sorgen, Monsieur Borniche, Ihren Gino lasse ich nicht aus den Augen. Dabei ist es gar nicht so einfach, er dreht sich andauernd um. Sieht fast so aus, als hätte er am meisten Schiß!«
»Bist du sicher, daß er dich nicht bemerkt hat?«
»Nein. Im Augenblick ist er gerade dabei, mit einer kleinen,

rundlichen Schwarzhaarigen einen Aperitif zu trinken. Sie hat ihm übrigens einen dicken Briefumschlag übergeben. Und mir läuft inzwischen das Wasser im Mund zusammen ... «
»Macht nichts. Du kannst später etwas essen. Weißt du, wo Girier hingegangen ist?«
»Keine Ahnung. Als Gino ihn an der Metrostation Europe getroffen hat, hat er schon dort gewartet. Sie haben eine Weile zusammen gesprochen, dann sind sie die Rue du Bac hinuntergelaufen. Sie haben einen Hut und einen Regenmantel gekauft und dann in der Drogerie nebenan eine Sonnenbrille. Dann sind sie zu Fuß bis zur Metrostation Sèvres-Babylone weitergegangen, dort haben sie sich getrennt. Ich bin Gino bis zur Rue de Rennes gefolgt, dort haben wir die Metro bis zu den Champs-Elysées genommen.«
»Glaubst du, daß sie sich heute noch einmal treffen?«
»Kann sein«, meint Bébert. »Sie haben sich zum Abschied nicht die Hand geschüttelt.«
»Also mach weiter. Ich warte hier auf deinen Anruf. Ein guter Rat: Paß auf dich auf!«
Ich lege den Hörer wieder auf.
»Gino führt uns an der Nase herum«, sage ich zu Hidoine. »Heute morgen war er an der Metrostation Europe und nicht am Bahnhof Saint-Lazare verabredet.«

Girier begibt sich in eine öffentliche Telefonzelle und wählt die Nummer vom »France-Soir«.
»Könnte ich bitte mit René Delpêche sprechen?«
Er wartet eine Weile, dann dringt, nach einem kurzen Knacken, eine Stimme an sein Ohr:
»Ja, hier Delpêche.«
»Einen schönen guten Tag. Hier spricht Girier.«
Stille. Spazierstock-René hört deutlich, wie sein Gesprächspartner am anderen Ende aus- und einatmet. Er meldet sich wieder:
»Ist das denn so erstaunlich? Ich bin Girier. Spazierstock-René, wenn Ihnen das vielleicht etwas sagt.«
Wieder herrscht eine Weile Schweigen, dann hört er am anderen Ende: »Irgendso ein Idiot, der nichts weiter zu tun hat«, und fährt fort: »Sie können beruhigt sein, das ist kein dummer Witz. Ich bin Girier. Möchten Sie ein paar Extrainformationen?«
Mißtrauisch erkundigt sich der Journalist:
»Worum gehts?«
»Nicht so rasch. Sie sollen zuerst einmal die Garage Azur in Sainte-Menehould, Avenue Victor-Hugo, anrufen. Sagen Sie dem

Chef, daß es mir leid tut, daß ich ihm vierzig Liter Benzin geklaut habe, und schicken Sie ihm dann das Geld dafür. Zum Dank bekommen Sie von mir eine kleine Information. Okay?«
»Hm«, erwidert Delpêche unsicher. »Es ist nur so, daß ... «
»Wenn Sie nicht wollen, solls mir egal sein. Ich rufe dann den ›Aurore‹ an.«
»Nein. Ich bin einverstanden.«
Girier lächelt vor sich hin. Er legt seine Hand leicht über die Sprechmuschel und sagt dann langsam und eindringlich:
»Die Bullen haben sicher nicht von ihrer Heldentat am Montag abend berichtet, als ich ihnen entkommen bin, nachdem sie ihre ganze Munition auf mich verschossen haben. Aber Sie können jetzt schreiben, daß ich ihnen das ziemlich übelgenommen habe. In Zukunft werde ich zurückschießen.«
»Oh!« erwidert Delpêche. »Sie wollen mir wohl einen Bären aufbinden?«
»Wenn Sie mir nicht glauben, hier haben Sie noch ein paar Tatsachen: Die Sache ist in Creue, einem kleinen Dorf in Lothringen passiert, am Montagabend. Sie können auch den Briefträger anrufen. Bestimmt weiß das ganze Dorf davon.«
Girier vernimmt ein hastiges Flüstern am anderen Ende. Delpêche muß einen Kollegen gebeten haben mitzuhören.
»Von wo aus rufen Sie an?« fragt der Journalist mißtrauisch.
»Das ist etwas anderes. Ich setze mich ins Ausland ab. Wann bringen Sie die Sache?«
»Wenn's stimmt, noch heute nachmittag.«
»Schön. Ich werde die Zeitung in zwei oder drei Tagen auf einer Bank in der Sonne lesen. Vergessen Sie nicht das Geld fürs Benzin.«
Girier verläßt die Zelle. Die Polypen werden nicht besonders heiter sein, wenn sie heute nachmittag die Zeitung lesen. Sie haben bestimmt ihre Niederlage nicht hinausposaunt. Nun, das soll sie lehren, nicht die Cowboys zu spielen.

Hidoine hebt den Hörer ab, lauscht einen Augenblick und reicht ihn dann an mich weiter:
»Da, für dich«, sagt er, »dein teurer Freund!«
Ich erkenne sofort Ginos Stimme:
»Monsieur Borniche, es ist soweit. Es ist alles in Ordnung. Er vertraut mir völlig. Ich glaube, morgen ist der große Tag.«
»Wieso morgen?«
»Weil wir uns nachher zusammen ein Versteck am Park Montsou-

ris ansehen. Ich werde Ihnen dann alles erzählen. Wann können wir uns treffen?«
»Wann du willst. Paßt dir 7 Uhr abends im Fouquet?«
»Das wird ein bißchen knapp. Ich muß ihn vorher ja noch ins Bett bringen.«
»Wie wär's dann mit 11 Uhr?«
»Ja, da geht's. Ich kann nicht mehr länger sprechen, denn ich rufe von einer Zelle aus an.«
In zwinkere Hidoine verständnisinnig zu.
»Nun sei nicht so nervös«, sage ich zu Gino, »heute abend 11 Uhr also. Wenn du vorher etwas für mich hast, ich bleibe die ganze Zeit im Büro.«

Seit er sich von Gino getrennt hat, läuft Girier ziellos in den Straßen umher. Nach der freudigen Erregung über die bevorstehende Abreise ist er in eine ihm unerklärliche Melancholie verfallen. Er ist am linken Ufer spazierengegangen. Jetzt nähert sich die Stunde seines Rendezvous an der Oper. Er überquert den Hof des Carrousel, setzt sich auf eine Bank, steht wieder auf. Er ist müde. Er wird ein unbehagliches Gefühl nicht los, als ob plötzlich an der Ecke der Straße irgend etwas Unerwartetes auftauchen könnte, von dem seine Zukunft abhängt.
Girier denkt daran, daß er sich mit Gino in knapp zwei Stunden treffen und dann endgültig Paris verlassen wird, daß er von der Schweiz aus die Sache in Annecy noch vorbereiten muß. Er denkt auch an Marinette, seine Tochter, an Hélène. Ohne sie wirklich wahrzunehmen, sieht er die beleuchteten Schaufenster, die Passanten, die es eilig haben, oder die wie er dahinschlendern, mit ihren kleinen unbedeutenden Problemen, die sie wie schwere Lasten mit sich schleppen.
Spazierstock-René bleibt vor dem Studio Universal stehen: es läuft gerade »Der dritte Mann«. Das Plakat gefällt ihm. Er kauft sich eine Karte, setzt sich auf den letzten Platz in einer Reihe direkt neben dem Notausgang. Er erlebt den Film in einer Art Wachtraum. Er verfolgt die Menschenjagd in den Abwasserkanälen von Wien mit ausdruckslosem Gesicht. Die Angst, die Gewalt, die sich dort auf der Leinwand entfesseln, gehören einer anderen Welt an.
Er überlegt sich, daß er vor dem Rendezvous mit Gino noch ein paar Vorsichtsmaßnahmen treffen muß. Ein Funken Mißtrauen ist noch in ihm wach. Bevor er sich mit Gino trifft, will er sich lieber noch einmal am Opernplatz genau umschauen, um sicherzugehen, daß der junge Mann keinen Bullen hinter sich herzieht.

»Hallo! Bébert? Wo bist du?«
»Am Opernplatz, Herr Borniche.«
»Und wo da?«
»Warten Sie, ich muß mal sehen. Das Café heißt Le Khédive. Es ist nicht weit von Lancel, diesem schicken Laden.«
»Und was treibst du da?«
»Ihr Gino sitzt hier und wartet. Vorher war er in einer Tankstelle. Jetzt ist er ziemlich nervös. Er schaut alle paar Minuten auf die Uhr. Beeilen Sie sich!«
Ich hänge auf. Von Hidoine gefolgt renne ich die Treppe hinunter, die zum zweiten Ausgang der Sûreté in der Rue Cambacérès führt. Hidoine erklärt mir keuchend:
»Das bringt doch nichts, das sind doch alles nur vage Vermutungen. Sie haben überhaupt keinen Beweis, daß sich Gino jetzt mit Girier trifft.«
Aber ich renne weiter zum Opernplatz und schlage auf dieser kurzen Strecke sämtliche Schnelligkeitsrekorde.
Der Marder wartet auf uns vor dem Café. Er wirft mir einen beruhigenden Blick zu. Gino sitzt immer noch im ersten Stock des Cafés.

Fast ohne daß Girier es merkt, beginnt die Filmwelt, in der ein Mann auf der Flucht ist, mit der seinen zu verschmelzen. Die eindringliche Musik geht ihm auf die Nerven. Mehr und mehr überfällt ihn Panik. Er erkennt, daß auch er keinerlei Mitleid von einer Gesellschaft erwarten kann, die er stets bekämpft hat, daß er ein Mann auf der Flucht ist. Einer, der endgültig draußen steht, wie der Held des Films.
Um ihn herum im Saal bewegen sich schattenhaft die Menschen, suchen einen Platz, stehen wieder auf, gehen hinaus. Instinktiv umklammern seine Finger den Griff der Waffe, die in seiner Tasche steckt, und die ihn doch nicht zu beruhigen vermag. Die Musik wird immer unerträglicher. Sie macht ihn völlig nervös.
Schließlich steht er auf. Er rennt fast auf den Ausgang zu. Draußen geht das Leben weiter, auf den Straßen herrscht jetzt ein reges Kommen und Gehen. Er streckt seine Glieder. Langsam findet er seine Gelassenheit wieder. Er geht auf dem Bürgersteig in Richtung Opernplatz. Die Uhr vor einem Laden zeigt fünf Minuten vor 5. Bevor er die Straße überquert, wartet er folgsam an der Ampel, bis sie für die Fußgänger grün zeigt.
Ein Zeitungsverkäufer schreit hinter ihm:
»France-Soir mit Extranachricht! Verbrecher-König Girier ent-

kommt erneut der Polizei! France-Soir mit Extrabericht!«
Erst nach ein paar Sekunden wird Girier klar, daß da von ihm die Rede ist.

Es ist schwer, ruhig zu bleiben, wenn man weiß, daß in ein paar Minuten etwas ganz Entscheidendes geschehen wird.
Wenn ich Girier verhafte, erteile ich dem Dicken, der sich über meine Methode entrüstet, eine ganz beachtliche Lektion. Seiner Meinung nach führe ich mich seit zwei Monaten wie ein Narr auf, der mit seiner Phantasie und seinen Illusionen spekuliert. Ich handele gegen alle Gesetze der Logik und der Behördenroutine. Meine Art vorzugehen – »meinen Stil«, wie Vieuchêne sagt – findet er lächerlich. Im Augenblick erträgt er ihn noch, weil ich ihm bisher eine ganze Menge »Köpfe« eingebracht habe, aber ich weiß genau, daß ich beim ersten Mißerfolg von den Gehaltslisten der Sûreté Nationale gestrichen werden kann. Wenn ich Girier jetzt nicht verhafte, wenn Gino, auf den ich alles gesetzt habe, abhaut und ich mit dem roten Stück Papier, das fünf Jahre Knast bedeutet, allein auf weiter Flur dastehe, ist die Sache einfach. Ich gehe in mein Büro zurück, nehme aus dem Schubfach die paar persönlichen Dinge, verstaue sie in meiner Plastikaktentasche, verteile meine Bleistifte, meinen Radiergummi und ein paar Erinnerungsfotos an die Kollegen, und dann gebe ich bei der Verwaltung meinen Polizeiausweis, meine Dienstabzeichen, meine Handschellen und meine Pistole ab, die ich nie benutzt habe.
Aber wenn ich Girier verhafte, dann werde ich gleich Oberinspektor. Diesmal wird der Dicke nicht drumherumkommen, sein Versprechen zu halten. Seit dem Fall Buisson lockt er mich damit wie den Esel mit der Karotte. Marlyse wird sich freuen. Ich könnte mich in Ruhe auf die Prüfung zum Kommissar vorbereiten, die mit Sicherheit stattfindet, sobald die nötigen Mittel bewilligt werden, um neue Stellen zu schaffen. Dann brauche ich mich nur noch meines Lebens zu freuen. Die Beförderung geht dann ganz automatisch vonstatten.

Ich habe den idealen Platz entdeckt, der es mir erlaubt, den ganzen Opernplatz zu überblicken, ohne selbst gesehen zu werden. Ich habe mich nämlich in das Touristenbüro der Holland America Lines begeben, an der Ecke der Rue de la Paix, und stehe jetzt hinter den riesigen Fenstern, von wo aus ich den ganzen Platz überschauen kann.
Bébert steht gegen das Gitter des Metroeingangs gelehnt und läßt

die Tür des Cafés nicht eine Minute aus den Augen. Er hat trotz aller Schwierigkeiten seine Sache großartig gemacht, und ich werde ihm das weiß Gott nicht vergessen, wenn er wieder einmal in Schwierigkeiten ist.
Hidoine, der sich inzwischen von unserem Olympialauf erholt hat, wird ungeduldig.
»Du, ich will doch mal sehen, ob Gino immer noch im Café sitzt«, sagt er. »Kann doch sein, daß Bébert ihn nicht hat herauskommen sehen.«
Hidoine liebt es, einem den Zweifel in die Brust zu senken. Nach der Uhr draußen vor einem Geschäft ist es fünf vor 5 Uhr. Es ist noch nichts verloren.
»Er ist bestimmt abgehauen, während Bébert mit uns telefoniert hat«, prophezeit Hidoine. »Da können wir uns noch lange hier die Füße vertreten.«
Ich weiß seine treffende Bemerkung zu schätzen, aber ich erwidere nichts. Und, das Messer in der Wunde drehend, fügt Hidoine noch hinzu:
»Gino hat gemerkt, daß er beschattet wurde, und da hat er deinen Bébert einfach an der Nase herumgeführt!«
Ich zucke gereizt die Schultern.
»Du kannst ja machen, was du willst, aber ich warte noch«, erwidere ich.
»Ich werde ja sehen ... «
Das Schweigen zwischen uns wird jetzt nur noch durch das Hämmern der Schreibmaschinen und das Klingeln der Kassen unterbrochen. Die Minuten vergehen langsam und quälend.

Plötzlich zucke ich zusammen. Girier läuft gerade an der Schiffsagentur vorbei, die Hände in den Taschen seines eleganten Regenmantels vergraben; er wirkt inmitten des Stroms der Passanten erstaunlich ruhig. An der Ampel bleibt er stehen.
»Da, hast du gesehen?«
»Verdammt!« ruft Hidoine.
Wir rennen die Treppe hinunter. Ein paar Touristen verstellen uns die Tür zur Straße; wir rennen sie einfach um. Aber als wir an die Ecke kommen, ist es bereits zu spät. Die Ampel zeigt für die Fußgänger wieder rot und die Autos fahren mit voller Geschwindigkeit drauf los, so daß es unmöglich ist, die Straße zu überqueren. Girier läuft inzwischen seelenruhig auf der anderen Seite weiter.
Ich rufe Hidoine zu:
»Lauf du inzwischen durch den Citroën-Laden und versuche, ihn

von vorne zu stellen. Ich versuche, ihn von hinten zu packen.«
Der Strom der Wagen hindert mich immer noch, die Straße zu überqueren. Aber ich halte es jetzt nicht mehr aus. Ich werfe mich sozusagen zwischen die Autos. Ein Autobus verpaßt mich um Haaresbreite und durch meinen Sprung zur Seite bin ich genau in die Fahrbahn eines Taxis geraten, das jetzt verzweifelt bremst. Ohne mich umzudrehen, renne ich weiter. Das Krachen von aufeinanderprallendem Blech ertönt.

Ich bin inzwischen bis zur Ecke der Rue du Quatre-Septembre gekommen. Auf der anderen Straßenseite, etwa dreißig Meter vor dem Juwelierladen Clerc, läßt Girier sich von dem Strom der Passanten treiben. Er bleibt an der Ecke des Boulevard des Capucines stehen und wartet, bis die Ampel für ihn grün zeigt. Es ist drei Minuten vor 5. Gerade schickt er sich an, weiterzugehen.
Mein Angriff kommt wie der Blitz. Die Angst verleiht mir geradezu ungeahnte Kräfte. Meine Arme umklammern die Giriers und pressen sie gegen seinen Körper.
»Keine Bewegung, René, es ist aus.«
Die Plötzlichkeit des Angriffs raubt ihm jede Reaktionsfähigkeit. Er macht nicht die geringste Bewegung. Hidoine taucht leichenblaß vor ihm auf. In seiner zitternden Hand hält er eine Pistole.
»Hände hoch und zwar rasch!« schreit er. »Sonst schieße ich.«
»Spiel nicht den Idioten, ich bin doch da«, erwidere ich und recke meinen Kopf über Giriers Schultern. »Leg ihm lieber die Handschellen an.«
Hidoine wühlt in seinen Taschen. Genauso sieht er aus, wenn er nach Streichhölzern sucht. Schließlich gesteht er kleinlaut:
»Ich hab sie vergessen. Das ist auch mit deine Schuld, weil du mich vorhin so gedrängt hast.«
Für den Bruchteil eines Augenblicks lockere ich meinen Griff. Meine Hand gleitet in die Tasche von Giriers Regenmantel. Ich nehme seinen Colt an mich und stecke ihn in meine Tasche. Inzwischen hat sich eine schaulustige Menge um uns gebildet. Ein Verkehrspolizist nähert sich mißtrauisch.
»Sagen Sie, was soll denn das bedeuten?« fragt er. »Haben Sie wenigstens Ihre Ausweise dabei?«
Ich beschimpfe ihn. Andere Polizisten tauchen zu seiner Unterstützung auf. Hidoine zeigt ihnen schließlich sein Dienstabzeichen. Plötzlich ruft er stolz:
»Da sind sie ja, meine Handschellen! Sie haben an meinem Gürtel gehangen.«

Mit einem Klicken schließen sie sich um Giriers Handgelenke. Ich sehe ihn jetzt von vorn. Er ist magerer geworden. Er lächelt mir leise zu.
»Bravo«, sagt er anerkennend. »Aber Sie hätten wissen müssen, daß ich auf Sie nie geschossen hätte. Übrigens ist es vielleicht sogar besser so, ich habe von der stinkenden Unterwelt eigentlich mehr als genug...«
Während ich ihn zur Agentur der Holland America Lines mitnehme, fügt er hinzu:
»So ein Mistkerl, dieser Gino! Der hat mir vielleicht ein Theater vorgespielt. Er war der einzige, der diesen Treffpunkt kannte.«
Ich schüttele ein paar Mal den Kopf:
»Der wird uns schon nicht entkommen. Ich habe nämlich auch noch eine alte Rechnung mit ihm zu begleichen.«
Girier sieht mich erstaunt an. Hidoine läuft inzwischen in das Café Khédive. Fünf Minuten später taucht er wieder auf:
»Hast du dir gedacht«, sagt er. »Der Vogel ist davongeflogen. Giriers Verhaftung hat zuviel Aufsehen erregt. Und Gino hat natürlich nicht gewartet, bis wir ihn holen.«
In der Halle der Schiffahrtslinie steht ein Telefonapparat. Ich wähle die Nummer der Sûreté. Ich brauche einen Wagen, der uns ins Büro zurückbringt.

51

Kommissiar Vieuchêne, bisher – noch – stellvertretender Direktor der Kriminalabteilung, hat das Gefühl, als sei seine Kehle wie zugeschnürt. Nervös und besorgt geht er in seinem Büro auf und ab, unfähig, seine Aufmerksamkeit der Post zuzuwenden, die Paulette, seine Sekretärin, gerade auf seinen Schreibtisch gelegt hat. Die Hände in den Taschen, seine Hornbrille wie gewöhnlich auf der Stirn, wartet er. Er weiß, daß sich in den nächsten Stunden irgend etwas Wichtiges ereignen wird. Er ahnt es, ja er ist überzeugt davon, aber er weiß nicht wie noch wo.
Seine beiden Sklaven, Hidoine und Borniche, haben sich auf die Jagd begeben. Aber er hat sie nicht gesehen, als sie weggegangen sind, und das beunruhigt ihn so. Während des Mittagessens mit seinem Chef hat dieser ihn neugierig gefragt:
»Sagen Sie, Vieuchêne, was ist das denn eigentlich für eine Geschichte, die die Gendarmen berichtet haben. Es soll da in Creue eine Schießerei gegeben haben. Wissen Sie Bescheid?«

Er hatte, um seine Unwissenheit zu dokumentieren, die Schultern gezuckt. Sein Chef hatte noch hinzugefügt:
»Nach der Erzählung des Postbeamten sollen dort irgendwelche Leute vom Geheimdienst aufgetaucht sein, um einen Typ zu erschießen. Ich finde das sehr sonderbar. Wybots Leute sind schließlich keine Mörder!«
»Vielleicht war es nur eine Fehlzündung von einem Motorrad«, hatte der Dicke gemurmelt. Dann hatte er schleunigst das Gesprächsthema gewechselt. Nur ein Glück, daß der Postbeamte das Kennzeichen des Wagens nicht festgestellt hat. Wie stünde er jetzt sonst da. Wenigstens diesmal hatte Crocbois einen guten Einfall gehabt, indem er vor dem Postamt die Scheinwerfer ausgeschaltet hatte.
Der Dicke sieht auf seine Uhr. Es ist 5 Uhr. Die Sekretärin feilt ihre Fingernägel glatt, die durch das ewige Maschinenschreiben leicht abbrechen. Sie handhabt die Feile mit der Geschicklichkeit einer professionellen Maniküre.
Der Dicke öffnet die Verbindungstür.
»Immer noch nichts?«
»Nein, Monsieur.«
Er nimmt einen Chewing-gum aus der Schublade, zerknüllt das Silberpapier, wirft es in seinen Papierkorb und stellt sich dann gedankenverloren vor das Fenster. Plötzlich zuckt er zusammen: das Telefon läutet. Er stürzt ins Sekretariat.
»Wer ist es?«
»Borniche«, sagt Paulette, die am Apparat steht.
»Geben Sie ihn mir.«
Er reißt ihr fast den Hörer weg:
»Wo stecken Sie?« schreit er mit hochrotem Gesicht. »Es ist unerträglich, daß man mich nie auf dem laufenden hält!«
Die Sekretärin befürchtet fast einen Erstickungsanfall. Doch dann bemerkt sie, daß seine Wut plötzlich verraucht ist. Seine Hände zittern. Er steckt einen Finger in den Hemdausschnitt, wie um mehr Luft zu bekommen. Sie hört, wie er ungläubig murmelt:
»Hören Sie, wenn das ein Witz ist, wird er Sie teuer zu stehen kommen! Ja, ich schicke Ihnen sofort einen Wagen.«
Er wirft Paulette fast den Hörer zu und befiehlt ihr:
»Rufen Sie bitte die Garage in der Rue de Penthièvre an. Crocbois soll in genau drei Minuten vor der Nummer 11 stehen.«
Er geht auf die Tür zu seinem Büro zu, dann dreht er sich noch einmal um.
»Ich meine die Rue Cambacérès Nummer 11, nicht die Rue des Saussaies Nummer 11.«

Dann schließt er die Tür hinter sich. Setzt sich vor seinen Schreibtisch, öffnet seine Schublade und zieht ein Telefonverzeichnis heraus. Er wählt eine Nummer.
»Presseabteilung?« fragt er. »Sind Rank, Basset oder Séraphino da? Sagen Sie ihnen, daß Vieuchêne angerufen hat. Sie möchten doch nachher in mein Büro kommen. Es ist sehr wichtig.«
Er legt auf. Er strahlt übers ganze Gesicht. Hastig zieht er seinen Regenmantel an, verläßt das Büro und, nachdem er sich vergewissert hat, daß niemand sein Weggehen bemerkt hat, läuft er leise auf den zweiten Treppenaufgang zu. Er benutzt den Durchgang, der die verschiedenen Gebäude der Sûreté Nationale miteinander verbindet, und gelangt so auf die Rue Cambacérès, in der vor der Nummer 11 Crocbois' Wagen auf ihn wartet.
»Zum Opernplatz«, befiehlt er. »Halten Sie an der Ecke der Rue de la Paix.«
Fünf Minuten später taucht Kommissar Vieuchêne atemlos in der Halle der holländischen Schiffahrtslinie auf. Er hat das Gefühl, als klopfe sein Herz zum Zerspringen. Keuchend stürzt er auf Girier zu.

Als Crocbois' Citroën, nachdem er in der Rue de Miromesnil abgebogen war, vor der Rue des Saussaies Nummer 11 stehen bleibt, erregt ein sonderbarer Umstand mein Erstaunen. Entgegen der sonstigen Gewohnheit ist das Tor weit geöffnet, aber es wird sofort wieder geschlossen, nachdem unser Wagen in den Innenhof eingefahren ist. Der Dicke strahlt.
»Mein lieber Borniche«, sagt er und öffnet mir die Tür, »gehen Sie inzwischen schon einmal in mein Büro vor. Ich treffe Sie dann dort. Ich muß nur noch rasch zum Boß.«
René Girier, den seine Handschellen etwas behindern, steigt mühsam aus dem Wagen aus. Hidoine und ich nehmen ihn in unsere Mitte und begeben uns zum Aufzug E. 2. Etage: Meldeamt, Paßbehörde usw. 3. Etage: Verwaltung. 4. Etage: Abwehrabteilung. Als wir in der 5. Etage, in der unseren, angelangt die Tür öffnen, werden wir von grellen Blitzlichtern empfangen. Die Journalisten belagern uns geradezu. Ich begreife das nicht. Oder vielmehr, ich begreife alles viel zu gut. Während ich mit Girier den Flur entlanggehe, begleitet uns die Schar der Journalisten. Hier und da werden Ausrufe laut:
»Ein Teufelskerl, dieser Vieuchêne!« bemerkt einer der Journalisten.
»Ja«, bekräftigt ein anderer, »erst Buisson und jetzt Girier! Der hat vielleicht ein Schwein.«

»Der beste Polizist in ganz Frankreich!« übertrumpft ihn ein dritter.
Als wir gerade das Büro des Dicken betreten, wendet Girier sich zu mir, etwas geblendet von den Scheinwerfern des Fernsehens. Ein leicht ironisches Lächeln liegt auf seinen abgespannten Zügen:
»Hör zu, mein lieber Borniche« – und ich merke erstaunt, daß er mich duzt –, »und sei mir nicht böse, wenn ich dir das sage, aber ich habe fast den Eindruck, als hätte man uns beide hereingelegt.«

Nachwort

6. Juli 1951. René Girier wird wegen seines Ausbruchs aus dem Gefängnis der Sûreté von der 14. Strafkammer zu 18 Monaten Gefängnis verurteilt.
Moinon, der kurz darauf festgenommen wurde, erhielt die gleiche Strafe.
Rechtsanwalt Grador wird von der gleichen Kammer zu 18 Monaten Gefängnis und 50 000 Francs Geldstrafe verurteilt, Hélène de Labassagne und André Gueudé zu 8 Monaten und Gennie zu 4 Monaten mit Bewährung.

14. November 1952. Das Geschworenengericht verurteilt René Girier zu 8 Jahren Zuchthaus wegen erpresserischen Raubes. Dieses Urteil bezieht sich auf den Überfall am Boulevard Jourdan. Dagegen wurde das Verfahren gegen René Girier wegen des Juwelenraubes bei Van Cleefs und Arpels in Deauville eingestellt. Es ist der Polizei nie gelungen, seine Mittäterschaft bei diesem Hold-up zu beweisen, auch die übrigen Täter konnten nicht ermittelt werden.
Das verhältnismäßig milde Urteil erklärt sich zum Teil daraus, daß der beigezogene Psychiater, Doktor Micoud, in seinem Gutachten erklärte, daß Giriers Verbrechen ihre Ursache in einer unglücklichen Kindheit hätten. Er versicherte feierlich, nie mehr als Sachverständiger bei Gericht aufzutreten, wenn René Girier je eines Tages wieder rückfällig werden würde.

19. Juni 1955. Charles Bergonza wird nach seiner Rückkehr aus Italien, wohin er geflohen war, in Paris verhaftet.
15. Februar 1956. Aufgrund der Fürsprache des vorsitzenden Richters Moissac, des Staatsanwaltes Raphael und des Gefängnisdirektors, Monsieur Cana, wird René Girier vorzeitig wegen guter Führung entlassen.
Mit 37 Jahren unterzieht er sich den psychologischen Tests der Berufsberatung und besteht schließlich mit Auszeichnung die Meisterprüfung als Metallhandwerker.
1974. René Girier hat sich eine kleine eigene Fabrik aufgebaut. Er leitet sein Unternehmen geschickt und umsichtig und kümmert sich heute um die Jugendclubs mit dem gleichen Eifer wie früher um

die Ausführung seiner Verbrechen.
Ich bin selbst aus dem Polizeidienst ausgeschieden, und er besucht mich oft. Es ist eine Freundschaft entstanden, die bei weitem über die Rollen von Gangster und Polizei, die wir in unserer Jugend gespielt haben, hinausgeht.
Es kommt gelegentlich vor, daß wir uns über die Vergangenheit unterhalten. René Girier hat mir so manches erklärt, das ich in diesem Buch erwähne und damals bei meinen Ermittlungen noch nicht wissen konnte.
Zwei Themen sind jedoch tabu. Wenn ich auf das Hold-up von Deauville zu sprechen komme, huscht über die Züge des Mannes, der einmal Spazierstock-René war, ein geheimnisvolles Lächeln, das einzige, was er aus seiner abenteuerlichen Vergangenheit bewahrt hat. Und was »Monsieur Louis« betrifft, so hat Girier mir viel von ihm erzählt, aber er hat sich stets geweigert, mir seinen Namen zu verraten. »Monsieur Louis« wird für die Polizei immer ein Unbekannter bleiben, wie so manche rätselhafte Figuren, die sogenannten »Drahtzieher«, die hinter den Kulissen ohne Risiko Männer für sich arbeiten lassen, die mutiger sind als sie.
Die Polizei kann nicht alles wissen. Und das ist bedauerlich für die Gesellschaft, die sie zu schützen versucht, selbst wenn diese ihr oft keinerlei Dank dafür weiß.